Introduction au droit

Séquences

collection conçue et dirigée par

Jean-Sylvestre Bergé

SÉ-
QUEN
-CES

Introduction au droit

2021

Jean-Louis Halpérin
Professeur à l'École normale supérieure, PSL

DALLOZ

DALLOZ

31-35, rue Froidevaux – 75685 Paris cedex 14

978-2-247-20764-0
978-2-247-21252-1

Sommaire

Avertissement

Le titre d'*Introduction au droit* ne doit pas tromper les lecteurs de cet ouvrage. Il ne peut pas prétendre introduire dans la compréhension de tout ce qui relève du droit, un immense domaine que personne ne maîtrise dans sa totalité. Il s'agit ici d'une introduction à l'étude du droit, proposée *hic et nunc* (ici et maintenant) par un enseignant-chercheur spécialisé en histoire du droit. L'auteur ne doit pas cacher de quel point de vue il parle.

Cette *Introduction au droit* est écrite en France au début du XXIe siècle : elle prend donc la majorité de ses exemples dans le droit français en vigueur aujourd'hui[1], tout en s'efforçant de s'appuyer sur l'histoire du droit et le droit comparé.

Au choix du point d'observation s'ajoute celui des convictions théoriques en faveur de ce qu'on appelle le *positivisme juridique*. Le positivisme juridique repose sur deux postulats étroitement liés : 1) les phénomènes juridiques sont des conventions humaines, des artefacts et non des essences consubstantielles à l'homme ou aux sociétés humaines ; 2) ces phénomènes peuvent faire l'objet, comme les autres phénomènes sociaux, d'études empiriques et d'analyses théoriques. Pour les positivistes, les phénomènes juridiques sont apparus avec l'invention de techniques, que nous appelons des normes de droit, différenciées des autres normes de régulation sociale. Autour de ces normes de droit se sont développés d'autres phénomènes juridiques, des activités intellectuelles, passant le plus souvent par le langage : la réflexion sur le droit, son enseignement, l'existence de professionnels du droit, l'utilisation d'arguments juridiques dans les débats judiciaires ou les discours politiques, les représentations que se font du droit les simples particuliers... Tous ces phénomènes font partie du champ juridique et font l'objet de savoirs.

Munis de cet avertissement, les lecteurs pourront se faire eux-mêmes une opinion sur les phénomènes juridiques que chacune des dix *séquences,* suivie d'une sélection de *situations,* présente. La lecture peut se faire, de manière indépendante, des différentes *séquences,* exposant un certain nombre d'informations et de définitions, et des *situations* successives, mettant en relief des cas et suscitant des pistes pour une réflexion plus approfondie.

---

1. Un certain nombre d'informations sont susceptibles d'être dépassées par les rapides changements du droit. La nouvelle numérotation des articles du Code civil résultant de l'ordonnance du 10 février 2016-2017 et de la loi de ratification du 20 avril 2018 est ainsi mentionnée en *italiques,* l'ancienne numérotation restant en caractères romains.

SÉQUENCE 1

Le droit créé par les lois

I ■ La loi, phénomène juridique primaire

« Qu'est-ce que le droit ? » : si l'on pose cette question à un profane, sa réponse fera probablement mention de la loi et l'idée viendra peut-être, en France, de se tourner vers le *Journal officiel* pour trouver des exemples de lois, et donc de droit. Cette première approche *lexicale* n'est pas à négliger : toute connaissance d'un objet part d'une réflexion sur le nom donné à cet objet et sur son emploi dans la langue courante, c'est-à-dire dans l'usage commun d'une population de locuteurs, en l'occurrence d'utilisateurs de la langue française, à un moment donné. Une définition *empirique* du droit consiste plus généralement à reconnaître comme des phénomènes juridiques, appartenant au domaine du droit, ceux qui se désignent eux-mêmes comme tels.

JO mode d'emploi

En ouvrant (sur le site Légifrance, la version papier ayant disparu depuis le 1er janvier 2016) le *Journal officiel de la République française*, selon le titre qu'il porte depuis 1870, l'on trouve dans la principale édition intitulée « Lois et décrets », les textes qui viennent d'être mis en vigueur (il y a le plus souvent un jour de décalage entre la promulgation de la loi et sa publication dans le *JO*). Certains jours, de nouvelles lois n'étant pas publiées quotidiennement, cette rubrique commence par une ou des lois indiquées par un numéro d'ordre pour distinguer les lois du même jour, une date (celle de leur promulgation), un titre (la loi est relative à tel ou tel objet), l'indication de l'adoption du texte par le Parlement, de sa promulgation par le Président de la République, puis sa « teneur », divisée en articles. Le texte s'achève par une *formule exécutoire* – « la présente loi sera exécutée comme loi de l'État » –, la signature du Président de la République et le contreseing des ministres concernés.

A ▪ Vers une définition matérielle de la loi

La lecture discursive de ces lois nouvelles, comme celle des lois plus anciennes qui se trouvent souvent dans des articles de codes en France (on consultera les six premiers articles du *Code civil* sur la publication, les effets et l'application des lois en général), montre la diversité des sujets traités et des dispositions contenues dans les articles. Ces énoncés législatifs comportent pourtant plusieurs points communs. Ils ont été adoptés, et donc votés, par le Parlement. Une définition *formelle* de la loi conduit, dans la France d'aujourd'hui, à en faire un ensemble de règles que la majorité des représentants du peuple, en tenant compte du pouvoir plus important de l'Assemblée nationale par rapport au Sénat, a approuvées et que le Président de la République *doit* promulguer dans un délai de quinze jours selon l'article 10 de la Constitution. Peut-on compléter cette définition formelle par des caractéristiques matérielles ou substantielles qui seraient partagées par toutes les lois ?

1. La loi en tant que règle : la notion de « norme »

Les articles de loi apparaissent comme des règles, que les juristes ont pris l'habitude de désigner depuis la fin du XIXe siècle, les juristes allemands ayant été les premiers à agir ainsi, comme des *normes*. Venant d'un terme latin qui désigne une équerre ou une règle d'architecte, ce mot de normes évoque l'encadrement d'une conduite à travers un « modèle », une direction qu'il faut suivre, qui est *obligatoire*. Les lois constituent des normes dans la mesure où elles prescrivent des règles de conduite, des comportements humains qui doivent être accomplis par la population concernée. Les *sujets* d'une loi française sont, dans la plupart des cas, l'ensemble des personnes résidant en France. Il y a ainsi, dans toute loi, l'idée plus ou moins visible d'une obligation, d'un commandement, d'un ordre[1]. Même si les lois sont rédigées le plus souvent au présent de l'indicatif, avec quelques cas d'emploi du futur (notamment dans les premiers articles du Code civil, par exemple l'article 8 : « Tout Français jouira des droits civils »), elles présentent un caractère *impératif*. Depuis le Moyen Âge, les juristes parlent pour les lois en vigueur de *droit positif*, c'est-à-dire d'un droit posé par une autorité et imposé aux personnes soumises à cette autorité. C'est bien le sens de la formule exécutoire qui se trouve à la fin de chaque loi : « la présente loi sera exécutée comme loi de l'État ». L'énoncé législatif se donne lui-même la signification d'une norme, il se reconnaît comme une loi, comme une partie du droit.

Le plus souvent, ces règles imposées par la loi s'appliquent à toute la population d'un pays ou à des catégories générales (par exemple les fonctionnaires dans la loi n° 83-634 du 13 juillet 1983 sur les droits et obligations des fonction-

1. Éric Millard, *Théorie générale du droit*, Dalloz, 2006, p. 20-21.

naires) réunissant des personnes qui ne sont pas dénommées dans l'énoncé législatif. Il a existé toutefois, et il peut exister encore, en dépit de l'abolition des *privilèges* qui étaient des *lois privées* avant 1789, des lois qui ne concernent qu'une ou plusieurs personnes dénommées. La loi du 17 novembre 1918, proclamant que « le citoyen Clemenceau » et le général Foch « ont bien mérité de la Patrie » n'est pas seulement une curiosité historique, car bien des lois du XIXe siècle, en France, ne concernaient qu'une commune, une entreprise de chemins de fer ou de canaux, voire au Royaume-Uni des époux dont le divorce était prononcé par le Parlement avant 1857 : elle est la preuve que, dans la définition formelle de la loi, il ne faut pas trop s'attacher à son contenu et à son caractère le plus fréquent de généralité. Il n'y a pas d'objet spécifique aux lois, sinon en vertu de règles constitutionnelles qui, dans certains pays comme la France, réservent au Parlement l'édiction des règles portant sur certains domaines jugés importants. Cela explique aussi, qu'avec l'extension des interventions de la puissance publique dans de nombreux secteurs de la vie économique et sociale au cours de l'ère contemporaine, la législation ait pu traiter toute sorte de sujets qui étaient absents dans les lois plus anciennes, en matière de santé, d'environnement, de culture. Proches des prescriptions religieuses ou morales à l'origine, les lois ont touché de plus en plus des matières techniques faisant l'objet d'autres manifestations de la normativité.

2. La loi en tant qu'obligation : sanctions et contraintes

Ce terme de *normes* est utilisé pour des règles qui ne sont pas nécessairement considérées comme juridiques : des prescriptions religieuses ou morales, des standards techniques, des coutumes relatives à la politesse ou à l'étiquette ou même de simples habitudes, des régularités de comportement. Qu'est-ce qui distingue les normes juridiques de celles qui ne font pas partie du droit ? Les théoriciens du droit ont souvent fait appel à la présence de *sanctions*, d'actes de contrainte externe, par opposition aux obligations de conscience, qui seraient associés aux lois et non aux règles morales ou religieuses. Les exemples donnés sont ceux des lois pénales - que l'on trouve en France dans les articles du Code pénal - mentionnant des peines d'amende ou de prison. Ainsi, l'article 311-3 du Code pénal : « le vol est puni de trois ans d'emprisonnement et de 45 000 euros d'amende ». À partir des travaux de Zitelmann (1852-1923) et de Kelsen (1881-1973)[1], la norme juridique a été analysée comme un jugement hypothétique de la forme « si A, alors B doit être ». Il faut comprendre qu'au cas où une personne est convaincue de vol à l'issue d'un procès (A), alors elle doit être punie (B) d'emprisonnement et d'amende.

Ce critère de la contrainte ou de la sanction, s'il permet dans de nombreux cas de distinguer les normes juridiques des normes religieuses ou morales,

1. Hans Kelsen, *Théorie pure du droit*, 2e éd., trad. fr. Ch. Eisenmann, Paris, Dalloz, 1962, p. 149 s.

suscite aussi des difficultés. La lecture des lois pénales, en France comme dans d'autres pays, montre qu'elles sont rarement rédigées sous forme d'interdit. Aucun article du Code pénal n'interdit de voler, ce qui serait d'ailleurs illusoire, car il y a toujours des vols et des voleurs. En toute rigueur, le brigand ne « viole » pas la loi, puisque la loi ne lui prescrit pas formellement de ne jamais voler. Bien au contraire, le voleur, à partir du moment où il est identifié, poursuivi puis traduit en justice, met en mouvement l'application de l'article du Code pénal qui va justifier (dans la décision sous la forme d'un visa : « vu l'article 311-3 du Code pénal ») sa condamnation. S'il y a un ordre dans cet article du Code pénal, il s'adresse aux juges qui ont l'obligation, au cas où le voleur est jugé coupable, de prononcer une peine. Il faut comprendre la prescription de trois ans d'emprisonnement et 45 000 euros d'amende comme un maximum pour le *vol simple* , sans circonstances aggravantes telles qu'elles sont précisées dans les articles suivants du Code pénal, avec possibilité d'une peine plus faible en raison de *circonstances atténuantes*. La loi ne dit pas non plus que tous les voleurs seront punis, car il y aura très probablement des voleurs non identifiés, non appréhendés ou des personnes ayant commis un vol qui seront relaxées en raison d'une excuse légitime, par exemple il n'y a pas de vol entre époux qui ne sont pas autorisés à résider séparément selon l'article 311-12 du Code pénal.

La sanction au-delà du droit pénal

Toutes les lois ne sont pas des lois pénales, ces dernières pouvant être définies comme les lois déterminant des comportements ou *infractions* susceptibles de donner lieu à des *peines* que l'État impose aux délinquants sous forme de prison ou d'amende versée au Trésor public.

Les *lois civiles*, celles qui sont appliquées dans des procès entre particuliers (alors que le procès pénal oppose le ministère public, représentant l'État ou la société, au délinquant poursuivi), peuvent être assorties de *sanctions civiles*, notamment des saisies (on parle de *voies d'exécution* pour ces procédures permettant au créancier de se faire payer sur une partie des biens du débiteur) ou des dommages-intérêts, des sommes d'argent versées à titre d'indemnisation à la partie qui gagne le procès et se distinguant à ce titre des amendes. Il existe d'autres sanctions civiles comme la nullité d'un acte jugé contraire à la loi.

Dans le contentieux administratif, qui oppose les particuliers à l'administration, l'annulation d'un acte par une juridiction administrative est la sanction d'une illégalité et elle peut-être accompagnée depuis 1995 d'une injonction, un ordre d'exécuter la décision prise par les juges administratifs, adressée à l'administration.

Un grand nombre de règles se situant en dehors du droit pénal peuvent être analysées dans leur lien avec d'éventuelles sanctions : le droit de propriété suppose l'obligation de respecter la propriété d'autrui (au risque de commettre un vol ou une destruction de biens sanctionnée pénalement ou civilement, dans ce dernier cas sur la base du principe de responsabilité civile), l'obligation de fidélité entre époux est sanctionnée par l'éventuel recours au divorce (qui peut être prononcé aux torts de l'un des conjoints)... Comme le nombre des lois qui ne sont assorties d'aucune sanction est limité, il peut être considéré que la somme de toutes les lois constitue un ensemble normatif *globalement efficace*, dans la mesure où la contrainte et les sanctions amènent (par la « force de la loi », qui se manifeste souvent par la « peur du gendarme » et l'action des juges) la majorité de la population à respecter les lois, c'est-à-dire à reconnaître leur caractère obligatoire.

Avec ce faisceau de critères empiriques pour définir ce qu'est une loi - le formalisme lié aux règles constitutionnelles concernant l'adoption de la loi et sa promulgation, le contenu de règles dont la loi prescrit l'exécution et donc le respect, la présence explicite ou implicite de moyens de contrainte ou de sanction pour que ces commandements soient obéis, le caractère le plus souvent général de l'énoncé - nous pouvons avoir l'impression de saisir ce qui fait une partie importante, mais non pas exclusive, du droit positif d'aujourd'hui. La lecture du *Journal officiel* nous indique toutefois que les lois s'inscrivent dans le temps. Un grand nombre d'énoncés législatifs remplacent de manière expresse, en les identifiant par leur loi ou par leur article dans un code, des dispositions antérieures. Même s'il n'y a pas de référence directe à une telle *abrogation*, les droits contemporains fonctionnent en vertu de la règle que loi nouvelle déroge (c'est-à-dire abroge les dispositions antérieures qui lui sont contraires) à la loi ancienne portant sur le même sujet : *lex posterior priori derogat*. Cela signifie aussi que les lois anciennes, y compris celles qui ont été adoptées sous d'autres régimes constitutionnels, restent en vigueur tant qu'elles n'ont pas été abrogées de manière explicite ou tacite.

B ▪ Une définition stipulative du droit

La perspective historique amène à s'interroger sur l'*invention du droit*. Qu'est-ce qui a pu distinguer, dès l'Antiquité, des prescriptions religieuses ou de simples ordres, que diverses autorités (des chefs de tribu, des rois, mais aussi ceux qui se trouvaient à la tête de « bandes de brigands ») ont donnés par oral ou par écrit, des énoncés que nous pouvons être tentés, avec notre vocabulaire, d'appréhender comme des « lois » ? Faut-il considérer comme du droit le « code d'Hammurabi » (plus de 280 articles émanant d'un roi de Babylone entre 1792 et 1750 avant J.-C.), la loi de Gortyne (connue par une inscription en Crète remontant vers 450 avant J.-C.) ou les lois attribuées à Solon et à Lycurgue (connues uniquement par des textes littéraires très postérieurs à leur prétendue édiction) ?

1. « Règles primaires » et « règles secondaires » : la théorie de Hart

Des doutes ont été émis sur l'effectivité et l'application par des tribunaux d'énoncés dont nous ne connaissons pas clairement les buts. Le théoricien britannique Hart (1907-1992) a proposé d'expliquer la spécificité du droit par l'union de « règles primaires », des prescriptions relatives aux conduites humaines qui peuvent avoir leur équivalent dans les normes morales ou religieuses, et de « règles secondaires »[1]. Ces dernières seraient de trois sortes : pour assurer la *reconnaissance* du caractère juridique des normes (est une loi en France, l'énoncé approuvé par le Parlement et promulgué par le Président de la République), pour permettre leur *changement* et en organiser la procédure, enfin pour habiliter des autorités judiciaires à sanctionner la transgression des règles primaires (règles de *décision* ou d'*adjudication*). Si l'on applique ce schéma, il n'est pas sûr que le code d'Hammurabi ou la loi de Gortyne ait formé un « droit », en l'absence de preuves sur l'existence de règles de changement et d'adjudication. Ces critères permettent aussi de distinguer normativité religieuse et normativité juridique, en laissant une place aux « droits religieux », comme le droit juif[2], le droit canon ou le droit musulman[3] qui, tout en se fondant sur des croyances religieuses, comportent des règles secondaires.

2. Lois et ordre juridique

En dépit de désaccords entre les théoriciens sur ces « règles constitutives du droit » (Hans Kelsen ou Joseph Raz ont proposé d'autres formulations), les partisans du *positivisme juridique* sont unanimes pour considérer que le droit est une *technique*, qui a été inventée dans plusieurs parties du monde à diverses époques, et que la normativité juridique se caractérise par sa capacité à s'auto-reconnaître et s'auto-reproduire. Seul le droit peut dire ce qui appartient au droit. Seule une norme juridique peut organiser ou prévoir son changement par une autre norme juridique. L'adage latin, qui n'est pas une création des juristes romains mais de théoriciens du droit naturel à partir de la fin du XVIIe siècle, « *ubi societas, ibi jus* » (là où il y a une société, il y a un droit) n'est pas admissible pour des positivistes. Il a existé des sociétés sans droit, le droit n'est pas issu de la nature des choses ou des hommes, il n'y a pas de *lois naturelles* qui exprimeraient une normativité juridique universelle et atemporelle. Les lois ne sont pas isolées mais forment, à un moment donné, des éléments essentiels d'un *ordre juridique* : le plus souvent aujourd'hui, un

1. Herbert Lionel Adolphus Hart, *Le concept de droit*, trad. fr. M. van de Kerchove, J. van Droghenbroeck, R. Célis, Bruxelles, Facultés Universitaires Saint-Louis, 1976, p. 116-125.
2. V. *Situation 1*.
3. V. *Situation 2*.

ordre juridique national, mais aussi des ordres de caractère international. La définition que l'on donne alors au droit, pour le distinguer d'autres types de normativité, est une définition *stipulative*, c'est-à-dire résultant d'une convention intellectuelle entre les interlocuteurs. En affirmant qu'une norme appartient au droit si elle est reconnue comme du droit par un ordre juridique, l'on peut écarter du droit, sans porter aucun jugement de valeur sur le contenu de ces normes, les ordres donnés par une bande de brigands, qui ne reposent pas sur des règles constitutives[1].

Comme l'avait écrit le philosophe Kant (1724-1804), à la question « qu'est-ce que le droit ? » le juriste répond : « ce que disent ou ont dit les lois en un certain lieu et à une certaine époque », laissant ouverte la question d'une éventuelle *essence* du droit[2].

II ▪ Le mirage de la coutume et des « sources du droit »

Y a-t-il d'autres phénomènes juridiques que les lois comprises dans leur sens le plus général pour former des normes de droit ? La réponse à cette question est empiriquement affirmative et nous verrons, dans la Séquence 2, que les jugements imposent aussi une norme : ce que l'on appelle une norme « individuelle » dans la mesure où elle s'applique toujours aux personnes qui sont *parties* au procès et, dans certains cas par le phénomène de la jurisprudence, une norme générale susceptible de concerner un cercle beaucoup plus large de personnes. En Occident - à la différence de la Chine ancienne où le droit traditionnel était censé émaner uniquement de lois impériales et de jugements -, une longue tradition a prétendu voir dans la *coutume* un mécanisme de création de normes générales comparable aux lois et a défendu la notion de « sources du droit ».

A ▪ La coutume n'est pas un droit spontané

1. La coutume et le droit romain

Sur la base de quelques textes du droit romain, la plupart tardifs et insérés dans la compilation de Justinien, notamment en 533 dans le *Digeste* au livre

1. Hans Kelsen, *Théorie pure du droit, op. cit.*, p. 61-66.
2. Emmanuel Kant, *Introduction à la doctrine du droit*, éd. « La Pléiade » dirigée par F. Alquier, Paris, Gallimard, 1986, t. III, p. 477-478.

1, titre 3, sur les lois, les sénatus-consultes et la longue coutume, les juristes du Moyen Âge ont élaboré une théorie de la coutume, à une époque où beaucoup de règles de droit privé paraissaient résulter d'usages locaux sans intervention directe d'un législateur. Le jurisconsulte Ulpien (IIIe siècle après J.-C.) a évoqué ainsi la possibilité qu'une coutume propre à une cité ou une province de l'Empire, à condition de reposer sur un long usage (*diuturna consuetudo*) soit considérée comme du droit applicable, là où il n'y avait pas de loi écrite (D. 1, 3, 33 et 1, 3, 34). À propos d'une coutume approuvée (*comprabata*) et observée pendant plusieurs années, le juriste Hermogénien a parlé d'un consentement tacite des citoyens, une analogie avec le processus législatif, qui n'avait plus cours depuis longtemps à Rome, faisant approuver la loi par les citoyens (D. 1, 3, 35). Le juriste Julien a également justifié par cette approbation tacite (*tacito consensu omnium*) l'éventualité d'une abrogation par *désuétude* (c'est-à-dire par une longue période de non-application de cette loi) de la loi (D. 1, 3, 32). Il convient cependant de noter que la coutume tient une place restreinte, en dehors des règles coutumières appliquées dans les provinces et reconnues comme du droit par les Romains, dans l'histoire du droit romain et qu'une loi de Constantin (au début du IVe siècle après J.-C.), recueillie dans le *Code* de Justinien (C. 8, 52, 2), refuse à la coutume toute force supérieure à la loi.

Ce sont les civilistes (spécialistes des compilations de Justinien redécouvertes en Occident à la fin du XIe siècle) et les canonistes (spécialistes du droit de l'Église) du Moyen Âge qui ont élaboré la théorie traditionnelle de la coutume. Selon cette théorie, des règles de droit pourraient être formées par la répétition de pratiques (*usus*) pendant une longue période (conduisant à considérer cet usage comme immémorial), accompagnée du sentiment de la valeur contraignante de ces règles, de leur nécessité et de leur caractère juridique (*opinio necessitatis* ou *opinio juris* selon des expressions apparues plus tardivement). Au XIXe siècle, l'École historique du droit a voulu voir, à partir des écrits du juriste allemand Friedrich Carl von Savigny (1779-1861), l'origine de tous les droits dans la « conscience populaire » et dans les coutumes. Les théoriciens novateurs de la fin du XIXe siècle, comme François Gény (1861-1959), ont accrédité cette conception de la coutume, en voulant réduire l'empire de la loi affirmé depuis la Révolution française et la codification napoléonienne, qui avait abrogé toutes les coutumes sur les matières traitées par le Code civil. À la même époque, Édouard Lambert (1866-1947) avait pourtant accumulé les arguments pour montrer combien cette conception de la coutume reposait sur des erreurs de perspective[1].

1. Édouard Lambert, *La fonction du droit civil comparé*, Paris, Giard et Brière, 1903, p. 107-804.

2. La coutume et le pouvoir royal

Si le « droit coutumier » a eu une influence très importante au Moyen Âge, c'est du fait de la *reconnaissance* de ses règles par le pouvoir royal, les juges et les « statuts » urbains, qui étaient des lois locales. La pratique sociale était impuissante, à elle seule, à créer du droit sans cette reconnaissance par des autorités officielles qui s'estimaient compétentes pour rejeter les « mauvaises » coutumes (celles qui allaient contre la « raison », comme le disaient les textes de droit romain et canonique) et pour admettre les « bonnes coutumes ». Celles-ci accédaient au rang de droit coutumier (on dirait aujourd'hui de normes juridiques) en étant appliquées par les tribunaux. La coutume « a toujours sa racine dans la pratique judiciaire » écrivait Édouard Lambert. Il en allait de même en Angleterre avec le *common law*. Malgré des qualifications en tant que « coutume de l'Angleterre » (moins nombreuses que les références médiévales aux *leges Angliae*, les lois d'Angleterre), le *common law* a toujours été le « droit commun » appliqué par les juridictions royales (les Cours établies à Westminster), elles-mêmes agissant en vertu de textes législatifs (les bases du *common law* reposent sur la législation d'Henri II au XIIe siècle).

Dans le royaume de France, les coutumes qui s'étaient maintenues essentiellement dans le Nord et le Centre de la France (les provinces du Midi ou *pays de droit écrit* avaient « reçu » le droit romain et les coutumes, souvent d'origine urbaine, avaient eu tendance à y décliner) ont été rédigées officiellement, pour la plupart au XVIe siècle, sur ordre de la royauté. Chacune des coutumes générales rédigées – une soixantaine, certaines avec un ressort territorial très limité comme la coutume de Paris, d'autres s'étendant à toute une province comme les coutumes de Normandie et de Bretagne – a été homologuée, « sanctionnée » comme l'on disait alors, par le roi qui les a élevées au rang de loi. Si les assemblées d'États, censées représenter les trois ordres (clergé, noblesse et Tiers État), ont été consultées, le rôle des juristes a été déterminant dans l'élaboration de ces textes qui sont restés figés jusqu'à la Révolution française. Cet exemple historique montre que le droit coutumier peut être aussi bien écrit qu'oral et que c'est la reconnaissance par une autorité ayant le pouvoir de créer des normes qui confère à des usages sociaux la qualité de droit. Cette qualité ne s'acquiert pas de manière spontanée et le caractère « populaire » de la coutume ne correspond à aucune réalité d'un consentement de la part des populations concernées. En tant que droit positif, le droit coutumier est aussi un « droit imposé ». Les mêmes processus de reconnaissance ont transformé des pratiques, qui n'étaient pas toutes très anciennes et majoritaires, des populations colonisées en « coutumes » reconnues comme du droit par les puissances colonisatrices en Afrique ou en Asie.

3. Les régularités sociales et la norme juridique

D'un point de vue théorique, la conception traditionnelle de la coutume souffre également de nombreuses faiblesses. Il y a quelque chose d'illogique à faire de la croyance dans le caractère obligatoire de la coutume une condition préalable de la formation de la règle du droit coutumier, alors que la conduite répétée des individus respectant la règle montre que, du point de vue de la pratique sociale, cette règle est déjà perçue comme obligatoire - ou alors il faudrait penser que les individus se trompent en se croyant libres d'adopter une conduite alors qu'ils la transforment en obligation[1]. Le caractère obligatoire d'une règle de droit est la conséquence et non la cause de sa qualification juridique, de sa reconnaissance comme norme juridique qui vient d'une autorité et non du peuple. Par ailleurs, l'argument selon lequel la coutume déclarerait un droit « déjà là » dans la pratique sociale ou dans l'« esprit du peuple », le *Volksgeist* invoqué en Allemagne par l'École historique du droit au XIXe siècle, fait appel à un « droit en dehors du droit ». Un tel argument revient à postuler l'existence d'un droit naturel, alors même que la variété des coutumes dans le temps et dans l'espace montre l'inexistence de lois communes à la nature des choses ou de l'homme, ou à brouiller toute distinction entre des régularités sociales (des comportements qui se répètent le plus souvent sous l'effet de la contrainte diffuse du groupe auquel appartiennent les individus) et des normes juridiques. Il serait plus rigoureux de parler de « coutumes » pour ces régularités et de réserver l'expression *droit coutumier* aux règles reconnues par les autorités qui ont le pouvoir de légiférer ou de juger. La différence entre droit législatif, au sens strict, et droit coutumier n'est qu'une différence de procédure à l'origine des normes juridiques : le droit législatif a été proposé par un prince, un Gouvernement ou une assemblée (de telles propositions, mettant en jeu des partis politiques dans nos sociétés contemporaines, sont aussi des pratiques sociales qui se trouvent au départ en dehors du droit), tandis que le droit coutumier a été initié, de manière plus « décentralisée », par des usages avant d'être consacré juridiquement par des jugements ou par des lois.

B ▪ La théorie des « sources du droit » et ses limites

1. Le droit écrit ou non écrit

Liée au développement de la théorie traditionnelle de la coutume, l'image des « sources » du droit a une longue histoire et un emploi courant chez les juristes qui ne doivent pas empêcher de la considérer avec un regard critique. Si les Romains ont pu considérer que la loi des XII Tables, le premier grand

1. Hans Kelsen, *Théorie générale du droit et de l'État*, trad. fr. B. Laroche et V. Faure, Paris, LGDJ et Bruylant, 1997, p. 168.

texte législatif adopté au début de la République (en 450 avant J.-C.), était, en amont, la source (*fons*) de tout leur droit, ils n'ont pas classé les différentes normes juridiques, en aval, comme des fleuves complètement séparés. Les manuels de droit romain qui nous ont été transmis, les *Institutes* de Gaius (au IIe siècle après J.-C.) et les *Institutes* de Justinien (au VIe siècle, en même temps que le *Code* et le *Digeste*), comportent une énumération des différentes *formes* que pouvaient prendre à Rome les normes juridiques : lois, plébiscites, sénatus-consultes, édits des empereurs ou des magistrats, réponses des Prudents (c'est-à-dire des juristes qui donnaient des consultations). C'est par souci d'harmonie qu'a été introduit tardivement un balancement entre le droit qui avait son « origine » (*Institutes* de Justinien, 1, 2, 10 faisant une référence purement littéraire au « droit » de Sparte et d'Athènes) dans des énoncés écrits, ou dans des usages prolongés. En fait, la place de la coutume (dont les *Institutes* de Justinien rappellent qu'elle doit être approuvée, ce qui suppose une intervention du pouvoir impérial à une époque où la législation des empereurs écrase toutes les autres formes de règles juridiques) et du droit « non écrit » était des plus restreintes[1]. La notion même de « droit non écrit » est trompeuse : ne connaissons-nous pas toujours ces règles par des textes de jugements, de lois ou des écrits des juristes ?

2. Les sources formelles ou matérielles

Ici encore, ce sont les juristes européens du XIXe et du XXe siècle qui ont élaboré une « théorie des sources » en s'appuyant sur l'usage de cette image au Moyen Âge et aux Temps modernes et sur l'utilisation de cette notion par les historiens dans leur travail sur les textes contemporains de la période étudiée, les « sources » authentiques de l'époque s'opposant à la littérature secondaire écrite après coup sur cette époque. La présentation dominante a distingué les « *sources formelles* du droit », qui seraient constituées par les lois et les coutumes complétées en second rang par les *autorités* de la jurisprudence et de la doctrine, et les « *sources matérielles* » du droit renvoyant aux phénomènes sociaux (aussi bien des conceptions intellectuelles, des représentations que des pratiques concrètes ou des mouvements de revendication) à l'origine du *contenu* des règles de droit. Concernant les sources formelles, il vaut mieux parler de *méthodes de création du droit*, en évitant de les considérer en dehors de leur contexte temporel et spatial. Les normes ne peuvent être classées logiquement que selon leur caractère général ou individuel. Les deux phénomènes juridiques primaires sont les lois, auxquelles se rattachent les règles du droit coutumier, et les jugements (v. Séquence 2). Ce qu'on appelle la doctrine n'est qu'une collection d'opinions individuelles des juristes qui sont impuissantes à créer, à elles seules, des règles de droit (v. Séquence 7). Les prétendues sources formelles ne se confondent pas

1. Sur la place de la coutume en droit français contemporain, v. *Situations 3* et *4*.

avec un point de surgissement qui se situerait à la frontière du droit : elles sont du droit et elles ne « coulent » pas pour se jeter dans l'on ne sait quelle mer. Quant aux sources dites matérielles, elles ne sont pas du droit, même si elles peuvent intéresser un point de vue de sociologie du droit (v. Séquence 10).

En ne cédant pas au mirage d'un droit coutumier spontané ni à celui des sources du droit, il est possible de mieux comprendre comment une multitude de phénomènes juridiques se rattache à la notion de « loi ».

III ▪ Le principe de légalité et les différents types de lois

Les juristes parlent souvent du « principe de légalité » ou de « respect de la légalité », des expressions qui renvoient à des notions juridiques diverses dans le droit d'aujourd'hui[1]. Le respect de la légalité (y ajouter « républicaine » en France opère seulement une référence politique, et nullement juridique, à ce qui est considéré comme fondamental dans la législation des cinq Républiques qu'a connues la France) se confond avec la question de l'obéissance au droit, une question à la fois première (le droit est souvent défini comme un « ordre de contrainte » supposé être obéi) et dernière (c'est en connaissant beaucoup de droit que l'on est le mieux à même de se demander pourquoi le droit est obéi et à discuter des rapports entre *légalité* et *légitimité*, cette dernière notion étant un jugement de valeur sur le fondement de l'obéissance).

A ▪ Légalité et application de la loi dans le temps

La référence à la légalité du droit positif cherche, en second lieu, à circonscrire l'ensemble des normes générales qui sont applicables à un moment donné et forment un « ordre juridique » national ou international (l'on parle aussi de légalité internationale). La légalité se distingue alors des règles anciennes de droit qui ne sont plus en vigueur et nous attachons aujourd'hui à cette légalité un certain nombre de caractères pour l'inscrire dans le temps et dans l'espace. Ces caractères, présentés parfois comme des axiomes logiques, sont eux-mêmes des créations du droit positif et non pas des expressions d'un prétendu droit naturel qui serait universel et atemporel. Parmi ces caractères de la légalité, qui sont reconnus aujourd'hui en droit français et dans d'autres droits positifs, l'on peut citer la règle selon laquelle « la loi postérieure abroge la loi antérieure » (même si l'abrogation n'est pas expresse, elle résulte implicitement de la contradiction entre les règles anciennes et les règles nouvelles, ces dernières devant prévaloir)

---

1. V. *Situation 5.*

ou la règle selon laquelle « la loi de dispose que pour l'avenir ; elle n'a point d'effet rétroactif ». Cette règle de *non-rétroactivité des lois* est énoncée à l'article 2 du Code civil et signifie qu'une nouvelle loi ne remet pas en cause les situations antérieures (ce qu'on appelle les *droits acquis*, au sens des droits subjectifs, v. Séquence 6) en étendant automatiquement ses effets au passé. Plutôt qu'une règle obligatoire pour le législateur, c'est une méthode d'interprétation des lois, qui s'impose aux juges, comme l'est un autre adage selon lequel la « loi spéciale » (qui institue une catégorie particulière jusque-là non identifiée) déroge à la « loi générale » (qui n'a pas opéré de distinction). Si la majorité des lois ne sont pas rétroactives et comprennent souvent des mesures transitoires pour régler le passage de l'ancienne à la nouvelle législation, le Parlement peut décider, dans de nombreux domaines, de l'application immédiate de la loi à des situations créées auparavant, par exemple de nouvelles règles du divorce applicables à des mariages contractés avant la loi, voire d'effets rétroactifs. Mais l'article 8 de la Déclaration des droits de l'homme et du citoyen de 1789, qui a valeur constitutionnelle en France, interdit au législateur d'adopter des lois pénales avec des effets rétroactifs. La règle du caractère *non-rétroactif* des *lois pénales* correspond à une autre appréhension de la *légalité* : l'idée développée par la philosophie des Lumières (et notamment par le *Traité des délits et des peines* de Beccaria en 1764) que, pour éviter l'arbitraire, les infractions et les peines doivent être déterminées par des lois publiées et connues de tous (les règles sur la publication supposent implicitement que « nul n'est censé ignorer la loi ») avant la commission éventuelle d'une infraction. Cette « légalité des délits et des peines » qui trouve son expression dans le Code pénal (art. 111-2, 111-3) est fondée sur l'article 7 de la Déclaration de 1789.

Légalité et droit pénal

L'exemple du droit pénal, soumis aujourd'hui à une « stricte » légalité (« la loi pénale est d'interprétation stricte » affirme l'art. 111-4 du Code pénal, ce qui signifie une restriction du pouvoir des juges au profit d'un « maillage » législatif très serré), nous conduit à envisager différentes manifestations de la « légalité ». Depuis la Révolution française, les infractions sont divisées en France en trois catégories, par gravité décroissante : les *crimes*, les *délits* (attention aux sens multiples de ce mot qui peut désigner aussi toutes les infractions ou les *délits civils* à l'origine de la responsabilité civile des articles *1240* et suivants du Code civil) et les *contraventions*. Après avoir rappelé cette tripartition dans son premier article (art. 111-1), le Code pénal affirme que les crimes et les délits sont déterminés par la loi, tandis que les contraventions sont déterminées par les règlements. Cette application des règles constitutionnelles sur le domaine de la loi et du règlement explique que le Code pénal soit divisé entre une partie législative (des articles indiqués avec la lettre L) et une partie réglementaire (des articles indiqués avec la Lettre R).

B ▪ La légalité déclinée en différents types de normes

Dans la « légalité » coexistent donc des lois au sens formel (les règles énoncées dans les textes votés par le Parlement) et des lois au sens matériel (incluant des décrets ou des arrêtés émanant du pouvoir réglementaire). Une telle distinction, proposée par le juriste allemand Paul Laband à la fin du XIXe siècle[1], éclaire la déclinaison de la légalité en différents types de normes dans les ordres juridiques contemporains.

1. Les lois et les règlements

Depuis 1958, le droit français connaît une délimitation du domaine de la loi et du domaine du règlement qui est déterminée par la Constitution de la Ve République. L'article 34 de la Constitution énumère limitativement les matières dans lesquelles la loi « fixe les règles » (par exemple, les droits civiques, les garanties fondamentales des libertés publiques, l'état et la capacité des personnes, la détermination des crimes et délits) ou « détermine les principes fondamentaux » (par exemple, de l'enseignement, du droit de la propriété ou du droit du travail). Toutes les autres matières ont un caractère réglementaire selon l'article 37, c'est-à-dire qu'elles peuvent donner lieu à des décrets (du Président de la République ou du Premier ministre) ou à des arrêtés (ministériels, préfectoraux, municipaux). Le fait que le domaine réglementaire soit depuis 1958 de droit commun (et les lois une exception, ce qui n'était pas le cas sous les Républiques antérieures où le législateur pouvait légiférer sur toutes les matières) explique qu'il y ait aujourd'hui plus de 120 000 décrets en vigueur, pour un peu plus de 10 000 lois, dont beaucoup de textes antérieurs à 1958, certains qui n'ont jamais été abrogés n'étant pas appliqués. S'il existe des procédures pour faire respecter cette démarcation constitutionnelle (et « dégrader » des lois antérieures ou postérieures à 1958 qui sont dans le domaine réglementaire, afin de pouvoir les modifier par des décrets), la jurisprudence du Conseil constitutionnel (DC du 30 juillet 1982, *Blocage des prix et des revenus*) n'a pas remis en cause les nombreux empiétements, tolérés par les Gouvernements successifs, du Parlement sur le domaine réglementaire. Dans la hiérarchie des normes, les lois formelles, votées par le Parlement, ont une valeur supérieure aux lois matérielles que sont les décrets. Il faut raffiner cette typologie en tenant compte des ordonnances prises par le Gouvernement en application d'une loi d'habilitation votée par le Parlement (art. 38 de la Constitution), des textes de lois qui renvoient des dispositions de détail à d'autres lois ou à des décrets d'application, des lois référendaires (adoptées par les électeurs consultés sous forme de référendum) et bien sûr des lois constitutionnelles.

---

1. Paul Laband, *Le droit public de l'Empire allemand*, trad. fr. C. Gandilhon et Th. Lacuire, Paris, Giard et Brière, 1901, t. II, p. 260.

2. La Constitution

La place de la Constitution et le rôle du contrôle de constitutionnalité seront étudiés plus en détail dans la Séquence 4. Pour continuer à définir ce qu'est une loi, il faut rappeler que, dans l'histoire constitutionnelle française à partir de 1791, les constitutions et leurs éventuelles révisions ont toujours été qualifiées de « *lois constitutionnelles* ». Kelsen a fixé un langage aujourd'hui utilisé par tous les juristes pour distinguer une définition matérielle et une définition formelle des constitutions[1]. Du point de vue matériel, une constitution est un ensemble de normes qui déterminent la procédure pour créer des lois. Tous les ordres juridiques ont donc une constitution matérielle, y compris ceux (peu nombreux aujourd'hui, le Royaume-Uni se trouvant isolé dans le maintien d'une « constitution coutumière », qui comprend néanmoins des règles fixées dans certains textes comme le *Bill of Rights* de 1689) qui ne disposent pas d'un texte écrit, ou d'une collection de textes, intitulé « constitution ». Nous retrouvons ici les *règles secondaires* de Hart qui peuvent être qualifiées de *règles constitutives*, la règle de changement indiquant précisément les autorités qui peuvent modifier les lois. Une constitution au sens formel suppose l'existence d'un mécanisme de révision distinct (en général par l'exigence d'une majorité renforcée dans le Parlement, voire d'une consultation populaire) pour les lois constitutionnelles et pour les lois ordinaires. Tel est le cas en France où la Constitution de 1958 est « rigide », comme toutes celles qui comportent des procédures spécifiques de révision, alors qu'au Royaume-Uni une loi ordinaire peut modifier les dispositions constitutionnelles.

3. La codification des lois

Avant l'essor, qui a débuté en France seulement en 1958 avec la création du Conseil constitutionnel, du contrôle de constitutionnalité, les lois codifiées paraissaient occuper une place centrale dans l'ordre juridique français, du moins dans le droit privé (celui des rapports entre les particuliers) et dans le droit pénal. Le *Code civil des Français,* selon le titre que lui a donné la loi promulguée le 21 mars 1804 (loi du 30 ventôse an XII réunissant en un seul « corps de lois » les 36 textes législatifs, votés par les assemblées en 1803 et 1804), avant d'être baptisé *Code Napoléon* en 1807 et de perdre ce nom par désuétude sous la IIIe République, a été qualifié rapidement, de manière imagée, de « constitution civile » de la France[2]. Avec les quatre autres codes napoléoniens (le Code de procédure civile de 1806, le Code de commerce de 1807, le Code d'instruction criminelle de 1808 et le Code pénal de 1810, ce dernier venant remplacer le premier Code pénal français datant de 1791), il a exercé un indéniable pouvoir d'attraction et de rayonnement en France et hors de

1. Hans Kelsen, *Théorie pure du droit, op. cit.*, p. 303.
2. Jean-Louis Halpérin, *Le Code civil*, Paris, Dalloz, 2e éd., 2003.

France. La codification napoléonienne a été complétée par des codes ultérieurs, de moindre portée (par exemple, le Code forestier de 1827, le Code de justice militaire de 1857), tandis que le Code pénal, le Code de procédure pénale (dès 1832), plus tard le Code civil (par des réformes introduites en plus grand nombre après 1880) et le Code de commerce (par des processus de « décodification » multipliant les textes de la législation commerciale qui n'étaient pas insérés dans ce Code) faisaient l'objet de modifications sensibles. Plusieurs des codes napoléoniens ont été aujourd'hui remplacés par le Code de procédure pénale (1958), le Code de procédure civile (1976), le Code pénal (1992-1994), le Code de commerce (2000-2007), tandis que des codes entièrement nouveaux et importants comme le Code du Travail (1910-1927, puis 1973 et 2007) ou le Code de la consommation apparaissaient (1993-1997, puis 2016) avec une partie législative et une partie réglementaire.

Les dispositions insérées dans ces codes ont valeur législative (c'est le cas de toutes celles du Code civil) ou valeur réglementaire et leur insertion dans un code ne change pas leur place dans la hiérarchie des normes. Les très nombreuses modifications qui affectent chaque année les codes montrent qu'ils n'échappent pas aux processus de changements caractéristiques des ordres juridiques. Toutefois, la codification napoléonienne, en introduisant la première dans le monde une numérotation continue dans des articles, a suscité l'idée, importante pour l'interprétation de ces textes par les juridictions, que les codes faisaient « système » (chaque article devant être compris en relation avec les autres articles) et plus généralement qu'il y avait une cohérence dans l'ensemble des lois. Depuis 1989, la relance du processus de codification, confiée à la Commission supérieure de codification, a donné lieu à la publication de plusieurs dizaines de codes nouveaux. Les uns sont ce qu'on appelle des codifications « à droit constant » réunissant dans une compilation ordonnée des textes législatifs antérieurs et en vigueur. D'autres constituent de véritables innovations, transposant récemment la technique de la codification dans le domaine, jusque-là peu affecté, du droit administratif (un Code général de la propriété des personnes publiques a ainsi été créé de 2006 à 2011). Ces codes sont publiés et insérés dans la hiérarchie des normes par voie de lois, d'ordonnances ou de décrets. En 2017, environ 60 % des lois françaises et 30 % des règlements sont codifiés, ce qui constitue des pourcentages inégalés dans d'autres pays.

La typologie formelle des lois fait apparaître qu'un ordre juridique national est composé d'une somme (déterminée, mais qui n'est pas si facile à dénombrer et donc à connaître) de normes générales contenues dans des lois au sens matériel. Nous verrons en quoi cette détermination est compliquée par l'action de la jurisprudence (v. Séquence 2). Chaque type de normes générales a une place assignée dans la *hiérarchie des normes*, induisant un type particulier de recours pour vérifier éventuellement le respect des normes supérieures (v. Séquence 4) : du haut vers le bas, les lois constitutionnelles, les lois ordinaires pouvant faire l'objet du contrôle de constitutionnalité, les décrets et arrêtés susceptibles d'un recours pour excès de pouvoir.

SÉQUENCE 1

Le droit créé par les lois

SITUATION 1

La loi religieuse, le divorce en droit juif

La distinction entre normes religieuses et normes juridiques est une question théorique et historique qui comporte encore aujourd'hui d'importants impacts dans la pratique et dans le contentieux, comme le montre l'exemple des tribunaux rabbiniques (Cass. 29 mai 1905, *Levinçon, DP* 1905, 1, 353). On retrouve, d'abord, la problématique de l'opposition entre *jusnaturalisme* (l'ensemble des doctrines affirmant qu'il existe un droit naturel) et *juspositivisme* (toutes les formes de positivisme qui ont en commun le refus de considérer le prétendu « droit naturel » comme du droit). Certains des partisans du droit naturel ont cru ou croient dans un droit universel et supérieur qui serait lié à Dieu, soit que Dieu l'ait ordonné, soit que Dieu l'ait mis en œuvre avec la création du monde. Les positivistes pensent que tout droit est une création humaine, imposée par une autorité : s'il peut y avoir des « lois religieuses », ce sont des normes juridiques rendues obligatoires par des pouvoirs humains qui attribuent à la divinité l'origine de ces normes. Remarquons qu'il existe des thèses en faveur d'un droit naturel laïque, déconnecté de toute religion, et que les croyants ont parlé, depuis le Moyen Âge, d'un droit divin positif pour qualifier les commandements voulus par Dieu. Ce sont les canonistes, les spécialistes du droit de l'Église qui ont répandu au Moyen Âge l'expression « droit positif » (*jus positivum*) et l'un d'entre eux, Jean d'André, qui a donné au XIVe siècle une des définitions les plus claires de ce droit « qui est dit positif, parce qu'il est posé, supprimé et changé tous les jours » (« *et dicitur jus positivum quia cottidie ponitur, tollitur et mutatur* »).

D'un point de vue historique, considérant l'apparition de textes qui ont été des « lois » divines, il n'est pas possible d'affirmer, comme cela a été le cas dans le passé, que les Législateurs divins ont précédé les Législateurs humains. « L'invention » du droit à Rome (autour de la loi des XII Tables en 450 avant J.-C.) et en Chine (d'après des textes situés entre le VIe et le IIIe siècle avant J.-C.) s'est faite sans que les « législateurs » sentent le besoin d'invoquer la puissance divine ou de faire croire que leurs lois émanaient de Dieu. Le droit romain (qui a distingué dans le vocabulaire le droit ou *jus* du *fas*, les normes tenant au sacré) et le droit chinois traditionnel (celui de l'empire du IIIe siècle avant J.-C. jusqu'en 1911 qui a connu une succession de codes, le premier texte qui nous soit parvenu étant le Code Tang rédigé entre 624 et 637) ont pu comporter des « règles primaires », au sens que Hart a donné à cette expression, comparables à celles des prescriptions religieuses, comme la punition de l'homicide ou le caractère sacré de certaines choses. Ces normativités devaient leur caractère juridique à la présence de « règles secondaires » (de reconnaissance, de changement et d'adjudication) qui n'avaient pas leur source dans les religions romaines ou chinoises.

La question se pose différemment pour les trois grands monothéismes fondés sur la révélation, qui attachent une valeur de « loi » à la Bible, au Nouveau Testament et au Coran. Le judaïsme, qui est chronologiquement le premier de ces monothéismes, a donné naissance à une « loi juive », souvent désignée sous le nom de *halakha* qui s'applique dans un sens plus étroit à la littérature rabbinique sur les obligations religieuses des juifs. La méthode empirique permet de constater que cette « loi religieuse » a pu être appliquée, et qu'elle est encore aujourd'hui mise en œuvre par des tribunaux, ce qui laisse présumer son caractère juridique par la présence de deux des « règles secondaires » de Hart, la règle de reconnaissance (dans les 23 145 versets de la Bible hébraïque, il est question de commandements ou *mitsvot* dans 176 versets et de jugements ou *mishpat* dans 405 versets) et la règle d'adjudication, liée précisément à l'emploi de ces lois religieuses par les tribunaux rabbiniques.

La question de la « règle de changement », qui se pose aussi pour le christianisme et l'Islam, est en apparence plus délicate. Plusieurs versets de la Bible laissent entendre que les juifs doivent se soumettre à la loi (la *Torah*, correspondant aux cinq premiers livres de la Bible ou *Pentateuque*, est un mot qui signifie enseignement ou instruction, que saint Paul a traduit par le grec *nomos* appliqué aussi aux « lois positives ») sans y apporter aucun changement, notamment : « *Vous n'ajouterez rien à ce que je vous prescris, et vous n'en retrancherez rien ; mais vous observerez les commandements de l'Éternel, votre Dieu, tels que je vous les prescris* » (Deutéronome, 4 : 2). Il faut tenir compte de l'histoire du droit juif et de ses textes de référence pour identifier une « règle de changement » dans cette normativité religieuse.

Depuis le XVIe siècle, la critique biblique a développé la thèse de plusieurs strates historiques dans la rédaction du texte du *Pentateuque* : le cinquième livre, qui a pris dans la tradition le nom grec de *Deutéronome* (la « seconde loi » après celle exposée dans l'*Exode*), aurait été rédigé au VIIe siècle avant J.-C. (la Bible parle d'une découverte d'un texte de la Loi dans le Temple sous le roi Josias, 2 Rois, 22 : 13). Le texte « final » du *Pentateuque* aurait été fixé après le retour des juifs de l'exil du Babylone, comme le laisse entendre le livre d'Esdras dont l'action se situerait entre 400 et 350 avant J.-C. C'est alors qu'aurait pris toute son importance la figure (dont l'existence historique n'est pas prouvée) de Moïse, porteur de la loi de Dieu au Sinaï. N'est-il pas troublant que le fameux récit de l'*Exode* dise que la loi a été donnée deux fois à Moïse, les premières tables de la loi ayant été brisées dans l'épisode du Veau d'or (Exode, 31 : 18 et 34 : 27) ?

Mêlés au récit de l'histoire du peuple juif, les commandements qui se trouvent dans le *Pentateuque* (notamment dans l'*Exode* avec le « Code de l'Alliance », le *Lévitique* avec son « code sacerdotal » et le *Deutéronome* avec les normes exposées dans ses chapitres 12 à 26) forment le « noyau dur » de la loi hébraïque, avec des commandements assortis de sanctions (ce qui n'est pas le cas du *Décalogue* proprement dit) en matière pénale et familiale. Ces textes ont pu être mis en œuvre, c'est-à-dire appliqués par des tribunaux religieux, alors que les juifs se trouvaient sous des dominations étrangères, successivement perse, grecque dans les royaumes hellénistiques, et romaine. C'est sous la domination romaine que la « loi orale » (*Michnah*) a été mise par écrit (vers 200 après J.-C.) sur la base des enseignements de plusieurs générations de « sages » (*Zugot* puis *Tannaim*), avant d'être discutée par les générations successives de « maîtres » (*Amoraim*) dont l'enseignement a été réuni dans deux vastes compilations : le *Talmud* de Jérusalem (un ensemble de 39 traités composés vers 400) et le *Talmud* de Babylone (un ensemble de 37 livres rédigés vers 500). Sous la forme de discussions entre rabbins, le *Talmud* se présente comme une explication ou une interprétation de la loi, la loi écrite de la *Torah* et la « loi orale » de la *Michnah* qui lui sert de complément. Ces textes montrent que le droit juif était en perpétuelle évolution, en raison des circonstances : la destruction du Temple par les Romains, la soumission des juifs à des dominations étrangères qui les amenait à accepter la « loi du pays » pour tout ce qui n'était pas lié à la religion. Dans les diverses communautés de la Diaspora, le droit juif a continué à évoluer sous l'influence de l'enseignement des rabbins (qui donnaient des « réponses » un peu comme les jurisconsultes romains) et des décisions prises par les autorités communautaires (*takkanot*) ou les tribunaux rabbiniques plus ou moins reconnus par les pouvoirs chrétiens ou musulmans. Des « codifications » des lois religieuses ont tenu compte de ces transformations (incluant la désuétude de certaines règles, comme celles relatives à la peine de mort), comme le *Michne Torah* de Maïmonide en 1168-1178 ou le *Choulhan Aroukh* de Joseph Caro (imprimé à Venise en 1565).

L'exemple du *divorce juif* est significatif de cette histoire et des effets juridiques qu'elle peut avoir encore aujourd'hui. Selon le *Deutéronome* (24 : 1 à 4), le mari peut répudier son épouse « qui viendrait à ne pas trouver grâce à ses yeux, parce qu'il a découvert en elle quelque chose de honteux ». Il lui écrit alors une

« lettre » et, après la lui avoir remise, la renvoie de la maison. Au début du XIe siècle, se sont développées, sous l'influence du rabbin allemand Guershom, des règles qui s'opposaient à la polygamie (pratiquée d'après la Bible par les Patriarches) et imposaient que le divorce fût consenti par la femme : celle-ci devait accepter de recevoir le *guet*, lettre de divorce délivrée par le mari après une enquête du tribunal rabbinique admettant la séparation et permettant le remariage éventuel de chacun des ex-époux. C'est cette règle qui est aujourd'hui considérée comme obligatoire en « droit juif ». Seul l'État d'Israël, qui connaît un système de lois personnelles en matière familiale (chaque personne appartient à une communauté religieuse pourvue de son propre droit et ses propres tribunaux, il n'y a pas de mariage civil conclu en Israël même), reconnaît directement la valeur de « droit positif » à cette règle, comme à l'ensemble de la *halakha* qui est de la compétence des tribunaux rabbiniques. Remarquons que c'est une concession de l'État qui donne cette autorité juridique à la loi religieuse et que la juridiction des tribunaux rabbiniques est placée sous le contrôle de la Cour suprême, une juridiction séculière de l'État. En dehors d'Israël, la loi juive n'est qu'une loi étrangère (applicable à des citoyens d'Israël, en matière d'état des personnes, même quand ils résident à l'étranger et peuvent saisir des tribunaux du lieu de leur résidence) ou une « loi religieuse » dont les effets, très limités, dépendent uniquement de la reconnaissance ou de l'absence de reconnaissance du caractère juridique du mariage religieux. Alors que certains pays laissent aux époux une option entre mariage civil et mariage religieux, le droit français se singularise depuis la Révolution française (et la sécularisation du mariage par la loi du 20 septembre 1792, confirmée par le Code civil en 1804) par le caractère obligatoire du mariage civil. Non seulement la loi ne reconnaît aucun effet à un mariage religieux contracté en France, quel qu'il soit, mais elle impose (avec des sanctions pénales, C. pén., art. 433-21) qu'un éventuel mariage religieux intervienne *après* le mariage civil et n'accorde des effets qu'au divorce prononcé judiciairement en application des lois françaises, elles-mêmes fondées sur l'égalité des époux. Des Français de confession juive peuvent, s'ils le souhaitent se marier religieusement, à condition de le faire après le mariage civil, et divorcer devant un tribunal rabbinique (ce qui donnera lieu à la délivrance du *guet* par le mari) par scrupule religieux, sachant que ce divorce n'a pas de valeur juridique en France.

Depuis le début du XXe siècle, la question, qui relève des conflits de lois ou « droit international privé », s'est posée de savoir ce que les tribunaux français pouvaient décider quand ils étaient saisis par des époux dont la loi nationale (étrangère) reconnaissait le mariage et le divorce juifs. Après avoir hésité dans leur jurisprudence depuis l'arrêt *Levinçon*, les juridictions françaises ont considéré les règles du divorce comme relevant de la loi (*lex fori*) du juge.

Les juges français, saisis d'une demande en divorce par un couple français, ne peuvent se prononcer que selon la loi française. Pour les Français de confession juive, le *guet* n'est qu'une affaire privée. Toutefois, le refus de délivrance du *guet* par le mari, empêchant la femme de se remarier religieusement, peut être considéré comme une faute donnant lieu à des dommages-intérêts. En vertu du règlement européen Rome III applicable depuis 2012, un couple « international » peut désigner à l'avance la loi applicable à son divorce. Des époux israéliens résidant en France peuvent obtenir la reconnaissance en France du divorce accordé par un tribunal rabbinique en Israël selon la procédure du *guet*, malgré son caractère inégalitaire entre mari et femme.

SITUATION 2

La loi religieuse, la répudiation en droit musulman

Avec le droit juif et le droit canon (issu des décisions des conciles œcuméniques de la fin de l'Antiquité et des textes législatifs émanant des papes ou *décrétales*), ce qu'on appelle communément le droit musulman (l'expression a été créée par les Occidentaux pour qualifier la normativité religieuse de l'Islam à laquelle ne correspond pas d'expression arabe traduisible par « droit musulman ») présente des similitudes et des différences, qui donnent lieu à des décisions des tribunaux français en matière de conflits de lois (B. Ancel, Y. Lequette, *Les grands arrêts de la jurisprudence française de droit international privé*, Dalloz, 5e éd. 2006, n° 63-64). La base du droit musulman se trouve dans le Coran, comme la base du droit canon est dans le Nouveau Testament. Alors que ce dernier ne se présente guère sous la forme d'une loi avec des dispositions assorties de sanctions (ce qui veut dire que l'essentiel du droit canon est de création humaine), les 6 219 versets du Coran, répartis en 114 sourates, peuvent être rapprochés structurellement des versets de la Bible dans la mesure où ils mêlent des éléments de récit, des enseignements purement religieux et des prescriptions portant sur les conduites humaines susceptibles d'être considérées comme des normes juridiques. Une spécificité du Coran est de former, pour les croyants, un texte unique et homogène qui aurait été dicté par Dieu, à travers l'archange Gabriel, au Prophète Mahomet (vers 570-632). Ce texte en arabe a été fixé sous les quatre premiers califes au VIIe siècle et n'est pas susceptible, pour les musulmans (le terme *Islam* signifie soumission à la foi), d'être interprété comme une œuvre humaine composée de plusieurs strates. Néanmoins, il y a une chronologie inverse dans le Coran : les premières sourates, les plus longues, ont été révélées au Prophète à Médine (622-632), tandis que les dernières, plus courtes, ont été révélées antérieurement à La Mecque (612-622). Dès le VIIIe siècle, les interprètes du Coran ont estimé que certains versets plus récents avaient pu abroger des versets plus anciens, qui traitaient des mêmes questions avec parfois des solutions différentes. Cette théorie de l'abrogation (ou *naskh*) montre qu'il y a place pour une règle de changement dans la normativité musulmane.

Une partie, estimée en général entre 500 et 600 versets, du Coran prescrit des conduites et ne relève pas d'obligations rituelles. Les crimes « publics », c'est-à-dire ceux qui intéressent toute la communauté et peuvent être poursuivis par quiconque, sont traités dans une trentaine de versets. Ces crimes (ou *haddud*) sont au nombre de 5, 6 ou 7 selon les regroupements faits par les interprètes : la fornication ou *zina* (les relations sexuelles hors mariage), le vol, le faux témoignage, la consommation d'alcool, le brigandage, la rébellion et l'apostasie (l'abandon de l'Islam de la part d'un musulman). Les questions familiales (mariage, séparation, successions) font l'objet d'environ 70 versets, de même que les contrats et les biens. L'ordre politique n'est pratiquement pas abordé par le Coran.

Après la mort de Mahomet se sont constitués les premiers empires musulmans qui, sous la direction des quatre premiers califes, de la dynastie des Omeyyades (jusqu'en 749), puis de la dynastie des Abbassides (jusqu'en 1258), ont vu la constitution d'un enseignement et d'une littérature des interprètes du Coran portant sur la connaissance, appelée *fiqh*, de tous les versets, incluant ceux prescrivant des conduites humaines ou contenant des interdits. Comme les dispositions du Coran ne pouvaient fournir, à l'instar de celles de la Bible, qu'un « noyau » à la normativité musulmane, les savants musulmans ont essayé de réunir, sur la base de traditions transmises, les actes et les paroles du Prophète (appelés *hadîth*) dont la collection constitue la *Sunna*, un droit humain inspiré par Dieu. Les premiers recueils comportaient quelques centaines d'*hadith*, un des plus célèbres (celui d'Al-Bukhârî au IXe siècle) en contient plus de 7 000, certains en recensent plus de 100 000. Les divisions politiques au sein du monde musulman ont conduit à la fracture entre *sunnites* et *chiites* dont les doctrines sont opposées sur la transmission du califat et, à l'intérieur du groupe majoritaire des *sunnites*, à la formation d'« écoles ». Les quatre écoles les plus importantes sont rattachées à des savants du *fiqh* entre le VIIe et le IXe siècle : le *malékisme*, le *hanafisme*, le *hanbalisme* et le *chaféisme*. Ces commentateurs du Coran ont accrédité l'idée qu'il existait un droit musulman composé essentiellement d'une base commune, le Coran, et d'une tradition faisant l'objet d'interprétations diverses, la *Sunna*. Le terme de *charia* désigne la réunion du Coran et de la *Sunna*. Le *fiqh* peut être lui-même considéré comme créateur de normes, à travers l'identification des *hadîth*, le recours au raisonnement par analogie (*qiyas*) et au consensus des interprètes (*ijma*).

Les pouvoirs musulmans, et notamment les grands empires des Temps modernes (l'empire ottoman, la Perse de la dynastie des Séfévides, l'Inde des Grands Moghols), ont mis en place des juges musulmans appelés *cadis* qui ont appliqué ces règles du Coran, de la *Sunna* et du *fiqh* en tenant compte du ralliement des musulmans à telle ou telle école. Ces pouvoirs ont également légiféré, ce qu'on appelle le *qanun* dans l'empire ottoman. L'on peut donc considérer que les règles secondaires de reconnaissance, d'adjudication et de changement (nécessaires, selon Hart à la formation d'un droit) étaient présentes dans le monde islamique avant la qualification de « droit musulman » donnée par les Occidentaux à cette normativité de nature religieuse. Aujourd'hui une vingtaine de pays dans le monde reconnaissent l'Islam comme religion d'État et une cinquantaine reconnaissent des effets juridiques internes au « statut personnel musulman ». Dans un petit nombre de ces pays, le Coran, la *Sunna* et le *fiqh* restent (pour des juges religieux) les références directes du droit familial et pénal en l'absence de législation étatique sur ces matières, par exemple en Arabie Saoudite. Dans la majorité d'entre eux, la législation pénale (parfois codifiée) et familiale (des lois ou des codes de statut personnel) émane de l'État et elle est appliquée par des tribunaux séculiers à la totalité ou à une partie (parfois minoritaire, comme en Inde) de la population. Il vaudrait mieux parler dans ces cas de droit positif d'inspiration musulmane que de droit musulman.

L'exemple des effets de la répudiation musulmane, comme celui du divorce en droit juif, montre comment la loi religieuse peut être plus ou moins intégrée dans les ordres juridiques positifs. Plusieurs versets de la Sourate 2 du Coran autorisent le mari à répudier sa femme, sans avoir à passer par un tribunal. Cette procédure extra-judiciaire appelée *talaq* n'est pas le seul moyen de divorcer, il est possible à la femme de demander le divorce en rachetant le prix de la dot qui lui a été versée. Elle se caractérise par une large marge d'appréciation laissée au mari (qui peut décider de la séparation, sans invoquer de motif et sans avoir à entendre une éventuelle défense de la femme, par une déclaration unique ou répétée trois fois), par la possibilité pour le mari de reprendre la femme répudiée (après une troisième déclaration ou une répudiation par son second mari) et par une pension alimentaire limitée à quelques mois. Ces règles sont appliquées aujourd'hui dans plusieurs pays musulmans, soit qu'ils aient maintenu le droit musulman classique comme en Arabie Saoudite, soit que le statut personnel de la population musulmane ne comporte pas de réforme du *talaq*. Plusieurs pays musulmans ont soumis le *talaq* à une autorisation des tribunaux (Somalie, Iran, Maroc, Algérie, Mauritanie), laissant plus ou moins de place aux droits de la défense pour les femmes et aux possibilités pour le juge de refuser la répudiation. La Tunisie, par sa loi de statut personnel de 1956, a interdit la répudiation, comme elle a abrogé la polygamie (soumise à l'autorisation du juge dans la plupart des pays musulmans). La Cour suprême de l'Inde a jugé le *talaq* contraire au principe d'égalité en 2017 avant qu'une loi de 2019 ne sanctionne pénalement le recours à ce type de répudiation. Le maintien du *talaq*, sauf en Tunisie et en Inde, constitue aujourd'hui un écart majeur avec le droit du divorce dans les très nombreux pays qui l'admettent (les Philippines sont le seul pays au monde à refuser le divorce, depuis son introduction à Malte en 2011). Comme pour le divorce juif, les répudiations musulmanes posent de délicates questions de conflits de lois devant les juridictions des pays où il n'y a pas de statut personnel musulman.

En France, où seuls le mariage civil et le divorce judiciaire selon la loi française sont juridiquement reconnus, le *talaq* ne peut avoir aucune valeur en étant prononcé sur le territoire (il est considéré contraire à l'ordre public), les dispositions du Code civil s'appliquant lorsque l'un des époux est Français ou que les deux époux étrangers résident en France (art. 309). La question se pose, en revanche, de la reconnaissance éventuelle en France d'un *talaq* prononcé à l'étranger dans le respect de la loi nationale des époux. Confrontés à des répudiations, le plus souvent prononcées au Maroc par des maris marocains (sachant que, dans la législation de ce pays avant comme après la réforme de 2004, le juge ne peut pas refuser le *talaq* demandé par le mari), les tribunaux français avaient admis leur validité, ce qui les amenait à repousser la demande en divorce formée ultérieurement par la femme résidant en France et cherchant à obtenir une compensation pécuniaire en faisant valoir les torts du mari. La jurisprudence de la Cour de cassation (Civ. 1re, 3 nov. 1983, *Rohbi*) considérait qu'il s'agissait de reconnaître un droit acquis sans fraude et conformément à la loi étrangère (la loi nationale qui régit le statut des personnes) ayant compétence en vertu du droit international privé français selon l'interprétation classique de l'article 3 du Code civil. Le *talaq* marocain était considéré comme une décision judiciaire dont l'application (ce qu'on appelle l'*exequatur*) pouvait être demandée en France en vertu d'une convention franco-marocaine de 1981.

Toutefois, depuis une décision de 1953 (l'arrêt *Rivière* : Civ. 1re, 17 avr. 1953, *D.* 1953. 1. 181), il est possible de refuser tout effet en France à une décision étrangère ou à un droit créé à l'étranger qui s'oppose à ce que l'on appelle « l'ordre public atténué », constitué de règles du droit français auxquelles les juges ne veulent pas déroger. Par étapes, la Cour de cassation a fait prévaloir la règle d'égalité entre époux sur la reconnaissance des répudiations musulmanes faites à l'étranger. Cette évolution a été consacrée par cinq arrêts rendus le 17 février 2004 (*D.* 2004. 824) qui déclarent ces répudiations contraires à la règle de l'égalité entre les époux inscrite dans l'ordre public français (avec des effets étendus aux conjoints étrangers) sur la base du protocole additionnel n° 7 de la Convention européenne des droits de l'homme. On voit, à travers ces arrêts et les commentaires approbateurs ou critiques auxquels ils ont donné lieu, que la question n'est pas simple en termes d'harmonie internationale des solutions (il est toujours fâcheux qu'un divorce ou mariage soit reconnu dans un ordre juridique et pas dans un autre) et de respect des règles inscrites dans le droit français, elles-mêmes censées refléter des valeurs, d'égalité et de laïcité en l'occurrence, partagées par les Français. S'il existe bien des lois d'origine religieuse, dont certaines ont été intégrées dans le droit positif d'un ou plusieurs pays, leurs effets sont particulièrement limités en droit français.

SITUATION 3
Le caractère résiduel des règles coutumières dans l'ordre juridique français

Historiquement, le droit coutumier a tenu une place importante dans le droit privé français antérieur à la codification napoléonienne. Encore faut-il écarter l'idée d'un droit populaire, spontané, venu de pratiques sociales développées en parfaite autonomie, sinon sur la base d'un prétendu « droit germanique » que les « grandes invasions » auraient transporté en Gaule. Toute cette conception de la coutume, comme première source du droit, relève de la mythologie. Les Germains, qui n'ont pas franchi la frontière du Rhin massivement en un seul jour, ne connaissaient pas la technique du droit et ce sont des actes répétés, résultant pour beaucoup de la contrainte des seigneurs, qui ont créé des usages, eux-mêmes reconnus à partir du XIIe siècle (c'est-à-dire en liaison avec la redécouverte des textes du droit romain sur la coutume) par les juges et, pour beaucoup d'entre eux, par le pouvoir royal. La division entre *pays de coutumes* du Nord et du Centre de la France et *pays de droit écrit* (où s'appliquaient les règles du droit romain, toléré en tant que coutume par les rois de France) dans le Midi résulte des frontières entre juridictions seigneuriales puis royales. Rédigées officiellement au XVIe siècle, les coutumes sont devenues des normes législatives homologuées par le roi et fixées dans le texte de leurs articles, pour la plupart inchangés jusqu'en 1789. Ces règles de droit privé étaient substantiellement d'origine coutumière, elles étaient formellement dépendantes du pouvoir royal et des juges.

Pratiquement détruites par la législation révolutionnaire sur l'abolition de la féodalité et sur le droit de la famille, les coutumes ont été expressément abrogées sur toutes les matières traitées par le Code civil en vertu de l'article 7 de la loi du 30 ventôse an XII (21 mars 1804). La codification napoléonienne ne parle que d'*usages* en renvoyant, par des articles explicites et peu nombreux (art. 663 sur les « usages constants et reconnus » en matière de clôture entre immeubles urbains, art. 671 sur la distance à respecter pour les plantations à la limite de deux fonds, art. 674 sur les distances des puits et fosses d'aisance, art. 1736 sur le préavis de congé du bail, art. 1758-1759 sur la durée du bail), à des pratiques locales. Si l'on faisait encore référence au XIXe siècle aux coutumes d'Ancien Régime sur ces questions, il n'y a plus guère que l'article 671 pour donner lieu à quelques décisions judiciaires, notamment pour reconnaître un usage moderne admettant en région parisienne, faute de place, des plantations jusqu'à la limite extrême des jardins. De tels usages locaux, dont les plaideurs peuvent être amenés à prouver l'existence, n'existent qu'en vertu de la loi et de la jurisprudence.

Le même statut, bien éloigné de celui d'une prétendue « source du droit », s'applique aux usages contractuels, commerciaux et professionnels. Le renvoi à l'*usage* par l'article *1194* du Code civil (les parties sont obligées « à toutes les suites que l'équité, l'usage ou la loi donnent à l'obligation selon sa nature ») et par les anciens articles 1159 et 1160 sur l'interprétation des contrats laisse toute latitude au juge pour admettre ou non la preuve que les contractants, dans le silence des clauses de leur convention, ont consenti à se soumettre à une pratique répétée. Il s'agit toujours de régularités constatées dans des actes qui ont un caractère local ou professionnel. C'est seulement sur les sujets, peu nombreux, qui ne sont pas traités par la législation civile, rurale, commerciale et du travail que ces usages peuvent être reconnus. Ainsi le « Code des usages en matière d'illustration photographique », signé par des professionnels de la photographie et de l'édition, s'applique à défaut de clause contraire aux contrats commerciaux conclus entre photographes et éditeurs (Com. 29 nov. 2001 et 10 févr. 2002). Ou un « usage constant et ancien en Bordelais » donne valeur de contrat de vente à une lettre de confirmation adressée par un courtier professionnel (Com. 13 mai 2003, *D.* 2004. 414). En matière de droit du travail, les usages professionnels tiennent une petite place pour le délai du préavis de licenciement et les « usages d'entreprise » sont des avantages accordés unilatéralement par les employeurs (par exemple, des primes versées à plusieurs occasions) que les juges décident ou nom d'incorporer au contrat de travail. Ce dernier exemple montre bien que le caractère obligatoire de tels usages ne dérive pas d'une quelconque conviction de la nécessité de la règle (*opinio necessitatis*) de la part des acteurs, mais de la décision des juges.

Une coutume locale peut-elle déroger à une loi ou en provoquer la désuétude ? La réponse est négative, chaque fois que le juge appliquera une loi en vigueur, en écartant tout usage contraire. Concernant les courses de taureaux ainsi que les combats de coq, c'est la loi (C. pén., art. 521-1, issu d'une loi du 24 avril 1851) qui autorise une dérogation à la répression des sévices graves envers les animaux en raison d'une « tradition locale ininterrompue ». Le Conseil constitutionnel (Décision QPC du 21 septembre 2012) a considéré ce dispositif législatif conforme à la Constitution, comme la Cour de cassation (Crim. 19 juin 1996) a rejeté un pourvoi contre une relaxe prononcée en application de l'art. 521-1 C. pén., mettant à distance de prétendues « traditions et coutumes se rattachant au folklore local ». Ce n'est pas la coutume qui prévaut sur la loi, mais la loi qui établit elle-même une dérogation circonscrite matériellement et géographiquement. Quant à la désuétude des règles législatives ou réglementaires (on a cité récemment le cas d'arrêts du Préfet de police de la Seine de 1800, 1892 et 1909 interdisant puis limitant le port du pantalon par les femmes dans la rue), elle résulte de l'absence d'abrogation expresse et d'action en justice pour faire appliquer ces règles et non d'une coutume contre la loi ou *contra legem*. Personne ne doute qu'au cas extraordinaire où un tribunal serait saisi, il trouverait une norme législative, voire constitutionnelle, pour écarter cette règle qui n'était plus appliquée. Le même argument peut permettre de repousser l'existence de règles coutumières en droit constitutionnel qui iraient contre la Constitution. Si de telles pratiques peuvent avoir lieu, c'est soit qu'il n'existe pas de mécanisme de sanction pour les faire cesser, soit qu'il n'y a pas eu encore d'interruption de cette pratique, rendant visible le respect dû à la norme constitutionnelle. Nous verrons qu'en droit international (v. Séquence 5) la place de la coutume est à la fois plus importante et encore plus dépendante des décisions des juges.

SITUATION 4

Le cas de la coutume en Nouvelle-Calédonie

Collectivité d'outre-mer à statut particulier, la Nouvelle-Calédonie dispose, depuis 1998, d'un statut constitutionnel spécifique dans la Constitution (titre XIII, art. 76 et 77). L'article 77 fait expressément référence à un « statut civil coutumier », en liaison avec l'article 75 qui, pour l'ensemble des collectivités territoriales d'outremer, prévoit la possibilité d'un statut personnel dérogatoire au statut civil de droit commun. Un statut personnel existait aussi à Mayotte, sur la base du droit musulman sunnite de l'école chaféite (dont il a été question dans la *Situation 2*), mais la départementalisation de 2010-2011 a restreint l'application future de ce statut personnel et supprimé la juridiction des cadis. Il n'y a plus de statut personnel en Polynésie depuis 1945 (mais un statut foncier particulier), alors qu'un statut coutumier est reconnu à Wallis et Futuna depuis 1961. La Nouvelle-Calédonie constitue donc une situation exceptionnelle dans l'ordre juridique français, en même temps qu'un point de comparaison avec les ordres juridiques des pays d'Afrique, d'Asie ou d'Océanie ayant reconnu une place à la coutume et, pour certains d'entre eux, à des juridictions coutumières.

Le statut coutumier (à ne pas confondre avec la « citoyenneté néo-calédonienne » qui, au sein de la nationalité française, réserve le droit de vote en Nouvelle-Calédonie aux personnes inscrites sur les listes électorales en 1988, à leurs descendants et aux personnes justifiant de plus de 10 ans de résidence en Nouvelle-Calédonie) est celui de la population autochtone *kanak* qui a son propre état civil depuis 1934. Son organisation a été précisée par une loi organique du 19 mars 1999. Les enfants dont les parents ont le statut civil coutumier ont le même statut. Il est possible pour un majeur, dont un des parents avait le statut coutumier, de demander au juge d'accéder ou de retourner au statut coutumier. Une faculté de renonciation à ce statut existe également et le juge ne peut s'y opposer. Le statut coutumier règle le droit des personnes, de la famille, des successions et celui des terres coutumières (un peu plus d'un quart de la superficie communale qui appartient aux réserves, aux clans et surtout aux Groupements de droit particulier local). Il existe huit aires coutumières dotées chacune d'un Conseil coutumier dont les membres sont désignés par les tribus et un Sénat coutumier avec deux représentants pour chaque aire. Les rapports contractuels, et plus généralement ceux entre personnes de statut coutumier et celles de statut de droit commun, sont réglés par le Code civil et les lois françaises.

Du point de vue juridictionnel, une ordonnance du 15 novembre 1982 a créé des assesseurs coutumiers, avec voie délibérative, auprès de la juridiction de première instance et de la Cour d'appel. Il a fallu attendre la loi du 13 juin 1989 pour que ces assesseurs soient réellement mis en place (ils existent aussi, en nombre minoritaire, dans les juridictions correctionnelles collégiales). Deux sections du tribunal de Nouméa fonctionnent à Koné (Province Nord) et dans les îles Loyauté. Un arrêt de la Cour de cassation de 2010 (Civ. 1re, 1er déc. 2010, n° 08-20843) montre le lien entre la présence des assesseurs coutumiers et l'application du statut coutumier kanak qui est exclusive de l'application du Code civil et n'est pas soumise au contrôle de la Cour de cassation. Les règles du divorce diffèrent profondément en statut coutumier (où le mariage, comme sa dissolution, requiert l'accord des deux clans des époux) et en droit civil. Il en est de même en matière de filiation ou de successions (la lol de pays du 28 mai 2018 a soumis aux usages coutumiers la dévolution des biens situés sur les terres coutumières). L'égalité reconnue aux deux statuts exclut que l'ordre public soit invoqué contre le droit coutumier, comme il peut l'être contre une loi étrangère (*Situations 1 et 2*).

Le contenu de la coutume n'est, à l'heure actuelle, pas fixé par écrit, même si le Sénat coutumier a adopté en avril 2014 une Charte du peuple kanak indiquant les valeurs portées par le droit coutumier. À nouveau cette situation particulière montre que la coutume n'est pas une « source » (cette expression étant elle-même discutable) autonome du droit, mais qu'elle est reconnue comme règle de droit par l'effet de la législation et déterminée dans ses dispositions par les décisions judiciaires. Avec les assesseurs coutumiers, les juges ont une grande latitude pour créer la coutume, au risque de standardiser des pratiques différentes d'une aire à une autre (les assesseurs doivent représenter les différentes aires des parties en litige) ou de figer des pratiques anciennes qui ne correspondent plus aux comportements d'une partie de la population *kanak* de plus en plus urbanisée. Si la sphère d'application des coutumes concerne un nombre non négligeable de personnes en Océanie, comme en Afrique ou en Asie, il n'existe pas d'ordres juridiques ou de familles de droit fondés uniquement sur le droit coutumier. Partout dans le monde, les textes législatifs, incluant les lois constitutionnelles, sont à l'origine d'une majorité des normes générales.

SITUATION 5

Lois formelles, lois matérielles, « lois d'exception »

La distinction, proposée à la fin du XIXe siècle par Laband, entre lois formelles (votées par le Parlement dans la plupart des systèmes juridiques) et lois matérielles (émanant du gouvernement dans la majorité des ordres juridiques) a eu une importance à la fois théorique et pratique. D'un point de vue théorique, elle montre que la qualification législative peut être appliquée aux seuls textes reconnus formellement en tant que lois (lois parlementaires, mais aussi pour des textes plus anciens, ceux émanant d'un monarque ou d'une puissance coloniale qui n'ont pas été abrogés depuis) ou à tous les textes énonçant des normes générales (incluant des règlements administratifs). D'un point de vue pratique, le statut des lois (et la possibilité d'en contester la validité devant un juge constitutionnel, judiciaire ou administratif) varie, d'un pays à un autre, en fonction des pouvoirs reconnus aux juridictions à l'égard des lois formelles d'une part, des règlements administratifs d'autre part.

Dans l'ordre juridique français, la règle dite de la « loi écran » est bien établie depuis longtemps (en fait, par la jurisprudence de la Cour de cassation et du Conseil d'État) : les juridictions judiciaires (Civ. 1re, 12 mai 2004 pour un rappel récent) comme les juridictions administratives (CE 6 nov. 1936, *Arrighi, D.* 1938. 3. 1, note Eisenmann) ne peuvent invalider une loi (par voie d'action ou d'exception) pour non-conformité à la Constitution ; alors que les juridictions administratives peuvent, par le recours pour excès de pouvoir, annuler un règlement à caractère général (CE 6 déc. 1907, *Compagnie des chemins de fer de l'Est*) et les juridictions pénales écarter par voie d'exception un règlement qui serait contraire aux lois.

C'est en ayant à l'esprit cette démarcation entre lois et règlements qu'il faut comprendre les dispositions des articles 34 et 37 de la Constitution, la jurisprudence à laquelle ils ont donné lieu et la portée de ce qu'on appelle communément le « principe de légalité ». L'article 34 a cantonné le domaine de la loi parlementaire à une série de matières énumérées. L'article 37 a donné une compétence de droit commun au Président de la République et au Premier ministre pour prendre des décrets dans tous les autres domaines. En plus des règlements pris en exécution d'une loi, qui existaient en France depuis la reconnaissance d'un pouvoir réglementaire du Gouvernement à partir du Consulat et existent toujours en vertu de l'article 21 de la Constitution, il y a donc depuis 1958 des règlements dits « autonomes » qui ne reposent sur aucun texte de loi précis. Dès 1959, le Conseil d'État a mis fin aux interrogations sur un éventuel statut « législatif » de ces règlements autonomes : ils restent des actes administratifs soumis en tant que tels au recours pour excès de pouvoir (CE 26 juin 1959, *Syndicat général des ingénieurs conseils*) et au contrôle du respect des normes « supra-décrétales » (normes constitutionnelles, principes généraux du droit, v. Séquences 2 et 4). Dans la mesure où le Conseil constitutionnel a validé les lois qui, avec la tolérance du Gouvernement, empiétaient sur le domaine réglementaire (Cons. const. 30 juill. 1982, *Blocage des prix et des revenus*), le nombre des règlements autonomes a eu tendance à se restreindre et à se cantonner dans un certain nombre de domaines : la procédure civile, la procédure administrative, les contraventions, l'organisation des services de l'État. Toutefois, dans les dernières années, le Conseil constitutionnel a été amené en application de l'article 37 de la Constitution à dégrader des dispositions votées par le Parlement qui empiétaient sur le domaine réglementaire. Cette dégradation permet ensuite au Gouvernement de modifier par décret des dispositions dont le caractère est redevenu réglementaire. On peut citer comme exemples : d'une dégradation *a posteriori* le cas de l'article 4, alinéa 2 de la loi du 23 février 2005 (imposant aux programmes scolaires de reconnaître « le rôle positif de la présence française outre-mer ») dont le caractère réglementaire a été constaté par le Conseil constitutionnel le 31 janvier 2006 et qui a été par suite abrogé par décret du 15 février 2006 ; d'une dégradation *a priori* la décision du Conseil constitutionnel du 21 avril 2005 (*Avenir de l'École*, commentée par J.-C. Zarka, *D.* 2005. 1372-1373) qui a délégalisé par avance des dispositions d'une loi. L'on retrouve ainsi, à l'intérieur d'un même texte, une distinction entre loi formelle et loi matérielle (en fait des articles qui relèvent du règlement).

Le régime des ordonnances, tel qu'il est prévu par l'article 38 de la Constitution de 1958 et précisé par la jurisprudence administrative (et plus récemment constitutionnelle, QPC 28 mai 2020), illustre aussi la possibilité de franchir cette ligne de démarcation entre lois et actes administratifs. Succédant au système de délégation du pouvoir législatif au moyen de décrets-lois sous la Troisième et la Quatrième Républiques, ce régime autorise le Parlement à habiliter le Gouvernement (par une « loi d'habilitation » pour la mise en œuvre d'un programme) à prendre par ordonnances, dans un domaine limité, des mesures qui sont normalement du domaine de la loi. Le Gouvernement est ainsi habilité à édicter des normes générales, comme il le fait par les règlements autonomes, mais dans le domaine de la loi. Deux situations sont prévues expressément par la Constitution. Dans le cas où une ordonnance est ratifiée *a posteriori* par le Parlement : dans cette hypothèse de « régularisation » du processus législatif, le texte de l'ordonnance devient une loi. Si aucun projet de loi de ratification n'est déposé sur le bureau du Parlement avant la date fixée par la loi d'habilitation, l'ordonnance devient caduque : elle est privée de validité juridique. La jurisprudence du Conseil d'État et du Conseil constitutionnel a ajouté à se schéma deux précisions d'importance : pendant la durée de l'habilitation l'ordonnance est un acte administratif susceptible de recours pour excès de pouvoir ; à l'issue du délai, au cas où un projet de ratification a été déposé mais n'a pas été voté, l'ordonnance peut être contestée par une QPC ou, s'il n'y pas atteinte à une liberté garantie par la constitution, par un recours pour excès de pouvoir devant le Conseil d'État.

Un cas célèbre en matière de droits fondamentaux a illustré, au cours des récentes années, cette dialectique de la loi formelle et de la loi matérielle. Il s'agit de l'affaire *Ekin* (une publication faite par des indépendantistes basques) qui a posé la question du régime des publications étrangères tel qu'il était régi par le décret-loi du 6 mai 1939. Quelques mois avant la guerre alors que l'on redoutait la propagande nazie et la « Cinquième Colonne », le Parlement avait habilité le Gouvernement à modifier par décret-loi l'article 14 de la loi du 29 juillet 1881 relative à la liberté de la presse. Le décret-loi avait prévu une disposition d'interdiction des publications étrangères par décision du ministre de l'Intérieur qui fut jugée par la Cour de Strasbourg en 2001 contraire à l'article 10 de la Convention européenne des droits de l'homme (CEDH 17 juill. 2001, *Ekin c/ France*). Comme le décret-loi du 6 mai 1939 n'avait jamais été ratifié sans pour autant devenir caduc, il avait conservé un caractère réglementaire qui a permis à l'Association Gisti de demander et d'obtenir que le Conseil d'État enjoigne au Premier ministre de l'abroger (CE 7 févr. 2003, *GISTI*). L'abrogation de cette disposition, formellement insérée dans une loi, fut réalisée par un décret du 4 octobre 2004. Il fallut encore plusieurs années pour résoudre l'incertitude sur le statut du texte primitif de l'article 14 de la loi de 1881 prévoyant la possibilité d'interdiction générale d'une publication étrangère. Le retour de cette formulation ancienne sur le site du service gouvernemental *Légifrance* suffisait-il à lui reconnaître une validité et, qui plus est, une force législative ? C'est typiquement une question de contradiction entre l'apparence empirique (un énoncé est publié comme loi) et l'analyse des caractères de l'acte. Une telle question ne pouvait être tranchée par les commentateurs, d'ailleurs divisés sur le sujet. Elle le fut par un avis de l'Assemblée générale du Conseil d'État du 10 janvier 2008 concluant à l'abrogation de l'article 14, au motif qu'il n'avait pas été confirmé par le Parlement et qu'il se trouvait contraire à la Convention européenne des droits de l'homme.

L'expression « loi d'exception » est souvent utilisée pour désigner les normes législatives qui restreignent les droits de l'homme dans des circonstances exceptionnelles et pour un temps limité. En droit français, il s'agit notamment de l'encadrement de l'état d'urgence organisé par la loi du 3 avril 1955 (plusieurs fois modifiée, notamment pendant les 715 jours d'état d'urgence anti-terroriste de novembre 2015 à juillet 2017) et par la loi du 23 mars 2020 (en cas de catastrophe sanitaire, état d'urgence prolongé pour lutter contre l'épidémie de Covid-19). Pour autant, ces lois ont été déclarées conformes à la Constitution et ne sont pas « en dehors du droit » ; ce sont des lois « spéciales » qui dérogent aux lois générales, en principe pour un temps limité mais avec une forte tendance à se transformer en règles pérennes (de nombreuses dispositions de l'état d'urgence anti-terroriste ont été reprises dans la loi « SILT » du 30 octobre 2017).

SÉQUENCE 2

Le droit créé par les jugements

I ■ Du juge arbitre au juge quasi-législateur

En poursuivant notre méthode inductive (v. Séquence 1) sur les phénomènes empiriques qualifiés de « droit », le sens commun conduit des lois aux jugements. Aujourd'hui, la consultation ouverte à tous du site gouvernemental « Legifrance » (www.legifrance.gouv.fr) indique, sur la page d'accueil consacrée au droit français, les « lois et règlements » puis la *jurisprudence*, elle-même subdivisée en jurisprudence constitutionnelle, administrative et judiciaire. Même le profane comprend qu'il s'agit d'accéder aux décisions prises par le Conseil constitutionnel, des juridictions administratives ou judiciaires. Avant de voir plus précisément ce qu'il en est dans le droit français positif et quel est le statut de ces normes jurisprudentielles, il faut expliquer dans quelle mesure les jugements participent à la normativité juridique et peuvent donner lieu à ce que nous appelons la *jurisprudence* en France.

A ■ Le juge soumis aux respects des lois

Si l'on se tourne vers les sources (au sens historique du mot comme témoignage écrit nous renseignant sur des faits ou des idées du passé) les plus anciennes, l'on trouve des juges mentionnés dans les textes mésopotamiens, égyptiens, chinois, ou dans la Bible. L'idée de résoudre les conflits inter-individuels à l'intérieur d'un groupe de manière pacifique en recourant à un *arbitre*, un tiers par rapport aux parties en contestation (ayant ce que les Romains vont appeler un *litige*, une querelle avec des prétentions opposées du *demandeur* et du *défendeur*, de l'accusateur et de l'accusé) est antérieure à l'invention de la technique juridique sous forme de loi (v. Séquence 1). Lors de la discussion du Code civil, en 1802, Portalis affirma « qu'il y avait des juges avant qu'il y eût des lois ». Les « Anciens » ou les chefs de famille qui rendaient une justice patriarcale ou domestique n'appliquaient aucun droit et l'on peut d'ailleurs douter de leur caractère impartial. Les premiers juges désignés par les gouvernants (par Moïse dans la tradition biblique, *Deut.* 16 : 18-20) exercent une fonction à caractère polyvalent, mêlant les commandements militaires et les ordres de tout genre, aux décisions judiciaires. Ils sont soumis à des devoirs de probité : ne pas accepter de cadeaux des parties en procès, entendre des témoins, punir le faux témoignage, se montrer impartial à l'égard des puissants comme des faibles. Le juge doit être « juste » selon cette image antique, suscitant la confiance que les plaideurs doivent avoir dans la justice pour abandonner le recours, très fréquent jusqu'à la fin du Moyen Âge, à la vengeance privée.

1. L'émergence de la notion de « procédure »

L'invention du droit par les Romains, comme par les Hébreux ou les Chinois, correspond à la mise en place des premières règles juridiques relatives aux juges et aux procès. Dans les termes du sociologue Max Weber, le droit a permis le passage d'une justice matérielle à une justice formelle. Dans la justice matérielle, le juge évalue concrètement chaque cas particulier en fonction de moyens irrationnels (la magie, les oracles) et de déterminations éthiques, politiques ou sentimentales. Dans la justice formelle, le juge est astreint par le droit à respecter un certain nombre de formes : une véritable procédure apparaît et un lien, même ténu, entre le juge et le droit[1]. Le premier énoncé des règles du droit romain dont nous soyons sûrs, la loi des XII Tables (en 450 av. J.-C.) organise ce qu'on appelle la *procédure des actions de la loi*. Des règles sont fixées pour saisir un magistrat (d'abord un des deux consuls, puis à partir de 367 av. J.-C. le *préteur*) devant lequel les parties doivent se présenter en personne, prononcer des paroles rituelles et accomplir des gestes formalistes pour *lier* le procès. Seules les actions prévues par la loi peuvent être intentées devant le magistrat au cours de cette première phase du jugement. Le préteur, depuis une époque qui n'est pas clairement déterminée, renvoie l'examen du fond de l'affaire, c'est-à-dire des preuves que les parties peuvent apporter en soutien de leurs prétentions, à un juge unique. Ce simple particulier, en fait choisi parmi les membres des classes supérieures, rend une opinion (*sententia* qui a donné le français sentence) qui tranche le procès, désignant un gagnant et un perdant. En revenant devant le magistrat, le gagnant peut passer à l'exécution de la sentence, notamment en traitant le débiteur insolvable comme son esclave. Si la cité ne met aucun moyen au service des plaideurs pour forcer le défendeur à se présenter sur le forum (le *prétoire* qui est alors public), il y a bien l'idée d'une force de la chose jugée qui permet d'exercer une contrainte. La même procédure s'applique aux causes pénales, en réservant toutefois le prononcé de la peine capitale à l'assemblée des citoyens en armes, les comices centuriates.

Plus tard, sous la République et l'Empire (entre le IIe siècle av. J.-C. et le IIIe siècle ap. J.-C.), cette procédure en deux temps évolue vers moins de for-

1. M. Weber, *Sociologie du droit*, trad. fr. J. Grosclaude, Paris, PUF, 1986, p. 42.

malisme avec le recours à une *formule*, un texte rédigé par le préteur en accord avec les parties qui sert d'instruction, dans la deuxième phase, au juge unique. L'Empire romain tardif (après le IIIe siècle de notre ère) a connu un troisième type de procédure avec une seule phase devant un agent de l'empereur, gouverneur de province ou préfet, voire devant le conseil impérial lui-même. Les compilations de Justinien, au début du VIe siècle, ont réuni ces règles (sur la procédure, la preuve, l'appel, la défense en justice, l'exécution forcée des sentences) d'une justice « fonctionnarisée » : le juge doit désormais observer les lois (*Institutes* de Justinien, 4, 17, pr.).

Au Moyen Âge, le droit canonique, puis les droits séculiers après la redécouverte des compilations de Justinien (fin XIe siècle), ont recueilli cet héritage pour développer ce qu'on appelle la *procédure romano-canonique*, mélangeant des règles d'origine romaine et des orientations propres au droit de l'Église, fondé sur l'idée que les juges ecclésiastiques doivent répondre de leurs actes devant Dieu et donc se montrer probes et équitables. Au XIIe siècle, le *Décret* de Gratien rappelle que le bon juge doit décider non selon son arbitraire, mais conformément au droit (*juxta leges et jura*, canon *Judicet ille*, C. 3, q. 7, c. 4). Les commentateurs des textes romains et canoniques n'ont pas cessé d'affirmer que le juge devait respecter les lois et les canons. Les juges royaux prêtent serment et, parmi eux, les baillis et sénéchaux doivent, depuis Saint Louis, jurer de respecter les droits, usages et coutumes des lieux où ils exercent leur fonction. Pour autant, il ne faut pas imaginer, au Moyen Âge ou au début des Temps modernes, une légalité stricte obligeant les juges à trancher en citant expressément les normes qu'ils appliquent. La législation séculière est encore limitée, laissant au juge beaucoup de latitude pour s'appuyer sur l'autorité des textes de droit romain et de droit canon ou sur des coutumes dont il détermine lui-même la force et le contenu. Alors que des jugements du XIIIe siècle contenaient des « raisons », des explications rapidement argumentées (avec dans les *Olim*, les premiers arrêts du Parlement de Paris qui ont été conservés, les formules latines « *attento quod* » ou « *considerato quod* »), les juges ont renoncé au cours des XIVe et XVe siècle à donner les motifs de leur décision pour ne pas en affaiblir la portée. Le jugement se limite à l'exposé des prétentions des parties (que l'on appelle les *qualités*) et au *dispositif*, c'est-à-dire la sentence proprement dite qui va expliciter l'issue du procès.

Même en Angleterre, où ont été créées dès le XIIe siècle, des Cours royales siégeant à Westminster pour juger selon le *common law*, c'est-à-dire une loi commune déclarée par ces mêmes Cours, les décisions conservées dans un ensemble de recueils appelés les *Year Books* (de 1268 à 1535) ne donnent guère d'explications sur le raisonnement des juges et ont pu correspondre à des « cas d'école », forgés pour servir à l'apprentissage des futurs avocats. Que l'on parle de *case law* ou de précédents, les décisions judiciaires ne sont pas toutes conservées dans des archives (utilisées par les seuls juges pour savoir ce qui a été jugé précédemment) et celles qui sont transcrites dans des manuscrits ou plus tard dans des livres imprimés ne fournissent qu'une aide limitée aux avocats et aux plaideurs pour soutenir leurs arguments. L'institution du jury, en matière criminelle mais aussi en matière civile, qui apparaît aussi à partir du XIIe siècle en Angleterre, repose sur l'idée que des jurés sans connaissance juridique (des *laymen*) peuvent rendre la justice selon leur conscience, ce qui est en principe interdit aux juges permanents. L'autorité des juges, en Angleterre, sur le continent européen, comme celle des cadis dans les pays musulmans, était alors considérable. Ils devaient déterminer, entre un grand nombre de normes éparses, celles qui étaient applicables au litige et pouvaient choisir entre les arguments tirés du droit romain, du droit coutumier ou de la législation royale, sans avoir à expliciter les motifs de leur décision. Chaque jugement était une norme individuelle, avec un commandement et une sanction, s'appliquant seulement aux parties en litige.

2. Aux origines de la jurisprudence

C'est pourtant aux Temps modernes (XVIe-XVIIIe siècles) que se situent les lointaines origines de ce que nous appelons la *jurisprudence* (un terme qui désignait, dans la tradition romaine, la science du droit et non les précédents jugés par les tribunaux). La publication des décisions de grandes juridictions, comme celles du Tribunal de la Rote auprès du pape, et des *consilia* (conseils) donnés par de grands juristes précède l'essor des recueils d'arrêts. En France, ces recueils sont l'œuvre de juges ou d'avocats qui publient une sélection d'arrêts d'un Parlement (une Cour souveraine jugeant en appel), s'efforçant de conjecturer les motifs en liant la décision en faveur d'une partie aux arguments utilisés dans les plaidoiries par l'avocat de cette partie. Cette méthode est problématique et ces recueils contiennent beaucoup d'erreurs sur les arrêts rapportés. Pourtant, cette littérature utilisée par les praticiens, qui citaient des précédents en leur faveur devant les juges, montre que les juristes des XVIIe et XVIIIe siècles attachent de l'importance à ce qu'ils appellent la *jurisprudence des arrêts*. Il est légitime de penser que des juges tentent de juger de la même façon les cas semblables (« *Like cases must be treated alike* » disent les juristes anglais) et qu'ils sont amenés à reconnaître une certaine autorité aux précédents qui émanent de leur Cour. Comme les Parlements pouvaient rendre des « arrêts de règlement » fixant, à partir de la solution d'un procès particulier, une règle générale applicable dans l'avenir, de plus en plus de juristes sont persuadés que les juges, du moins ceux des cours supérieures, peuvent créer du droit.

Dans la seconde moitié du XVIIe siècle et au XVIIIe siècle, l'absolutisme monarchique et les ambitions centralisatrices des souverains, notamment des « despotes éclairés », suscitent un mouvement de défiance à l'égard des juges et de leur « arbitraire » (qui correspondait, en réalité, au pouvoir qui leur avait été reconnu de longue date de mesurer les peines, par exemple en tenant compte de circonstances aggravantes ou atténuantes). L'ordonnance de procédure civile édictée par Louis XIV en 1667 déclare la nullité des jugements contraires aux lois royales, enjoignant aux juges d'en référer au monarque en cas d'obscurité ou de lacune de la loi. Plusieurs législations, en Italie et en Prusse, vont dans le même sens au XVIIIe siècle. En 1764, Beccaria donne dans son ouvrage *Des délits et des peines* (§ 4, Interprétation des lois) la forme la plus radicale à ce légalisme qui trouve sa source, en matière pénale, dans la critique des peines arbitraires décidées par les juges. Partisan d'une codification du droit pénal avec une détermination légale de chaque délit et de chaque peine, Beccaria considère que tout jugement pénal « doit former un syllogisme parfait ». Selon la figure de la logique d'Aristote, que le philosophe musulman Averroès avait déjà appliquée au droit au XIIe siècle, Beccaria propose la formule suivante de ce « syllogisme judiciaire » : « la majeure doit être la loi générale, la mineure l'acte conforme ou non à la loi, la conclusion étant l'acquittement ou la condamnation ».

B ■ La jurisprudence acquiert force de loi

1. La motivation des jugements

La Révolution française a mis en application ce programme de subordination stricte du juge à la loi, en particulier à la loi pénale. L'Assemblée constituante vote en 1791 le premier Code pénal français qui définit strictement les crimes et les peines encourues par les criminels. Après le verdict d'un jury criminel attestant que l'accusé est coupable, les juges du Tribunal criminel doivent trouver dans le Code pénal l'article qui sanctionne l'acte contraire à la loi et l'appliquer, en apparence de manière mécanique. La loi judiciaire des 16-24 août 1790 ordonne à tous les juges de rédiger leurs jugements en quatre parties. « Dans la première, les noms et les qualités des parties seront énoncés. Dans la seconde, les questions de fait et de droit qui constituent le procès seront posées avec précision. Dans la troisième, le résultat des faits reconnus ou constatés par l'instruction, et les motifs qui auront déterminé le jugement, seront exprimés. La quatrième enfin contiendra le dispositif du jugement ». L'obligation de motiver les jugements, en visant particulièrement les lois appliquées, impose un style de rédaction qui illustre cette soumission des juges aux lois.

Pour contrôler le respect de la légalité par les juges et juger uniquement du droit, sans entrer dans le fond des affaires, l'Assemblée constituante a également établi, par la loi des 27 novembre-1er décembre 1790, le Tribunal de cassation, qui prit le titre de Cour de cassation en 1804. Destinée selon certains députés à supprimer la « jurisprudence des tribunaux », cette création précipita en réalité l'avènement de la jurisprudence moderne. Les décisions du Tribunal de cassation, motivées sur la base des lois qui justifiaient la cassation ou la confirmation du jugement des juridictions du fond, furent rédigées sur le modèle des lois avec des attendus ou des considérants. Ces décisions étaient bien des normes individuelles s'appliquant aux seules parties au procès, mais elles parlaient au nom de la loi et comme la loi pour diffuser des interprétations uniformes des énoncés législatifs. Divers mécanismes plus ou moins contraignants furent mis en place, de 1800 à 1837, pour amener les cours d'appel, devant lesquelles les affaires étaient renvoyées après cassation, à accepter l'autorité de la Cour de cassation. La loi du 1er avril 1837 imposa à la seconde cour d'appel de renvoi (dans une même affaire ayant donné lieu à deux pourvois en cassation dans le temps) de se soumettre, sur le point de droit, à l'arrêt pris par une formation solennelle de la Cour de cassation à la suite du deuxième pourvoi.

2. La publication des arrêts

Les arrêts de la Cour de cassation ont fait l'objet d'une large diffusion par l'intermédiaire de son *Bulletin officiel* (deux séries, civile et criminelle, depuis 1798) et grâce à l'essor des recueils privés de jurisprudence, dont les plus anciens, ceux de Sirey et Dalloz remontent au début du XIXe siècle. Tous les arrêts ne sont pas publiés dans ces recueils, une sélection est opérée par la Cour elle-même pour l'insertion dans le *Bulletin*, par les éditeurs privés et leurs collaborateurs juristes pour ces collections continues qui ont constitué un modèle imité ensuite dans les pays du continent européen. Un phénomène comparable de « standardisation » de la publication des arrêts s'est opéré en Angleterre où des recueils fragmentaires, à l'initiative de juges ou d'avocats, qui existaient depuis le XVIe siècle ont été remplacés à partir de 1865 par la série continue des *Law Reports* qui contient les décisions des Cours sélectionnées par une société privée avec le soutien des juges.

Ce sont tous ces facteurs qui ont contribué à faire de la *jurisprudence* (dans les pays de droit civil pourvus de codes) et du *case law* (dans les pays de *common law* dépourvus en général de code) un ensemble de normes générales ayant une autorité et un impact qui dépasse le règlement des affaires auxquelles ces décisions judiciaires sélectionnées ont donné lieu. Il s'agit d'un phénomène, présent dans pratiquement tous les ordres juridiques aujourd'hui et de très grande importance, qui transforme certaines décisions judiciaires de normes individuelles en normes générales. À la base, il y a toujours un jugement (ou un arrêt comme l'on dit en France pour des cours, le terme jugement étant utilisé pour les tribunaux) qui a tranché une affaire particulière. Le plus souvent, il s'agit d'une décision d'une Cour jugeant en dernier ressort qui jouit d'un fort prestige et se trouve en situation d'imposer, à plus ou moins long terme, sa solution de droit à des juridictions inférieures. C'est la motivation en droit (le texte des *attendus* dans l'ordre judiciaire, des *considérants* dans l'ordre administratif), ou comme l'on dit dans les pays de *common law* la *ratio decidendi* (la ou les « raisons » qui ont amené les juges à décider dans ce sens), qui « fait jurisprudence » : elle a vocation à être reproduite dans une affaire semblable (un autre cas dont les caractères ne sont pas fondamentalement distincts du cas jugé) et à diffuser, au moins pour certains temps, une interprétation donnée à une règle de droit, qu'elle repose sur un énoncé législatif, constitutionnel, réglementaire ou sur une coutume. Dans certaines situations, un seul arrêt peut créer une jurisprudence : le terme est pris alors dans un sens précis pour désigner la nouvelle norme générale qui résulte de cette décision judiciaire marquante. Dans d'autres cas, une répétition d'arrêts du même type, soutenus par des décisions d'autres juridictions (Cours d'appel par exemple en plus de la Cour de cassation) installe progressivement cette jurisprudence[1]. Ce processus a pu être rapproché de la coutume, dans la mesure où cette répétition incite les avocats, comme les autres juges, à rallier cette jurisprudence. Une telle analyse, qui est discutable, rappelle que les juges sont toujours à l'origine de la reconnaissance de la coutume comme règle de droit. De même la jurisprudence, après avoir été présentée de manière minimaliste comme une *autorité* du droit, venant compléter la loi sans pouvoir la modifier, est de plus en plus reconnue comme une « jurisprudence législative »[2].

II ▪ Les juridictions souveraines productrices de jurisprudence en France

Les jugements et leur rôle dans la création de normes juridiques sont des phénomènes aujourd'hui présents dans tous les ordres juridiques. Il faut néanmoins tenir compte, pour apprécier leur portée, des traditions historiques, de l'organisation judiciaire et de la structuration des systèmes normatifs. Dans le cas de la France, l'institution d'une juridiction de cassation depuis la Révolution française, l'établissement de la dualité juridictionnelle entre l'ordre judiciaire et l'ordre administratif depuis le Consulat, la complémentarité qui s'est instaurée dès le XIXe siècle entre les codes et la jurisprudence, enfin des réformes plus récentes du droit judiciaire ont déterminé la configuration actuelle, dont il faut expliquer les bases, nécessaires pour la compréhension de toutes les règles du droit français. La Cour de cassation et le Conseil d'État sont deux juridictions *souveraines*, dans la mesure où elles statuent en dernier ressort dans l'ordre interne et ont le pouvoir d'imposer leur jurisprudence.

A ▪ Dans l'ordre judiciaire

1. La compétence des juridictions civiles et pénales

Les juridictions de l'ordre judiciaire sont, en France, celles qui sont compétentes en matière civile et en matière pénale.

1. V. *Situation 1*.
2. Frédéric Zénati, *La Jurisprudence*, Paris, Dalloz, 1991.

Dans le premier cas, il s'agit d'un procès entre deux personnes (physiques ou morales, ces dernières étant par exemple des sociétés ou des associations) qui ont des intérêts divergents et soutiennent chacune (le *demandeur* qui introduit la demande et le *défendeur* qui est assigné pour lui répondre) qu'elles sont dans leur bon droit. Les juridictions civiles tranchent les procès sur les matières traitées dans le Code civil (droit des personnes et de la famille, droit des biens et propriété, droit des obligations, contrats et responsabilité), mais aussi dans le Code de commerce, le Code du travail, le Code de la consommation et dans toute la législation (au sens large, incluant les règlements) susceptible de s'appliquer à ce contentieux entre particuliers. Ces mêmes juridictions de l'ordre judiciaire sont compétentes, dans des formations différentes et avec quelques exceptions, dans le domaine pénal.

Dans ce cas, il s'agit de poursuivre et de juger les auteurs d'*infractions*, c'est-à-dire les personnes (physiques, mais aussi morales depuis le Code pénal de 1992) convaincues de comportements (par exemple un vol, un abus de confiance, le non-respect d'une règle du Code de la route) qui sont sanctionnés par une peine dans le Code pénal ou dans les lois pénales spéciales selon le principe de la légalité des délits et des peines.

Le déclenchement de l'action en justice devant les juridictions pénales

Les juridictions pénales sont saisies par l'*action publique* dont le monopole appartient en France aux magistrats du *ministère public* ou du *Parquet* : c'est un procureur qui, au nom de l'État, poursuit une personne déférée devant une juridiction pénale. Le ministère public agit dans le plus grand nombre de cas à son initiative et il peut, sous certaines conditions, refuser de poursuivre des faits qui ont fait l'objet d'une *dénonciation* (une information donnée à la police ou au procureur qui peut être le fait de n'importe quelle personne ayant connaissance d'un fait délictueux) ou d'une *plainte* (déposée par la victime de l'infraction dont les droits ont été lésés, par exemple la victime d'un vol). C'est le principe de l'*opportunité des poursuites* qui permet au ministère public de classer « sans suite » des affaires où il n'y a pas de preuves tangibles de la commission d'une infraction, où il a été impossible de retrouver l'auteur de cette infraction ou dans lesquelles l'atteinte à l'ordre public paraît minime. En déposant une plainte avec *constitution de partie civile*, c'est-à-dire en réclamant des dommages-intérêts pour le préjudice qu'elle a subi, une victime peut néanmoins forcer le ministère public à mettre en mouvement l'action publique. Certaines administrations (des eaux et forêts, en matière fiscale) ont également ce pouvoir.

En matière pénale, la juridiction compétente est déterminée en raison de la gravité de l'infraction. Depuis la Révolution française, il existe en France une tripartition entre *contraventions, délits* et *crimes*. Les contraventions concernent les infractions les moins graves (par exemple, le non-respect des règles du Code de la route) qui donnent lieu à des peines d'amende (elles sont divisées en cinq classes de gravité croissante, la 5e classe pouvant donner lieu à une amende maximale de 1 500 € et 3 000 € en cas de récidive). Les délits sont des infractions plus graves qui peuvent donner lieu à des amendes au-dessus de 3 500 € et à des peines d'emprisonnement d'une durée maximale de 10 ans. Les crimes correspondent aux comportements les plus graves (par exemple, l'assassinat ou le viol) qui peuvent donner lieu à des peines de réclusion de longue durée (jusqu'à la perpétuité « réelle », c'est-à-dire la condamnation à un enfermement comportant une durée incompressible qui ne peut pas faire l'objet d'une mesure de libération conditionnelle).

2. La hiérarchie des juridictions : double degré de juridiction et cassation

La hiérarchie des juridictions tient compte de cette tripartition, de même que de l'importance des causes civiles (avec des seuils calculés selon le montant de l'objet du litige quand il peut être évalué) et des voies de recours (appel, cassation) ouvertes aux plaideurs.

• **Première instance.** En application de la loi du 23 mars 2019, les anciens tribunaux d'instance (TI) et de grande instance (TGI) ont été fusionnés au sein des *tribunaux judiciaires* (TJ). 164 tribunaux judiciaires forment la juridiction de droit commun en matière civile et statuent (le plus souvent avec une formation collégiale, mais dans de nombreux cas à juge unique) sur l'état des personnes, la propriété immobilière, les brevets, les conflits collectifs du travail et les affaires personnelles et mobilières d'un montant supérieur à 10 000 €. Des juges du contentieux de la protection (JCP) décident des affaires de surendettement, de crédit à la consommation, de bail d'habitation, de protection des majeurs et d'expulsion. 125 tribunaux de proximité ont été maintenus en dehors du siège du tribunal judiciaire et peuvent juger les affaires civiles jusqu'à 10 000 €. Le tribunal judiciaire se confond, au pénal, avec le *tribunal de police* qui juge les contraventions et avec le *tribunal correctionnel* qui juge les délits. Aux tribunaux judiciaires sont également rattachés les juges d'instruction pour instruire les crimes et les délits complexes, et les juges des enfants qui décident, seuls ou au sein des tribunaux pour enfants avec deux assesseurs non professionnels, les causes relatives aux mineurs délinquants ou aux mineurs à protéger. Sont aussi des juridictions d'attribution en première instance les 134 *tribunaux de commerce* pour juger les conflits entre commerçants, ceux relatifs aux sociétés et actes de commerce, le règlement des difficultés des entreprises et les 210 *conseils de prud'hommes* pour juger les litiges individuels du travail. Les cours d'assises forment, dans chaque département, une juridiction réunie en sessions, avec 3 magistrats et 6 jurés en première instance, qui jugent les crimes.

• **Appel.** Les 36 cours d'appel jugent, en appel de la partie qui a perdu le procès en première instance, les causes civiles, commerciales et sociales décidées en première instance par les TGI, les tribunaux de commerce et les conseils de prud'hommes et au pénal les infractions jugées par les tribunaux correctionnels. Des cours d'assises d'appel (avec 9 jurés au lieu de 6) existent depuis 2000. Les décisions rendues en appel le sont en dernier ressort, elles doivent être exécutées et ne peuvent être contestées que par un recours en cassation, portant uniquement sur des questions de droit.

• **Cassation.** Au sommet de l'ordre judiciaire se trouve, en France, depuis 1790 une juridiction de cassation qui s'est appelée d'abord *Tribunal de cassation*, puis après 1804 (à la faveur de l'établissement de l'Empire) *Cour de cassation*. Cette juridiction unique est chargée de statuer sur les pourvois en cassation formés contre les arrêts (des Cours d'appel) et les jugements (par exemple de juges d'instance) en dernier ressort, sans « connaître du fond des affaires ». Cela signifie que le recours en cassation n'est pas un deuxième appel et que la Cour de cassation n'a pas à examiner les faits. La preuve des faits relève de l'*appréciation souveraine* des « juges du fond », la plupart du temps ceux des Cours d'appel. La Cour de cassation fait porter son examen sur les questions de droit : elle juge si les juges du fond n'ont pas violé la loi. Les *moyens*, proposés par le requérant ou relevés d'office, reposent sur des *ouvertures à cassation*, des configurations des différentes erreurs de droit qui peuvent être commises par les juges du fond : contravention à la loi, fausse application de la loi, violation des formes de procédure, manque de base légale (quand la motivation insuffisante de la décision attaquée ne permet pas de déterminer si les juges du fond ont bien appliqué la loi), excès de pouvoir.

Si la Cour de cassation juge qu'il y a eu violation de la loi, elle casse (« casse et annule » comme continuent à dire certains arrêts de manière redondante) la décision qui a fait l'objet du pourvoi et, sauf exceptions, renvoie le fond de l'affaire devant une nouvelle juridiction (le plus souvent, une cour d'appel voisine de celle qui a rendu l'arrêt cassé) qui examinera à nouveau les faits. Avec leurs motifs de droit (interprétant la loi et pouvant comporter en tête de décision un « attendu de principe »), les arrêts de la Cour de cassation (y compris les arrêts de rejet qui, tout en déboutant le requérant, valident aussi une solution) participent à la formation ou à la consolidation de la jurisprudence. Ils jouissent d'une autorité de fait qui amène, le plus souvent, les Cours d'appel à adopter, sur renvoi, la règle de droit énoncée dans l'arrêt de cassation. Mais la cour d'appel de renvoi peut en décider autrement, avec le risque d'un deuxième pourvoi en cassation dans la même affaire. Dans cette hypothèse, la Cour de cassation est en mesure d'imposer sa jurisprudence depuis 1837. Le second pourvoi est porté, depuis des lois de 1967 et 1979, devant l'Assemblée plénière, une formation de 19 membres : le premier président, les six présidents et doyens de chacune des 6 chambres, un conseiller de chacune de ces chambres. L'arrêt d'Assemblée plénière, quand il donne lieu à une cassation suivie de renvoi, oblige la cour d'appel de renvoi à s'incliner devant la décision de la Cour de cassation[1]. Si l'on ajoute

1. V. *Situation 2.*

que la loi du 15 mai 1991 a permis aux juridictions civiles (puis pénales par une autre loi en 2001) de saisir pour avis la Cour de cassation, le législateur a habilité (au moins depuis 1837, sinon depuis 1790) la Cour de cassation à délivrer une interprétation authentique des lois qu'elle est en mesure d'imposer de fait, ou de droit (en cas de second pourvoi) aux juges du fond. La jurisprudence civile ou pénale repose donc pour l'essentiel sur les arrêts (parfois un seul suffit, en l'absence de conflit avec les cours d'appels) de la Cour de cassation, les cours d'appel conservant un rôle important pour initier des jurisprudences nouvelles qui, selon les cas, donneront lieu ou non à des pourvois permettant à la Cour de cassation d'exercer son contrôle.

B ▪ Dans l'ordre administratif

Les législateurs révolutionnaires ont instauré, par la loi des 16-24 août 1790 (titre II, art. 13) la règle de la *séparation des autorités administratives et judiciaires* : il est interdit aux juges ordinaires, en matière civile ou pénale, d'annuler des actes administratifs ou d'empiéter sur les fonctions administratives.

1. Le Conseil d'État

Au début du Consulat, en 1800, la Constitution de l'an VIII a établi le Conseil d'État « pour résoudre les difficultés qui s'élèvent en matière administrative », en même temps qu'étaient créés dans les départements des conseils de préfecture qui, jusqu'en 1953, jugeaient le contentieux fiscal et des travaux publics en première instance. Doté d'une commission (puis section) du contentieux dès 1808, le Conseil d'État s'est vu reconnaître la compétence pour annuler les décisions des conseils de préfecture ainsi que celles des ministres qui étaient attaquées par des administrés. Le *contentieux administratif* porte sur des *actes administratifs* dont la légalité est contestée par un administré au moyen d'une requête. Les principaux recours sont le *recours pour excès de pouvoir*, développé au cours du XIXe siècle, pour permettre aux administrés de contester la légalité des décisions de l'administration (sans passer par le ministre-juge depuis l'arrêt *Cadot* de 1889) et le *recours en plein contentieux*, visant (là aussi en contestant la légalité d'un refus d'indemnisation) à obtenir une indemnisation de l'administration en cas de dommage causé en matière de contrats administratifs[1] ou de responsabilité administrative.

Tout en conservant par ailleurs des fonctions consultatives auprès du Gouvernement, notamment pour la préparation des projets de loi et des décrets, le Conseil d'État a acquis, au cours du XIXe siècle, l'indépendance organique (incluant la stabilité de ses membres, même s'ils ne bénéficient pas de l'inamo-

1. V. *Situation 3*.

vibilité des juges du siège) et procédurale propre à une juridiction. La loi du 24 mai 1872 a marqué le passage du système de la justice retenue, dans lequel le chef de l'État n'était pas tenu d'homologuer l'arrêt du Conseil d'État, à celui de la justice déléguée : le Conseil d'État statue souverainement en dernier ressort sur les recours administratifs. Le recours pour excès de pouvoir est largement ouvert à tout requérant qui a *intérêt à agir* (par exemple, tout contribuable d'une commune contre des actes de la municipalité depuis l'arrêt *Casanova* de 1901) et, en cas de violation de la loi, il permet au Conseil d'État d'annuler même des règlements émanant des plus autorités de l'État (règlements d'administration publique depuis l'arrêt *Compagnie des chemins de fer de l'Est* en 1907, décrets du Président de la République et du Premier ministre sous la Vᵉ République).

2. La compétence des juridictions administratives

La justice administrative est aujourd'hui organisée en trois niveaux.

• Les *tribunaux administratifs*, au nombre de 31 en métropole, connaissent des recours contre les décisions des collectivités locales, des préfets ou des établissements publics.

• En appel, 8 *cours administratives d'appel* réexaminent les décisions des tribunaux administratifs qui leur sont déférées par les particuliers ou par les administrations concernées.

• Le Conseil d'État statue, selon les cas, en première instance (sur les recours pour excès de pouvoir dirigés contre les décrets ou pour les actes non-contractuels dont le champ d'application s'étend au-delà du ressort d'un tribunal administratif), en appel (des décisions des tribunaux administratifs en matière d'élections municipales et départementales) ou en cassation (c'est-à-dire sur les questions de droit uniquement, pour les décisions des Cours administratives d'appel, des juridictions financières ou de la Cour nationale du droit d'asile). Le renvoi après cassation est plus rarement utilisé par le Conseil d'État que par la Cour de cassation, ce qui correspond à une hiérarchie plus affirmée dans l'ordre administratif, rendant peu probable une « résistance » des tribunaux administratifs ou des Cours administratives d'appel à la jurisprudence du Conseil d'État.

Les conflits de compétence entre l'ordre judiciaire et l'ordre administratif

La dualité juridictionnelle fonctionne en France avec un système de règlement des conflits de compétence entre l'ordre judiciaire et l'ordre administratif : conflit positif quand les deux ordres revendiquent la compétence sur la même affaire, conflit négatif quand ils déclinent au contraire leur compétence face aux mêmes plaideurs. Est alors saisi le *Tribunal des conflits*, une juridiction paritaire de 8 membres (4 pris dans la Cour de cassation, 4 dans le Conseil d'État, 4 autres membres sont appelés de manière paritaire en cas de partage des voix pour qu'une majorité se dégage depuis la loi du 16 février 2015) qui détermine quelle est la juridiction compétente.

De manière significative sur la place de la jurisprudence en droit administratif, les recueils sélectionnant les grands arrêts de la jurisprudence administrative[1] comportent des décisions de ces trois juridictions. Les problématiques de la sélection des pourvois et des requêtes (plus poussée au sein du Conseil d'État qu'au sein de la Cour de cassation, qui a mis en œuvre une procédure de sélection des pourvois uniquement depuis 2001), de la rédaction des arrêts, du choix de les publier ou non, du pilotage (dans un souci de cohérence) du développement de la jurisprudence sont communes aux deux juridictions souveraines dans l'ordre interne en France. Leur rôle a été encore renforcé par la révision constitutionnelle de 2008 qui leur attribue, chacune dans leur ordre, le pouvoir de sélectionner les questions prioritaires de constitutionnalité qui sont adressées au Conseil constitutionnel.

III ▪ Le statut des normes jurisprudentielles

Dans l'ordre juridique français, comme dans les autres pays (ceux de droit civil comme ceux de *common law* connaissent cette question de l'articulation entre les lois et les jugements, avec partout un impact important de la jurisprudence ou du *case law*), coexistent aujourd'hui différentes formes de jurisprudence. Cette forte présence des jurisprudences doit amener à réviser les théories traditionnelles qui, en se référant à la notion de sources (v. Séquence 1), ont conduit à des apories sur la portée des normes jurisprudentielles.

A ▪ Les différentes formes de jurisprudence

1. La jurisprudence constitutionnelle

La création du Conseil constitutionnel par la Constitution de la Ve République en 1958 et l'impact croissant de ses décisions depuis 1971 (v. Séquence 4) ont amené à envisager en France la coexistence de trois jurisprudences : judiciaire,

1. Comme *Les grands arrêts de la jurisprudence administrative* (*GAJA*) publiés par M. Long, P. Weil, G. Braibant, P. Delolvé et B. Genevois, Dalloz, 22e éd., 2019.

administrative et constitutionnelle. La position du Conseil constitutionnel est singulière : ce n'est pas à proprement parler une juridiction (le *Conseil* n'a pas le titre, ni encore tous les attributs d'une Cour constitutionnelle comme il en existe dans des pays européens voisins, bien qu'il se soit rapproché de cette situation) et ce n'est pas une Cour suprême qui pourrait annuler des décisions de la Cour de cassation et du Conseil d'État (comme la Cour suprême des États-Unis peut réformer les décisions de toutes les juridictions fédérales et d'État ou comme la Cour constitutionnelle allemande qui peut juger les décisions des Cours des cinq ordres judiciaires existant dans ce pays comme contraires à la Constitution). Pour autant, les *décisions* (qu'il ne faut pas appeler, de manière symptomatique, jugements ou arrêts) du Conseil constitutionnel s'imposent aux pouvoirs publics ainsi qu'à toutes les autorités administratives et juridictionnelles en vertu de l'article 62 de la Constitution. Ni la Cour de cassation, ni le Conseil d'État ne peuvent prétendre appliquer une disposition d'une loi qui a été jugée contraire à la Constitution par le Conseil constitutionnel. La question est plus complexe pour ce qui concerne l'influence (indéniable, mais dépendant aussi du bon vouloir des cours souveraines) de la motivation[1] des décisions du Conseil constitutionnel sur la Cour de cassation et le Conseil d'État. Depuis 2010, le mécanisme de la *question prioritaire de constitutionnalité* (sur cette QPC, v. Séquence 4) amène les trois organes à collaborer, en préservant l'indépendance de chacun : seules les QPC filtrées par le Conseil d'État et la Cour de cassation parviennent au Conseil constitutionnel, dont la décision va s'appliquer concrètement à l'affaire à l'origine de la question.

2. La répartition des tâches entre les trois juridictions souveraines

À l'initiative des Cours elles-mêmes, confirmant ainsi le pouvoir créateur de normes de la jurisprudence, puis des arbitrages rendus par le législateur et le pouvoir constituant (le dernier en date avec l'instauration de la QPC), une répartition des tâches s'est établie pour purger l'ordre juridique français des normes invalides. Au Conseil constitutionnel est réservé le pouvoir d'annuler les lois qu'il juge (après en avoir été saisi) contraires à la Constitution. La Cour de cassation et le Conseil d'État (c'est la théorie dite de la « loi-écran » rattachée à l'arrêt *Arrighi* du 6 novembre 1936) s'interdisent d'annuler une loi au motif qu'elle serait inconstitutionnelle. En revanche, depuis l'arrêt *Jacques Vabre* de 1975 pour l'ordre judiciaire et l'arrêt *Nicolo* de 1989 pour l'ordre administratif, la Cour de cassation et le Conseil d'État (ainsi que les juridictions inférieures placées sous leur contrôle) peuvent écarter (c'est-à-dire ne pas appliquer au procès qui leur est soumis, et non annuler) une loi française

1. Cette motivation a été rédigée en *considérants* jusqu'en mai 2016.

qu'ils estiment contraire aux traités et aux règles du droit international : c'est le *contrôle de conventionnalité* qui donne un grand pouvoir aux juges sur la base des normes du droit international et du droit européen intégrées à l'ordre juridique français (v. Séquence 5). Les actes administratifs ne peuvent être annulés, pour illégalité, que par les juridictions administratives[1] ; toutefois, les juridictions pénales peuvent, par voie d'exception, écarter de tels actes pour ne pas avoir à appliquer des peines illégales.

3. Au niveau européen : les arrêts de la CJUE et de la CEDH

Il faut ajouter, dans le cas français (qui est aussi celui des pays membres de l'Union européenne et du Conseil de l'Europe) l'impact important des jurisprudences de la Cour de justice de l'Union européenne (CJUE, siégeant à Luxembourg) et de la Cour européenne des droits de l'homme (CEDH, siégeant à Strasbourg).

La CJUE est rarement saisie par des particuliers, mais elle agit le plus souvent à la suite d'une *question préjudicielle* (à trancher préalablement avant l'issue du procès) posée par une juridiction nationale, sollicitant une interprétation (seule la CJUE peut donner une interprétation uniforme pour tous les États de l'Union européenne) d'une norme du droit européen. Cette jurisprudence interprétative des traités, règlements et directives européennes a ainsi des effets qui sont en général relayés en France par la jurisprudence de la Cour de cassation et du Conseil d'État.

La CEDH, de son côté, juge des actions (après épuisement des voies de recours internes, c'est-à-dire souvent après un arrêt du Conseil d'État ou de la Cour de cassation) des personnes vivant en France qui s'estiment victimes de violations de la Convention européenne des droits de l'homme, un traité signé par la France en 1950 et ratifié seulement en 1974. Les procès devant la CEDH opposent donc un requérant à l'État français et c'est ce dernier qui est condamné (à une indemnisation symbolique ou plus importante en argent) aux cas où la Cour de Strasbourg constate une atteinte injustifiée aux droits garantis par la convention. En fait, l'autorité des arrêts de la CEDH est devenue tellement forte qu'il est difficile au législateur de ne pas tenir compte d'une telle condamnation[2]. Pour éviter que d'autres condamnations ne se reproduisent dans des cas semblables, ce qui illustre bien l'effet d'entraînement de la jurisprudence, le législateur ou les juges français sont amenés à modifier les lois ou les jurisprudences jugées contraires à la Conv. EDH. Si la compétence de la Cour de Strasbourg se limite aux droits de l'homme garantis par la convention, sa jurisprudence est aussi prise en compte par les cours

1. V. *Situation 4.*
2. V. *Situation 5.*

souveraines en France. On a bien là l'exemple d'un phénomène d'incorporation de la jurisprudence à l'énoncé normatif (ici un traité) qui lui a servi de point de départ.

B ▪ La portée normative de la jurisprudence

Ces phénomènes, particulièrement visibles depuis des décennies, voire des siècles pour la naissance de la jurisprudence de la Cour de cassation, doivent conduire à abandonner les schémas classiques sous-estimant gravement la portée de la jurisprudence. Sous prétexte de l'article 5 du Code civil, interdisant les arrêts de règlement (un article formellement respecté par des arrêts venant toujours trancher une cause particulière et qui, depuis 1804, est contrebalancé par l'article 4 du Code civil obligeant le juge à trancher sous peine de déni de justice), il ne sert à rien de se voiler la face sur cette transformation d'une partie des jugements (pas de tous, certains sont de routine et ne font pas jurisprudence) du statut de normes individuelles à celui de normes générales. C'est un euphémisme inutile que de classer la jurisprudence parmi les *autorités* du droit, aux côtés de la *doctrine* dont elle diffère radicalement (v. Séquence 7). Par la jurisprudence, les juridictions, notamment les Cours souveraines, créent du droit. Il faut parler de *normes jurisprudentielles* venant se placer à côté des *normes législatives* (au sens large, v. Séquence 1) dans la catégorie des *normes générales* qui elles-mêmes se distinguent des *normes individuelles* comme les jugements « ordinaires » ou les contrats.

La question de l'articulation entre *normes législatives* et *normes jurisprudentielles* suscite de vifs débats en théorie du droit (v. Séquence 7 et Séquence 9 sur l'interprétation). Les thèses légalistes insistent sur la soumission des juges au respect des normes législatives, en faisant la remarque que le pouvoir législatif ou le pouvoir constituant peut « casser » pour l'avenir une jurisprudence par une loi nouvelle ou une révision constitutionnelle contournant l'obstacle posé à une réforme législative par le Conseil constitutionnel. Les thèses dites réalistes, constatant la rareté de ces actes d'autorité du législateur ou du pouvoir constituant à l'égard des jurisprudences, considèrent au contraire que les textes législatifs ou constitutionnels ne proposent que des énoncés, dont l'interprétation, véritablement créatrice de la norme, revient aux autorités chargées de les mettre en œuvre, aux premiers rangs desquels les instances judiciaires. En défendant une position intermédiaire, celle de la construction des normes juridiques « par étapes » incluant à la fois des textes législatifs et l'action de la jurisprudence, l'on pourra dire que la norme jurisprudentielle est tantôt de valeur constitutionnelle, tantôt de valeur législative selon qu'elle interprète la Constitution ou les lois.

SÉQUENCE 2

Le droit créé par les jugements

SITUATION 1

Des cathédrales jurisprudentielles bâties par la Cour de cassation

Le développement, sur plus de deux siècles, de la jurisprudence de la Cour de cassation sur la responsabilité délictuelle et contractuelle est, à juste titre, l'exemple le plus connu en France de l'élaboration d'un *corpus* impressionnant de normes jurisprudentielles, qui a pu être comparée à la construction des cathédrales. Au point de départ, il y a bien sûr les règles du Code civil, notamment la clause générale de l'article 1382 (*1240*) qui, dans une admirable formule faisant la synthèse des enseignements de l'École du droit naturel moderne, pose le principe de la réparation des dommages causés à autrui par « tout fait quelconque de l'homme ». Si cet article mentionne la « faute » et s'il est complété à l'article 1383 par la mention de la « négligence » et de « l'imprudence », il ne donne guère de directives aux tribunaux pour décider qui est responsable et sur quel fondement. Les articles 1384 à 1386 paraissaient reprendre une casuistique ancienne selon laquelle, dans certaines situations, on pouvait être responsable du « fait des personnes dont on doit répondre » (c'est la responsabilité du fait d'autrui envisagée dans quatre hypothèses par l'article 1384) ou « des choses que l'on a sous sa garde » (une expression qui paraissait, au premier abord, renvoyer à la responsabilité des propriétaires d'animaux et de bâtiments en ruine établie par les articles 1385 et 1386). Le terme même de « responsabilité » n'était pas employé dans ce chapitre « des délits et des quasi-délits » et aucun lien n'était fait en apparence avec les dommages-intérêts payés en cas d'inexécution d'un contrat (art. 1147) ou avec l'obligation de veiller à la conservation de la chose avec tous les soins d'un bon père de famille (art. 1137). Tout en s'interrogeant sur les liens entre faute pénale et faute civile, et plus généralement sur l'idée d'unité de la faute, les premiers commentateurs du Code Napoléon ne se doutaient pas, pour la plupart (Toullier est une exception), des conséquences multiples de ces règles.

Ce sont les tribunaux, saisis de demandes en réparation de la part de victimes, qui ont donné toute sa force à la règle de l'article 1382, occultant au passage l'article 1383 considéré comme une simple redondance du précédent. Les juridictions de première instance paraissent avoir accueilli largement les actions des victimes d'accidents en tout genre, sans prendre même la peine de citer l'article 1382 dans tous les cas. Il revint à la Cour de cassation, tout au long du XIXe siècle, de préciser ce qu'était une faute, un préjudice corporel, matériel ou moral (cette dernière notion fait son apparition, en matière de concurrence déloyale, dès 1833) ou une faute présumée, dans certains cas de manière irréfragable, en relation avec les articles 1384 à 1386 du Code civil. Plus que la doctrine universitaire, c'est l'œuvre des praticiens, notamment à travers le *Répertoire alphabétique Dalloz* (1858, t. XXXIX, *V°* Responsabilité), qui diffusa et ordonna cette jurisprudence autour de la notion de faute.

Le développement des accidents liés à la révolution industrielle, accidents du travail et accidents de transport ferroviaire ou maritime, conduisit les juges à s'interroger sur le sort des victimes qui devaient faire la preuve de la faute du responsable, le propriétaire de l'usine ou l'entreprise de transport. Les tribunaux français, qui n'avaient pas rejeté la faute sur l'ouvrier lui-même ou sur un de ses camarades comme le faisaient à la même époque les juges anglais, étaient souvent enclins à faciliter cette preuve, en considérant que de tels accidents étaient dus à un vice de construction des machines ou à un non-respect des règles de sécurité ; pour autant, la position des victimes, souvent peu fortunées et atteintes dans leur chair, était peu enviable. Pour arriver au renversement du fardeau de la preuve (c'est-à-dire pour considérer que le propriétaire de la machine ou du train était responsable, sauf à prouver la force majeure, la faute de la victime ou d'un tiers), des cours d'appel commencèrent timidement à utiliser les articles 1386 ou 1384. Dans l'arrêt *Teffaine* (Civ. 16 juin 1896, *DP* 1897. 1. 423, note Saleilles), la Cour de cassation admit de rattacher à l'article 1384 (tout en parlant du vice de construction d'une chaudière de remorqueur qui évoquait plutôt l'article 1386) la responsabilité du propriétaire-employeur pour les dommages causés à l'un de ses salariés. Malgré quelques hésitations dans les arrêts des années suivantes, et le vote de la loi du 9 avril 1898 qui établit pour les accidents du travail un système de responsabilité objective et d'indemnisation forfaitaire (une intervention du législateur qui aurait pu mettre un terme à l'essor de la jurisprudence sur la responsabilité du fait des choses), la Cour de cassation poursuivit dans sa voie, consistant à rattacher la responsabilité au simple fait d'avoir des choses « sous sa garde ». La formule, en apparence banale, de l'alinéa 1 de l'article 1384 servit à construire une norme jurisprudentielle nouvelle s'appliquant à des catégories très variées d'accidents : explosion d'une canalisation de gaz (Req. 3 juin 1904, *DP*, 1907, 1, 177), incendie parti d'une batteuse mécanique (Req. 25 mars 1908, *DP*, 1909, 1, 73) ou éclatement d'un siphon d'eau de Seltz (Req. 10 janv. 1914, *DP*, 1914, 1, 303).

Après la Première Guerre mondiale, la question des accidents automobiles servit à la Cour de cassation pour consolider et préciser le régime jurisprudentiel de la responsabilité du fait des choses. Face aux réticences de la doctrine, qui aurait préféré une responsabilité du gardien limitée aux choses dangereuses ou une « présomption de faute » écartée par la preuve de l'absence de faute, les Chambres réunies de la Cour de cassation imposèrent la solution de la « présomption de responsabilité » par le célèbre arrêt *Jand'heur* (13 févr. 1930, *DP* 1930. 1. 57). Après avoir établi fermement que le propriétaire ne pouvait se libérer que par la preuve de la force majeure, de la faute d'un tiers ou de la victime, la Cour de cassation apporta, pendant la période de la Seconde Guerre mondiale, quelques infléchissements importants à sa ligne jurisprudentielle : l'exonération de responsabilité du propriétaire d'une chose volée qu'il n'avait plus sous sa garde (Ch. réun. 2 déc. 1941, *Connot contre Franck*, *DC* 1942, 1, 25), la prise en compte du rôle seulement passif de la chose comme fait générateur du dommage (Civ. 19 févr. 1941, *Dame Cadé*, *DC* 1941. 85).

C'est également pour venir au secours des victimes d'accidents de transport (qui paraissaient, en vertu du Code civil, devoir faire la preuve d'une faute du transporteur) que les tribunaux imaginèrent une clause sous-entendue d'obligation de sécurité dans tout contrat de transport. Initiée à propos des accidents de chemin de fer, cette jurisprudence fut consacrée par la Cour de cassation en 1911 dans une affaire plus banale de dommage corporel advenu pendant une traversée de la Méditerranée (Civ. 21 nov. 1911, *DP* 1913. 1. 249). Cette jurisprudence fut à l'origine de tout un régime de responsabilité contractuelle qui n'avait pas été envisagé jusque-là. La Cour de cassation reprit, à partir de l'entre-deux-guerres, la distinction faite par le civiliste Demogue entre « obligations de moyens » (rattachées à l'art. 1137 C. civ.) et « obligations de résultat » (rattachées à l'art. 1147 C. civ.), pour articuler cette responsabilité contractuelle selon deux régimes qui ressemblent par bien des aspects à la dualité de la responsabilité délictuelle, pour faute (ou responsabilité subjective) ou du fait des choses (responsabilité objective).

La simple lecture des éditions courantes du Code civil montre l'ampleur de ces constructions jurisprudentielles qui alimentent de copieuses notes en dessous des articles 1382 à 1386, comme des articles 1137 et 1147. Nul ne doute que la Cour de cassation a beaucoup ajouté aux règles législatives du Code civil en élaborant et imposant, au cours de plusieurs décennies, toute une série de règles jurisprudentielles sur la responsabilité délictuelle et contractuelle. Plusieurs remarques peuvent être faites sur cet édifice jurisprudentiel. D'abord, il faut noter la stabilité des principes dégagés à la fin du XIXe siècle et au début du XXe siècle qui n'ont jamais été remis en question. Les avocats, comme les juges et les enseignants en droit, ont eu le temps de s'habituer à considérer ces normes jurisprudentielles comme ayant force de loi et d'adapter leurs conduites à ce cadre jurisprudentiel. Ensuite, le Parlement n'a jamais entravé de manière forte cette construction jurisprudentielle. Les lois spéciales intervenues sur différents régimes de responsabilité, depuis la loi de 1898 sur les accidents du travail jusqu'à la loi « Badinter » du 5 juillet 1985 sur la responsabilité automobile, se sont largement inspirées de la règle de la responsabilité du fait des choses qui avait été dégagée par la Cour de cassation. Bien plus, quand le législateur a utilisé son pouvoir d'amender l'article 1384 du Code civil (en 1922, 1937, 1970 et 2002), il n'a pas cherché à casser ou infléchir la jurisprudence de la Cour de cassation (la seule exception qui confirme la règle est la loi « anti-Perruche » du 4 mars 2002). Le Parlement a ainsi laissé figurer dans la loi la formulation qui parle de la responsabilité des parents pour leurs enfants mineurs « habitant avec eux », alors que les parlementaires savent que la Cour de cassation envisage cette cohabitation de manière purement formelle en retenant la responsabilité des parents même quand l'enfant se trouvait à des centaines de kilomètres du domicile familial. La cathédrale jurisprudentielle de la responsabilité délictuelle ou contractuelle fait apparaître au grand jour les phénomènes présents dans toute jurisprudence : les juridictions, et notamment les Cours souveraines, créent des normes générales, la loi les a habilitées à le faire et le législateur assortit cette habilitation d'une grande tolérance à l'égard des développements jurisprudentiels les plus éloignés de l'interprétation littérale des énoncés normatifs.

SITUATION 2

La norme jurisprudentielle et le problème de la rétroactivité

Sur le thème de la responsabilité contractuelle, prenons l'exemple d'un arrêt de la première chambre civile de la Cour de cassation du 9 octobre 2001 (*D.* 2001. 3470, rapp. Sargos, note Thouvenin). Il s'agit des conséquences dommageables d'un accouchement qui s'est mal passé en 1975 laissant à l'enfant né un handicap (IPP ou incapacité physique permanente) de 25 %, lié à une paralysie du membre supérieur droit déclenchée lors des manœuvres obstétricales. Parvenue à sa majorité, soit 18 ans plus tard, la victime intente une action en responsabilité contractuelle contre le médecin accoucheur, arguant notamment d'un défaut d'information de la parturiente sur les risques en cas de présentation par le siège. Le médecin se défend et obtient satisfaction devant la cour d'appel, au motif que la jurisprudence n'imposait pas en 1975 au médecin une information aussi complète du patient sur les risques exceptionnels d'un accouchement. La Cour de cassation casse l'arrêt attendu « qu'un médecin ne peut être dispensé de son devoir d'information vis-à-vis de son patient, qui trouve son fondement dans l'exigence du respect du principe constitutionnel de sauvegarde de la dignité de la personne humaine ».

Remarquons, dès l'abord, que cette obligation contractuelle d'information pesant sur le médecin et engageant sa responsabilité (en cas d'absence ou d'insuffisance de l'information donnée au patient) trouve son « fondement », d'après la Cour de cassation, dans une règle de nature constitutionnelle et non dans le Code civil. Il s'agit du principe de « sauvegarde de la dignité de la personne humaine ». Il se trouve que ce principe n'est pas présent *expressis verbis* dans la Constitution de 1958 et qu'il a été tiré de plusieurs éléments du *bloc de constitutionnalité* (v. Séquence 4) pour la première fois par le Conseil constitutionnel en 1994 à propos de la validation des lois « bioéthique ». La construction jurisprudentielle fait ainsi intervenir deux organes juridictionnels, le Conseil constitutionnel pour dégager cette règle de sauvegarde de la dignité de la personne humaine et la Cour de cassation pour en tirer, à titre de conséquence, une obligation d'information du médecin à l'égard du patient (avec l'idée, nullement évidente, que le défaut d'information porte atteinte à la dignité du patient, le mensonge ou le silence mensonger revenant à traiter le patient comme un objet et non comme une personne).

L'audace jurisprudentielle, à vrai dire commune en matière de responsabilité, ne s'arrête pas là. En effet, la cour d'appel ne contestait pas l'existence, au moins depuis les années 1990, de cette obligation d'information, mais elle avait refusé de l'appliquer à une situation antérieure (d'au moins une dizaine d'années) à la formation de cette jurisprudence. Selon la cour d'appel, au moment de l'accouchement, le médecin ne pouvait être contractuellement tenu d'une obligation qui n'était pas reconnue ou en tout cas pas avec la même amplitude. La Cour de cassation considère au contraire que la cour d'appel a violé les articles 1134 (sur le respect des engagements contractuels, mais aussi avec l'appui de l'article 1135 sur les suites des obligations contractuelles formées par la loi, l'usage et l'équité, ce qui a ouvert la porte depuis longtemps à l'introduction par les juges de clauses tacites ou sous-entendues dans les contrats) et 1382 du Code civil (ce dernier, servant de référence, y compris en matière de responsabilité contractuelle au triptyque dommage/faute/lien de cause à effet entre la faute et le dommage). La Cour de cassation ne nie pas « qu'à l'époque des faits la jurisprudence admettait qu'un médecin ne commettait pas de faute s'il ne révélait pas à son patient des risques exceptionnels ». Mais elle veut appliquer les règles en vigueur au moment du litige, c'est-à-dire quand celui-ci a été soumis (au moins 18 ans après les faits) aux juges du fond. Parmi ces règles en vigueur se trouve désormais ce droit d'information, et la règle (une fois établie) ne peut être différente selon l'époque des faits considérés.

La question de ce qui peut être considéré comme le caractère rétroactif de la règle jurisprudentielle se présente de la sorte sous deux aspects. D'abord, la règle jurisprudentielle est traitée comme la plupart des règles de droit civil créées par la loi : le Parlement a le pouvoir de donner un effet rétroactif à toute nouvelle règle législative et, en l'absence de disposition en ce sens, cette nouvelle règle s'applique à toutes les situations en cours d'instance quelle que soit la date où s'est créée cette situation. Quand le Parlement a voté la loi « Badinter » sur les accidents de la circulation, cette loi a pu s'appliquer à des accidents impliquant des véhicules automobiles intervenus avant le 5 juillet 1985, pourvu que ces accidents n'aient pas encore donné lieu à un règlement judiciaire définitif. Les règles de droit civil ont très souvent ce caractère rétroactif plus ou moins accentué, qui est refusé (sauf pour les peines plus douces) aux règles du droit pénal. On peut comprendre que le principe d'égalité requiert l'application des normes en vigueur et ne fasse pas dépendre l'issue d'un procès du temps plus ou moins long qu'il a fallu aux plaideurs pour arriver à un arrêt en dernier ressort (ce serait, dans l'espèce, pénaliser la victime que de tirer des conséquences du fait qu'elle a attendu sa majorité pour agir).

Par ailleurs, la Cour de cassation présente sa jurisprudence, dans cet arrêt comme dans beaucoup d'autres, comme une « interprétation jurisprudentielle » plus ou moins nouvelle d'une norme (en l'occurrence législative ou constitutionnelle) préexistante. Cette interprétation est censée faire corps avec la norme interprétée et être par conséquent en vigueur depuis la date de mise en vigueur cette norme. Une telle règle a toujours été appliquée aux lois interprétatives (plutôt rares) votées par le Parlement, des textes qui viennent seulement préciser l'interprétation d'une loi antérieure. Cette conception, que l'on peut appeler « déclarative » de la jurisprudence, suppose que la norme législative a toujours contenu, de manière latente, une interprétation qui est dégagée plus tard par la jurisprudence. On peut considérer qu'il s'agit d'une fiction, au regard des théories plus réalistes selon lesquelles le juge crée véritablement une norme à partir d'un énoncé législatif qui n'aurait pas de sens prédéterminé. On peut y voir surtout une modestie apparente des juges pour placer la jurisprudence sous le couvert de la loi (en tant que simple « interprétation » de la loi) et cacher (si les plaideurs veulent bien croire cette présentation) leur pouvoir de créer des normes.

Les conséquences de ce statut de la jurisprudence sont imparables. « Nul ne peut se prévaloir d'un droit acquis à une jurisprudence figée » rappelle la Cour de cassation dans cet arrêt. Si les tribunaux, sous prétexte de « sécurité juridique », devaient toujours suivre la même jurisprudence, aucune évolution jurisprudentielle ne serait possible.

Les juges britanniques l'ont bien compris, en renonçant en 1966 à la règle que s'était fixée la Chambre des Lords en 1898 de se lier elle-même par ses précédents. Pas plus que la règle du précédent (ou *stare decisis*) dans les pays de *common law*, l'autorité donnée aux arrêts de la Cour de cassation en France n'empêche les revirements de jurisprudence. De même que les citoyens n'ont pas de droit au maintien des lois et règlements existants (laissant ainsi le législateur et le Gouvernement libres de modifier le contenu des règles juridiques), ils ne peuvent pas réclamer l'immobilisme de la jurisprudence. Il reste à tenir compte des effets massifs (c'est-à-dire portant sur un grand nombre de personnes) que peuvent avoir les revirements de jurisprudence : le cas de la jurisprudence, exigeant depuis 2004 une contrepartie financière pour les salariés qui ont accepté une clause de non-concurrence dans leur contrat de travail (Soc. 17 déc. 2004, *D.* 2005. IR. 110), est exemplaire de ces difficultés qu'essaient de résoudre des arrêts prévoyant une application différée de certains revirements de jurisprudence[1].

1. Nicolas Molfessis (dir.), *Les revirements de jurisprudence*, Paris, Litec, 2005.

SITUATION 3

Comment le Conseil d'État détermine « les règles applicables aux contrats administratifs »

La dualité juridictionnelle a donné lieu en France, dès le début du XIXe siècle, à une jurisprudence du Conseil d'État, d'autant plus créatrice du droit qu'il n'existait aucun équivalent à la codification napoléonienne en matière administrative. L'exemple du droit des contrats administratifs est éclairant à ce point de vue (CE 2 févr. 1983, *Union des transports publics urbains et régionaux, Rec.* 33 ; *RFDA* 1984. 45, note F. Llorrens). Sur appel des conseils de préfecture ou des ministres, le Conseil d'État (qui était en même temps juge des conflits avec l'ordre judiciaire jusqu'en 1872, sauf pendant la période d'existence du premier Tribunal des conflits de 1848 à 1852) eut à déterminer les règles applicables au contentieux administratif, souvent en l'absence de texte précis de loi, ainsi que les frontières entre la compétence administrative et la compétence judiciaire, des frontières qui encore aujourd'hui n'ont pas fait l'objet d'une délimitation législative complète. Diffusée dès l'Empire par les recueils d'arrêts, notamment celui de Sirey, la jurisprudence du Conseil d'État a fait l'objet d'une sélection à travers une publication annuelle d'origine privée (depuis 1821 par Macarel), appelée *Recueil Lebon*, du nom d'un avocat aux Conseils qui en a été le responsable à partir de 1838.

Le *Recueil Lebon* (cité *Rec.* avec l'indication de la page dans le volume de l'année correspondante) est aujourd'hui publié par les éditions Dalloz, en vertu d'une délégation de service public.

L'empire du droit administratif et la compétence des juridictions administratives qui en découle généralement (on parle de liaison de la compétence et du fond, en principe « la compétence suit le fond ») n'ont jamais couvert tous les actes des administrations. Dès le début du XIXe siècle, les premiers commentateurs de l'activité du Conseil d'État font la distinction entre l'État souverain dont les actes d'*autorité* sont soumis au droit administratif, et l'État propriétaire (v. Séquence 3 sur cette notion), dont les actes de *gestion*, par exemple sur son domaine, relèvent plutôt du droit privé. De ce fait, beaucoup de contrats passés par l'administration (par exemple de location d'une partie du domaine ou d'achat de fournitures) étaient soumis aux règles du Code civil et en cas de litige à la compétence des juridictions judiciaires. Ainsi, les contrats passés avec des entreprises de bac pour le passage de cours d'eau relevaient de la compétence judiciaire (CE 20 mars 1828, *Dabin, Rec.* 252). En 1852, à propos d'un conflit négatif de compétence sur l'adjudication d'une place à un commerçant sur le marché d'Ajaccio, le commissaire du gouvernement Reverchon fait la distinction entre les baux ordinaires et ceux qui sont des « concessions portant sur un service public » (CE 8 avr. 1852, *Istria, Rec.* 80, on remarquera que la distinction figure dans les conclusions du commissaire du gouvernement publiées au *Recueil Lebon* et non dans l'arrêt lui-même).

Au début du XXe siècle, le Conseil d'État est en mesure de déterminer les contrats administratifs en fonction de deux critères, qui ne sont pas nécessairement cumulatifs : celui du but pour les contrats passés en vue d'assurer un *service public* (les célèbres arrêts *Terrier*, CE 6 févr. 1903, *Rec.* 94 et *Thérond*, CE 4 mars 1910, *Rec.* 103, le premier sur les primes allouées par le département de Saône-et-Loire aux chasseurs de vipères, le second sur un marché passé entre la ville de Montpellier et une entreprise de mise en fourrière des chiens errants, qui ont étendu aux collectivités locales les règles appliquées à l'État en matière de contrats administratifs) et celui de la présence dans le contrat d'une ou plusieurs *clauses exorbitantes* du droit commun (CE 31 juill. 1912, *Société des granits porphyroïdes des Vosges, Rec.* 909). Rappelés après la Seconde Guerre mondiale (CE 20 avr. 1956, *Époux Bertin, Rec.* 167), ces critères jouent un moindre rôle aujourd'hui, beaucoup de contrats passés par l'administration étant qualifiés d'administratifs parce qu'ils ont soumis au Code des marchés publics. Une règle législative, issue de la loi MURCEF (acronyme pour « mesures urgentes de réforme à caractère économique et financier ») du 11 décembre 2001 a ainsi pris la place de critères jurisprudentiels, rappelant que le législateur peut toujours rétrécir le domaine d'application d'une jurisprudence.

Sur le terrain du régime des contrats administratifs, le Conseil d'État a, en revanche, conservé la main pour déterminer les règles exorbitantes du droit commun (c'est-à-dire différentes de celles du Code civil s'appliquant à un contrat entre deux particuliers ou à un contrat passé par une personne morale de droit public qui n'est pas un contrat administratif) caractérisant les contrats administratifs. Ces règles concernent le droit pour l'administration d'émettre des ordres adressés au contractant privé et d'en contrôler l'exécution (CE 10 mai 1963, *Société coopérative agricole La Prospérité fermière, Rec.* 289), la possibilité de recourir contre le contractant qui ne respecte pas ses engagements à des sanctions pécuniaires (des pénalités de retard même en l'absence de clause explicite dans le contrat, CE 31 mai 1907, *Delplanque, Rec.* 513), coercitives (la mise en régie, la substitution d'un tiers aux frais du contractant) ou résolutoires (la fin du contrat pour faute peut ainsi être décidée unilatéralement par l'administration, sans recourir au juge, la déchéance du concessionnaire est réservée au juge administratif pour une faute grave). L'administration a, de plus, le droit de modifier le contrat ou d'y mettre fin en raison des besoins du service (résiliation unilatérale pour les besoins du service et non pour faute). Cette jurisprudence sur la mutabilité des contrats (qui s'oppose à la règle d'immutabilité des contrats en droit civil) s'est développée, au début du XXe siècle, lors du passage de l'éclairage au gaz à l'éclairage à l'électricité, les compagnies privées devant s'adapter au changement des conditions d'exercice du service concédé (CE 10 janv. 1902, *Gaz de Déville-les-Rouen, Rec.* 5). Elle s'est étendue ensuite aux conditions d'exécution des contrats de concession en matière de transport (CE 11 mars 1910, *Cie générale française des tramways, Rec.* 216 ; *GAJA*, 20e éd., 2015, n° 20) ou aux cas de désaccord entre concessionnaire et usagers (CE 26 févr. 1975, *Société du port de pêche de Lorient, Rec.* 155). Cette résiliation sans faute s'opère contre versement d'une indemnité payée par l'administration au contractant privé. Si la plupart des ces « règles générales applicables aux contrats administratifs » sont favorables aux administrations qui jouissent de prérogatives refusées à l'autre contractant, la jurisprudence administrative a admis, depuis 1916 (CE 30 mars 1916, *Compagnie générale d'éclairage de Bordeaux, Rec.* 125 ; *GAJA*, 20e éd., 2015, n° 29), la modification (sous forme d'une aide financière apportée par l'administration au contractant privé) du contrat pour imprévision, c'est-à-dire en cas de bouleversement de l'économie du contrat par un événement exceptionnel, imprévisible au moment de la conclusion du contrat.

Plusieurs remarques peuvent être faites sur ces constructions jurisprudentielles. D'abord, elles montrent la liberté acquise par le Conseil d'État pour définir ces règles, en l'absence de disposition législative, et pour dessiner un régime du contrat administratif qui est très différent de celui des contrats de droit privé soumis au Code civil. En matière d'imprévision, il est très significatif que la Cour de cassation ait refusé de revoir les contrats en cas de bouleversement économique, maintenant sa jurisprudence ancienne (Civ. 6 mars 1876, *Canal de Craponne, DP* 1876. 1. 193) après la Première (Civ. 6 juin 1921, *D.* 1921. 1. 173) comme après la Seconde Guerre mondiale (Com. 18 janv. 1950, *D.* 1950. 227). Il y a là une divergence notable entre jurisprudence administrative et jurisprudence civile qui confirme le rôle moteur des deux cours souveraines. En second lieu, les arrêts invoquant les « règles générales applicables aux contrats administratifs » illustrent le pouvoir du Conseil d'État de déterminer les contours du « principe de légalité » (v. Séquence 1). Quand le Conseil d'État a eu à juger (sur un recours pour excès de pouvoir) de la légalité d'un décret du 29 octobre 1980 sur les transports d'intérêt local, il a rejeté la requête au motif que les auteurs du décret « s'étaient bornés à faire application des règles générales applicables aux contrats administratifs » (CE 2 févr. 1983 déjà cité). Quand il a annulé le décret résiliant le contrat de concession audiovisuelle à la Société TV 6, le Conseil d'État a considéré que la résiliation n'était pas fondée sur des motifs d'intérêt général justifiant la rupture au moment où elle était intervenue (CE, ass., 2 févr. 1987, *Société TV 6, Rec.* 29). C'est bien la preuve que ces règles jurisprudentielles sur les contrats administratifs font partie de la légalité, au même titre que les lois, et que leur non-respect peut entraîner l'annulation d'actes administratifs, y compris de décrets.

SITUATION 4

Comment le Conseil d'État a créé des « principes généraux du droit » à valeur supra-décrétale

Si nous nous tournons maintenant vers le contentieux de l'excès de pouvoir (un recours apparu dès l'Empire en cas d'incompétence de l'autorité qui a pris un acte administratif, étendu aux décisions de « pure administration » à partir de l'arrêt *Landrin*, CE 4 mai 1826, *Rec.* 256), nous constatons comment le Conseil d'État a pu, au cours des XIXe et XXe siècles, étendre le contrôle de légalité sur la presque totalité des décisions administratives, qu'elles soient de caractère individuel ou réglementaire. Les « actes de gouvernement », qui ne sont pas soumis au contrôle de la juridiction administrative, sont aujourd'hui en très petit nombre (CE 19 févr. 1875, *Prince Napoléon, Rec.* 155). Dans le plus grand nombre des cas, le Conseil d'État s'est appuyé, et continue à s'appuyer dans ses visas et ses considérants, sur des textes de lois (ou de normes supérieures aux lois selon la hiérarchie des normes, v. Séquences 4 et 5) pour annuler des décisions administratives qui leur étaient contraires. Il existe néanmoins, depuis longtemps, des arrêts du Conseil d'État qui, à l'instar d'arrêts de la Cour de cassation, ne visent aucun texte législatif et paraissent faire appel à une « règle non écrite ». Il ne faut pas y voir la consécration d'on ne sait quelle règle coutumière (v. Séquence 1), ni un recours aux théories contestables du droit naturel. Il s'agit, plus simplement, de la création de normes jurisprudentielles qui n'ont pas leur base dans un énoncé législatif précis et que le Conseil d'État a placées au-dessus des actes administratifs (v. *GAJA*, 20e éd., 2015, n° 58, 66 et 108). Dès 1913, dans un modeste arrêt sur le règlement sanitaire d'une commune autorisant des dérogations à la règle limitant la hauteur maximale des maisons, le Conseil d'État évoquait, (CE 9 mai 1913, *Roubeau*, *Rec.* 521), « le principe d'égalité des citoyens devant les règlements administratifs ». Pourtant, à cette époque, la Déclaration des droits de l'homme et du citoyen n'avait pas de valeur de droit positif et ni les lois constitutionnelles de 1875, ni les lois ordinaires n'affirmaient expressément ce principe d'égalité, que le Conseil d'État a appliqué par la suite à la fiscalité, sous la forme de l'égalité des citoyens devant les charges publiques.

Dans un contexte particulier, celui de la Seconde Guerre mondiale et de ses suites immédiates (le Conseil d'État avait servi, sans états d'âme, le régime de Vichy, y compris pour appliquer la législation antisémite, dans certains cas à l'encontre de ses propres membres), la jurisprudence administrative a donné naissance à des décisions annulant des actes administratifs sans se référer à un texte précis de loi au nom de ce qui a été appelé (davantage par la doctrine que par les arrêts eux-mêmes) les « principes généraux du droit ». Les deux premiers arrêts de cette série jurisprudentielle sont très marqués par ce contexte douloureux pour la mémoire du Conseil d'État et sont, pour les juristes, un sujet de réflexion sur les rapports entre droit, politique et idéologie. Dans l'affaire *Dame veuve Trompier-Gravier* (CE 5 mai 1944, *Rec.* 133), le Conseil d'État, encore soumis à l'autorité de Vichy, annulait le retrait de l'autorisation de vendre des journaux dans un kiosque à la requérante, au motif qu'elle n'avait pas été « à même de discuter les griefs formulés contre elle » : une invocation timide d'un « principe général des droits de la défense en matière administrative » (ces expressions ne sont pas dans l'arrêt, ce qui montre aussi le rôle des commentateurs de la jurisprudence), alors que le même Conseil d'État avait refusé de tenir compte de ces droits de la défense dans une affaire autrement tragique d'internement d'un juif étranger (CE 27 févr. 1942, *Monossohn*, *Rec.* 66). En octobre 1945, le Conseil d'État, désormais sous l'autorité de René Cassin le grand juriste de la France libre, annulait un décret de révocation d'un commissaire de police pris au titre de l'épuration administrative : le considérant invoque, outre une ordonnance du 6 février 1943 (il y a donc aussi une base dans un énoncé législatif), « les principes généraux du droit applicables même en l'absence de texte » pour décider que le défaut de comparution devant la commission d'épuration (et donc d'exercice des droits de la défense) constitue un excès de pouvoir (CE 26 oct. 1945, *Aramu, Rec.* 213).

Comme le droit ne retient de la jurisprudence que les normes établies par les hautes juridictions, en ayant tendance à oublier leur origine circonstancielle parfois très éloignée des lettres de noblesse, le président de la Section du contentieux Bouffandeau et le commissaire du gouvernement Letourneur (notamment dans ses conclusions sous CE 9 mars 1951, *Société des Concerts du Conservatoire, Rec.* 151) ont accrédité l'idée que la juridiction administrative reconnaissait ou déclarait des « principes généraux du droit » s'imposant aux autorités administratives (avec donc la possibilité d'annuler un acte individuel ou un règlement qui seraient contraires à ces principes généraux du droit, en abrégé PGD).

Cette notion de PGD a été appliquée à l'égalité devant l'impôt (domaine déjà concerné avant la Seconde Guerre mondiale), à l'égalité des usagers du service public, à l'égalité d'accès (pour les candidats à des concours) à la fonction publique (c'est le fameux arrêt *Barel*, CE 28 mai 1954, *Rec.* 58, *GAJA*, 20e éd., 2015, n° 66, annulant des décisions refusant à des candidats communistes de se présenter au concours de l'ENA) ou à un grade universitaire, à l'égalité des sexes, ainsi qu'à la non-rétroactivité des actes administratifs (CE 25 juin 1948, *Société du journal l'Aurore, Rec.* 289), au principe de neutralité de l'administration et de liberté des cultes (CE 1er avr. 1949, *Chaveneau, Rec.* 161 qui invoque la loi de 1905), à la possibilité d'attaquer tout acte administratif par la voie du recours pour excès de pouvoir (cet arrêt *Dame Lamotte* du 17 février 1950 autorisait le recours pour excès de pouvoir, même sans texte, à l'encontre d'une loi de Vichy excluant dans ce cas tout « recours administratif et judiciaire », *GAJA*, 20e éd., 2015, n° 58 pour ce bel exemple de jurisprudence *contra legem*), au respect des libertés essentielles des citoyens par les autorités ordinales habilitées à réglementer des professions (CE 29 juill. 1950, *Comité de défense des libertés professionnelles des experts-comptables brevetés par l'État, Rec.* 492), à l'obligation pour les administrations de couvrir leurs agents condamnés civilement en l'absence de faute personnelle (CE 26 févr. 1963, *Centre hospitalier de Besançon, Rec.* 243) et plus récemment au principe de sécurité juridique (CE 24 mars 2006, *Société KMPG et autres, Rec.* 154 ; *GAJA*, 20e éd., 2015, n° 108).

Cette notion de principes généraux du droit confirme, s'il en était besoin, le pouvoir créateur de normes de la jurisprudence. Par une convenance de langage (alors que les formulations des arrêts, on l'a dit, sont très fluctuantes) l'on parle plutôt de « règles » pour les normes interprétatives ou supplétives (qui vont venir éclairer l'application d'une loi ou d'un règlement, mais qui peuvent être écartées par un règlement et *a fortiori* par une loi en sens contraire) et de « principes » pour les normes de valeur « supra-décrétale » qui ont une valeur supérieure aux actes administratifs. L'introduction de la Déclaration de 1789, du Préambule de la Constitution de 1946 et des « principes fondamentaux reconnus par les lois de la République » dans le bloc de constitutionnalité en 1958 (v. Séquence 4), puis la jurisprudence du Conseil constitutionnel (particulièrement sur les PFRLR) ont quelque peu obscurci la portée des PGD. Beaucoup sont aujourd'hui des règles de niveau constitutionnel (l'égalité sous toutes ses formes, les droits de la défense...) qui peuvent s'appuyer sur des énoncés précis du bloc de constitutionnalité (par exemple l'article 6 de la Déclaration des droits de l'homme et du citoyen pour l'égalité) ou se confondent avec les PFRLR. Il n'est plus besoin, comme sous les Troisième et Quatrième Républiques, de chercher un principe en dehors des textes. Alors que certains de ces PGD ont aujourd'hui valeur constitutionnelle, d'autres peuvent être écartés par une loi en sens contraire. Dans tous les cas, il revient aux juges administratifs, de moduler l'interprétation des normes constitutionnelles, législatives et celle des actes administratifs soumis à leur contrôle pour vérifier s'il y a ou non atteinte à un PGD. Quand le juge fixe lui-même la norme de référence en fonction du but qu'il veut atteindre, on est très loin du syllogisme judiciaire qui supposerait une application mécanique d'une majeure parfaitement établie.

SITUATION 5

Comment la jurisprudence de la CEDH a de l'impact sur le statut et le régime de la jurisprudence en France

En signant, puis en ratifiant (en 1974 seulement), la Convention de sauvegarde des droits de l'homme et des libertés fondamentales (Traité de Rome du 4 novembre 1950, complété par 14 protocoles ratifiés à ce jour), la France s'est engagée à respecter cette convention qui garantit, à l'ensemble des personnes sur le territoire français, plusieurs libertés fondamentales : droit à la vie, interdiction de la torture, de l'esclavage et du travail forcé, droit à la liberté et à la sûreté, droit à un procès équitable, absence de peine sans loi, droit au respect de la vie privée et familiale, liberté de pensée, de conscience et de religion, liberté d'expression, liberté de réunion et d'association, droit au mariage, droit à un recours effectif, interdiction des discriminations dans l'exercice de ces droits et libertés, pour citer les titres évocateurs des articles 2 à 14 de cette convention. En même temps, comme tous les États du Conseil de l'Europe (soit 47 États, dont Monaco, sans la Biélorussie), la France a reconnu la juridiction obligatoire (depuis 1990, les États-membres n'ont plus le choix de refuser d'admettre les recours individuels, comme cela avait été le cas pour la France avant 1981 ; la commission des droits de l'homme qui servait de filtre à la Cour de Strasbourg a été supprimée en 1998) de la Cour européenne des droits de l'homme (en abrégé CEDH). Composée de 47 juges, un par État-membre, la Cour de Strasbourg juge les requêtes de toute personne (physique ou morale, nationale ou étrangère) se plaignant d'une violation de la convention par l'un des États-membres. Une action peut être ainsi dirigée par une victime contre la France (l'arrêt est désigné sous le nom *X. contre France*, par ex. CEDH 4 juin 2013 *Marc-Antoine c/ France*, *AJDA* 2013. 1580, note S. Platon) et conduire, en cas de violation de la convention, à une condamnation de l'État français à des dommages-intérêts.

Débutant timidement par un premier arrêt en 1960, puis par quelques arrêts rendus chaque année jusqu'aux années 1980 (qui voient passer le cap de la centaine de requêtes), la jurisprudence de la Cour a pris son envol au cours des trois dernières décennies. Aujourd'hui la Cour de Strasbourg examine plus de 50 000 requêtes par an et rend entre 1 000 et 1 500 décisions (un grand nombre de requêtes ne remplit pas les conditions de recevabilité, notamment l'épuisement des voies de recours internes). Le mécanisme de développement de la jurisprudence de la Cour de Strasbourg correspond par bien des aspects à celui des autres Cours, mais présente des spécificités liées à son statut de Cour supranationale à l'échelle européenne et aux caractéristiques de la convention qu'elle doit appliquer et interpréter. Chaque arrêt n'a d'autorité qu'à l'égard des parties (se présentant ainsi comme une « norme individuelle ») et rien ne force un État condamné à modifier les actes législatifs, administratifs et judiciaires qui ont été pris (d'après l'arrêt de la CEDH) en violation des engagements contractés dans la convention. La pression qui s'exerce sur les États les amène pourtant à réagir le plus souvent en modifiant leur droit ou leur pratique après un arrêt de condamnation : outre la réprobation de l'opinion publique, un État qui n'agirait pas ainsi risquerait de s'exposer à de nouvelles requêtes et à de nouvelles condamnations. Il est arrivé, en effet, que la Cour ait besoin de répéter plusieurs fois son interprétation de la convention pour que celle-ci s'impose comme une ligne jurisprudentielle que les États ne peuvent remettre en cause. Comme tous les États ont été et sont condamnés (à des degrés variables d'intensité, la France ne figurant pas parmi les pays les moins souvent condamnés), les « normes générales » issues de la jurisprudence de la Cour finissent par imposer des standards dans toute l'Europe. Les avocats, comme les juges nationaux, sont amenés à tenir compte même des arrêts qui ne concernent pas leur pays.

La position supra-nationale de la Cour de Strasbourg et la spécialité de la convention donnent à cette jurisprudence des caractères particuliers. Il s'agit, d'abord (comme cela est le cas dans l'Union européenne pour la jurisprudence de la Cour de Justice de l'Union européenne siégeant à Luxembourg) d'une jurisprudence qui s'impose, de l'extérieur, aux Cours souveraines, en France la Cour de cassation et le Conseil d'État, voire le Conseil constitutionnel. Dans certains cas, la Cour de Strasbourg, en condamnant la France, déjuge les juges français qui ont pris un arrêt violant la convention. En matière pénale, il existe depuis la loi du 15 juin 2000, un mécanisme de réexamen des sentences pénales permettant de réviser un procès après une condamnation de la France par la CEDH. Si les Cours souveraines ont pu être tentées, dans certains domaines, de résister à la jurisprudence de la CEDH, ce qu'on appelle le « dialogue des juges » l'a emporté sur les manifestations de souverainisme. Bien plus, avec l'arme du contrôle de conventionnalité (v. Séquence 5), les juges français des deux ordres juridictionnels ont compris comment ils pouvaient utiliser le texte de la convention européenne des droits de l'homme pour renforcer leur propre jurisprudence. La particularité de la jurisprudence de Strasbourg est d'occuper une place centrale dans un ordre juridique du Conseil de l'Europe (à ne pas confondre avec celui de l'Union européenne) qui se limite, pour l'essentiel, au texte de la convention tel qu'il est interprété par la CEDH. Quantitativement, on pourrait dire qu'il y a plus de jurisprudence que de traité dans cet ordre juridique européen.

Les effets de la jurisprudence de Strasbourg sur les jurisprudences françaises ne s'arrêtent pas là. Sur la base du très important et relativement détaillé article 6 de la convention relatif au « procès équitable », mettant en jeu les notions de « tribunal indépendant et impartial établi par la loi », de « délai raisonnable », de droits de la défense, de publicité des procédures, la Cour de Strasbourg a déterminé une gamme très complète de règles communes du droit processuel[1]. Les arrêts de la CEDH sur le rôle des avocats-généraux à la Cour de cassation et des commissaires du gouvernement devant les juridictions administratives ont donné lieu, dans les années 1990 et 2000, à des conflits mémorables (CEDH 25 janv. 2000, *Slimane Kaïd c/ France, D.* 2000. Somm. 186 ; CEDH 7 juin 2001 *Kress c/ France* ; CEDH 26 févr. 2002, *Fretté c/ France* ; CEDH 12 avr. 2006 *Martinie c/ France*) entre la Cour de Strasbourg (qui voyait dans les pratiques françaises une violation de l'égalité des armes entre la partie publique et la partie privée) et les Cours souveraines françaises (qui défendaient la tradition d'indépendance des membres du ministère public auprès de la Cour de cassation ou des commissaires du gouvernement devant les juridictions administratives). Des réformes intervenues en France (l'exclusion des avocats généraux des conférences préparatoires et des délibérés de la Cour de cassation en 2002, la limitation de la participation du commissaire du gouvernement au délibéré en 2006, le remplacement du titre du commissaire du gouvernement par celui de rapporteur public en 2009) ont dégagé des voies de compromis, les

1. Serge Guinchard et *alii*, *Droit processuel. Droits fondamentaux du procès*, Dalloz, 7e éd. 2013, n° 225 s.

juridictions françaises s'adaptant (sans tout à fait renoncer à leurs traditions) à la jurisprudence de Strasbourg, devenue plus conciliante avec CEDH 4 juin 2013 *Marc-Antoine c/ France* (déjà cité). L'arrêt de la CEDH 21 mars 2000 *Dulaurans c/ France* a paru remettre en cause les techniques de travail de la Cour de cassation. Dans plusieurs arrêts (18 déc. 2008, *Unedic c/ France* ; 30 août 2011 *Boumaraf c/ France*), la CEDH, tout en affirmant que les justiciables n'ont pas un droit acquis au maintien de la jurisprudence, a considéré qu'en présence d'une jurisprudence bien établie, une Cour doit justifier un revirement de jurisprudence par une motivation substantielle. Si le requérant a été débouté dans la dernière affaire citée, la CEDH pousse les juridictions françaises à approfondir leur réflexion sur les revirements de jurisprudence et sur une motivation jugée trop laconique par rapport à celle des juridictions des pays voisins.

SÉQUENCE 3

L'État créé par le droit

I ▪ L'État, un nom, des formes politiques, des conceptions juridiques

La définition de l'État, comme celle du droit, est un sujet de controverses perpétuellement renouvelées. Il s'agit, d'abord, d'un débat sur l'histoire des formes de pouvoir, notamment pour déterminer s'il faut ou non attendre l'apparition (à partir du XVIe siècle, avec comme principal repère *Le Prince* de Machiavel en 1513 qui utilise le mot italien *stato*) de ce mot « État » dans les langues européennes pour qualifier d'étatique une société politique. C'est aussi un thème majeur de la théorie juridique, qui s'est longuement interrogée, au XIXe et au XXe siècle, sur les rapports entre droit et État. Pendant longtemps, la majorité des juristes a défendu l'idée que l'État était antérieur au droit, dans la mesure où l'État apparaissait comme le créateur ou le producteur des règles juridiques notamment à travers la législation. Les recherches historiques sont allées à l'encontre de cette thèse : si l'on veut donner un sens au mot État, et plus encore distinguer « l'État moderne » de structures pré-étatiques, il faut renoncer à qualifier d'étatique toutes les formes de domination depuis l'Antiquité. Il y a eu des ordres juridiques, inventés à partir de l'union de règles primaires et secondaires ou de la formation de « règles constitutives » (v. Séquence 1), avant qu'il y eût des États.

C'est précisément pour critiquer cette conception d'un État supérieur au droit que Kelsen a défendu, dès ses premiers travaux en 1911, une position contre-intuitive qui identifiait l'ordre juridique et l'État. Par la suite, Kelsen a introduit toutefois deux nuances importantes : l'existence d'ordres juridiques antérieurs à l'État[1] et la prise en compte d'un concept plus étroit de l'État isolant, au sein de chaque ordre juridique national, les règles qui concernent les organes étatiques[2]. Ce concept matériel de l'État permet de justifier le recours des juristes, depuis le XIXe siècle, à la technique de la personnalité morale de l'État. L'on explique de la même manière, la caractérisation de l'État en droit international par la réunion de trois éléments : une population, un

1. Hans Kelsen, *Reine Rechtslehre*, Leipzig-Wien, Deuticke, 1934, p. 117-118.
2. Hans Kelsen, « Aperçu d'une théorie générale de l'État », *RD publ.* 1926. 576

territoire et un gouvernement. Aujourd'hui, dans un monde plein d'États, où les personnes se rattachent à un ordre juridique par le lien de la nationalité, il est possible d'envisager l'État comme une création du droit à un triple point de vue : celui des processus et formes étatiques, celui de la personnalité morale de l'État, enfin celui de la distinction entre nationaux et étrangers.

A ▪ La variété des processus étatiques dans l'histoire

1. La domination

D'un point de vue historique, dans la longue durée, des formes diverses de domination (par un chef charismatique portant souvent le titre de roi, par un groupe de guerriers, d'aristocrates ou de prêtres, par des magistrats au sein des cités antiques) se sont développées bien avant que l'on puisse parler d'État, notamment parce que le pouvoir n'avait pas atteint un degré de stabilité et de dépersonnalisation qui permettait d'envisager une figure abstraite comme l'est l'État derrière les personnes physiques des gouvernants. Certaines de ces sociétés politiques sont pourvues, dès l'Antiquité, d'un ordre juridique constitué à partir d'une législation. La cité romaine à partir de la loi des XII Tables (au Vᵉ siècle av. J.-C.), le pouvoir impérial établi en Chine à partir de la transformation des Royaumes combattants (entre le Vᵉ et le IIIᵉ siècle av. J.-C.), la société juive organisée au retour de l'Exil (au Vᵉ siècle av. J.-C. avec probablement une plus grande fixation du texte de la Torah par le « scribe » Esdras) se sont dotées de ce que l'on peut qualifier un ordre juridique, avec des lois et des règles procédurales organisant aussi bien l'application de ces lois que leur éventuel changement. Il est remarquable que cette invention du droit, intervenue de manière séparée dans diverses parties du monde, ait trouvé place dans des organisations politiques très différentes : une cité aristocratique, un empire gouverné de manière autocratique, une société organisée sur des bases religieuses et soumise à une domination étrangère (perse, au temps d'Esdras).

2. Les formes « pré-étatiques »

Pour parler de formes « pré-étatiques », il faut que le pouvoir des gouvernants ait acquis un certain nombre de caractères qui vont au-delà de l'invention du droit, même si le droit a participé, dès ses origines, à la justification et à l'enracinement du pouvoir. Dans les sociétés antiques et dans les sociétés médiévales, toute une série de processus sont associés par les historiens à la transformation d'une domination politique en État. Il s'agit de phénomènes attestant la continuité du pouvoir (par exemple, la transmission du pouvoir monarchique au sein d'une dynastie selon des règles successorales définies), son effectivité sur une population et un territoire donnés entraînant la réduction puis l'éviction des pouvoirs rivaux, enfin la dépersonnalisation de la domination des gouvernants avec l'émergence des notions de fonction, de magistrature ou de « couronne » considérée comme une abstraction distinguée à la fois de l'ornementation de la tête royale et du corps mortel du roi. Parmi les définitions socio-historiques les plus célèbres de l'État, celle de Max Weber est focalisée sur le « monopole de la violence physique légitime »[1] revendiqué puis imposé par l'État, tandis que celle d'Ernst Kantorowicz insiste sur la fiction des « deux corps du roi » (le premier naturel et mortel, le second surnaturel et immortel correspondant à l'office royal ou à la Couronne)[2] dans l'établissement de pouvoirs monarchiques précurseurs de l'État. Les études historiques nous montrent qu'il s'agit de processus de longue durée, et non des transformations brutales, qui ont abouti à l'émergence de ces structures étatiques, avant même que le mot « État » ne soit utilisé. Il n'y a pas eu non plus de développement continu et linéaire de l'État. En Occident, la civilisation romaine a connu des périodes où l'organisation du pouvoir peut être qualifiée d'étatique : dans les derniers siècles de la République (quand se dégage justement cette notion abstraite de *res publica*, de chose publique distinguée de la personne des magistrats élus annuellement), puis sous l'Empire (qui marque d'abord un recul de la dépersonnalisation du pouvoir) avec le développement d'une bureaucratie utilisant les techniques juridiques qui atteint son apogée au début du IIIe siècle sous la dynastie des Sévères. Puis ces formes étatiques ont perdu de leur effectivité, avant d'être mises à bas par la chute de l'Empire romain en Occident. Les royaumes barbares, puis les monarchies médiévales qui se sont développées entre le Xe et le XIIe siècle étaient loin de posséder les caractères politiques attachés à l'État selon les critères de Max Weber ou d'Ernst Kantorowicz. Face au morcellement territorial, et à la montée en puissance des seigneurs, le pouvoir royal a mis du temps pour imposer le monopole de la violence légitime. Paradoxalement, c'est l'Église qui a constitué la première structure centralisée autour de la Papauté, dans laquelle la dépersonnalisation du pouvoir s'est faite autour de l'idée de « corps mystique du Christ ». Le double héritage du droit romain et du droit canonique a été utilisé par les rois de France, comme par les rois d'Angleterre, des derniers siècles du Moyen Âge (XIIIe-XVe siècles) pour affirmer leur *souveraineté*, c'est-à-dire l'exercice d'un pouvoir (ou *imperium* selon la tradition romaine) indépendant, sans supérieur dans le domaine temporel, revendiquant l'exclusivité de la puissance suprême dans leur royaume, tandis qu'étaient élaborées les premières théories statutaires de la Couronne par les « précurseurs » de l'État. Pratiques politiques et idéologies se sont conjuguées pour rétablir les bases de structures (judiciaires, administratives, fiscales) que l'on peut qualifier d'étatiques.

---

1. Max Weber, *Le Savant et le Politique*, trad. fr. J. Freund, Paris, Plon, 1959, p. 125.
2. Ernst Kantorowicz, *Les deux corps du roi*, trad. fr. J.-Ph. et N. Genet, Paris, Gallimard, 1989.

3. L'État moderne

Il existe un relatif consensus chez les historiens pour considérer que l'État moderne est une création, elle aussi progressive, des XVIe et XVIIe siècles à laquelle ont participé le développement d'armées permanentes, l'essor de la fiscalité et de la bureaucratie, ainsi que l'idéologie favorable à l'absolutisme (*Les Six Livres de la République* de Jean Bodin en 1576) ou au schéma du contrat social (le *Léviathan* de Hobbes en 1651). Si les juristes ont manifestement contribué, par l'action des conseillers des princes, des juges et des théoriciens, à la construction des États modernes (qui affecte aussi les puissances musulmanes, avec l'Empire ottoman, la Perse des Séfévides ou l'Inde des Grands Moghols), il est plus difficile de déterminer quels sont les critères juridiques distinguant les États modernes des formes étatiques antérieures au XVIe et au XVIIe siècle. L'on peut mettre en avant, comme l'avait fait Kelsen, une plus grande centralisation de la création du droit, avec l'essor de la législation royale au détriment du respect des règles (de droit romain ou de droit coutumier) qui avaient été créées indépendamment du pouvoir royal. Mais dès le XIIIe siècle, les rois de France ou d'Angleterre revendiquaient une forme de maîtrise de l'ordre juridique, en affirmant leur pouvoir législatif et en plaçant sous le contrôle de leur justice l'application des règles qui n'avaient pas une origine législative. En France, l'essor de l'absolutisme royal n'a pas empêché le maintien des règles issues des coutumes et du droit romain dans des parties essentielles du droit. Il faut aussi prendre en compte la sophistication croissante de ce qu'on appelle aujourd'hui la *hiérarchie des normes*. Il existait déjà, à l'apogée du développement du droit romain, une ébauche de hiérarchie dynamique (avec la règle que la loi nouvelle remplaçait la loi ancienne) et statique (avec l'idée que les jugements ou les contrats ne devaient pas être contraires aux lois) des normes. Dans des contextes politiques très différents, les États modernes ont soumis les statuts des villes ou des communautés de métier au respect de la législation royale, ont affirmé une plus stricte soumission des juges à la légalité et, en projetant leur pouvoir sur des territoires coloniaux, ont échafaudé des constructions juridiques subordonnant les normes appliquées dans les colonies aux règles « constitutives » de la métropole. C'est par ces processus multiples et différenciés d'un pays à un autre (les Provinces-Unies des Pays-Bas formaient un État moderne au même titre que la France de Louis XIV, alors que leurs structures politiques étaient décentralisées, mais avec une projection coloniale caractéristique de cet emboîtement de normes) que le droit a construit l'État moderne[1].

1. Sur le principe de continuité de l'État, v. *Situation 1*.

B ▪ L'apparente uniformité des formes étatiques dans le monde contemporain

Le monde contemporain est « plein d'États », c'est une société d'États qui a été organisée depuis 1945 au sein de l'Organisation des Nations unies. L'emploi du terme de « Nation » ne doit pas cacher cette réalité étatique : ce sont bien 193 États, dotés chacun d'une voix au sein de l'Assemblée générale, qui sont membres à part entière de l'ONU. Il faut y ajouter les États, membres « observateurs » de l'ONU : le Vatican depuis 1964 et la Palestine depuis 2012. Les États qui ne sont pas membres de l'ONU sont des exceptions qui confirment la règle de cette reconnaissance universelle de la forme étatique : Taïwan qui a été exclu de l'ONU à la suite de l'admission de la Chine populaire en 1971 (et reste officiellement reconnu par une vingtaine d'États), le Sahara occidental dont l'indépendance a été proclamée en 1976 (et qui est reconnu par une quarantaine d'États), le Kosovo qui s'est séparé de la Serbie en 2008 (et se trouve reconnu par une centaine d'États sans avoir été admis à l'ONU), les îles Cook et les îles Niue qui sont en association avec la Nouvelle-Zélande mais ont des structures étatiques indépendantes. Toute la surface terrestre du globe, en dehors de l'Antarctique (soustrait à une domination étatique depuis un traité de 1959 entre les douze États qui y ont des bases scientifiques), est divisée entre États, correspondant chacun à un territoire, une population et un gouvernement reconnu de manière universelle ou non.

C'est le modèle occidental de l'État moderne qui a triomphé, au moins en apparence, dans le monde entier. À chaque État correspondent une nationalité, un drapeau, une organisation politique, administrative, judiciaire et un ordre juridique national. La théorie kelsénienne assimilant, d'un point de vue juridique, l'ordre juridique (du moins dans sa dimension nationale) à l'État est aujourd'hui (ce qui n'était pas le cas dans le passé) conforme à la réalité. On peut s'interroger, du point de vue de la science politique, sur l'indépendance véritable de chacun des États et sur la portée qu'il faut donner à la notion de *souveraineté* dans un monde où aucun État ne peut s'abstraire de ses relations avec les autres. D'un point de vue juridique, chaque État reste souverain, dans la mesure où il revendique l'exercice du pouvoir suprême sur son territoire, prétendant ainsi évincer les puissances infra-étatiques rivales, et se voit reconnaître, par le droit international, l'indépendance pour décider en dernier ressort de ses destinées, y compris dans ses relations avec le droit international. Dans ce point de vue juridique, il est possible de distinguer la perspective du droit international – qui ne connaît que les États reconnus par les autres États et paraît subordonner la qualification étatique à cette reconnaissance – et celle du droit national, qui envisage l'efficacité de l'ordre juridique national. Si un ordre juridique, simplement pensé sans aucune prise sur le réel, n'est pas un État, l'on peut s'interroger sur la qualification étatique d'une organisation terroriste qui contrôle de manière plus ou moins durable un territoire et y impose sa loi.

Le phénomène contemporain de standardisation de l'État ne doit pas occulter les grandes différences qui subsistent, y compris sur le terrain juridique, entre les différentes formes étatiques. La situation des micro-États, comme le Liechtenstein, Saint-Marin, Andorre et Monaco membres de l'ONU depuis le début des années 1990, illustre la persistance de formes étatiques héritées des seigneuries médiévales, qui ont acquis les structures de l'État moderne, comme l'essor de leur législation, mais ne jouissent pas d'une grande indépendance extérieure. La reconnaissance du Vatican comme État observateur à l'ONU montre à la fois que l'Église catholique possède, de longue date, des structures étatiques (qui manquent, en l'absence de hiérarchie aussi marquée dans un clergé, au sein d'autres grandes religions) et que son influence (sur l'ensemble des croyants répartis dans une multitude d'États) ne se limite pas au tout petit nombre de personnes (moins de 600) qui ont par leurs fonctions la nationalité vaticane qui s'ajoute à leur nationalité d'origine. Il existe, dans le monde actuel, plus d'une vingtaine de Fédérations, qui articulent un État fédéral (seul reconnu comme membre de l'ONU) et des États fédérés disposant de compétences plus ou moins étendues. Les Fédérations les plus décentralisées sont la Suisse, où les cantons sont constitutionnellement « souverains », et les États-Unis où la compétence de l'État fédéral est en principe l'exception. Par rapport aux États unitaires, ces Fédérations connaissent un degré plus élevé de décentralisation du pouvoir (sachant que la décentralisation administrative peut exister aussi au sein des États unitaires au profit des collectivités locales comme en France) et une structuration de l'ordre juridique fondée sur un emboîtement entre les droits des entités fédérées et le droit fédéral.

II ▪ L'État, une personne morale

De manière surprenante, par rapport aux processus anciens de dépersonnalisation du pouvoir à l'œuvre dans la construction historique et juridique de l'État, c'est seulement au XIXe siècle et d'abord en Allemagne que les juristes ont parlé de la *personnalité morale* de l'État.

Par l'expression « *personne morale* » (pour la distinguer de la personne physique) ou « *personne juridique* » (pour insister sur le pouvoir créateur du droit), l'on désigne une abstraction, une fiction qui attache à une entité certains des attributs reconnus en général aux seuls êtres humains.

À la fin du Moyen Âge et aux Temps modernes, cette personnalité morale a été reconnue à des communautés religieuses (et même à l'Église dans son ensemble), à des communautés de métiers, à des sociétés commerciales et même à des communautés d'habitants (les ancêtres de nos communes) qui pouvaient agir par la médiation de représentants dans la vie juridique, c'est-à-dire acquérir des biens, contracter ou saisir la justice. C'est bien après l'émergence de l'État moderne, qui n'avait pas eu besoin de cette fiction pour imposer sa souveraineté à l'égard de ces groupements, qu'un certain nombre de situations juridiques ont été expliquées à l'aide de la notion d'une personnalité morale de l'État. Si l'État pouvait être propriétaire d'un domaine (séparé des propriétés privées et soumis à des règles spécifiques), s'il disposait à travers le Trésor public de ressources fiscales pour payer ses fonctionnaires, s'il pouvait agir en justice pour ses intérêts (aussi bien en matière civile qu'en matière pénale) et, plus tardivement, s'il pouvait être en position de défendeur (devant ses propres tribunaux) face à des particuliers invoquant la responsabilité de la puissance publique, c'était d'après un nombre croissant de juristes car il avait la qualité de personne morale. Tout en reconnaissant le caractère fictif et donc contingent de cette construction, Kelsen considérait que, dans un ordre juridique, l'on pouvait isoler les règles concernant les organes étatiques et identifier ainsi un sens plus étroit de l'État, ce sens « matériel » étant plus proche aussi de la réalité sociologique de l'appareil étatique.

A ▪ Les moyens de l'État et la notion de droit public

Historiquement, ce sont les ressources financières de l'État alimentant son Trésor qui ont été considérées les premières comme formant une masse de biens avec un régime spécifique. Sous l'Empire on parle de *fisc* (le mot *fiscus* a désigné d'abord le panier d'osier où étaient recueillies les pièces de monnaie versées au titre de l'impôt) pour nommer ce trésor impérial, puis pour le distinguer des biens privés (*patrimonium*) apportés par telle ou telle dynastie impériale. Il est question, dans le *Digeste*, d'avocats du fisc, ce qui correspond bien à l'idée de défense en justice des intérêts d'une entité étatique. Les romanistes du Moyen Âge ont utilisé cette figure du *fisc* pour désigner les moyens dont disposait la puissance des princes ou des cités, alors que renaissait une fiscalité publique. Parallèlement, la remontée en puissance de la monarchie en France s'est effectuée par l'accroissement du *domaine royal*, c'est-à-dire des terres que le roi avait sous son contrôle direct (sans craindre la rivalité d'un prince territorial ou d'un grand seigneur) ou, dans un sens plus étroit, dont il était propriétaire (pouvant à ce titre en tirer des revenus fonciers). L'Ancien Régime a vu se développer les règles de domanialité publique, comme celle de l'inaliénabilité du domaine royal posée par l'édit de Moulins en 1566 pour protéger les biens de la Couronne contre des aliénations désavantageuses, alors que subsistaient par ailleurs un *domaine privé* (les biens propres acquis par le roi, par exemple par une succession dans sa famille) et une équivoque sur le droit que le roi revendiquait sur l'ensemble des terres du royaume (c'est la *directe universelle* affirmée par un édit de Louis XIV en 1692 qui lui permit de percevoir une taxe de mutation sur toutes les aliénations de fonds de terre).

En faisant passer la souveraineté du Roi à la Nation, l'Assemblée constituante a transformé le domaine royal en domaine national relevant de l'État.

Pour autant, les juristes envisageaient dans une autre perspective les routes, les rivages, lais et relais de la mer, ainsi que les fleuves navigables qui étaient considérés, dans la tradition du droit romain, comme des choses publiques (*res publicae*). Dans le Code Napoléon, en 1804, ces biens affectés à l'usage de tous sont des « dépendances du domaine public » (art. 538). Les juristes français de la première moitié du XIXe siècle considéraient que ce « domaine public » devait être distingué du « domaine de l'État », la puissance publique n'ayant qu'un « droit de garde et de surintendance » sur ces biens destinés à l'usage de tous.

Avec l'essor à partir de 1800 de la dualité juridictionnelle et du droit administratif, considéré comme un droit « exorbitant du droit commun » avec ses règles spéciales, la spécificité du droit public s'est affirmée en France face au Code civil[1]. Les biens à l'usage du public et ceux affectés à un service public, comme les bâtiments dans lesquels étaient installées les administrations, furent progressivement amalgamés dans un domaine public soumis à la juridiction administrative, tandis que les biens du domaine privé (comme les forêts domaniales) restaient soumis aux règles du droit civil et à la compétence des juridictions judiciaires. Au début du XXe siècle, Maurice Hauriou défend l'idée de l'État (reconnu désormais comme une personne morale sous l'influence de la doctrine allemande) propriétaire et non plus gardien de l'ensemble des propriétés publiques. Cette théorie a été consacrée par la jurisprudence du Conseil d'État (CE 17 janv. 1923, *Piccioli, Rec.* 44), puis par le Conseil constitutionnel (DC n° 86-207), avant qu'un Code général de la propriété des personnes publiques (2006) n'intègre cette notion directement dans la loi, en abrogeant par ailleurs l'article 538 du Code civil.

Alors que plusieurs pays (les pays de *common law*, mais aussi l'Allemagne) soumettent les propriétés de l'État aux règles ordinaires de la propriété, le droit français place le domaine public, comme une grande partie des moyens de l'État dans l'orbite du droit public et dans la compétence des juridictions administratives. Le domaine public est constitué des biens affectés à l'usage de tous (les routes, les rivages de la mer, les fleuves navigables) dont est propriétaire une personne morale de droit public (l'État, une collectivité territoriale, un établissement public) et de biens spécialement aménagés pour l'exploitation d'un service public (CE 19 oct. 1956, *Société « Le Béton », Rec.* 375 ; *GAJA*, 20e éd., 2015, n° 69). Le domaine privé a un caractère résiduel par rapport au domaine public déterminé par ces critères : il inclut notamment les chemins ruraux, les bois et forêts. Les biens du domaine public sont protégés par leur caractère imprescriptible (un particulier ne peut transformer une possession prolongée d'une parcelle du domaine public en propriété), l'absence de voies d'exécution contre l'État (un créancier de l'État ne peut saisir ses biens) et le principe d'inaliénabilité du domaine public (qui n'interdit

---

1. V. *Situation 2.*

pas, en fait, à l'État de vendre une partie du domaine public artificiel en déclassant ce bien, par désaffectation du service public, avant de le vendre).

D'autres moyens de l'État ont été attraits, au fil de l'histoire, dans le droit public et la compétence des juridictions administratives : la fiscalité directe (alors que la fiscalité indirecte relève des tribunaux ordinaires), les travaux publics (effectués pour le compte d'une personne publique, dans un but d'intérêt général, sur le domaine public mais aussi sur des parcelles du domaine privé, CE 10 juin 1921, *Commune de Monségur, Rec.* 573), le statut des fonctionnaires publics et des agents contractuels de droit public (alors que celui des agents contractuels de droit privé recrutés par les administrations relève de la compétence judiciaire). C'est la dualité juridictionnelle qui a enraciné le découpage artificiel entre règles de droit privé et de droit public. Si le droit public est bien le droit de l'État et des personnes morales de droit public, toutes les activités des administrations de l'État ne relèvent pas du droit administratif. Il n'y a pas un « droit de l'État » séparé du reste de l'ordre juridique, mais un ensemble de règles du droit administratif qui répondent au double critère du fonctionnement des organes de l'État et de la soumission à la compétence des juridictions administratives.

B ▪ La responsabilité de l'État

Avant même que les juristes français recourent à l'idée de personnalité morale de l'État, il n'apparaissait pas anormal que l'État, représenté par ses agents, poursuive en justice les contribuables récalcitrants (dans la tradition du *fisc*, les avocats de l'État peuvent utiliser les voies d'exécution pour saisir les biens de ceux qui ne paient pas l'impôt et pour poursuivre en justice les fraudeurs) ou, par l'intermédiaire du ministère public, les auteurs d'infractions dans le cadre de la procédure pénale. Il fut plus difficile de reconnaître la possibilité que l'État soit débiteur et puisse se retrouver en position de défendeur face à de simples particuliers devant les tribunaux. La pratique des « contrats administratifs », c'est-à-dire de contrats passés entre une administration et un particulier (par exemple, un fournisseur de biens ou de services), devait conduire à envisager cette situation, notamment dans les contrats synallagmatiques (avec des engagements réciproques des deux parties) où l'État pouvait se retrouver en position de débiteur. Préparée par l'arrêt *Rotschild* (CE 6 déc. 1855, *Rec.* 707), la décision *Blanco* du Tribunal des conflits (T. confl. 8 févr. 1873, *Rec. sup.* 61 ; *GAJA*, 20e éd., 2015, n° 1) reconnaît à la fois la possibilité d'une responsabilité extra-contractuelle de l'État (« par le fait des personnes qu'il emploie dans le service public ») et de règles spéciales, différentes de celles du Code civil, pour une responsabilité qui n'est ni générale ni absolue. Réglant un conflit de compétences à la suite d'un accident survenu dans une manufacture de tabacs appartenant à l'État, ce jugement (ou arrêt, par exception on peut utiliser les deux termes pour le Tribunal des conflits) inaugurait la jurisprudence sur la responsabilité administrative à partir d'une affaire concernant l'État entrepreneur (proche de ce point de vue des entrepreneurs et propriétaires privés) qui serait aujourd'hui de la compétence judiciaire !

Parmi les développements de cette jurisprudence, qui s'attacha de 1873 et 1918 à préciser l'articulation entre la responsabilité pour faute personnelle des agents de l'État relevant des juridictions judiciaires et la responsabilité pour faute de service relevant des juridictions administratives, l'arrêt *Tomaso Grecco* (CE 10 févr. 1905, *Rec.* 139) est celui qui singularise le plus l'évolution du droit français par rapport à celle des pays voisins sur cette question de la responsabilité de l'État. Alors que de nombreux systèmes juridiques ont maintenu le principe de l'irresponsabilité de l'État jusqu'après la Seconde Guerre mondiale (« *the king can do no wrong* », le roi ne peut mal faire disait-on en pays de *common law*), les juridictions administratives françaises ont admis que l'État puisse être responsable des dommages qu'il causait y compris pour ses activités régaliennes, en l'occurrence une opération matérielle de police consistant à tirer des coups de feu sur un taureau furieux.

Longtemps restreinte, dans la plupart des situations, à la nécessité de prouver une « faute lourde » commise par l'administration, cette responsabilité de la puissance publique a été soumise (particulièrement depuis les années 1990) dans de nombreux cas au régime, plus favorable à la victime, de la « faute simple » (par exemple pour la responsabilité médicale des hôpitaux publics), voire à un régime sans faute ou pour risque (par exemple du fait de l'utilisation d'armes à feu touchant des passants au cours de la poursuite d'un délinquant, CE 24 juin 1949, *Consorts Lecomte, Rec.* 307). Des activités matérielles de police, pourtant périlleuses pour les forces de l'ordre peuvent engager la responsabilité de l'État pour faute lourde, voire pour faute simple, de même que les activités du service pénitentiaire provoquant des dommages pour les prisonniers (CE 23 mai 2003, *Chabba, Rec.* 240) ou les dommages causés aux personnels participant aux essais nucléaires français (il a fallu une loi du 5 janvier 2010 pour que soit reconnue cette responsabilité dans des conditions restrictives, par ailleurs il n'y a pas de responsabilité administrative de l'État pour les opérations militaires)[1].

Conceptuellement, cet élargissement de la responsabilité de l'État traduit l'utilité technique d'une conception étroite de l'État comme personne morale. L'État peut être, en France (ce qui est loin d'être le cas dans tous les ordres juridiques), traduit devant ses propres tribunaux et condamné à indemniser les victimes des dommages qu'il a provoqués, même dans l'exercice de ses activités dites régaliennes. L'assimilation de l'État et de l'ordre juridique ne permet pas de penser directement ce phénomène. Il faut comprendre néanmoins que c'est le droit de l'État (les règles de droit administratif posées par

1. V. *Situation 3*.

le législateur et la jurisprudence) qui a créé cette soumission de la puissance publique au droit, démontrant ainsi la souplesse de la technique juridique et de ses abstractions.

III ▪ Les sujets de droit et l'État, nationaux et étrangers

Dès que des gouvernants ont eu recours à la technique juridique pour prescrire des règles de conduite aux gouvernés, une discrimination s'est opérée entre les membres du groupe assujettis (ce qui les fait appeler *sujets de droit*) à la norme juridique et les personnes étrangères à ce groupe. À Rome, par exemple, la loi des XII Tables (450 av. J.-C.) fait la distinction entre les citoyens romains et les étrangers (*hostes*). Dans les droits religieux, le lien entre l'ordre juridique et les sujets du droit repose, d'abord, sur l'appartenance à la confession concernée : le droit juif s'applique aux juifs, le droit canon aux chrétiens, le droit musulman aux musulmans. Au sein des structures pré-étatiques il a été tenu compte à la fois de l'allégeance personnelle d'une personne (le sujet de droit) à une autre (le prince) et de la présence sur un territoire soumis à l'autorité du gouvernant (sachant qu'au Moyen Âge, beaucoup de personnes ne quittaient jamais le lieu de leur naissance). La construction des États modernes a correspondu à une meilleure identification de cette qualité de « naturel du pays ». Dans la France d'Ancien Régime, les sujets du roi étaient qualifiés de *régnicoles* et cette qualité s'acquérait en faisant appel aux critères de naissance dans le royaume (le droit du sol ou *jus soli*) et de filiation (le droit du sang ou *jus sanguinis*), le roi se réservant par ailleurs le droit d'accorder des *lettres de naturalité* transformant des étrangers en régnicoles. C'est à partir du XIXe siècle (le Code civil français servant de modèle dans ce domaine) que les États-Nations ont construit un droit de la *nationalité*. Aujourd'hui, dans un monde plein d'États, toute personne jouit en principe d'une nationalité qui détermine ses rapports avec l'ordre juridique étatique dont il dépend (on parle d'un *ressortissant* de tel ou tel État). Pour autant, les étrangers ne sont pas sans droits quand ils sont en dehors de leur État et tout ordre juridique comporte des règles pour partie commune aux nationaux et aux étrangers, pour partie distinctes entre ces deux groupes de sujets de droit.

A ▪ Le droit de la nationalité, une constante évolution

Le droit de la nationalité est, comme la notion d'État, une construction historique (relativement récente, le mot *nationalité* lui-même apparaissant au cours du XIXe siècle) qui évolue dans chaque ordre juridique au gré des réformes législatives. Le droit international reconnaît à chaque État la compétence pour déterminer les conditions d'acquisition de sa nationalité, sous réserve que l'absence de lien effectif avec l'État (une nationalité ou naturalisation « de façade ») peut entraîner le refus des autres États de reconnaître la nationalité de la personne concernée (CIJ 6 avr. 1955, *Nottebohm*). Il existe aussi des traités internationaux en matière de nationalité, pour régler entre États la question des binationaux (ou de la double nationalité) et pour lutter contre le phénomène de l'*apatridie* (les *apatrides* sont les personnes qui ont été privées de leur nationalité, sans en avoir acquis une autre, on les évalue aujourd'hui à une dizaine de millions dans le monde).

En 1804, le *Code civil des Français* a été la première codification à définir ce qu'il appelait la « qualité de Français » et à attacher les « lois concernant l'état et la capacité des personnes » (art. 3) à la nationalité et non au domicile. Les rédacteurs du Code Napoléon avaient mis en avant le lien de filiation (l'enfant d'un Français, même né à l'étranger, était français), tout en ouvrant une petite porte au droit du sol, en permettant à l'étranger né en France de réclamer à sa majorité la qualité de Français, à condition de fixer son domicile en France. Le chef de l'État hérita par ailleurs du droit de naturaliser un étranger. Parmi les nombreuses réformes qui affectèrent ces dispositions, il faut citer une loi de 1851 instituant le « double droit du sol » (l'enfant né en France, d'un parent étranger lui-même né en France, est français), une loi de 1889 faisant acquérir à sa majorité (sans formalités, mais avec la possibilité de décliner la qualité de Français) la nationalité française à tout enfant né en France de parents étrangers, une loi de 1927 facilitant les naturalisations (et faisant sortir les règles de la nationalité du cadre formel du Code civil), les Codes de la nationalité élaborés en 1945 et 1973 et le retour en 1993 des règles de la nationalité dans le Code civil (art. 17 à 33). Comme l'a montré Patrick Weil, le droit français a connu une grande variété de solutions en matière d'acquisition (et depuis 1915 de déchéance de la nationalité, uniquement pour les personnes naturalisées) de la nationalité : s'il y a une orientation « républicaine » en faveur de la prise en compte du droit du sol aux côtés du droit du sang, il n'y a pas d'identité française dans le droit de la nationalité[1].

Aujourd'hui, le droit de la nationalité française est déterminé, pour l'essentiel, par les lois des 22 juillet 1993 et 16 mars 1998. « Est français l'enfant dont l'un des parents au moins est français » (C. civ., art. 17). La nationalité française peut s'acquérir par la naissance sur le sol français : dès la naissance pour les enfants nés de parents inconnus (C. civ., art. 19) ou pour les enfants dont un des parents étrangers est lui-même né en France (C. civ., art. 19-3, le double droit du sol) ou à leur majorité pour les enfants nés en France de parents étrangers s'ils ont leur résidence en France et ont eu leur résidence habituelle en France pendant au moins cinq ans depuis l'âge de onze ans (C. civ., art. 21-7, aucune démarche n'est

1. Patrick Weil, *Qu'est-ce qu'un Français ? Histoire de la nationalité française depuis la Révolution*, Paris, Gallimard, 2005, p. 408.

requise pour cette acquisition de la nationalité française, les intéressés pouvant en revanche décliner la nationalité française au profit d'une autre nationalité). L'étranger qui contracte un mariage avec un conjoint de nationalité française peut acquérir la nationalité française, après un délai de quatre ans suivant le mariage, par simple déclaration (mais sous certaines conditions, avec la possibilité pour le Gouvernement de s'opposer à cette acquisition de la nationalité pour « indignité » ou « défaut d'assimilation », C. civ., art. 21-4). La nationalité française s'acquiert enfin par un décret de naturalisation (une décision administrative prise par le Gouvernement à la demande de l'intéressé et susceptible d'un recours pour excès de pouvoir devant la juridiction administrative) : il faut, en règle générale (il y a une série d'exceptions), un délai minimal de cinq ans de résidence habituelle en France avant la demande.

En vertu du principe d'égalité (en matière civile, l'important article 8 du Code civil affirme, depuis 1804, que « Tout Français jouira des droits civils » ; en matière civique et politique, cette égalité est proclamée par l'article 1 de la Constitution), il n'y a pas lieu de distinguer entre les Français selon le mode d'acquisition de leur nationalité. S'il n'existe plus, depuis des lois de 1978 et 1983, d'incapacités professionnelles ou électorales pesant sur les naturalisés durant les premières années de leur naturalisation, seuls les naturalisés ou les binationaux peuvent être déchus de la nationalité française. En vertu de la loi du 16 mars 1998, une personne naturalisée par décret ne peut être déchue de la nationalité française, si elle n'a pas par ailleurs une autre nationalité (C. civ., art. 25). La déchéance de nationalité est une mesure grave et rarissime, passant par un décret pris après avis conforme (c'est-à-dire avec un avis favorable) du Conseil d'État dans des cas strictement énumérés par la loi : condamnation pour un crime ou délit portant atteinte aux intérêts fondamentaux de la Nation ou pour acte de terrorisme, actes préjudiciables aux intérêts de la France au profit d'un État étranger. La nationalité (fondée dans certains pays sur le droit du sol, dans d'autres sur le droit du sang et le plus souvent par une combinaison de ces deux éléments) établit ainsi un lien fort (comportant des droits et des devoirs) et durable (même si une personne peut changer de nationalité) entre une personne et un État[1]. Il faut toutefois tenir compte, dans le monde contemporain, du développement des situations de double nationalité et de l'ampleur des phénomènes migratoires entraînant des changements de nationalité.

B ▪ Le droit des étrangers, une matière sensible

La discrimination (au sens d'une distinction, sans le caractère péjoratif attribué à ce terme quand il s'agit de discriminations illicites) entre citoyens et

1. V. *Situation 4*.

étrangers est présente dans tous les ordres juridiques nationaux. Elle ne signifie pas que ces ordres juridiques se désintéressent des étrangers et que ceux-ci soient dépourvus de droits. L'application des règles d'un ordre juridique à un territoire délimité par des frontières a toujours signifié que ces règles (ou une partie d'entre elles) devaient s'appliquer aux étrangers présents sur ce territoire, qu'il s'agisse d'une présence temporaire (liée à un voyage, quelle qu'en soit la nature) ou plus durable (liée à un domicile, voire à un établissement définitif). Les touristes étrangers doivent savoir qu'ils sont soumis aux lois notamment pénales de l'État qu'ils visitent. En droit français, cela résulte de l'article 3 du Code civil qui affirme, dans son alinéa 1 : « les lois de police et de sûreté obligent tous ceux qui habitent le territoire ».

Aujourd'hui l'importance des flux migratoires, affectant plus de 200 millions de personnes dans le monde, augmente la proportion des étrangers résidant de manière durable sur le territoire d'un autre État, notamment dans des pays d'immigration comme la France. Dans l'ordre juridique français, ces étrangers se sont vus reconnaître des droits en matière civile, les droits politiques étant réservés aux nationaux, sauf à modifier la Constitution pour permettre aux étrangers de participer à certaines consultations électorales, comme c'est le cas dans plusieurs pays européens. L'article 11 du Code civil, inchangé depuis 1804, apparaît aujourd'hui restrictif dans la mesure où il prévoit que « l'étranger jouira en France des mêmes droits civils que ceux qui sont ou seront accordés aux Français par les traités de la nation à laquelle cet étranger appartiendra ». Alors que le texte de la Constitution de la Ve République ne dit rien sur le droit des étrangers, le Conseil constitutionnel, dans la DC 89-260 du 22 janvier 1990 et dans la DC 93-325, du 13 août 1993 (*Maîtrise de l'immigration*), a affirmé que les étrangers résidant en France bénéficiaient des libertés et droits fondamentaux de valeur constitutionnelle (liberté individuelle et sûreté, liberté du mariage, droit de mener une vie familiale normale, droit à l'exercice de recours pour garantir ces libertés) et jouissaient des droits à la protection sociale, dès lors qu'ils résidaient de manière stable et régulière sur le territoire français. Ces droits doivent néanmoins être conciliables avec la sauvegarde de l'ordre public (« objectif de valeur constitutionnelle »), les étrangers n'ayant pas, à la différence des nationaux, un droit « général et absolu d'accès et de séjour sur le territoire national »[1].

Le droit des étrangers se compose ainsi de deux catégories de règles. D'une part des règles (de droit pénal, de droit civil, de droit du travail ou de la protection sociale) communes aux étrangers et aux nationaux, sachant que les premiers ne jouissent pas de tous les droits reconnus aux seconds, par exemple l'accès à certains emplois de la fonction publique est interdit aux étrangers, avec des distinctions entre citoyens européens et étrangers extra-européens ou en raison du caractère plus ou moins régalien de la fonction

1. V. *Situation 5*.

publique concernée. D'autre part, les règles spécifiques à l'entrée et au séjour des étrangers (règles législatives et réglementaires regroupées dans un Code, le CESEDA, depuis 2004) qui donnent pouvoir aux autorités de l'État, dans l'exercice de leurs compétences de *police administrative*, pour restreindre la liberté d'entrée et de séjour des étrangers. L'autorité administrative peut ainsi refuser l'entrée sur le territoire national d'un étranger « sans papiers », c'est-à-dire qui ne réunit pas les conditions établies par la loi pour passer la frontière française (notamment la possession d'un visa délivré par les autorités consulaires françaises qui est nécessaire pour l'entrée en France des ressortissants de nombreux pays extra-européens). Ce refus d'entrée passe par une décision administrative de *refoulement*, qui s'accompagne en général du maintien dans une *zone d'attente* (une zone fermée à l'intérieur d'un aéroport) dans le délai (maximum de 20 jours) nécessaire au renvoi de l'étranger hors de France. Une fois entré en France, l'étranger doit être titulaire d'une carte de séjour, liée à un travail, à des études, à un regroupement familial ou à l'obtention de l'asile politique (par une décision de l'OFPRA). L'absence ou la perte (par non-renouvellement ou par condamnation pénale assortie d'une interdiction de séjour sur le territoire) de ce titre de séjour (rendant l'étranger « sans papiers ») autorise l'autorité préfectorale à prendre un *ordre de quitter le territoire français* (anciennement arrêté de reconduite à la frontière). En cas de menace pour l'ordre public, souvent à la suite d'une condamnation pénale, le préfet (ou pour les cas d'urgence le ministre de l'Intérieur) peut prendre un arrêté d'*expulsion* du territoire français. Dans l'attente de leur départ, les étrangers reconduits à la frontière ou expulsés peuvent être assignés à résidence ou placés en *rétention administrative* (et donc privés de leur liberté d'aller et venir) dans un délai ne pouvant excéder au maximum 90 jours. On voit combien la liberté d'aller et venir des étrangers est limitée, alors que les nationaux ne peuvent être reconduits à la frontière, ni expulsés. Les étrangers, dont l'administration conteste la présence régulière sur le territoire français, ne sont pas complètement dépourvus de droit : la loi française reconnaît des droits sociaux minimaux (notamment l'AME, aide médicale État) aux étrangers « sans papiers » et les étrangers soumis à des mesures d'éloignement ont un droit au recours. Il faut également tenir compte des deux ordres juridiques européens : le droit de l'Union européenne qui reconnaît une grande liberté d'aller et venir aux ressortissants des pays membres de l'Union et le droit de la Convention européenne des droits de l'homme (Conv. EDH) qui garantit un certain nombre de libertés fondamentales aux étrangers résidant sur le territoire des États-membres du Conseil de l'Europe. Le droit des étrangers, une matière sensible à des changements liés aux politiques d'immigration, manifeste à la fois le maintien d'un fort pouvoir des autorités étatiques à l'égard des sujets de droit (ce qu'on appelle traditionnellement la *souveraineté* des États) et la limitation de ce pouvoir par le droit international (v. Séquence 5).

SÉQUENCE 3

L'État créé par le droit

SITUATION 1

La continuité de l'État à l'épreuve de la Seconde Guerre mondiale en France

Ce qu'on appelle le principe de continuité de l'État correspond à plusieurs règles de droit (dont celles sur la responsabilité pour des crimes contre l'humanité, J. B. Perrier, E. Raschel, « Le négationnisme face aux droits et libertés garantis par la Constitution », *D.* 2016. 521-525) qui ont été dégagées au cours de l'histoire. Pour nous en tenir à la France, la formation d'un ordre juridique français a commencé avec l'action des rois de France (le titre de *rex Franciae* a remplacé, de manière significative, celui de *rex Francorum*, hérité de la tradition franque, sous le règne de Philippe-Auguste, 1180-1223) pour assurer leur maîtrise, qualifiée progressivement de *souveraineté*, sur le territoire du royaume de France, tant à l'égard des puissances extérieures (le Saint-Empire, la Papauté) que des princes territoriaux au sein même du royaume. S'affirmant comme « source de toute justice » et « empereur en son royaume » à partir du XIIIe siècle, le roi de France cherche à contrôler la création du droit sur l'ensemble du royaume. Les Capétiens directs, puis les Valois et les Bourbons, l'ont fait en respectant les traditions juridiques issues de la pénétration du droit romain (suite à la redécouverte des compilations de Justinien en Italie) et de la formation des coutumes territoriales, ces deux traditions étant expressément reconnues et ainsi érigées en règles de droit par le roi et ses tribunaux. La constitution d'un ordre juridique royal est passée aussi par le développement progressif d'une législation royale. Au cours des XIIIe et XIVe siècles, il fut admis à la fois que le roi pouvait librement modifier la législation (celle de ses prédécesseurs et la sienne) et qu'il maintenait les *bonnes lois* (c'est-à-dire toutes celles qu'il n'avait pas abrogées) de ses prédécesseurs. Si cette règle connaissait des limites (les privilèges, consistant dans des normes individuelles, devaient être confirmés à chaque changement de règne et les ordonnances anciennes tombaient souvent dans l'oubli, amenant les rois à rééditer les mêmes règles à plusieurs intervalles), elle établissait bien une continuité de l'ordre juridique pré-étatique. Si l'on ajoute la transmission immédiate du pouvoir royal, dès l'instant de la mort du roi, à son successeur légitime (symbolisée par la phrase fameuse « le roi est mort, vive le roi ! »), la construction de l'État moderne, aux XVIe et XVIIe siècles, ne pouvait que renforcer ce principe : Louis XIV n'a jamais dit « L'État, c'est moi », mais a affirmé, sur son lit de mort « Je m'en vais, mais l'État demeure ».

Malgré l'importance de la rupture avec l'Ancien Régime et son droit, la Révolution française n'a pas remis en cause ces règles de la continuité de l'État. Les assemblées révolutionnaires ont affirmé que les règles de droit non abrogées par les lois nouvelles restaient en vigueur. Il n'y a pas eu de solution de continuité dans l'ordre juridique français malgré les fréquents changements de régime constitutionnel au XIXe siècle et la continuité de l'État s'est manifestée aussi bien par le maintien des lois anciennes non abrogées (y compris quelques règles venues de l'Ancien Régime ou quelques articles d'une constitution ancienne ravalés au niveau législatif, comme l'article 75 de la Constitution de l'an VIII sur la « garantie des fonctionnaires » en vigueur jusqu'en 1870) que par le respect des traités ratifiés par un régime antérieur (le Concordat de 1803 n'a pas été remis en cause après la chute de Napoléon).

C'est la Seconde Guerre mondiale et la défaite militaire de juin 1940 qui ont ébranlé ce principe de continuité de l'État et suscité des questions juridiques inédites dont il existe encore des séquelles aujourd'hui. Tandis que le dernier gouvernement de la Troisième République, dirigé par Pétain, signait un armistice avec les Allemands, puis que Pétain obtenait de l'Assemblée nationale réunie à Vichy (les deux Chambres votant le 10 juillet 1940 à une majorité de 569 voix contre 80) les pleins pouvoirs pour diriger la France et modifier les lois constitutionnelles de 1875, le général de Gaulle en appelait depuis Londres à la Résistance et créait des organes gouvernant la France libre, notamment le Comité national français par l'ordonnance du 27 novembre 1941. Dans une situation de guerre civile s'affrontaient deux pouvoirs, chacun ne reconnaissant aucune légitimité à l'autre : le Gouvernement de Vichy déchut le général de Gaulle de la nationalité française, la France libre dénia toute valeur au vote du 10 juillet 1940, notamment par le Manifeste de Brazzaville du 27 octobre 1940. Si l'on peut dire que sur le territoire métropolitain, jusqu'en 1944, l'ordre juridique appliqué par les tribunaux était celui de l'*État français* de Vichy, la France libre fut bien créatrice d'un droit fondé sur les ordonnances prises par le Général de Gaulle, à partir d'octobre 1940 (avec le ralliement d'une partie de l'Empire colonial, rendant ainsi effectif l'ordre juridique de la France libre sur un certain nombre de territoires) et plus encore à partir de 1943 et de la constitution d'un véritable gouvernement à Alger (le Comité français de libération nationale puis en juin 1944 le Gouvernement provisoire de la République française).

L'ordonnance du 9 août 1944, « relative au rétablissement de la légalité républicaine sur le territoire métropolitain » fut l'instrument majeur pour mettre fin à cette situation menaçant la continuité de l'ordre juridique français à la Libération. En déclarant que la République n'avait jamais cessé d'exister, que les lois et actes réglementaires de Vichy étaient nuls, que leur nullité devait être expressément déclarée (ce que commençait à faire cette ordonnance pour tous les actes constitutionnels et les mesures antisémites), qu'en conséquence les lois de Vichy non abrogées restaient en vigueur (comme le droit antérieur à juillet 1940), l'ordonnance du 9 août 1944 permettait à l'ordre juridique français de retrouver, comme le territoire, son intégrité sous l'autorité d'un gouvernement républicain.

Pendant longtemps, l'on a cru la « parenthèse » du Gouvernement de Vichy refermée et l'on avait tendance à considérer que le seul Gouvernement légitime de la France de 1940 à 1944 étant celui issu de la France libre, l'État n'avait plus à assumer les suites des actes nuls du « gouvernement de fait ». En dépit des indemnisations versées aux victimes des déportations par les autorités françaises et par la République fédérale d'Allemagne, la question d'éventuelles poursuites (donnant lieu à des condamnations des coupables et à des indemnisations des parties civiles) pour les crimes contre l'humanité commis pendant la Seconde Guerre mondiale (tels qu'ils ont été déterminés par le statut et les décisions du Tribunal de Nuremberg) restait ouverte, la loi du 26 décembre 1964 ayant constaté l'imprescriptibilité de ces crimes. Les procès de Klaus Barbie (1987) et surtout ceux de Paul Touvier (1994) et Maurice Papon (1998, Touvier et Papon étaient poursuivis comme complices français de crimes contre l'humanité, Papon ayant exercé les fonctions de secrétaire général de la Préfecture de la Gironde sous l'Occupation) relancent les débats sur la responsabilité de l'État français dans la déportation des juifs et de sa complicité avec les nazis. D'un point de vue politique, le Président de la République Jacques Chirac, dans une déclaration du 16 juillet 1995, et le Premier ministre Lionel Jospin, dans une déclaration du 16 juillet 1997, ont reconnu la responsabilité de la France de Vichy dans la déportation des juifs et affirmé que l'État devait assumer cette continuité à l'égard des victimes, de leurs descendants et de l'ensemble de la mémoire nationale.

D'un point de vue juridique, le Conseil d'État a tiré les conséquences de cette appréhension de la continuité de l'État en matière de responsabilité. Dans un arrêt du 12 avril 2002 (*Papon, Rec.* 139), le Conseil d'État a reconnu la responsabilité administrative de l'État pour faute de service relativement aux actes constitutifs de complicité de crimes contre l'humanité dont Papon avait été reconnu coupable par la Cour d'assises de la Gironde en 1998. Ces actes étaient des agissements de l'administration française, « qui ne résultaient pas directement d'une contrainte de l'occupant » et avaient été reconnus comme fautifs à travers leur annulation par l'ordonnance du

9 août 1944. En conséquence, l'État fut condamné à payer la moitié des indemnités décidées en faveur des parties civiles par la Cour d'assises. Dans un avis du 6 février 2009 (*Mme H., Rec.* 43 à propos de poursuites intentées contre l'État et la SNCF pour la déportation du père de la demanderesse), le Conseil d'État a confirmé que les actes des autorités de Vichy, participant à la déportation des juifs, manifestaient une « méconnaissance des droits fondamentaux de la personne humaine tels qu'ils sont consacrés par le droit public français » (on remarquera l'ancrage de ces droits fondamentaux dans l'histoire du droit public français, de la Déclaration de 1789 et de la « tradition républicaine ») et engageaient la responsabilité de l'État pour faute. En l'espèce, le Conseil d'État a été d'avis que les préjudices extrêmement graves causés par l'État français avaient donné lieu à une série graduelle de processus d'indemnisations qui avaient payé la dette de l'État. Outre une réponse aux actions intentées aux États-Unis contre la France et la SNCF, cet avis mérite une vive attention aussi bien dans l'examen de la construction juridique qu'est l'État que dans l'appréhension de l'infraction de contestation des crimes contre l'humanité (créée par la loi « Gayssot » du 13 juillet 1990). Par un arrêt du 13 avril 2018 (*Association du Musée des Lettres et Manuscrits*), le Conseil d'État a affirmé que la France libre a été dépositaire de la souveraineté nationale dès le 16 juin 1940 et qu'en conséquence les télégrammes du général de Gaulle en 1940 étaient des archives publiques. On peut ainsi parler de deux « ordres juridiques français » entre juin 1940 et août 1944.

SITUATION 2

La délimitation jurisprudentielle de la frontière entre droit public et droit privé

Non seulement, la distinction entre droit public et droit privé a une histoire dans la science du droit (avec en Occident, des racines romaines liées notamment au fragment d'Ulpien, au tout début du *Digeste*, 1, 1, 1, 2 qui lie *jus publicum* et *status rei Romanae*), mais elle résulte dans le droit positif de constructions normatives relativement mouvantes. Dans l'ordre juridique français, cette distinction est liée depuis 1800 à la dualité juridictionnelle. L'on peut considérer, d'un point de vue positiviste, que relèvent du droit public les actes qui sont de la compétence des juridictions administratives et appartiennent au droit privé les actes qui sont de la compétence des juridictions judiciaires. Si l'on suit cette démarche empirique, il n'y a pas lieu de distinguer des lois « de droit civil » et des lois « de droit public » en fonction de leur objet (les relations entre les particuliers pour les premiers, les relations impliquant l'État ou des personnes de droit public pour les secondes) : les unes et les autres ne peuvent être écartées en raison de leur inconstitutionnalité par les juridictions judiciaires et administratives (mais peuvent l'être en raison de leur contradiction avec les normes internationales par le contrôle de conventionnalité), les unes et les autres sont appliquées indifféremment par les deux ordres de juridiction (il arrive aux juridictions administratives d'appliquer tel ou tel article du Code civil, comme aux juridictions judiciaires d'appliquer quotidiennement des décrets). En revanche, seules les juridictions administratives peuvent annuler des actes qualifiés d'administratifs (actes unilatéraux comme les décisions réglementaires ou individuelles) et seules les juridictions judiciaires peuvent remettre en cause des actes civils (concernant l'état et la nationalité des personnes, les contrats de droit privé, la propriété privée...).

Une des difficultés du droit français vient du fait que tous les actes pris par l'État ou les autres personnes morales de droit public (collectivités territoriales, établissements publics) ne relèvent pas du droit administratif (et donc du droit public) et que certains actes pris par des personnes privées sont de la compétence des juridictions administratives, échappant ainsi aux règles du droit privé. C'est la jurisprudence du Conseil d'État et du Tribunal des conflits (notamment dans l'affaire *Bac d'Eloka, GAJA*, 20e éd., 2015, n° 35) qui a établi, en l'absence de disposition expresse et générale dans la Constitution ou dans les lois, la démarcation, pour le moins sinueuse, entre compétence judiciaire et compétence administrative. Même quand le législateur est intervenu pour établir des « blocs de compétences » – par exemple par la loi du 31 décembre 1957 attribuant à l'ordre judiciaire la compétence sur toute action en réparation des dommages causés par un véhicule quelconque, y compris un véhicule d'une administration –, il l'a fait pour faciliter l'indemnisation des victimes et non pour établir une différence entre droit public et droit privé. De même la décision du Conseil constitutionnel, *Conseil de la concurrence* (DC 1986-224 du 23 janvier 1987), a bien élevé au rang de norme constitutionnelle (en tant que principe fondamental reconnu par les lois de la République) un noyau dur de compétence pour les juridictions administratives (« relève en dernier ressort de la compétence de la juridiction administrative l'annulation ou la réformation des décisions prises, dans l'exercice des prérogatives de puissance publique, par les autorités exerçant le pouvoir exécutif, leurs agents, les collectivités territoriales de la République ou les organismes publics placés sous leur autorité ou leur contrôle »), mais n'a pas interdit que cette compétence s'étende au-delà de ce « minimum constitutionnel », par exemple en direction d'actes accomplis par des personnes privées ayant reçu délégation d'un service public.

La recherche d'un critère le plus large possible pour déterminer ce qui relève du droit administratif dans l'action de l'État, des collectives territoriales et des établissements publics (mis en place plus tardivement à partir du milieu du XIXe siècle) a commencé très tôt, avant même que soit reconnue la personnalité morale de l'État. Dès les débuts de la dualité juridictionnelle, des juristes ont proposé de distinguer l'État souverain et l'État propriétaire, les actes d'autorité et les actes de gestion, puis parmi ces derniers ceux relevant de la gestion publique et ceux relevant de la gestion privée. L'histoire de la justice administrative est celle de compétences, longtemps « exorbitantes du droit commun », arrachées à l'ordre judiciaire et d'un essor parallèle des interventions de la puissance publique contrôlées par les juridictions administratives.

En suivant quelques-uns des « grands arrêts » qui font encore jurisprudence, l'on prend conscience du caractère artificiel et mouvant de cette démarcation des compétences. La décision *Blanco* (T. confl. 8 févr. 1873) rattache la compétence administrative en matière de responsabilité de l'État au « service public » : il ne signifie pas que tout ce que fait l'État dans le cadre des services publics relève du droit administratif. L'État est conçu, dans les conclusions du commissaire du gouvernement David, comme « une personne civile capable de s'obliger par des contrats », ouvrant ainsi la porte à la reconnaissance d'actes de gestion privée des services publics. Dans l'arrêt *Terrier* (CE 6 févr. 1903), ces idées sont appliquées à un contrat passé par un département et soutenues, dans les conclusions du commissaire du gouvernement Romieu, par la distinction gestion publique/gestion privée. Au sein même du service public, les personnes morales de droit public peuvent agir dans les mêmes conditions que les particuliers en se soumettant aux mêmes règles et aux mêmes juridictions.

Dans l'arrêt *Société des Granits porphyroïdes des Vosges* (CE 31 juill. 1912, *Rec.* 909), le Conseil d'État a nuancé l'arrêt *Terrier*, en reconnaissant qu'un contrat de fourniture de pavés pour la ville de Lille relevait du droit privé, alors même que la fourniture, objet du contrat, était destinée à un service public. Un service public peut recourir à des instruments de droit privé et être soumis, en cas de litige, à la juridiction judiciaire. À propos des contrats administratifs, la jurisprudence *Époux Bertin* (CE 20 avr. 1956, *Rec.* 167) ajouta une touche supplémentaire : un contrat peut être administratif, même sans clause exorbitante, s'il confie au contractant l'exécution même du service public. Dans l'emploi de ces deux critères alternatifs pour décider quels sont les contrats soumis au droit administratif, il n'y a aucune logique : c'est le juge administratif qui détermine, comme il l'entend, la frontière entre droit public et droit privé.

Il est paradoxal que la croissance des interventions économiques et sociales de l'État ait conduit non à une extension du droit public (comme le dénoncèrent de nombreux civilistes au cours du XXe siècle), mais à une augmentation des situations où les actes des services publics étaient soumis au droit privé. Concernant les services publics industriels et commerciaux, la jurisprudence *Bac d'Eloka* (T. confl. 22 janv. 1921, *Société commerciale de l'Ouest africain, Rec.* 91) conduit à placer la plupart des contrats (mais pas tous, la clause exorbitante de droit commun pouvant ramener certains de ces contrats vers le droit administratif) et des actions en responsabilité relatifs à ces SPIC dans le domaine du droit privé. Cette attraction vers le droit privé est encore plus importante (là aussi avec des exceptions, comme le cas des travaux publics) pour les SPIC délégués à des personnes privées, alors que les arrêts *Montpeurt* (CE 31 juill. 1942, *Rec.* 239) et *Bouguen* (CE 2 avr. 1943, *Rec.* 86) ont soumis au droit administratif certains actes unilatéraux émanant de personnes morales de droit privé assurant un service public administratif.

Il n'est pas sûr que les privatisations, qui ont fait passer un certain nombre de services publics industriels et commerciaux du statut d'EPIC à celui de société anonyme (par exemple, pour EDF), aient fondamentalement changé cette répartition des compétences entre juridiction administrative et juridiction judiciaire. Les politiques menées depuis quelques années au nom de la « valorisation du domaine public » (ventes massives de biens immobiliers de l'État, multiplication des titres d'occupation du domaine public par des personnes privées dans le cadre de la loi LOPSI de 2002 et des contrats de partenariat) peuvent susciter davantage d'interrogations sur une rétractation de la sphère d'application du droit public. L'État organise son propre repli et de nouvelles normes déplacent la frontière entre droit public et droit privé.

SITUATION 3

Jusqu'où peut aller la responsabilité de l'État ?

Le développement du droit de la responsabilité administrative, rattaché au mythe d'un arrêt *Blanco* qui serait fondateur du droit administratif moderne (ce qui est contraire à la réalité historique), paraît souvent relever, en France, d'une progression linéaire et facile des possibilités pour les administrés d'être indemnisés des dommages provoqués par l'administration ou par la justice administrative elle-même (arrêt *Magiera, D.* 2003. 23). La perspective historique et comparatiste met en valeur les spécificités du droit français : dans de nombreux ordres juridiques, la renonciation à la règle d'immunité de l'État a été tardive (aux USA, par le *Federal Tort Claims Act* de 1946, au Royaume-Uni par le *Crown Proceedings Act* de 1947) et il est bien difficile d'invoquer la responsabilité de la puissance étatique dans les systèmes où les juges ne disposent pas d'une réelle indépendance. Faisant appel à la technique de la personnalité juridique de l'État ou des autres personnes morales de droit public, la responsabilité « administrative » effectue, dans l'ordre interne, un dédoublement des organes de l'État : des juridictions sont amenées à condamner à des indemnisations non seulement des agents de l'État, mais l'État lui-même. S'il n'est pas envisageable de condamner pénalement l'État (même dans les ordres juridiques admettant la responsabilité pénale des personnes morales, comme c'est le cas en France depuis le Code pénal de 1992, il n'y aurait pas de sens à ce que l'État se paie à lui-même une amende), les intérêts des victimes de l'action de l'État sont pris en compte, comme ils l'étaient traditionnellement en matière d'expropriation pour cause d'utilité publique. La fiction d'une personnalité morale de l'État se révèle bien utile, à la fois pour autoriser l'action des victimes (qu'elle soit portée devant des juridictions administratives ou judiciaires) et pour expliquer que des tribunaux agissant au nom de l'État puissent condamner le Trésor public (héritier de la notion de *fiscus*) à payer des dommages-intérêts. La construction juridique de cette responsabilité avait déjà atteint, en France, un haut degré de sophistication à la fin du XIXe siècle quand le législateur modifia en 1895 la procédure restée d'emploi difficile et rare de *révision* des décisions pénales (la correction de ce qu'on appelle ordinairement les « erreurs judiciaires »), en prévoyant la possibilité d'indemniser les victimes. La juridiction de révision incarne alors l'État réparateur prenant à son compte la faute d'une autre juridiction étatique.

Le développement de la juridiction administrative et de règles propres pour la responsabilité administrative constitue, bien sûr, une autre spécificité du droit français. Même dans d'autres pays dotés de tribunaux administratifs comme l'Allemagne ou l'Italie, la responsabilité de l'État reste, pour l'essentiel, sous l'empire des règles du droit civil. Il ne faut toutefois pas négliger, pour le cas de la France, les contacts qui ont toujours existé entre responsabilité administrative et responsabilité civile. Tout en écartant le principe d'une soumission au Code civil (c'est ici le principal apport de la décision *Blanco*), la jurisprudence administrative a suivi les développements de la responsabilité civile sur la notion de faute, comme sur les cas de responsabilité sans faute. Concernant les accidents du travail et la responsabilité pour « risque professionnel », le Conseil d'État a même précédé la Cour de cassation, par l'arrêt *Cames* (CE 21 juin 1895, *Rec.* 509, un bel exemple d'arrêt à la motivation très succincte, dont les « raisons » se trouvent dans les conclusions du commissaire du gouvernement Romieu) qui se situe un an avant l'arrêt *Teffaine* (1896, v. Séquence 2). L'essor de la faute de service a été parallèle à celui de la responsabilité des commettants pour leurs préposés instituée dès 1804 dans l'article 1384 du Code civil : de même que l'employeur doit prendre à sa charge les dommages causés par ses salariés, les personnes publiques ont à assumer les fautes de leurs agents. L'évolution de la jurisprudence administrative sur l'abandon de la condition de la « faute lourde » pour la responsabilité hospitalière s'explique par la comparaison avec la situation des victimes de fautes médicales dans les cliniques privées. Il faut également tenir compte du fait qu'une part non négligeable des actions en responsabilité dirigées contre les services publics industriels et commerciaux (qu'ils soient assurés par des personnes morales de droit public ou par des personnes morales de droit privé) reste de la compétence des juridictions judiciaires. De même, dans les cas où est engagée la responsabilité de l'État pour un « fonctionnement défectueux » (selon l'expression de la loi du 15 juillet 1972, intégrée à l'article 141-1 du Code de l'organisation judiciaire) du service des juridictions judiciaires, ce sont ces mêmes juridictions qui sont compétentes pour appliquer les règles du droit administratif à la responsabilité de l'État. Le fameux arrêt de la Cour de cassation *Trésor Public c/ Giry* (Civ. 2e, 23 nov. 1956, *GAJA*, 20e éd., 2015, n° 70) est non seulement une exception à la règle « la compétence suit le fond », mais une confirmation du caractère artificiel de la démarcation entre droit public et droit privé qui n'est pas toujours liée à la délimitation des compétences entre les deux ordres de juridiction. Paradoxalement l'essor de la responsabilité de l'État s'est nourri de processus de « civilisation » (dans le sens d'un emprunt aux techniques du droit civil, sur la personnalité morale, la faute, le dommage moral...) de cette partie du droit administratif français.

Il est facile de comprendre ce rapprochement entre droit administratif et droit civil quand la puissance publique accomplit des actes de gestion et se comporte comme un entrepreneur, parfois en concurrence avec les entreprises privées. Les développements de la responsabilité de l'État sont encore plus étonnants quand ils touchent à des prérogatives régaliennes, dont le monopole revient à l'État et dont on sait qu'elles peuvent comporter des « sacrifices » pour les sujets de droit. L'arrêt *Tomaso Grecco* (CE 10 févr. 1905, *Rec.* 139, à nouveau il y a matière à réflexion sur un arrêt de rejet tenant en quelques lignes, d'où il faut déduire qu'il n'existe pas d'irresponsabilité de l'État même pour le domaine difficile du maintien de l'ordre public dans la rue) a introduit dans le droit administratif français la règle de la responsabilité de l'État pour les services de police, y compris pour les opérations sur le terrain, avec le tempérament de l'exigence d'une « faute lourde ». Sans disparaître, cette exigence de la faute lourde a été remplacée dans plusieurs domaines « difficiles » (comme les secours en mer ou en cas d'incendie depuis des arrêts des années 1990) par l'engagement de la responsabilité de l'État pour faute simple, voire sans faute (à partir de la jurisprudence sur l'usage des armes à feu et les victimes de « balles perdues », CE 24 juin 1949, *Consorts Lecomte, Rec.* 307).

Comme il a été indiqué, ce sont aussi les fautes des services judiciaires qui engagent la responsabilité de l'État. Dans le domaine de la juridiction administrative, l'arrêt *Magiera* (CE 28 juin 2002, *Rec.* 248) est une décision importante, dans la mesure où elle fonde la responsabilité de l'État sur la méconnaissance du « délai raisonnable » d'examen des requêtes (art. 6.1 Conv. EDH) et abaisse cette responsabilité au niveau de la faute simple. Des arrêts ont également retenu la responsabilité de l'État du fait (lié à une faute simple de défaut de surveillance) d'un suicide dans une prison (CE 23 mai 2003, *Chabba, Rec.* 240), ou de la mort par le feu d'un détenu (du fait à la fois de l'action d'un codétenu et de l'utilisation de matelas en mousse, CE 17 déc. 2008, *Garde des Sceaux, ministre de la Justice c/ M. et Mme Zaouiya, Rec.* 465). Si la Cour de Strasbourg engage tous les États-membres du Conseil de l'Europe à respecter les droits fondamentaux des détenus et à réparer des dommages provoqués par le mauvais fonctionnement du service pénitentiaire, il y a là un développement de la responsabilité de l'État qui n'est pas présent dans toutes les démocraties constitutionnelles (elle existe en Inde sous la forme des *constitutional torts*, elle commence seulement à apparaître aux États-Unis). Le domaine des activités militaires n'échappe pas non plus à la reconnaissance de la responsabilité de l'État pour des fautes résultant d'un mauvais fonctionnement du service en temps de paix. Le dossier douloureux des victimes de la contamination radioactive des essais nucléaires dans le Pacifique, que la loi « Morin » du 5 janvier 2010 a voulu régler par un processus d'indemnisation (ne mettant pas fin aux actions en justice), montre (comme la jurisprudence sur la responsabilité du fait des lois initiée par l'arrêt *La Fleurette*, CE 14 janv. 1938 et renouvelée depuis lors, *GAJA*, 20e éd., 2015, n° 47) qu'il est de moins en moins admis par le droit français que l'État puisse faire « souffrir » injustement, alors même qu'il peut exiger des sacrifices (allant du paiement de l'impôt à l'engagement au service de la France au péril de sa vie) de ses nationaux.

SITUATION 4

La nationalité à la carte ?

Les évolutions récentes du droit de la nationalité confirment que celui-ci n'est pas irrémédiablement fixé à quelques règles qui seraient issues en France de la tradition républicaine (B. Ancel et Y. Lequette, *Les grands arrêts de la jurisprudence française de droit international privé*, Dalloz, 5e éd., 2006, n° 46). Ces évolutions justifient la position (très hétérodoxe en 1925 dans son *Allgemeine Staatslehre*) de Kelsen considérant que les liens entre un ordre juridique et la « population » soumise à ses règles ne relevaient pas nécessairement d'une allégeance politique (celle des nationaux) et englobaient de manière plus ou moins large les étrangers présents sur le territoire de l'État. Dans le droit de la nationalité, cette notion d'allégeance politique s'est affaiblie dans un contexte européen où les États ont renoncé à se faire la guerre et ont mis en place une « citoyenneté européenne » sur la base des libertés de circulation et d'établissement des ressortissants des États-membres. Dans l'Union européenne, la frontière est désormais plus affirmée entre citoyens européens et non-européens qu'entre nationaux et ressortissants d'un autre État de l'Union. Le Code pénal continue à faire la distinction entre les faits de « trahison » commis par un Français ou un militaire au service de la France et les faits d'espionnage qui peuvent être commis aussi par des étrangers (C. pén., art. 411-1). Pour autant, les sanctions encourues ne sont pas fondamentalement différentes et la déchéance de nationalité ne concerne que les naturalisés bénéficiant d'une autre nationalité pour éviter les situations d'apatridie. La « loyauté » du national à l'égard de son pays a moins d'importance juridique aujourd'hui que le respect par tous (nationaux et étrangers placés sous la juridiction française) des règles d'ordre public.

Les questions relatives à la double nationalité illustrent ces phénomènes qui affectent particulièrement la société française. En l'absence d'un recensement officiel, l'INED estimait en 2008 que 5 % de la population française âgée de 18 à 50 ans possédait une double nationalité. Les binationaux sont, en majorité, des immigrés venus en France qui ont obtenu la naturalisation française sans renoncer à leur nationalité d'origine ou des enfants d'immigrés nés en France qui ont acquis la nationalité française à leur majorité en conservant une nationalité d'origine par le droit du sang. Il faut tenir compte aussi des personnes françaises de naissance qui ont acquis, par naturalisation ou par mariage, une autre nationalité cumulée avec la nationalité française. Par la combinaison des règles (dont la diversité est ainsi attestée, en application de la Convention de La Haye du 12 avril 1930 laissant chaque État libre de déterminer quels sont ses nationaux) du droit de la nationalité de plusieurs pays, il existe des cas, beaucoup plus rares, de triple ou de quadruple nationalité.

Si une telle situation procure d'indéniables « avantages » aux intéressés (notamment la possession de plusieurs passeports facilitant leurs déplacements), elle pose des questions de conflits de lois qui relèvent des règles (pour l'essentiel nationales) du droit international privé et peut soulever de sérieuses difficultés en cas de contentieux. Par une convention signée à Strasbourg le 6 mai 1963, les États-membres ont promis de réduire les cas de double nationalité en obligeant les naturalisés à renoncer à leur nationalité d'origine, mais cette convention a été dénoncée partiellement par la France, comme par d'autres pays européens, en 2009. Les États se sont engagés plutôt dans la voie des accords bilatéraux, pour les questions des binationaux soumis aux obligations du service militaire (des obligations qui sont devenues plus légères en France) et pour tout ce qui concerne le droit fiscal (le principe est celui du paiement de l'impôt à son domicile fiscal, mais le Français vivant à l'étranger continue à payer des impôts en France sur des sources de revenus d'origine française). En fonction de la résidence habituelle, et des liens qui peuvent être créés en matière de vie privée et familiale (de plus en plus le rattachement à un ordre juridique tient compte de la présence de la famille ou de l'entourage, résultant des rapports d'éducation et de travail pour renforcer l'ancrage d'une personne dans le pays où elle a vécu le plus grand nombre d'années[1]), une des nationalités des binationaux a plus d'effectivité que l'autre à un moment donné. Le droit national rejoint alors, dans la fixation de la nationalité « réelle » (parmi différentes nationalités étrangères), les préoccupations du droit international sur l'inopposabilité de la nationalité de façade ou de complaisance accordée par un État étranger.

En matière de droit des personnes, l'arrêt *Kasapyan* (Civ. 1re, 17 juin 1968) permet d'aborder les principales difficultés contentieuses soulevées par la double nationalité. Concernant une demande en divorce d'un couple franco-turc (le mari était turc, la femme française de naissance avait acquis la nationalité turque par son mariage en vertu du droit turc), la Cour de cassation a considéré que les juridictions françaises, une fois saisies, ne devaient prendre en compte que la nationalité française d'une personne ayant une double nationalité. La nationalité du for, correspondant à l'ordre juridique dont relève le juge saisi, l'emporte ici sur toute autre considération, y compris l'existence d'une nationalité plus effective que l'autre. Cette solution peut se justifier par la meilleure connaissance que les juges français ont du droit français que des droits étrangers, par les attentes légitimes des parties (celle qui saisit la justice française doit s'attendre à se voir appliquer le droit français) et par l'harmonie avec l'article 309 du Code civil qui, depuis 1975, soumet une demande en divorce à la loi française lorsque les époux ont l'un et l'autre leur domicile sur le territoire français, même si aucun d'entre eux n'est français.

Il s'agit aussi, dans un certain nombre de cas, d'opposer l'ordre public français à la demande d'un binational qui invoquerait un statut personnel relevant d'un droit étranger avec des règles incompatibles avec l'ordre public français (v. Séquence 1 pour les conflits résultant d'un statut personnel musulman ou juif). Un binational ne peut, devant une juridiction française, mettre entre parenthèses sa nationalité française pour se prévaloir d'un droit étranger qui lui serait plus favorable. Cette règle n'a toutefois pas un caractère absolu. Tenant compte des conventions bilatérales de reconnaissance des jugements intervenus à l'étranger, la Cour de cassation a pu considérer qu'il fallait accorder l'*exequatur* (c'est-à-dire l'exécution en France) à une décision étrangère concernant le divorce de binationaux (Civ. 1re, 22 juill. 1987, *Dujaque*). Cette jurisprudence est tempérée par les règles d'ordre public, qui interdisent par exemple de faire appliquer en France une répudiation par *talaq*

1. Amélie Dionisi-Peyrusse, *Essai sur une nouvelle conception de la nationalité*, Paris, Lextenso, 2008.

prononcée à l'étranger même à l'égard d'une binationale. L'approche « fonctionnaliste », au cas par cas, qui n'impose pas nécessairement l'application de la loi du for, a été défendue par Paul Lagarde (*Rev. crit.* 1988. 29) et critiquée par Yves Lequette (*Mélanges Terré*, Dalloz, 1999, p. 384). La Cour de Luxembourg s'est prononcée contre l'application systématique de la loi du for qui peut avoir, selon elle, un caractère discriminatoire (CJCE 2 oct. 2003, *Carlos Garcia Avello, D.* 2004. 1476). Ces décisions suscitent la réflexion juridique sur la portée (affaiblie par rapport à ce qu'elle était dans le passé, ce qui ne veut pas dire qu'elle soit dénuée de tout effet) du lien de nationalité et peuvent alimenter des débats politiques sur le sens à donner aujourd'hui à la citoyenneté.

SITUATION 5

La protection des droits des étrangers par les juges, garantie ou leurre ?

La protection des droits des étrangers a globalement été renforcée dans l'ordre juridique français depuis plusieurs décennies, en liaison avec les deux ordres juridiques européens, celui de l'Union européenne (qui assure les libertés de circulation et d'établissement pour les citoyens Européens, leur conférant même des droits politiques pour la participation à certaines élections dans le territoire de leur résidence) et celui de la Conv. EDH (cette convention s'appliquant aussi aux étrangers résidant sur le territoire européen qui peuvent se plaindre devant la Cour de Strasbourg d'une violation de leurs droits par un des États-membres du Conseil de l'Europe). Cela ne signifie pas que toutes les distinctions aient disparu entre nationaux et étrangers, y compris en matière de droit civil, d'accès aux emplois ou de droits politiques entre les ressortissants non-européens vivant en France et les nationaux ou citoyens européens. Il reste une démarcation fondamentale entre nationaux et étrangers (en distinguant toujours la situation des ressortissants des États de l'Union européenne, qui ne sont pas pour autant assimilés aux nationaux) concernant l'accès et le séjour sur le territoire français (V. Tchen, « De la pratique des QPC en droit des étrangers à la réforme du 16 juin 2011 : la fin des illusions constitutionnelles ? (bilan du premier semestre 2011) », *Constitutions* 2011, n° 4, p. 581-588). Les nationaux ont la liberté de circuler (sous réserve de quelques limites, dont la récente interdiction de sortir du territoire français établie par la loi du 13 novembre 2014 contre les « jihadistes ») et ne peuvent faire l'objet de mesures d'éloignement forcé du territoire (avec là aussi l'exception du mandat européen entraînant la remise d'un national aux autorités judiciaires d'un autre État-membre de l'Union). Les étrangers (y compris, dans certains cas les citoyens européens) peuvent se voir refuser l'entrée sur le territoire français et être soumis à des mesures d'éloignement du territoire : ordre de quitter le territoire français, interdiction de séjour, expulsion, extradition.

Dans ce domaine touchant la liberté individuelle (celle d'aller et venir), les droits des étrangers consistent à obtenir des administrations françaises le respect des dispositions législatives et réglementaires en vigueur et à disposer, en vertu de l'article 13 de la Conv. EDH, d'un « recours effectif » contre les décisions illégales, notamment celles qui portent atteinte aux droits garantis par la Conv. EDH, comme le respect de la vie privée et familiale (art. 8). Le rôle des juges, ou plus généralement des autorités examinant ces recours, est donc essentiel pour faire en sorte que les mesures de restriction de l'immigration ou les décisions d'éloignement du territoire ne s'étendent pas à des étrangers protégés par le droit national (intégrant les normes de droit international et de droit européen). Il s'agit d'un autre exemple d'autolimitation par le droit des activités des organes de l'État en tant que personne morale.

Plusieurs observations peuvent être faites, dès l'abord, sur l'étude de ce contentieux des étrangers, qui est devenu une composante importante de l'activité des juridictions, en particulier des juridictions administratives. La première consiste à relever, qu'en l'absence de dispositions explicites sur les droits des étrangers dans la Constitution, le contrôle effectué par le Conseil constitutionnel lorsqu'il est saisi (par le contrôle *a priori* comme par une QPC) d'un texte législatif relatif à la police des étrangers (et à l'immigration) connaît de notables limites. Ces dernières années, la plupart des dispositions des très nombreuses lois qui ont renforcé les dispositifs de contrôle de l'immigration et les prérogatives de l'administration en matière d'éloignement du territoire des étrangers ont été validées par le Conseil constitutionnel, dont la censure ne s'est exercée que sur le droit au respect de la vie privée et familiale (notamment le droit au mariage) ou sur les garanties en matière de recours juridictionnel. Dans ces deux domaines, c'est la Conv. EDH et la jurisprudence de la Cour de Strasbourg qui jouent un rôle essentiel, y compris dans l'évolution des jurisprudences administrative et judiciaire.

La seconde remarque consiste à noter combien la dualité juridictionnelle en France et l'imbrication (dans de nombreux dossiers concernant des étrangers en situation irrégulière) des aspects administratifs et pénaux conduisent à donner un rôle, souvent dans la même affaire, à la fois au juge judiciaire et au juge administratif. Si les actes administratifs pris à l'encontre des étrangers relèvent de la police administrative et donc de la compétence (par le recours en excès de pouvoir) des juridictions administratives, les contestations sur la nationalité (au cas où l'étranger prétend être français), les interdictions de séjour prononcées à titre de peine ainsi que les décisions de maintien dans une zone d'attente (au-delà de 4 jours) ou dans un centre de rétention (au-delà de 48 heures depuis la loi du 8 mars 2016) prises par les juges des libertés et de la détention relèvent de la compétence judiciaire. Un tel dispositif paraît de nature à faire respecter les droits des étrangers, le juge judiciaire étant gardien de la liberté individuelle contre les détentions arbitraires en vertu de l'article 66 de la Constitution.

Après ces préalables, il faut considérer que le rôle des juges administratifs est essentiel pour assurer, au moyen du recours par excès de pouvoir, le respect d'un cadre législatif et réglementaire, dont la densité ne signifie pas l'absence de normes jurisprudentielles. Saisies par des requérants étrangers de plus en plus nombreux le plus souvent assistés par des avocats, les juridictions administratives n'ont pas manqué d'annuler pour illégalité de nombreuses décisions de refus d'accès ou de séjour aux étrangers (en utilisant, dans quelques cas, leur pouvoir d'injonction pour ordonner à l'administration d'accorder un titre de séjour auquel un étranger avait droit), ainsi que des mesures d'éloignement (même après leur exécution, le recours pour excès de pouvoir pouvant être introduit auprès d'un service consulaire français). Il faut noter, en sens inverse, que les recours doivent être intentés dans des délais rapides pour avoir un effet suspensif, que certains (contre les décisions de refoulement) n'ont pas de caractère suspensif et que la France a été amenée à modifier sa législation sur les demandeurs d'asile contestant une décision de rejet d'une demande d'asile au motif qu'elle serait manifestement infondée à la suite d'une condamnation par la Cour de Strasbourg (CEDH 26 avr. 2007 *Gebremedhin c/ France* et la loi du 20 novembre 2007 qui a suivi).

La juridiction administrative dispose de plus de marge de manœuvre pour déterminer l'étendue de son contrôle sur les actes qui lui sont déférés par un recours pour excès de pouvoir. Si les recours contre les décisions refusant l'octroi d'un visa font l'objet seulement d'un contrôle de l'erreur manifeste d'appréciation, le contrôle normal a été substitué au contrôle restreint en matière de refus de titre de séjour (pour motif d'ordre public CE 17 oct. 2003, *Bouhsane, Rec.* 413) et de motifs d'une expulsion (CE 12 févr. 2014 considérant qu'une condamnation pénale n'est pas à elle seule un motif légal d'expulsion). Depuis les années 1990, après quelques décisions manifestant une tension entre la jurisprudence du Conseil d'État et celle de la Cour de Strasbourg (CE 18 janv. 1991, *Beldjoudi, Rec.* 18 ; CEDH 26 mars 1992, *Beldjoudi c/ France*), le Conseil d'État contrôle la proportionnalité des mesures d'éloignement du territoire français avec le respect au droit à la vie privée et familiale (art. 8 de la Conv. EDH). C'est le principal motif d'annulation de ces décisions quand l'étranger a une vie familiale (et notamment des enfants nés en France) sur le territoire national et n'a conservé que peu de liens avec son territoire d'origine. Peut être pris en compte aussi le danger que l'étranger encourt (notamment s'il est opposant politique) en retournant dans son pays d'origine. De cette jurisprudence, l'on peut dire qu'elle défavorise un certain nombre de requérants (les célibataires sans attache familiale en France, les étrangers susceptibles d'avoir commis des infractions de droit commun ou des actes de terrorisme qui risquent d'être poursuivis dans leur pays d'origine), mais qu'elle tient compte des facteurs d'intégration à la société française des étrangers résidants même sans papiers. Le juriste ne doit pas s'empêcher de constater que cette protection judiciaire participe, avec la législation elle-même, à l'instabilité de la situation des étrangers « non-expulsables », mais pourtant dépourvus d'un titre de séjour régulier et que les décisions d'annulation prises par le juge administratif coexistent avec l'application de mesures illégales n'ayant pas donné lieu à un recours.

SÉQUENCE 4

La constitution au sommet de chaque ordre juridique national

I ■ Constitution matérielle et constitution formelle

Le terme de constitution a revêtu plusieurs sens dans l'histoire du droit. Dans l'empire romain, le mot de *constitutio* a désigné la législation émanant des empereurs et notamment les textes compilés dans le *Code* de Justinien. L'expression a continué à être utilisée jusqu'aux Temps modernes en droit canon (les « constitutions apostoliques » ou les « constitutions ecclésiastiques ») ou en droit du Saint-Empire romain germanique (la *Constitutio criminalis Carolina* est une loi pénale édictée par Charles-Quint en 1532). Au XVIIe et au XVIIIe siècle, l'idée est venue d'appliquer l'image de la « constitution », au sens de « complexion » physiologique, à la forme que prenait le régime politique dans le cadre des États modernes. Montesquieu popularise cette formulation dans le célèbre chapitre VI du livre XI de l'*Esprit des lois*, intitulé « de la constitution d'Angleterre ». La notion de constitution est désormais associée à une limitation de l'absolutisme monarchique par une distribution équilibrée des pouvoirs.

En théorie du droit, Kelsen a proposé de distinguer la « constitution matérielle » et la « constitution formelle »[1]. Par constitution matérielle, il faut entendre la norme ou l'ensemble de normes qui règle la création des lois. Tout ordre juridique ou tout État est donc doté d'une constitution matérielle, qu'elle soit énoncée dans un texte homogène ou contenue dans des règles dispersées, voire non-écrites. Le Royaume-Uni, dont la constitution a toujours été pensée comme « coutumière »[2], connaît, à partir du *Bill of rights* de 1689, des normes

1. Hans Kelsen, *Théorie pure du droit*, trad. fr. Ch. Eisenmann, Paris, Dalloz, 1962, p. 266.
2. Sur la coutume constitutionnelle, v. *Situation 1*.

procédurales sur l'élaboration, le vote et l'exécution des lois, autant de processus qui associent le monarque et le Parlement. Aujourd'hui, c'est un des rares pays au monde à ne pas avoir de constitution écrite, ni de constitution formelle. Par cette expression, on qualifie l'établissement de « lois constitutionnelles » qui ne peuvent pas être modifiées de la même manière que les « lois ordinaires ». Les processus d'amendement ou de révision des lois constitutionnelles illustrent l'existence d'une hiérarchie des normes plaçant la constitution au-dessus des lois (au sens étroit de ce terme, v. Séquence 1). La constitution a ainsi revêtu, depuis la fin du XVIIIe siècle, deux fonctions : celle d'une technique d'ingénierie politique destinée à éviter les abus résultant de la concentration des pouvoirs dans un seul organe de l'État et celle d'une norme juridique située au sommet d'une « pyramide » figurant la structure de chaque ordre juridique national. Le développement des différentes règles constitutionnelles, puis celui d'un contrôle de constitutionnalité des lois ont donné à la constitution une place éminente dans les ordres juridiques, comme le montre l'exemple du droit français contemporain.

A ▪ Le constitutionnalisme moderne : d'une mécanique des pouvoirs à une légalité constitutionnelle

1. La distribution des pouvoirs : les débuts du constitutionnalisme moderne

Avec les révolutions américaine et française, la fin du XVIIIe siècle a correspondu au début du constitutionnalisme moderne. Aux États-Unis (avec les premières constitutions des États fédérés, puis avec la Constitution fédérale de 1787), comme en France (avec les constitutions révolutionnaires de 1791, 1793 et 1795) sont rédigés, de manière solennelle, des textes portant le nom de constitution et destinés à poser les bases de nouveaux régimes politiques. L'*Esprit des lois* de Montesquieu, compris différemment des deux côtés de l'Atlantique, inspire des conceptions « mécanistes » de la constitution destinée à distribuer ou à séparer les pouvoirs. Montesquieu n'avait-il pas dit qu'il fallait que le pouvoir arrête le pouvoir, c'est-à-dire que les prérogatives ou fonctions législatives, exécutives et judiciaires ne soient pas cumulées dans la même personne ou dans le même organe afin d'assurer le maximum de liberté politique ?

Le constitutionnalisme moderne est, d'abord, une rupture avec l'absolutisme. Il peut se combiner (comme cela était le cas en France dans la Constitution de 1791) avec le maintien d'un roi comme chef de l'État, mais la monarchie constitutionnelle est une monarchie limitée où le roi n'a pas tous les pouvoirs. Ce qu'on a appelé, de manière trop schématique, la *séparation des pouvoirs* n'est pas l'isolement étanche de trois pouvoirs consacrés exclusivement aux fonctions législatives, exécutives et judiciaires, mais une forme de division du travail entre les organes de l'État reposant sur l'interdiction préconisée par Montesquieu du cumul de deux pouvoirs complets dans le même organe. Sous des formes très diverses (avec des régimes monarchiques ou républicains, des États unitaires ou fédéraux, une ou des assemblées plus ou moins puissantes), cette prétendue séparation des pouvoirs n'empêche pas la collaboration entre le chef de l'État, les agents de l'Exécutif comme les ministres, le Parlement et les juges. Le régime parlementaire, tel qu'il s'est établi en Angleterre sans constitution formelle, est précisément fondé sur cette relation entre les pouvoirs, puisqu'il vise à donner au Parlement une influence déterminante sur le choix des ministres et la possibilité de les pousser à la démission par les procédures de « responsabilité ministérielle » progressivement distinguées des formes judiciaires de responsabilité pénale. Selon l'expression proposée à la fin du XIXe siècle par Jellinek, l'on peut parler d'une auto-limitation de l'État. Il ne s'agit pas d'imaginer (ce qui n'aurait pas de sens) que la puissance étatique, créatrice du droit et donc potentiellement de la constitution, se lierait volontairement les mains par la constitution (elle pourrait alors se délier trop facilement). Il faut plutôt envisager que les règles constitutionnelles, en distribuant les compétences entre les organes de l'État, limitent les pouvoirs de chacun de ces organes qui acceptent d'être soumis au respect de la constitution.

La rédaction d'une constitution, comportant cette distribution des pouvoirs avec la mise en place d'un Parlement élu (d'abord au suffrage censitaire, puis au suffrage universel) exerçant l'essentiel de la fonction législative jugée la plus importante, a été la revendication des mouvements libéraux, puis des mouvements démocratiques, en Amérique, en Europe et hors d'Europe au cours du XIXe et du XXe siècle. La Charte française de 1814 (révisée en 1830), puis la Constitution belge de 1831 ont été des modèles, imités dans plusieurs pays, de monarchie constitutionnelle avec un régime représentatif pouvant conduire au parlementarisme. Au début du XXe siècle, tous les pays d'Europe continentale s'étaient dotés d'une constitution, plus ou moins libérale et plus ou moins bien respectée. Le phénomène du « constitutionnalisme de façade » (que les juristes allemands ont appelé *Scheinkonstitutionalismus*) avait déjà fait apparaître le risque de l'adoption d'un texte constitutionnel masquant un régime autoritaire et ne mettant aucun obstacle, faute de sanctions, à des abus de pouvoirs.

2. Vers la généralisation des normes constitutionnelles

En réaction contre les différentes formes de totalitarisme du XXe siècle, le constitutionnalisme a connu un nouvel essor après 1945, puis après l'effondrement du bloc soviétique en 1989-1990. Un grand nombre de constitutions aujourd'hui en vigueur dans le monde datent de cette seconde moitié du XXe siècle et ont trouvé une source d'inspiration dans la Constitution fédérale américaine, dans la Loi fondamentale allemande de 1949 ou dans la Constitution de l'Inde (réputée pour être la plus longue du monde avec 395 articles) de 1950. D'autres constitutions peuvent apparaître comme des outils de propagande dans des régimes politiques de caractère autoritaire ou avec un parti unique. Il ne reste qu'un petit nombre d'États sans constitution se fondant sur un texte homogène : Israël où existent 15 *Basic Laws* votées de 1958 à 2014 pour organiser les pouvoirs et garantir les droits fondamentaux (ce qui donne à certaines de ces lois un statut de nature à permettre un contrôle de constitutionnalité par les juges) et le Royaume-Uni où les années récentes ont vu la multiplication de lois qui sont matériellement constitutionnelles (le *Human Rignts Act* de 1998 et le *Constitutional Reform Act* de 2005 établissant une Cour suprême à la place du comité judiciaire de la Chambre des Lords).

Dès ses origines, le constitutionnalisme moderne a comporté une dimension juridique et formelle. La Constitution fédérale des États-Unis a été établie comme la « loi suprême » du pays dans son Article VI, dit « clause de suprématie » dans la mesure où il impose le respect de cette constitution et plus généralement du droit fédéral à tous les juges des États fédérés. La première constitution française, celle de 1791, est une « loi constitutionnelle » que le roi devait jurer de respecter et que tous les organes de l'État, y compris les juges, se devaient d'appliquer. Les constitutions américaines, incluant celles des États fédérés, et françaises prévoyaient des mécanismes spécifiques pour leur révision. Il a fallu néanmoins du temps, spécialement en France, pour que cette conception de la constitution comme norme développe tous ses effets.

B ▪ Les spécificités de l'histoire constitutionnelle française

Les pays n'ayant connu dans leur histoire qu'une seule constitution (avec la possibilité d'amendements), à l'instar des États-Unis, sont relativement peu nombreux. Avec une quinzaine de constitutions successives depuis 1791, la France se situe plutôt dans le groupe des pays avec une histoire constitutionnelle mouvementée. Il ne faut pas attacher une importance excessive à cette instabilité passée au regard de l'ancrage contemporain, sur plus d'un demi-siècle depuis 1958, de la Constitution de la Ve République. Il faut se garder aussi de lire rétrospectivement l'histoire constitutionnelle française comme un mouvement linéaire ou cyclique devant nécessairement déboucher sur le système politique (lui-même difficilement classable entre régime parlementaire et régime présidentiel) de la constitution actuellement en vigueur. La Constitution de la Ve République est née d'une contingence historique, elle a fait l'objet de notables inflexions par l'adoption en 1962 (par la voie d'un référendum dont la constitutionnalité était discutable) de l'élection du Président de la République au suffrage universel, par la jurisprudence du Conseil constitutionnel, notamment à partir de 1971, par la pratique des « cohabitations » et par les 24 révisions successives, notamment celle de 2008 qui a affecté plus de la moitié de ses articles.

L'histoire constitutionnelle française est néanmoins indispensable pour comprendre comment le caractère formel de la constitution a évolué à travers le temps et dans quelle mesure la constitution a acquis son statut actuel de loi fondamentale placée au sommet de la hiérarchie des normes dans l'ordre juridique interne. L'absence de contrôle de constitutionnalité des lois, avant la création du Conseil constitutionnel en 1958, ne signifie pas que les précédentes constitutions de la France n'aient pas été considérées comme des normes juridiques. La Constitution de 1791 a été qualifiée de « loi constitutionnelle » et rapprochée d'une loi ordinaire en ce qui concerne son adoption, sa promulgation (par le roi), son caractère obligatoire pour toutes les autorités constituées. La distinction faite par Sieyès entre pouvoir constituant originaire (qui établit sans contraintes la constitution) et pouvoirs constitués qui appliquent la constitution repose sur une conception normative de la constitution. Sieyès n'est pas parvenu, malgré une proposition en ce sens lors de l'élaboration de la Constitution de l'an III en 1795, à convaincre les membres de la Convention d'instaurer une forme de contrôle de la constitutionnalité des actes juridiques (ceux de la procédure parlementaire plutôt que des lois proprement dites), mais les constitutions révolutionnaires ont conservé ce caractère de « lois de l'État », faisant l'objet de dispositions spécifiques sur leur révision et donnant lieu à des décisions administratives (les administrations de département devaient annuler les « actes inconstitutionnels » des municipalités) et judiciaires (particulièrement du Tribunal de cassation institué par la loi des 27 nov.-1er déc. 1790) appliquant des articles de la Constitution pour contrôler la légalité des jugements et non la constitutionnalité des lois. Même la Déclaration des droits de l'homme et du citoyen de 1789, incorporée en tant que préambule dans la Constitution de 1791, a eu sous la Révolution une effectivité juridique la rendant invocable devant les tribunaux.

Il y a eu une forme de régression du caractère normatif de la constitution à l'époque napoléonienne et, dans une moindre mesure, sous l'empire des Chartes de 1814 et 1830 qui ne comportaient pas de mécanisme explicite de révision. Pour autant, les juridictions judiciaires n'ont pas cessé d'invoquer la constitution pour procéder dans certains cas à un contrôle de légalité par voie d'exception des décrets impériaux ou des ordonnances royales. Sous la Seconde République, en 1851, la Cour de cassation a, dans deux arrêts de rejet des pourvois de condamnés par des conseils de guerre, accepté d'examiner l'éventualité d'une loi contraire à la constitution, mais ce mouvement a été stoppé par le coup d'État du 2 décembre 1851[1].

Pendant la Troisième République, plusieurs facteurs ont été de nature à atténuer le caractère normatif de la constitution. Celle-ci était composée de trois « lois constitutionnelles » (des 24 et 25 févr. ainsi que du 16 juillet 1875) contenant seulement 34 articles, sans Déclaration des droits et dispositions portant sur le fond du droit. Bien qu'il s'agisse d'une constitution formelle, avec une procédure de révision (il est vrai relativement facile, dépendant des

1. Louis Favoreu et *alii*, *Droit constitutionnel*, Paris, Dalloz, 16e éd., 2014, n° 378.

deux seules chambres du Parlement), il y avait là un « cadre » souple, de caractère essentiellement procédural, dans lequel le Parlement avait une grande liberté, souvent qualifiée de souveraineté, pour légiférer. Par ailleurs, les juridictions n'osaient pas mettre en place un contrôle de constitutionnalité par voie d'exception en considérant que les lois votées par le Parlement étaient l'expression de la volonté générale : cet argument plus politique que juridique fut invoqué par le commissaire du gouvernement Latournerie dans le célèbre arrêt du Conseil d'État, 6 novembre 1936, *Arrighi*, *Rec.* 966. Il faut toutefois avoir à l'esprit que le développement du recours pour excès de pouvoir appliqué aux règlements d'administration publique démontrait la place occupée par ce que nous appelons aujourd'hui la hiérarchie des normes. La Constitution de 1958, en établissant le Conseil constitutionnel, est allée vers un ordre juridique où le respect des normes constitutionnelles est susceptible d'être garanti par le contrôle de constitutionnalité des lois.

II ▪ Les normes constitutionnelles et leur révision

Si l'on considère la constitution d'un point de vue formel et si l'on prend l'exemple français (qui n'est pas transposable dans d'autres ordres juridiques nationaux), la constitution est un ensemble de normes placées au sommet de l'ordre juridique, au-dessus des lois. Toutes ces normes s'appuient sur une disposition (un article) de la constitution et l'on pourrait dire qu'elles sont contenues dans le texte constitutionnel. Pour autant, il est possible d'opérer des distinctions entre ces normes : les unes explicitées dans les articles 1 à 89 de la Constitution se relient à un énoncé (dans l'un de ces articles) susceptible de faire l'objet de la procédure de révision de l'article 89, les autres auxquelles renvoie le Préambule de la Constitution sont énoncées dans des textes séparés (la Déclaration de 1789, le préambule de la Constitution de 1946, la Charte de l'environnement de 2004) ou dans les décisions du Conseil constitutionnel se rattachant à ces textes, ce qui rend leur détermination et leur révision plus problématiques. Le « bloc de constitutionnalité » ne se limite pas au texte de la Constitution.

A ▪ Les articles constitutionnels et leur révision

1. L'organisation des pouvoirs publics, la définition de leurs rôles et de leurs relations

Les règles contenues dans les articles 1 à 89 de la Constitution partagent le statut de normes constitutionnelles susceptibles de révision. Elles concernent, cependant, différents domaines. Il s'agit, d'abord, des règles sur la formation des pouvoirs publics (l'élection du Président de la République, des députés ou des sénateurs, on remarquera que pour ces derniers, les articles 24 et 25 de la Constitution renvoient à des lois organiques ou ordinaires la fixation des modalités du scrutin ou des conditions d'éligibilité), sur les compétences respectives du Président de la République, du Parlement et du Gouvernement (avec notamment la détermination du domaine législatif et du domaine réglementaire par les articles 34 et 37), sur les pouvoirs du Conseil constitutionnel, du Conseil économique, social et environnemental ou des collectivités territoriales. La Constitution assigne un cadre, parfois très précis, aux institutions publiques et aux procédures qu'elles doivent suivre dans la création des normes. Les règles contenues dans le titre VIII intitulé « De l'autorité judiciaire » sont d'un autre type : elles n'indiquent rien sur le statut de la jurisprudence et ne nomment même pas la Cour de cassation et le Conseil d'État (qui ont été introduits dans le texte constitutionnel seulement en 2008 par l'art. 61-1 sur la QPC). Ce qui concerne l'autorité judiciaire regarde pour une part le Conseil supérieur de la magistrature (dont la composition est susceptible de garantir l'indépendance de la magistrature avec l'inamovibilité des magistrats du siège affirmée dans l'article 64), la protection de la liberté individuelle par l'autorité judiciaire (art. 66) et l'abolition de la peine de mort (art. 66-1). On est, dans ce dernier cas, en présence de règles matérielles (et non procédurales) qui ont un rang constitutionnel comme l'article 1 de la Constitution (sur l'égalité devant la loi de tous les citoyens « sans distinction d'origine, de race ou de religion »).

L'article 2, précisant l'emblème et l'hymne national, la devise de la République et le principe du « Gouvernement du peuple, par le peuple et pour le peuple » présente un aspect plus symbolique que peuvent revêtir certaines règles constitutionnelles. Enfin, le titre XV (art. 88-1 à art. 88-5) traite des relations entre la France et l'Union européenne en consentant à toute une série de transferts de compétences. Là encore, la Constitution touche un autre domaine, celui des relations extérieures déjà abordé dans le titre VI « des traités et accords internationaux » (avec l'important art. 55 donnant aux traités et accords ratifiés une autorité « supérieure à celle des lois »), en combinant le maintien de la « souveraineté nationale » (art. 3) avec des transferts de compétence en faveur de l'Union européenne qui rendent cette souveraineté pour le moins limitée. Il revient aux autorités habilitées à donner une interprétation authentique de la Constitution, aux premiers rangs desquelles le Conseil constitutionnel, de concilier ces articles qui ont tous valeur constitutionnelle. Si l'insertion de telle ou telle règle dans la Constitution relève de la contingence historique, elle a pour effet de garantir la supériorité sur les lois ordinaires et un peu plus de stabilité à ces normes qui pourraient paraître hétéroclites. L'instauration du contrôle de constitutionnalité a fait qu'aucune de ces règles n'est purement « programmatique », comme on le disait pour des dispositions des constitutions antérieures dont le caractère normatif était très atténué, faute de possibilité de les invoquer dans un contentieux quelconque.

2. La procédure de révision

La procédure de révision est explicitée à l'article 89 qui est symboliquement le dernier de la Constitution après l'abrogation en 1995 des dispositions provisoires établies en 1958, par exemple pour permettre au Gouvernement de légiférer par ordonnances pour la mise en place des institutions, ce qui fut le cas pour l'ordonnance du 22 décembre 1958 portant statut de la magistrature. Elle est la preuve de l'existence d'une constitution « formelle » (on dit parfois « rigide ») prévoyant une procédure spécifique pour la modification des lois constitutionnelles. L'initiative de la révision appartient concurremment au Président de la République sur proposition du Premier ministre (ce qui nécessite l'accord des deux têtes de l'Exécutif en cas de cohabitation) et aux membres du Parlement. Dans la pratique, jusqu'à ce jour, seuls des projets de loi constitutionnelle ont pu aboutir, les parlementaires ne pouvant guère espérer faire voter une proposition de révision. Pour poursuivre la procédure il faut que ce projet (ou cette proposition) soit voté en termes identiques par les deux assemblées. Le Sénat dispose ainsi d'un pouvoir important de blocage, à la différence de ce qui se passe pour la législation ordinaire où le Gouvernement peut demander à l'Assemblée nationale de statuer en dernier ressort (art. 45). À nouveau, comme pour l'initiative des révisions, l'on voit ici comment des normes juridiques peuvent avoir des effets politiques induits, bien que non énoncés : il apparaît bien difficile d'obtenir l'accord du Sénat pour modifier sa composition (dont une grande partie des règles dépend pourtant de la loi ordinaire) ou ses compétences.

La procédure se poursuit avec l'option ouverte au Président de la République de soumettre le texte adopté par les deux assemblées à un référendum ou au Parlement réuni au Congrès. Dans ce dernier cas, la révision doit être approuvée par au moins trois cinquièmes des suffrages exprimés au sein du Congrès réunissant l'Assemblée nationale et le Sénat (qui comporte moins de membres que la chambre basse). Plusieurs remarques peuvent être faites sur ces dispositions constitutionnelles, qui sont de nature à éclairer la portée des énoncés constitutionnels. Tout d'abord, il n'est d'aucune importance que, de manière purement formelle, la voie du référendum soit présentée en premier et celle du Congrès en second avec une formulation apparemment restrictive (commençant par « toutefois »). Le Président de la République a toute liberté pour choisir l'une ou l'autre voie. En pratique la voie référendaire de l'art. 89 n'a été utilisée qu'une fois pour l'établissement du quinquennat en 2000, une réforme limitée à un seul article mais de grande conséquence sur l'ensemble des équilibres institutionnels. Le Président de la République pourrait-il n'utiliser aucune des deux voies en laissant un texte de révision adopté par les deux assemblées en suspens ? La question, qui a eu des aspects pratiques (un premier projet d'établissement du quinquennat voté en 1973 avait été laissé en suspens) a suscité des réponses diverses de la doctrine constitutionnaliste. Sur un tel sujet, le Conseil constitutionnel ne peut pas se prononcer et la solution consistant à ne pas poursuivre l'examen d'une révision ne peut donner lieu à une sanction envers le Président de la République. On aura compris que l'exigence d'une majorité des trois cinquièmes au Congrès pousse à la réalisation de compromis entre la majorité et l'opposition : si elle empêche des révisions à la discrétion d'une majorité trop fragile, elle ne limite nullement la marge d'action d'une majorité qui serait écrasante dans les deux assemblées.

Deux limites sont posées par les alinéas 4 et 5 de l'art. 89. Toutes les deux sont des héritages de l'histoire constitutionnelle de la France. L'interdiction de toute révision dans une période où « il est porté atteinte à l'intégrité du territoire » est la reproduction d'une disposition de la Constitution de 1946 qui visait elle-même à empêcher tout retour d'un scénario comme celui du 10 juillet 1940, quand les deux chambres de la Troisième République avaient délégué le pouvoir constituant à Pétain en pleine occupation consécutive à la défaite militaire de juin 1940. Le dernier alinéa, affirmant que « la forme républicaine du Gouvernement ne peut faire l'objet d'une révision », a son origine dans une révision constitutionnelle de 1884 destinée à « verrouiller » les lois constitutionnelles de 1875 en interdisant tout rétablissement de la monarchie. C'est ce qu'on appelle une « clause d'éternité », une technique présente dans d'autres constitutions (dans la loi fondamentale allemande à propos de certains droits fondamentaux et du fédéralisme) pour empêcher de travestir en révision constitutionnelle un changement complet de régime qui pourrait relever du coup d'État. Une constitution peut ainsi pousser la « rigidité » jusqu'à prescrire (ce qui ne la garantit pas contre les révolutions) le respect permanent de telle ou telle de ses clauses.

L'existence d'une seule clause d'éternité dans la Constitution de la Ve République signifie que toutes les autres dispositions peuvent être révisées. Elles doivent l'être dans le respect des procédures de l'art. 89, ce qui rendait contraires à la Constitution les deux référendums constituants organisés en 1962 et 1969 par le général de Gaulle sur la base de l'art. 11. Mais l'élection au suffrage universel du Président de la République a été approuvée par la majorité des électeurs et le Conseil constitutionnel s'est refusé à contrôler cette loi référendaire (DC 62-20 du 6 novembre 1962). Celle-ci est donc devenue une norme constitutionnelle, dont chacun saisit le caractère décisif pour la caractérisation du régime.

B ▪ Le bloc de constitutionnalité et son interprétation

Le Préambule (une introduction solennelle qui existe dans de nombreuses constitutions et comporte en général un caractère plus programmatique que normatif) de la Constitution de 1958 présente la particularité d'avoir fait référence (au nom d'un « attachement aux Droits de l'Homme et aux principes de la souveraineté nationale ») dès 1958 à la Déclaration de 1789 et au préambule de la Constitution de 1946 et depuis 2004 à la Charte de l'environnement.

Des textes formellement extérieurs à la Constitution, pour les deux premiers antérieurs à elles et attachés à des constitutions abrogées pour le reste de leurs dispositions, ont été ainsi adossés à la Constitution. Les rédacteurs de la Constitution ne semblent pas avoir songé à la portée que pourrait avoir cette formulation pour le contrôle de constitutionnalité, mais leur opinion (par ailleurs difficile à reconstituer) n'a elle-même aucun effet juridique. Le phénomène normatif décisif fut la décision du Conseil constitutionnel du 16 juillet 1971 (DC n° 71-44) censurant une loi restrictive de la liberté d'association au nom des « principes fondamentaux reconnus par les lois de la République » (en abrégé PFRLR) mentionnés au début du préambule de la Constitution de 1946[1]. Dès lors toutes les normes contenues dans le préambule de 1946 ainsi que dans la Déclaration de 1789 étaient incorporées dans la Constitution par un jeu de « tiroirs » : le préambule de 1958 fait référence au préambule de 1946 qui renvoie lui-même à cette catégorie des PFRLR dont le contenu est à déterminer par le Conseil constitutionnel ou par les juridictions utilisant des normes constitutionnelles.

Dans ce que la doctrine a appelé le « bloc de constitutionnalité » - une expression utilisée d'abord pour les normes de référence du contrôle des règlements des assemblées par le Conseil constitutionnel - peuvent donc prendre place, avec valeur constitutionnelle, des normes qui ne sont pas rattachées aux énoncés des articles 1 à 89. On voit bien que certaines de ces normes ont leur source dans des textes (ceux de la Déclaration de 1789, du Préambule de 1946 et de la Charte de l'environnement), eux-mêmes divisés en articles ou en alinéas (pour le préambule de 1946) qui sont précédés de leur propre préambule (des préambules dans le préambule) et dont la formulation très générale constitue une mine pour le Conseil constitutionnel. Les PFRLR résultent eux d'énoncés normatifs dont la liste n'est pas déterminée par le texte constitutionnel (mais par les ajouts successifs de la jurisprudence du Conseil constitutionnel et du Conseil d'État) et qui sont pris dans des textes législatifs des Républiques antérieures à la Quatrième, essentiellement dans des lois de la Troisième République. Plus généralement le Conseil constitutionnel s'est donné le pouvoir de lire, aussi bien dans ces textes qu'entre leurs lignes, des règles ou principes constitutionnels qui ne sont pas nommés dans ces énoncés : ainsi du principe de dignité humaine (DC 94-343 du 27 juillet 1994), du respect de la vie privée (DC 94-352 du 18 janvier 1995) ou de l'objectif de sécurité juridique (DC 99-421 du 16 décembre 1999). Pour toutes ces règles constitutionnelles qui débordent le cadre des articles de la Constitution, l'on voit bien que la révision est politiquement (pour la Déclaration de 1789 notamment) ou techniquement difficile (pour des « principes » et des « règles » qui ne sont rattachés à aucun texte précis et qu'il serait périlleux de neutraliser par un énoncé en sens contraire). C'est dire combien le contrôle de constitutionnalité a révolutionné notre conception des normes constitutionnelles.

---

1. V. *Situation 2.*

III ▪ La garantie de la constitution

Bien que considérées comme du droit, et appliquées à ce titre par les juges (par exemple, pour casser des décisions judiciaires contraires à la constitution), les règles constitutionnelles ne sont pas nécessairement pourvues de sanctions en cas de non-respect par les plus hautes autorités de l'État. Les révolutionnaires français envisageaient, comme seules garanties du respect de la constitution, le serment fait (par le roi dans la Constitution de 1791) de la maintenir ou l'appel à la « fidélité » des représentants, des administrateurs, des juges, des pères de famille, des épouses et mères, des jeunes citoyens (art. 377 de la Constitution de l'an III reprenant une des dernières dispositions de la Constitution de 1791). Pendant longtemps (en France jusqu'en 1958), et encore aujourd'hui dans certains pays (comme les Pays-Bas), l'idée de la souveraineté du Parlement, dont la légitimité vient de l'élection de ses membres exerçant le pouvoir considéré comme le plus important, celui de faire les lois, est susceptible de s'opposer à un contrôle de la constitutionnalité des lois par les juges. La reconnaissance d'un tel contrôle, permettant à des juges de faire prévaloir la constitution sur une loi contraire (ce qui suppose une hiérarchie des normes entre l'une et l'autre), est le produit d'histoires nationales complexes, débutant aux États-Unis quelques années après la Constitution fédérale, affectant l'Europe à partir du modèle de la Constitution autrichienne de 1920 et touchant la France depuis la Constitution de 1958.

A ▪ L'essor discontinu du contrôle de constitutionnalité

L'histoire du contrôle de constitutionnalité des lois n'a rien de linéaire : elle a suivi des parcours discontinus dans plusieurs parties du monde et a fait l'objet d'influences croisées entre plusieurs ordres juridiques. Elle débute aux États-Unis, à la faveur de l'établissement d'une République fédérale, qui reconnaît (sous l'influence notamment de Montesquieu) un rôle de troisième pouvoir au « département de la justice ». Pour autant, ni les premières constitutions des États fédérés (la première constitution déclarant la nullité des lois contraires à son texte fut celle du Kentucky en 1792), ni la Constitution fédérale de 1787 ne comportent de clause explicite autorisant les juges à invalider les lois contraires à la constitution. La question avait pourtant été discutée au moment de la campagne de ratification de la Constitution fédérale dans les *Federalist Papers* : dans la Lettre n° 78 rédigée par Hamilton en 1787, il était question, en cas de conflit entre la constitution et une loi, que les juges fassent prévaloir la première sur la seconde (l'intention du peuple censé avoir approuvé la constitution l'emportant sur l'intention de ses représentants qui avaient voté la loi). En utilisant la procédure de *judicial review* – une technique du droit anglais qui permettait aux juges d'écarter des lois secondaires (par exemple de corporations) contraires aux lois du Parlement ou aux principes du *common law* (comme cela avait été le cas dans le *Bonham's case* jugé en Angleterre en 1610) – des juges des États fédérés s'aventurèrent à ne pas tenir compte (en les écartant du litige) des lois qu'ils jugeaient en contradiction avec la constitution. La Cour suprême des États-Unis, placée au sommet du « pouvoir judiciaire » par l'article III de la Constitution fédérale, a commencé à examiner dès les années 1790 des questions de contrariété entre la constitution, les traités et les lois fédérales d'un côté (considérés comme la « loi suprême du pays » par l'article VI.2 de la Constitution ou clause de suprématie) et les lois des États fédérés de l'autre.

1. L'affaire *Marbury v. Madison*

L'invention du contrôle de constitutionnalité tient à une conjoncture politique très particulière : la Cour suprême, présidée depuis janvier 1801 par le *Chief Justice* Marshall est le dernier bastion « fédéraliste » face au Président Jefferson et à un Congrès anti-fédéraliste (défendant les droits des États fédérés) élus dans le courant de cette année. Après quatorze mois sans réunion plénière, la Cour suprême doit juger en février 1803 l'affaire *Marbury v. Madison*. Il s'agissait de déterminer la validité d'une nomination faite *in extremis* par l'ancien Président Adams du nommé *Marbury* comme juge de paix dans le district fédéral de Columbia (Washington), nomination à laquelle le nouveau secrétaire d'État (de Jefferson) refusait d'apposer son sceau. L'affaire était portée à la Cour en première instance en vertu d'une loi de 1789, le *Judiciary Act* que les anti-fédéralistes avaient en horreur. Marshall trouva une solution pragmatique qui paraissait satisfaire toutes les parties : Marbury avait bien un droit acquis à être nommé, mais les juges ne pouvaient forcer Madison à apposer le sceau de l'État sur sa nomination, la loi de 1789 étant contraire à la Constitution en attribuant de nouvelles compétences (de première instance) à la Cour suprême. En renonçant à une disposition d'une loi honnie par Jefferson, la Cour suprême établissait pour les juges une prérogative essentielle : celle d'écarter une loi jugée contraire à la Constitution.

Dans l'« opinion de la Cour » (la motivation qui justifie la décision), Marshall posa les fondements du contrôle de constitutionnalité : la Constitution écrite est du droit (sinon elle serait une « absurde tentative » pour limiter les pouvoirs des gouvernants), elle forme un « droit supérieur, suprême, inaltérable par des moyens ordinaires », en conséquence les juges (qui doivent dire le droit et ont juré de respecter la Constitution) doivent écarter une loi contraire à la Constitution. Confirmée par l'invalidation d'une vingtaine de lois fédérales, ainsi que de lois des États fédérés, durant la première moitié du XIXe siècle, cette jurisprudence établit les traits permanents de ce qui fut appelé plus tard (au début du XXe siècle) *judicial review* : un contrôle de constitutionnalité *diffus* ou *déconcentré* (car utilisable par tous les juges des États fédérés ou de l'État fédéral à toutes les étapes de la procédure), de caractère *concret* (car lié à une affaire à trancher), conduisant en cas de contrariété entre une loi et la constitution à écarter la loi du procès. En réalité, une telle décision (particulièrement si elle émanait de la Cour suprême) équivalait à l'invalidation de la loi qui ne pouvait plus être invoquée utilement devant les tribunaux (et avait donc toutes les chances d'être rapidement abrogée par une nouvelle loi compatible avec la constitution).

Cour suprême et garantie des droit fondamentaux

Il faut néanmoins noter que le contrôle de constitutionnalité, destiné prioritairement à maintenir la répartition des compétences à l'intérieur de la Fédération, ne fut pas utilisé avant la Première Guerre mondiale dans le but de garantir le respect des droits de l'homme consacrés par les dix premiers amendements de la Constitution fédérale. Ce *Bill of Rights* était, en effet, considéré comme inopposable aux États fédérés. Dans bien des circonstances, la Cour suprême adopta une attitude politiquement réactionnaire : en s'opposant à l'affranchissement des esclaves du Sud qui s'étaient retrouvés dans les États anti-esclavagistes du Nord avant la Guerre de Sécession (*Dred Scott v. Sandford* en 1857), en invalidant les lois fédérales qui entendaient lutter contre la ségrégation après la victoire des Nordistes (*Civil Rights cases*, 1883), en justifiant la séparation des Noirs et des Blancs dans les transports (*Plessy v. Ferguson*, 1896) ou en invalidant une loi de l'État de New York limitant le travail de nuit (*Lochner v. New York*, 1905). Il faut attendre l'entre-deux-guerres pour que la Cour suprême s'appuie sur le Ier Amendement pour défendre la liberté d'expression puis, après s'être opposée aux premières lois du *New Deal* de Roosevelt, pour admettre les interventions étatiques dans la vie économique.

2. Le contrôle de constitutionnalité gagne l'Europe

Alors que cette pratique américaine du contrôle de constitutionnalité par voie d'exception était connue en Europe par toute une série d'écrits (notamment grâce à Tocqueville), les pays européens refusèrent d'inscrire dans leur constitution un mécanisme qui allait à l'encontre de la souveraineté parlementaire alors en plein essor. Seule la Haute Cour de Norvège (un royaume sous l'autorité du roi de Suède mais avec sa propre constitution depuis 1814) se reconnut, à partir des années 1850 et 1860, le pouvoir d'écarter des lois qu'elle jugeait contraires à la Constitution. Le deuxième « moment » décisif, après *Marbury v. Madison*, pour l'invention du contrôle de constitutionnalité se situe après la Première Guerre mondiale lors de la rédaction des constitutions des nouveaux États d'Europe centrale. Chronologiquement, la Constitution tchécoslovaque de février 1920 est la première à établir un Tribunal constitutionnel qui rendit seulement quelques décisions. Beaucoup plus important fut l'impact de la Constitution républicaine de l'Autriche d'octobre 1920 qui institua une Cour constitutionnelle chargée de faire respecter la répartition des compétences entre la Fédération et les *Länder* (en permettant d'invalider des lois fédérales ou des lois des *Länder* contraires à la Constitution) et la légalité des ordonnances réglementaires (selon un modèle qui peut être rapproché du contentieux administratif français). Si le rôle de Kelsen avait été relativement modeste dans la création de cette Cour, il en fut un de ses premiers membres jusqu'en 1929 et théorisa par ses travaux les règles de ce contrôle de constitutionnalité *concentré* (confié à une Cour spécialisée), *abstrait* (qui n'était pas nécessairement lié à un procès) et débouchant sur l'*annulation* de la loi jugée contraire à la constitution (les juges constitutionnels faisant œuvre de « législateurs négatifs »)[1].

B ▪ Les spécificités françaises du contrôle de constitutionnalité

Alors que plusieurs pays voisins de la France, l'Italie et l'Allemagne, ont établi une Cour constitutionnelle sur le modèle kelsénien aux lendemains de la Seconde Guerre mondiale pour protéger les droits de l'homme contre toute forme d'emprise totalitaire, la France a attendu 1958 pour que soit reconnu un contrôle de constitutionnalité des lois confié à un organe spécifique, le Conseil constitutionnel.

1. Le Conseil constitutionnel

La Constitution de la Ve République a créé le Conseil constitutionnel en fixant sa composition dans l'article 56 : neuf membres nommés pour neuf ans, à raison de trois membres nommés par le Président de la République, trois par le Président de l'Assemblée nationale, trois par le Président du Sénat. Par ailleurs, les anciens Présidents de la République sont membres à vie du Conseil constitutionnel. Si la participation de différentes autorités à la désignation des membres de la juridiction constitutionnelle n'est pas propre à la France, l'absence de conditions relatives à la compétence juridique des membres et la prime accordée aux partisans de la « majorité présidentielle » augmentent le risque d'une institution plus politisée que la plupart des Cours constitutionnelles. Juge du contentieux électoral pour la Présidence de la République, les législatives et les sénatoriales, ainsi que des référendums, le Conseil constitutionnel a pour principale fonction de se prononcer sur la conformité à la Constitution des lois ordinaires, des lois organiques, des règlements des assemblées, des propositions de référendum (un ajout de la révision de 2008) et des engagements internationaux (pour déterminer, dans ce dernier

---

1. Hans Kelsen, « La garantie juridictionnelle de la constitution », *RD publ.* 1928. 197-257.

cas, si une révision constitutionnelle doit ou non précéder leur ratification). Si les lois organiques (celles auxquelles renvoie expressément la Constitution pour préciser certains de ses articles, par exemple à l'art. 57 pour les incompatibilités avec les fonctions de membre du Conseil constitutionnel) et les règlements des assemblées font l'objet d'un contrôle systématique, les lois ordinaires et les engagements internationaux peuvent être « déférés » au Conseil constitutionnel par un nombre limité d'autorités. Pour se prononcer sur ces textes, le Conseil constitutionnel doit être saisi, dans le court délai entre le vote de la loi et sa promulgation (pour les engagements internationaux avant leur ratification), par le Président de la République, le Premier ministre, le Président de l'Assemblée nationale, le Président du Sénat, auxquels se sont ajoutés (depuis l'importante révision constitutionnelle de 1974) soixante députés ou soixante sénateurs (il s'agit de chiffres minimaux qui peuvent être dépassés). Le contrôle concentré et abstrait institué en 1958 est ce qu'on appelle un contrôle *a priori*.

2. La question prioritaire de constitutionnalité

La révision constitutionnelle de 2008, mise en œuvre sur ce point (art. 61-1) par une loi organique du 10 décembre 2009, a créé, à côté du contrôle *a priori*, une forme de contrôle *a posteriori*, la « question prioritaire de constitutionnalité » (QPC), plus proche des procédures en usage dans les autres cours constitutionnelles européennes. Dans un procès devant les juridictions judiciaires ou administratives, il faut que l'une des parties argue de l'inconstitutionnalité d'une loi s'appliquant au litige. Si la juridiction saisie estime cet argument admissible, elle sursoit à statuer (ce qui veut dire qu'elle suspend la procédure) et renvoie, selon l'ordre juridictionnel concerné, à la Cour de cassation ou au Conseil d'État. Chacune de ces juridictions suprêmes joue le rôle de filtre obligatoire, en décidant ou non de transmettre la question de constitutionnalité au Conseil constitutionnel, s'il s'agit d'une loi portant atteinte aux droits et libertés que la Constitution garantit (ce n'est donc pas la conformité à toutes les normes constitutionnelles qui est concernée), si cette loi n'a pas déjà fait l'objet d'un examen par le Conseil constitutionnel et si la question apparaît nouvelle ou « sérieuse » (ce qui ne signifie pas un préjugé en faveur de l'inconstitutionnalité de la loi). Une fois saisi, le Conseil constitutionnel a trois mois pour statuer en invalidant ou non la loi en question (qui peut émaner d'un texte antérieur à 1958). Sans être à proprement parler un contrôle concret (le Conseil constitutionnel ne tranche pas le litige en cours), la QPC participe à la « judiciarisation » croissante du Conseil constitutionnel : au cours d'une audience publique, les avocats de la partie et les conseillers du Gouvernement sont entendus (alors que la procédure du contrôle *a priori* ne donne pas lieu à une audience publique, même si les lettres de saisine sont publiées depuis 1986 et les mémoires en défense de la loi depuis 1994).

Pensé initialement comme la sentinelle du Parlement (pour éviter qu'il ne porte atteinte au domaine réglementaire en allant au-delà des compétences législatives de l'article 34), le Conseil constitutionnel est devenu, particulièrement depuis sa décision de 1971 et l'élargissement de la saisine aux parlementaires de l'opposition en 1974, une autorité de nature juridictionnelle, à l'origine d'une copieuse jurisprudence composée de plus de 700 décisions constitutionnelles sur le contrôle *a priori* depuis 1958 et plus de 800 décisions sur QPC depuis 2010. Les états d'urgence anti-terroriste (2015-2017), puis sanitaire (depuis 2020) ont posé la question du contrôle par le Conseil constitutionnel des restrictions aux libertés imposées par ces lois spéciales[1]. Au sommet de la hiérarchie des normes, l'on retrouve ainsi la dualité entre loi (constitutionnelle) et jurisprudence, les deux modes de production du droit donnant naissance à un ensemble complexe de normes constitutionnelles.

1. V. *Situations* 3, 4 et 5 sur la jurisprudence du Conseil constitutionnel.

SÉQUENCE 4

La constitution au sommet de chaque ordre juridique national

SITUATION 1

Quelle portée pour des coutumes constitutionnelles ou des conventions de la constitution ?

L'association, réalisée en France depuis 1791, entre « constitution » et loi constitutionnelle écrite, soumise à une procédure spécifique de révision (ce que le juriste britannique Bryce a appelé une « constitution rigide » au début du XXe siècle), paraît avoir exclu, dans notre pays, l'idée de règles coutumières en matière constitutionnelle. L'instauration du contrôle de constitutionnalité en 1958 a fait apparaître clairement que des normes jurisprudentielles pouvaient être créées par le Conseil constitutionnel comme par toute juridiction suprême. Si la très grande majorité des décisions du Conseil constitutionnel s'appuient sur un texte déterminé du « bloc de constitutionnalité », l'étendue de celui-ci (qui n'est pas limité aux articles de la Constitution) et le caractère créateur de nombreuses décisions constitutionnelles ont montré que toutes les normes constitutionnelles n'étaient pas contenues dans le texte de la Constitution.

Peut-on alors (re)parler de « coutumes constitutionnelles » en droit français comme l'a fait récemment le Conseil d'État (*RFDA* 2006. 678-685) ? Par là, des auteurs ont l'habitude de désigner des pratiques des acteurs institutionnels (le Parlement, l'Exécutif notamment) qui seraient susceptibles de créer des règles de droit « non écrites » complétant la Constitution (il s'agirait alors d'une coutume *praeter legem*) ou allant à l'encontre d'une de ses dispositions (il s'agirait dans ce cas d'une coutume *contra legem* ou entraînant la désuétude d'une disposition constitutionnelle). Sous la Troisième République - dont les trois lois constitutionnelles de 1875 étaient particulièrement succinctes - René Capitant a été (contre l'opinion de

Carré de Malberg) le défenseur de cette « coutume constitutionnelle » (*Gazette du Palais*, 20 déc. 1929, reproduit dans *RD publ.* 1979. 959-970). Il pensait notamment à la désuétude du droit de dissolution qui débutait, après l'échec de Mac-Mahon en 1877, avec le discours de son successeur le républicain Grévy annonçant qu'il n'utiliserait jamais ce pouvoir contre la représentation nationale. Il en serait résulté une « constitution Grévy » venant modifier, au profit du Parlement et au détriment de l'Exécutif, les équilibres institutionnels établis par les lois constitutionnelles de 1875.

Plusieurs remarques peuvent être faites sur cette situation historique. Ni le discours de Grévy, ni l'abstention de ses successeurs et des Présidents du Conseil pour utiliser le droit de dissolution jusqu'en 1940, ne pouvaient signifier que la disposition de l'article 5 de la loi du 25 février 1875 était abrogée par désuétude. On peut faire la comparaison avec la pratique initiée par Washington aux États-Unis de ne pas solliciter un troisième mandat consécutif de Président. Malgré « une pratique répétée, assortie du sentiment du caractère obligatoire » (Francis Hamon, Michel Troper, *Droit constitutionnel*, Paris, LGDJ, 2014, 35e éd., p. 64), Franklin D. Roosevelt ne rencontra aucun obstacle constitutionnel pour être réélu Président (en 1940 et 1944) pour un troisième, puis un quatrième mandat. C'est le XXIIe Amendement de la Constitution, adopté en 1951, qui interdit formellement d'aller au-delà de deux mandats présidentiels. Une pratique coutumière ne serait donc pas en mesure d'introduire une règle constitutionnelle nouvelle. La règle constitutionnelle resterait en vigueur, aussi bien pendant la durée de cette pratique, qu'au moment de sa disparition (remettant la pratique en harmonie avec la règle constitutionnelle) ou de son introduction dans la constitution par une révision (modifiant en sens inverse la règle constitutionnelle pour la faire correspondre à la pratique). La distinction entre pratique institutionnelle (relevant des phénomènes factuels et politiques) et règle constitutionnelle (relevant du domaine des normes juridiques) resterait intacte.

Il paraît en aller de même avec ce qu'on appelle, depuis les écrits du juriste britannique Dicey (1835-1922), les « conventions de la constitution ». Il est notable que dans un pays réputé « sans constitution écrite », l'auteur de l'*Introduction à l'étude du droit de la constitution* (1885) ait voulu définir précisément ce qu'était le droit constitutionnel (*the law of the constitution*) : un ensemble de lois (*statutes*) votées par le Parlement en tant qu'organe souverain et de décisions des cours de *common law* traitées comme une législation juridictionnelle (*judicial legislation*). Sans constitution rigide et donc avec une hiérarchie des normes « atténuée », Dicey implantait au Royaume-Uni une conception positiviste de la constitution qui n'est pas si différente de celle que nous utilisons aujourd'hui en Europe continentale, en remplaçant les décisions des cours de *common law* par celles des cours constitutionnelles. Selon Dicey, un autre type de règles était formé de « conventions, manières de voir, habitudes ou pratiques » qui déterminaient la conduite des organes du pouvoir : par exemple, l'habitude d'un cabinet ministériel de démissionner en cas de vote défavorable du Parlement. Ces « conventions de la constitution » n'étaient pas « justiciables », elles ne pouvaient donner lieu à des procès et à des décisions judiciaires. Par conséquent, elles n'étaient pas du droit et Dicey établissait une distinction entre les règles juridiques et les normes de comportement politique. Loin d'isoler le droit de la politique – la constitution au sens de « régime politique » fonctionne par la combinaison du droit constitutionnel et des conventions de la constitution (Pierre Avril, *Les conventions de la constitution*, Paris, PUF, 1997) –, une telle présentation a l'avantage d'expliquer les liaisons entre normes constitutionnelles et pratiques des acteurs de la vie institutionnelle.

Ces théorisations ont pu trouver des échos dans des décisions judiciaires. En 1981-1982, dans l'épineux dossier du « rapatriement » de la constitution (la transformation d'une loi du Parlement britannique fixant le statut constitutionnel d'un *dominion* en une loi constitutionnelle proprement canadienne, avec les délicats équilibres résultant de la structure fédérale), la Cour suprême du Canada considéra que les conventions de la constitution (en l'occurrence un accord d'une majorité qualifiée de provinces pour accepter ce rapatriement) étaient « une partie intégrante de la constitution et du régime constitutionnel », mais qu'elle ne pouvait sanctionner une violation des conventions de la constitution, dans la mesure où ces règles n'étaient pas garanties par des recours juridictionnels. Dans l'affaire *Schmitt*, où le Conseil d'État avait jugé de la légalité d'une ordonnance prise par le gouvernement de Villepin, suite à une loi d'habilitation votée par le Parlement en faveur du gouvernement (précédent) Raffarin, le commissaire du gouvernement Keller a parlé d'usage ou de coutume constitutionnelle auxquels le juge administratif pouvait se référer pour interpréter la Constitution. Le Conseil d'État, dans son arrêt (CE 5 mai 2006, *Rec.* 220), s'est borné à rejeter le recours par une interprétation de l'article 38 de la Constitution qui fait prévaloir le délai de l'habilitation législative sur la désignation du chef du Gouvernement ayant bénéficié de cette habilitation.

Une grande partie des questions juridiques, que certains auteurs ont été tentés de rattacher aux notions de « coutume constitutionnelle » ou de « conventions de la constitution », relève de l'interprétation des normes constitutionnelles. Si une partie, aujourd'hui très importante, de ces normes est susceptible d'interprétations par le Conseil constitutionnel, d'autres sont interprétées par les acteurs politiques, notamment le Président de la République, le Premier ministre et le Parlement (ainsi que les électeurs consultés par référendum). Ces acteurs politiques (en tant qu'organes et non comme personnes) sont des interprètes « authentiques » de la Constitution, dans la mesure où leur interprétation est susceptible de faire autorité et de s'imposer, en l'absence de recours possible ou efficace devant le Conseil constitutionnel. C'est ainsi que le référendum (*a priori* inconstitutionnel) de 1962 a été validé par la décision du Conseil constitutionnel (DC 62-20 du 6 novembre 1962) se considérant incompétent pour juger de la conformité à la Constitution d'une loi référendaire. De la même façon, le refus du Président de la République de convoquer une session extraordinaire du Parlement a pu être répété dans le temps, faute de sanction d'un tel acte. Et la célèbre controverse résultant du refus du Président Mitterrand de signer les ordonnances que le Gouvernement de cohabitation de Jacques Chirac voulait prendre en vertu d'une loi d'habilitation par le Parlement s'est conclue, en pratique, par le choix du Premier ministre de faire adopter ces mesures par une loi ordinaire. Que la doctrine constitutionnaliste estime ou non une telle interprétation de l'article 13 (l'indicatif signifie-t-il que le Président peut ne pas signer les ordonnances ou au contraire qu'il doit le faire sans délai ?) conforme ou contraire à la Constitution ne change rien au caractère normatif de la règle constitutionnelle.

SITUATION 2

Quelle place pour les « principes fondamentaux reconnus par les lois de la République » ?

Depuis leur apparition dans la jurisprudence constitutionnelle, dans la DC 71-44 du 16 juillet 1971 (sur la liberté d'association) jusqu'à des décisions récentes (2010-20/21 QPC, *D.* 2010. 2335, note F. Melleray), les principes fondamentaux reconnus par les lois de la République (PFRLR) n'ont pas cessé d'alimenter les polémiques doctrinales et forment un terrain de choix pour examiner ce qu'est une norme constitutionnelle et comment on peut l'appréhender. Il s'agit, d'abord, d'un bel exemple d'écart entre l'intention des rédacteurs de la Constitution et la jurisprudence relative à une norme constitutionnelle. En 1946, cette référence aux PFRLR dans le préambule de la Constitution résulte de débats parlementaires dominés par la question de la liberté de l'enseignement. C'est essentiellement parce qu'il n'y avait pas de majorité à l'Assemblée constituante pour introduire une disposition constitutionnelle expresse en faveur de la liberté de l'enseignement que ses partisans, notamment les membres du MRP, ont manœuvré pour que cette formulation vague, évoquant d'après ses promoteurs les grandes lois libérales de la IIIe République, soit utilisée dans le préambule de 1946. En l'absence, sous la IVe République, de contrôle de constitutionnalité des lois, personne ne pouvait imaginer que cette mention dans le préambule serait utilisée dans le contentieux (ce qui fut pourtant le cas dans l'arrêt du CE 11 juill. 1956, *Amicale des Annamites de Paris, Rec.* 317 annulant un décret de dissolution d'une association sous prétexte qu'elle aurait été étrangère, alors qu'elle réunissait des citoyens de l'Union française), encore moins dans le cadre d'une nouvelle République dotée d'un Conseil constitutionnel. L'intention des rédacteurs de la Constitution de 1946 (qui a, de toute façon, été remplacée par le vote référendaire approuvant la Constitution de 1958) ne peut en rien déterminer le sens et la portée des PFRLR.

Dans sa décision fondatrice du 16 juillet 1971, c'est bien le Conseil constitutionnel qui a créé une norme constitutionnelle plaçant les PFRLR dans ce qui a été appelé le « bloc de constitutionnalité », c'est-à-dire l'ensemble des normes de niveau constitutionnel qui servent de référence pour contrôler la « conformité » (même si ce terme figure à l'art. 61 de la Constitution, il s'agit plutôt de « compatibilité ») à la Constitution de la loi dont le Conseil constitutionnel est saisi. La particularité de cette norme, fondée sur le préambule de 1946, est d'avoir un caractère implicite et un contenu vague : l'énoncé constitutionnel ne dit pas quels sont ces « principes fondamentaux reconnus par les lois de la République ». Aux interrogations sur ce qu'est un principe (et en quoi un principe différerait d'une règle, v. Séquence 2, « Situations ») et en quoi il aurait un caractère « fondamental » (terme qui n'a pas de sens précis dans la hiérarchie des normes), s'ajoutent les questions sur l'identification des lois et des Républiques concernées. S'agissant de la dernière question, le bon sens paraît indiquer que sont concernées les Première, Seconde et Troisième Républiques, puisque l'énoncé normatif a été introduit dans le préambule de la Constitution de la IVe République et ne pouvait concerner que le passé. En revanche, le texte constitutionnel ne donne aucune piste sur la sélection de ces lois républicaines, porteuses de principes fondamentaux et ouvre une large porte à la découverte de normes constitutionnelles en dehors de la Constitution proprement dite.

On arrive ainsi à une autre particularité des PFRLR : ils sont une création jurisprudentielle du Conseil constitutionnel et ont donné lieu à une jurisprudence changeante, dont la cohérence peut poser problème. En l'espace d'une dizaine d'années (1971-1981), le Conseil constitutionnel a reconnu six PFRLR : la liberté d'association (1971), les droits de la défense (1976), la liberté individuelle, la liberté d'enseignement, la liberté de conscience (tous les trois en 1977), l'indépendance de la juridiction administrative (1980). Dans certains cas, le Conseil constitutionnel s'est référé à un texte de loi républicaine précis (comme la loi de 1901 sur les associations), dans d'autres cas (comme les droits de la défense ou la liberté individuelle) il n'a cité aucun texte à l'appui de sa décision. Il faut attendre une décision (de validation d'une loi) du 20 juillet 1988 (DC 88-244, *loi d'amnistie*) pour que soient indiqués des critères permettant de reconnaître un PFRLR : la présence du principe dans une législation républicaine antérieure à 1946 n'ayant pas connu de discontinuité (une seule loi en sens contraire suffit à bloquer l'apparition d'un PFRLR). Le Conseil constitutionnel ne s'est pas tenu lui-même à cette méthodologie, faisant appel dans la célèbre décision de 1987 (DC 86-224 du 23 janvier 1987) sur la compétence de la juridiction administrative à la « tradition française de la séparation des pouvoirs » ou ne citant pas de texte à propos de la compétence du juge judiciaire en matière immobilière (DC 89-256 du 25 juillet 1989).

La jurisprudence sur les PFRLR paraissait s'être tarie après 1989, comme si le Conseil constitutionnel avait renoncé à faire usage de cette technique. Mais après que le Conseil d'État eut reconnu de sa propre initiative un PFRLR (CE 3 juill. 1996, *Koné, Rec.* 255 sur l'interdiction d'extradition demandée par un État étranger pour un but politique, même si elle est fondée sur une infraction de droit commun), le Conseil constitutionnel a recouru à nouveau à cette figure en 2002 sur l'existence d'une justice pénale des mineurs (DC 2002-461 du 20 août 2002) et sur celle d'un droit local en Alsace-Moselle en 2011 (QPC 2011-157 du 5 août 2011).

Outre qu'elle intéresse particulièrement les universitaires, l'histoire du PFRLR d'indépendance des enseignants-chercheurs est révélatrice des forces et des faiblesses de cette catégorie de normes constitutionnelles. Saisi de l'examen de la loi « Savary », qui réformait profondément la gouvernance des universités en affaiblissant la part des professeurs dans leurs organes collégiaux, le Conseil constitutionnel décidait de censurer une disposition de cette loi et de reconnaître un PFRLR d'indépendance des professeurs d'université (DC 83-165 du 20 janvier 1984 qui ne cite aucun texte précis à la base de ce PFRLR). Tandis que l'élection dans un collège unique (regroupant les professeurs et les enseignants-chercheurs n'ayant pas le grade des professeurs) des représentants des enseignants-chercheurs était déclarée non conforme à la Constitution, le PFRLR entendait garantir à la fois une représentation propre et authentique des enseignants-chercheurs selon leur grade (avec ses implications sur le recrutement et l'évaluation des enseignants-chercheurs par leurs pairs d'un grade au moins égal) et la libre communication des pensées et des opinions des enseignants-chercheurs, en toute indépendance à l'égard de l'État, des autorités universitaires et des étudiants (un principe auquel le Conseil d'État avait reconnu valeur législative depuis 1974). En 1993 (DC 93-322 du 28 juillet 1993), le Conseil constitutionnel invalidait toute une loi (qui voulait autoriser à titre expérimental toute une série de dérogations à la loi de 1984) en confirmant à la fois que la libre expression et l'indépendance des enseignants-chercheurs était garantie par l'article 11 de la DDHC et l'indépendance des professeurs par un PFRLR. La jurisprudence administrative, avec quelques précautions de langage, tendait à étendre la garantie d'indépendance à l'ensemble des enseignants-chercheurs des universités.

La loi relative aux libertés et responsabilités des universités (« LRU ») du 10 août 2007 apparut à beaucoup d'universitaires comme une remise en cause de ce principe, dans la mesure où elle les plaçait sous « l'autorité » des présidents d'université dont les pouvoirs étaient considérablement renforcés. Cette loi n'ayant pas été soumise au contrôle *a priori* du Conseil constitutionnel, deux collectifs de professeurs de droit soulevaient en 2010 une QPC à propos d'un décret d'application. Dans sa décision du 6 août 2010 (2010-20/21 QPC, *D.* 2010. 2335, note F. Melleray), le Conseil constitutionnel a estimé qu'aucune des dispositions de la loi « LRU » (pas même celle faisant intervenir dans le recrutement des enseignants-chercheurs des personnes qui ne sont pas de rang égal ou supérieur ou celle reconnaissant un pouvoir de *veto* du président de l'université au recrutement ou à la mutation d'universitaires) n'était contraire au PFRLR d'indépendance des enseignants-chercheurs. Des conséquences en sens divers ont donc été tirées à vingt-six ans de distance d'un PFRLR, à tel point qu'il est possible de se demander si ce principe a conservé le même contenu et si sa substance présente aujourd'hui la moindre garantie constitutionnelle pour l'indépendance des enseignants-chercheurs (pour la confirmation d'un PFRLR très limité, la DC du 21 décembre 2020 sur la Loi de Programmation de la Recherche).

SITUATION 3

Quel contrôle pour les révisions de la Constitution ?

C'est à propos des effets considérables du traité de Maastricht établissant l'Union européenne que s'est posée en France la question d'un éventuel contrôle de constitutionnalité des lois constitutionnelles (L. Favoreu, « L'injusticiabilité des lois constitutionnelles », *RFDA* 2003. 792-795). Saisi par le Président de la République, avant la ratification du traité européen pour vérifier sa compatibilité avec la Constitution, le Conseil constitutionnel décidait le 9 avril 1992 (DC 92-308, *Maastricht 1*) qu'il y avait lieu de réviser la Constitution, compte tenu des atteintes à la souveraineté nationale (garantie par les articles 3 de la DDHC et 3 de la Constitution) que représentaient l'établissement d'une citoyenneté de l'Union (permettant aux résidents européens en France de participer aux élections municipales et européennes) et les transferts de compétences nécessaires à l'union économique et monétaire. Par la loi constitutionnelle du 25 juin 1992, le Congrès révisait la Constitution pour y introduire au titre XV des dispositions autorisant ces transferts de compétences. Le pouvoir constituant fit le choix (confirmé en 1999, 2005 et 2008 à propos des traités européens ultérieurs) de combiner dans la Constitution les articles sur la souveraineté nationale (demeurés inchangés) et ceux sur la participation aux Communautés et à l'Union européenne qui limitent nettement cette souveraineté nationale. Si une telle conciliation peut être critiquée, du point de vue doctrinal de la cohérence du concept de « souveraineté nationale », elle fait désormais partie des règles constitutionnelles, démontrant ainsi que la souveraineté (telle que l'entend le pouvoir constituant) reste un « marqueur » des caractères de l'État.

La révision constitutionnelle de juin 1992 ayant par ailleurs permis à soixante députés ou sénateurs d'utiliser le mécanisme de contrôle de la compatibilité des traités avec la Constitution de l'article 64, le Conseil constitutionnel eut à se prononcer une deuxième fois sur la conformité du traité de Maastricht à la Constitution révisée (DC 93-312 du 2 septembre 1992, *Maastricht 2*). Le Conseil constitutionnel rejeta l'argumentation des auteurs de la saisine sur une éventuelle contrariété entre les dispositions du traité de Maastricht et celles insérées dans le nouveau titre XV de la Constitution (art. 88 à 88-3) et refusa de se prononcer sur la question (jugée trop générale et donc en dehors de ses compétences) des limites éventuelles des atteintes aux « conditions essentielles d'exercice de la souveraineté » (dans l'argumentation des auteurs de la saisine, il y avait l'idée d'une supraconstitutionnalité de la règle de la souveraineté nationale).

Après l'approbation du traité de Maastricht par référendum (en vertu de l'article 11, ce n'était pas la révision constitutionnelle, approuvée par le Congrès, qui était soumise au référendum), une nouvelle saisine conduisit le Conseil constitutionnel à se prononcer sur la conformité à la Constitution de la loi référendaire ratifiant le traité (DC 92-313 du 23 septembre 1992, *Maastricht 3*). Le Conseil constitutionnel confirma alors sa jurisprudence de 1962 selon laquelle il ne s'estimait pas compétent pour juger de la conformité à la Constitution des lois référendaires. Le Conseil constitutionnel s'inclinait à nouveau devant une « expression directe de la souveraineté nationale », une loi « adoptée par le Peuple français à la suite d'un référendum » : nouvelle preuve qu'il subsistait une souveraineté nationale exercée sur la base de décisions du Peuple français, qui était libre de limiter cette souveraineté au profit de l'Union européenne (un argument qui va dans le sens de la thèse du Conseil constitutionnel faisant de la Constitution le fondement de la primauté du droit européen en France).

Dans la décision *Maastricht 2*, le Conseil constitutionnel avait considéré qu'il était « loisible au pouvoir constituant » (peu importe qu'il soit exercé par le Congrès ou par le Peuple consulté par référendum) « d'abroger, de modifier ou de compléter des dispositions de valeur constitutionnelle dans la forme qu'il estime appropriée ». Précisément parce qu'il est souverain, le pouvoir constituant peut réviser la Constitution, y compris dans ce qui touche la souveraineté nationale. Dans le même considérant (cons. 19 de la DC

82-312), le Conseil constitutionnel rappelait les limitations explicites que la Constitution a établies à ce pouvoir de révision : l'interdiction de réviser la Constitution au cours de certaines périodes (art. 7 sur l'intérim de la Présidence de la République par le Président du Sénat, art. 16 et art. 89, al. 4) et celle de porter atteinte à la « forme républicaine du gouvernement » (art. 89, al. 5).

Il n'y avait, dans le texte de cette décision, rien de nouveau ou en tout cas d'explicite sur l'alinéa 5 de l'article 89. Pourtant, ce considérant du Conseil constitutionnel a paru dire (ou a fourni l'occasion de dire), pour certains auteurs de la doctrine, qu'il existerait dans la Constitution des règles « supra-constitutionnelles » auxquelles le pouvoir constituant ne pourrait déroger par une révision, entrouvrant la porte à un éventuel contrôle sur la constitutionnalité des lois constitutionnelles. Le Conseil constitutionnel a pourtant renouvelé en 2003 (DC 2003-469 du 26 mars 2003 sur la loi constitutionnelle relative à l'organisation décentralisée de la République) son refus de s'estimer compétent pour statuer sur une révision constitutionnelle.

Le débat conserve cependant de son actualité en raison des arguments tirés du droit comparé et des évolutions mêmes de la jurisprudence constitutionnelle en France. À l'étranger, un certain nombre de décisions constitutionnelles ont envisagé et (dans un nombre plus limité de cas) fait fonctionner ce contrôle de la constitutionnalité des lois constitutionnelles. En Allemagne, la Loi fondamentale de 1949 comporte une « clause d'éternité », à l'article 79.3, qui interdit toute révision constitutionnelle sur la participation des *Länder* à la Fédération, sur l'article 1 (principe de dignité de l'être humain) et sur l'article 20 (principe de l'État de droit, démocratique et social). La Cour constitutionnelle en a tiré argument, à partir d'une décision du 15 décembre 1970 (concernant une révision constitutionnelle de 1968 qui autorisait des atteintes au secret des correspondances et des communications), pour affirmer son pouvoir de contrôler le respect par les révisions constitutionnelles de ces dispositions intangibles. Répété à plusieurs reprises, ce pouvoir de contrôle des révisions constitutionnelles n'a, jusqu'à ce jour, pas donné lieu à une invalidation d'une loi constitutionnelle en Allemagne, mais a pu servir de mise en garde au pouvoir constituant. De même, en Italie, la Cour constitutionnelle a considéré, à partir de 1988, que le pouvoir constituant ne pouvait porter atteinte par une révision à des « principes suprêmes » de l'ordre juridique italien qui ne se limitent pas à la forme républicaine du gouvernement, expressément garantie par un article de la Constitution comme en France (ainsi, en 1989, la laïcité de l'État italien a été consacrée comme l'un de ces principes suprêmes). Le pouvoir de contrôle d'une révision constitutionnelle fut utilisé par la Cour constitutionnelle une fois en 2004 pour rejeter le recours. En Autriche, où la Constitution soumet à des règles procédurales différentes la révision partielle et la révision totale de la Constitution, la Cour constitutionnelle a estimé (pour annuler en 2001 une disposition résultant d'une révision constitutionnelle) que l'atteinte aux « principes fondamentaux » de l'État de droit constituait une limite matérielle du pouvoir constituant. C'est surtout en Inde que la Cour suprême a développé à partir de 1970, en l'absence de toute clause d'éternité expresse dans la Constitution, une jurisprudence sur la *basic structure* de la Constitution qui l'a amenée, à six reprises, à juger inconstitutionnels des amendements à la Constitution.

En faveur du contrôle de constitutionnalité des lois constitutionnelles, l'on peut dire qu'il est dans la logique d'un pouvoir des juges constitutionnels destiné à s'opposer aux abus de majorité consistant à contourner une décision de censure de l'inconstitutionnalité d'une loi par une révision constitutionnelle portant sur le même objet. En sens inverse, l'on peut considérer que les juges n'ont pas le pouvoir d'instituer, en dehors du texte constitutionnel, une hiérarchie entre les normes constitutionnelles, la « supra-constitutionnalité » étant une forme d'appel à un droit naturel très subjectif. Mais, pour revenir à la France, le Conseil constitutionnel n'a-t-il pas établi une telle hiérarchie (à propos du contrôle de constitutionnalité des lois transposant une directive européenne depuis les DC 2004-496 du 10 juin 2004 et 2006-540 du 27 juillet 2006) au profit des règles ou principes inhérents à « l'identité constitutionnelle française » ?

SITUATION 4

Sur le « dialogue des juges » entre le Conseil constitutionnel et la Cour européenne des droits de l'homme

La jurisprudence du Conseil constitutionnel s'est efforcée, depuis son essor dans les années 1970, de limiter les conflits potentiels avec les Cours supranationales, notamment avec la Cour européenne des droits de l'homme. La fameuse décision *IVG* du 15 janvier 1975 (DC 75-54) n'a pas eu seulement pour effet de susciter l'invention du contrôle de conventionnalité par les juges judiciaires (l'arrêt *Jacques Vabre* de la Cour de cassation du 24 mai 1975, suivi 14 ans plus tard de l'arrêt *Nicolo* du Conseil d'État, le 20 octobre 1989), elle a posé les bases d'une jurisprudence plusieurs fois confirmée selon laquelle le Conseil constitutionnel se refusait à contrôler la conformité des lois dont il était saisie aux engagements internationaux de la France (sous prétexte que la supériorité de ces normes internationales sur les lois, inscrite à l'article 55 de la Constitution, présenterait un caractère « relatif » au champ d'application restreint du traité et « contingent » en fonction de l'exigence de réciprocité, arguments justificatifs qui sont au demeurant très discutables). Dans une situation où il n'y a pas, dans les textes eux-mêmes, de contradiction flagrante entre les conventions internationales garantissant les droits fondamentaux (notamment la Conv. EDH) et les dispositions de la Constitution française relatives à ces mêmes droits, le risque est limité qu'une loi française jugée conforme à la Constitution apparaisse manifestement contraire aux normes internationales acceptées par la France et intégrées (en application du principe moniste) dans l'ordre juridique français.

Si ce risque est limité, il n'est pas pour autant nul comme le montre l'exemple récent de l'affaire *S.A.S. c/ France* (*D.* 2014. 1701, note C. Chassang). D'abord, il se peut qu'une loi française, portant atteinte à des droits fondamentaux garantis par des conventions internationales elles-mêmes ratifiées par la France, n'ait pas donné lieu à un contrôle de constitutionnalité, faute de saisine du Conseil constitutionnel. Cette situation, qui concernait toutes les lois antérieures à 1958 avant l'établissement de la QPC, reste encore celle de lois qui n'ont jamais fait l'objet d'un contrôle *a priori* ni d'une QPC. Présumées conformes à la Constitution, ces lois peuvent faire l'objet d'un contrôle de conventionnalité et même celles qui ont triomphé de ce contrôle de conventionnalité par les juges judiciaires ou administratifs, peuvent être considérées comme contraires à la convention européenne des droits de l'homme, cette violation de la convention entraînant une condamnation de la France par la Cour de Strasbourg. Ensuite, la Cour de Strasbourg peut estimer une loi française, même validée par le Conseil constitutionnel, en contradiction avec l'engagement international de la France et peut développer une interprétation jurisprudentielle (des articles de la convention européenne) faisant apparaître des tensions avec la jurisprudence du Conseil constitutionnel.

Un tel conflit est apparu dans l'affaire *Zielinski et Pradal c/ France* jugée en 1999 par la Cour de Strasbourg (CEDH, 28 oct. 1999). Il s'agissait d'une loi de validation, votée par le Parlement français en 1994 pour confirmer la légalité (contestée devant les tribunaux) d'un protocole d'accord concernant les personnels des organismes de Sécurité sociale dans les départements d'Alsace-Moselle. Le Conseil constitutionnel, qui avait été saisi de cette loi, l'avait considérée comme ne portant pas atteinte au principe de séparation des pouvoirs, le législateur pouvant modifier rétroactivement des dispositions dénuées de caractère répressif à condition de ne pas remettre en cause des décisions judiciaires définitives. Pourtant, la Cour de Strasbourg condamna la France pour violation de l'article 6 sur le procès équitable en raison d'une ingérence disproportionnée du pouvoir législatif dans l'exercice des fonctions judiciaires. Si le Conseil constitutionnel s'est rapproché, par la suite, des critères plus sévères de la CEDH rendant admissibles les lois de validation, il y avait là une forme de désaveu du contrôle de constitutionnalité par une juridiction supranationale, qui mettait en exergue les faiblesses du système de contrôle des normes législatives en France. Le Conseil constitutionnel s'est efforcé par la suite de prévenir ce type de difficultés en anticipant, dans son contrôle de la constitutionnalité des lois, les critiques éventuelles qui pourraient résulter de la jurisprudence de la Cour de Strasbourg. Un exemple de ce type de situation peut être donné à propos du droit de la diffamation, dont les règles (incorporées dans la loi du 29 juillet 1881) ont plusieurs fois fait l'objet de critiques (pour des atteintes disproportionnées à la liberté de la presse) de la part de la CEDH. Ainsi, dans la QPC 2011-131 du 20 mai 2011, le Conseil constitutionnel a déclaré non-conforme à la Constitution le cinquième alinéa de l'article 35 de la loi du 29 juillet 1881, interdisant (depuis 1944) l'exception de vérité (permettant d'établir la vérité du fait diffamatoire et de conduire à la relaxe du prévenu) pour des faits remontant à plus de 10 ans. Il est très probable que cette décision a tenu compte de la jurisprudence de la CEDH et a voulu empêcher une décision de condamnation de la France par la Cour de Strasbourg.

Une configuration différente s'est présentée avec la loi de 2010 interdisant la dissimulation du visage dans l'espace public. Le texte de la loi, dite familièrement « anti-burqa », a été voté à une très large majorité (335 voix pour, 1 contre et de nombreux refus de prendre part au vote à l'Assemblée nationale) et n'a pas été l'objet d'un recours de soixante députés ou sénateurs (ce qui pose la question des risques attachés à un consensus très large sur le vote d'une loi, qui n'est pas en soi un brevet de constitutionnalité). Pour mettre la loi à l'abri de recours ultérieurs (par une QPC, mais en pensant très probablement à une action future devant la Cour de Strasbourg), les Présidents des deux Assemblées ont fait la démarche inédite de saisir le Conseil constitutionnel sans lui présenter d'arguments à l'encontre de la constitutionnalité de la loi. Le Conseil constitutionnel a validé la loi dans une décision (DC 2010-613 du 7 octobre 2010) dont il n'est pas sûr qu'elle soit retenue par la doctrine comme une « grande décision » influant sur la jurisprudence à venir (le caractère très spécifique de cette loi va également dans ce sens). C'est dans les articles 4 (sur la liberté), 5 (sur les actions nuisibles à la société) et 6 (sur la liberté religieuse) de la DDHC, ainsi que dans le troisième alinéa du Préambule de 1946 (sur l'égalité entre femmes et hommes) que le Conseil constitutionnel est allé chercher la justification de la constitutionnalité de la loi. Selon cette argumentation, le législateur a répondu à « l'apparition de nouvelles pratiques, jusqu'alors exceptionnelles » (une phrase assez mystérieuse, supposant que la dissimulation du visage, exceptionnellement rare dans le passé, aurait tendu à devenir une « pratique », donnant lieu à des actes répétés) pouvant (d'après le législateur) « constituer un danger pour la sécurité publique », méconnaître les « exigences minimales de la vie en société » et placer les femmes « dans une situation d'exclusion et d'infériorité manifestement incompatible avec les principes constitutionnels de liberté et d'égalité ». C'est donc la règle constitutionnelle de protection de l'ordre public (une notion expressément citée dans l'article 10 de la DDHC et qui a souvent permis au Conseil constitutionnel de valider des lois restrictives des libertés publiques) qui l'a emporté sur la garantie d'autres droits constitutionnellement protégés comme la liberté religieuse. Le Conseil constitutionnel a assorti sa décision d'une seule réserve d'interprétation concernant « les lieux de culte ouverts au public », laissant entendre que le port de la burqa dans les lieux de culte ne pouvait être interdit (là aussi une remarque surprenante, aucune règle de la religion musulmane n'obligeant les femmes à se voiler intégralement dans les mosquées).

Saisie par une victime potentielle de cette loi, la Cour de Strasbourg a débouté la requérante dans la décision *S.A.S. c/ France* du 1er juillet 2014, en jugeant qu'il n'y avait pas d'atteinte disproportionnée aux libertés garanties par la convention européenne des droits de l'homme. Pourtant, ce n'est pas au titre de la sécurité publique que l'ingérence de l'État français a été jugée légitime, mais au titre de la protection des « droits et libertés d'autrui », plus précisément du respect des exigences de la vie en société (il relève de la marge d'appréciation de l'État de considérer que la visibilité du visage de chacun dans l'espace public fait partie d'une interaction sociale jugée indispensable). Le dialogue des juges arrive à des conclusions proches en se fondant sur des justifications différentes.

SITUATION 5

La constitution et les « nouvelles » questions de société

En France, comme dans les autres pays connaissant le contrôle de constitutionnalité, se posent des questions de conformité à la constitution de lois traitant de problèmes de société qui n'étaient pas imaginables par les rédacteurs de la constitution. Quelle doit être l'attitude des juges constitutionnels confrontés à des lois sur la bioéthique, sur les nouvelles formes de vie familiale ou sur la protection de l'environnement alors que la constitution ne contient pas de dispositions expresses sur ces sujets ou se contente de dispositions imprécises et programmatiques (comme la garantie pour « l'individu et la famille », des « conditions nécessaires à leur développement » dans le Préambule de 1946 ou les dispositions contenues dans les dix articles et le préambule de la Charte de l'environnement de 2004 ; le même raisonnement peut être tenu à propos du droit des étrangers que le texte constitutionnel ignore en dehors du droit d'asile) ? L'attitude de « *self-restraint* » des juges constitutionnels à l'égard de la compétence du Parlement pour déterminer ces « choix de société » doit-elle conduire à l'absence complète de « directives constitutionnelles » ?

Les exemples relatifs aux unions entre personnes de même sexe sont révélateurs des passions qui peuvent entourer aujourd'hui le contentieux constitutionnel, comme des limites de ce contentieux (QPC du 18 octobre 2013, 2013-353, *Constitutions* 2014/2, 196, note J. Roux). L'on sait les débats parlementaires passionnés auxquels donna lieu la loi établissant le PACS (un pacte qui n'est pas réservé aux personnes homosexuelles, dont il n'est pas directement question dans la loi) en 1999. Très logiquement, les adversaires du PACS entendirent prolonger leur combat sur le terrain constitutionnel en saisissant le Conseil constitutionnel d'une longue série de griefs, dont l'atteinte à l'égalité, à la dignité de la personne humaine, à la protection de l'enfant et de la famille et aux règles du mariage républicain. Par une décision du 9 novembre 1999 (DC 99-419), le Conseil constitutionnel a rejeté tous ces griefs et validé la loi, tout en l'assortissant d'un nombre important de réserves faisant dire à certains commentateurs que le Conseil avait « réécrit » une loi imprécise et mal rédigée. Le Conseil constitutionnel a notamment décidé que le législateur, sans définir la notion de « vie commune », en avait déterminé les « composantes essentielles » et qu'il revenait au juge constitutionnel d'expliciter ces composantes : la vie commune suppose, outre une communauté de résidence, une véritable « vie de couple » à laquelle il peut être mis fin par une décision unilatérale de l'un des partenaires, à condition de permettre à l'autre partenaire de demander réparation pour une rupture fautive (en vertu de l'article 4 de la DDHC justifiant elle-même la responsabilité civile pour faute). De même que le Conseil constitutionnel explicite les concepts ou notions qui se trouvent dans la Constitution, il s'est donné le pouvoir d'expliciter les notions implicites dans les lois qui les rendent conformes à la Constitution.

Un des arguments de la décision de 1999 sur le PACS étant que celui-ci était un « contrat étranger » au mariage (et que la possibilité de le rompre pouvait être justifiée par la liberté du mariage), il n'est pas étonnant que la question de la constitutionnalité d'un mariage entre personnes du même sexe ait été soulevée peu de temps après. À la suite de l'invalidation d'un mariage conclu entre deux personnes du même sexe par les tribunaux judiciaires, le Conseil constitutionnel a été saisi en 2010 d'une QPC de la Cour de cassation sur la conformité à la Constitution des articles 75 et 144 du Code civil employant l'expression « mari et femme » (articles qui n'avaient pas été invoqués par les juges judiciaires, estimant le mariage entre personnes du même sexe contraire à un « principe général du droit civil » sans visa législatif précis). Dans sa décision du 28 janvier 2011 (QPC 2010-92), le Conseil constitutionnel a débouté les requérants en utilisant sa formule habituelle selon laquelle il n'entend pas substituer son appréciation à celle du législateur. Autrement dit, le mariage entre personnes du même sexe ne relève pas d'une exigence constitutionnelle (le principe d'égalité ne s'opposait pas en 2011 à l'interdiction d'un tel mariage), mais il ne serait pas contraire (c'était seulement une hypothèse en 2011) à la Constitution. Avec une position très proche de celle de la CEDH, le Conseil constitutionnel se distinguait des juges de certains États américains qui avaient considéré que la clause d'égale protection des lois (du XIVe Amendement de la Constitution fédérale) imposait l'ouverture du mariage aux personnes du même sexe.

Les mêmes causes politiques ayant les mêmes effets dans le champ du droit, le contentieux constitutionnel rebondit après le vote de la loi sur le mariage pour tous et les manifestations suscitées par le débat puis par le vote. Il n'est pas indifférent de noter la mobilisation de nombreux enseignants en droit, opposés à cette loi (ce qui relève pleinement de la liberté d'opinion), qui revendiquaient leur expertise dans le domaine juridique pour annoncer l'inconstitutionnalité du texte discuté, puis adopté. En dépit de l'idée que les arguments de la doctrine pourraient pré-déterminer les décisions des juges constitutionnels, c'était pronostiquer un revirement spectaculaire de la jurisprudence du Conseil constitutionnel par rapport à la QPC de 2011.

Ce revirement n'a pas eu lieu. Dans sa décision du 17 mai 2013 (DC 2013-669), le Conseil constitutionnel a validé la loi ouvrant le mariage aux personnes du même sexe, en formulant seulement des réserves d'interprétation sur l'adoption. Outre les griefs sur la procédure suivie, ceux relatifs au fond ont été tous écartés. Le Conseil a rejeté l'idée d'élever la différence de sexe dans le mariage au rang des PFRLR, ceux-ci ne concernant que les droits fondamentaux, la souveraineté nationale et l'organisation des pouvoirs publics (il faut sans doute lire que les « questions de société » sont exclues des PFRLR). En l'absence d'une définition constitutionnelle du mariage, le législateur exerçait bien sa compétence en redéfinissant, pour les élargir et non pour restreindre la liberté du mariage, les conditions d'accès au mariage, comme il avait exercé cette compétence pour autoriser en 1975 l'interruption volontaire de grossesse ou la sélection des embryons sous certaines conditions en 1994.

Le dernier épisode de ces controverses confirme les liens qui existent aujourd'hui entre le contrôle *a priori* et la QPC. Plusieurs maires, souhaitant invoquer une « clause de conscience » pour ne pas célébrer de mariage entre personnes du même sexe en vertu de la loi du 17 mai 2013, avaient suscité une QPC (à propos d'une circulaire relative au refus illégal de célébrer un tel mariage) jugée par le Conseil constitutionnel le 18 octobre 2013. Il est notable que le même type de situation avait donné lieu à une décision de la Cour de Strasbourg validant une sanction disciplinaire contre un officier d'état civil britannique refusant d'enregistrer un *civil partnership* (CEDH 15 janv. 2013, *Ms Lilian Ladele c/ Royaume-Uni*). En rattachant la liberté de conscience à l'article 10 de la DDHC (et non à un PFRLR, ce qui confirme le relatif déclin de cette catégorie), le Conseil constitutionnel a rappelé que le principe de neutralité du service public s'opposait à ce qu'un maire puisse arguer de motifs de conscience pour refuser d'accomplir un acte juridique. La situation d'un maire, agent de l'État en tant qu'officier d'état civil, n'est pas comparable à celle du médecin auquel la loi reconnaît la possibilité de ne pas pratiquer d'avortement pour des raisons de conscience. Le maire est un agent impersonnel de la loi qui ne peut la discuter au nom de sa conscience. Le Conseil constitutionnel a, s'il en était besoin, confirmé l'obéissance due à la loi adoptée dans le respect de la Constitution.

Les décisions rendues sur les états d'urgence anti-terroriste et sanitaire ont soulevé de nouvelles interrogations sur l'étendue du contrôle exercé par le Conseil constitutionnel. Les neuf QPC relatives à l'état d'urgence 2015-2017 ont donné lieu à des déclarations d'inconstitutionnalité, mais celles portant sur les perquisitions administratives ou les interdictions de séjour ont validé les mesures individuelles intervenues auparavant. Par le contrôle a priori, le Conseil constitutionnel a censuré seulement deux articles de la loi sur la prolongation de l'état d'urgence sanitaire en mai 2020 (le régime de la quarantaine sans intervention du JLD et la transmission des données de l'application anti-covid aux institutions chargées du suivi social). Ici encore, le Conseil constitutionnel a fait preuve de prudence à l'égard des choix effectués par le Parlement.

SÉQUENCE 5

Le droit international et européen en surplomb

Le droit international est l'ensemble des normes qui s'appliquent à tous les ordres juridiques nationaux ou à plusieurs d'entre eux. Ce caractère supranational du droit international suppose la mise en place des États modernes, considérés comme les créateurs et les sujets du droit international. Le droit international est ainsi d'origine récente et son développement comme une construction en surplomb des ordres juridiques nationaux au cours des deux derniers siècles permet de comprendre les caractères de ses normes en constante évolution (I). En Europe, se sont constitués deux ordres juridiques régionaux dont l'importance est cruciale aujourd'hui pour le droit français (II). Qu'il s'agisse du droit international universel ou de droits internationaux régionaux, le rôle des juges, internationaux mais aussi nationaux, est primordial pour rendre compte de l'impact du droit international (III).

I ▪ Du droit international classique au droit de la société internationale contemporaine

Il ne faut pas confondre, comme le font certaines présentations historiques, l'ancienneté des relations entre des sociétés politiques séparées (des cités, des royaumes, des empires qui ont pu conclure des traités dès l'Antiquité) et la reconnaissance beaucoup plus récente des actes, unilatéraux ou bilatéraux, des États comme donnant naissance à des normes juridiques relevant du droit international (une expression qui, dans plusieurs pays, a remplacé au XIXe siècle celle de *droit des gens* venue du droit romain). Cette reconnaissance est passée, d'abord, par l'exaltation de la volonté des États modernes, capables de s'engager les uns à l'égard des autres par des traités ou de susciter l'idée de coutumes résultant de leurs pratiques (par exemple par l'échange d'ambassadeurs et le respect d'immunités les concernant), puis de plus en plus à travers des organisations internationales échappant partiellement au contrôle des États et par la concession de droits aux individus à l'intérieur de la société internationale contemporaine.

A ▪ Le droit international classique : un droit interétatique

La construction des États modernes, en Europe, mais aussi hors d'Europe (comme l'Empire ottoman, l'Inde des Grands Moghols...), a entraîné plusieurs effets dans les relations internationales. Des ambassades permanentes ont été créées, à l'imitation des pratiques de certaines cités italiennes depuis le XVe siècle, pour remplacer l'envoi de « légats » disposant d'une délégation de pouvoirs provisoire. À la suite des traités conclus entre princes, s'engageant personnellement par leur serment personnel (un serment sanctionné par les peines attachées au parjure dans le droit de l'Europe chrétienne, ce qui a longtemps donné au pape un rôle important d'arbitre en matière internationale), sont apparus des traités bilatéraux voire multilatéraux liant des États dans la durée. Dans certains pays, ces traités faisaient l'objet d'une ratification, sous la forme d'un enregistrement par les hautes instances judiciaires (comme les Parlements d'Ancien Régime en France) et pouvaient avoir des effets sur les personnes même des sujets, comme les Concordats passés avec la Papauté, les traités de commerce, les accords pour régler la situation des étrangers.

1. Vers un respect de la souveraineté et de l'égalité des États

En Europe, du fait de la Réforme et des conflits religieux, l'idée d'une Chrétienté unie sous l'autorité religieuse du pape a cédé la place à une tentative pour organiser, entre les grandes puissances étatiques, un « concert européen » fondé sur le respect de la souveraineté et de l'égalité des États. Mettant fin à la Guerre de Trente Ans, les traités de Westphalie (traités de Münster et d'Osnabrück en 1648) sont souvent considérés comme un repère pour les premiers développements du droit international classique : il s'agissait de traités multilatéraux impliquant le Saint-Empire romain germanique, les royaumes de France, de Suède et d'Espagne ainsi que d'autres entités ayant acquis une souveraineté sur leur territoire. Ces traités ont reconnu l'indépendance des Provinces-Unies, ou celle des cantons suisses, en dehors du Saint-Empire, comme la maîtrise territoriale des princes allemands à l'intérieur d'un Saint-Empire désormais déclinant. Ils ont aussi posé le principe du choix de la religion d'État par le prince (catholique ou protestant), avec quelques aménagements tolérant la présence de minorités religieuses dans les États catholiques ou protestants.

Ces développements de la pratique internationale ont été accompagnés de réflexions doctrinales sur les rapports entre États. Le Hollandais Hugo Grotius, dont le *Droit de la guerre et de la paix* (1625) est souvent présenté comme le premier traité de droit international, a théorisé les rapports entre les États, en insistant davantage sur les conditions du recours à la guerre (le droit de déclarer et de mener une guerre « juste », conforme au « droit naturel ») que sur l'édification d'un droit de la paix entre les nations (ce qu'on commençait à appeler le *jus inter gentes*, prenant la suite du *jus gentium* romain concernant plutôt les règles de droit censées être communes à tous les peuples). En 1758, *Le droit des gens* d'Emmerich de Vattel présente les principes applicables « à la conduite et aux affaires des nations et des souverains », en se référant à la souveraineté mais aussi à l'égalité des États, leur taille et leur puissance étant indifférentes pour leur voir reconnaître des droits dans leurs relations mutuelles.

Après la Révolution française, mettant en péril les monarchies mais favorisant le développement des États-Nations en Europe, le Congrès de Vienne (1814-1815) rétablit par traité le concert européen en consacrant certaines règles applicables par tous les États de l'Europe : neutralité de la confédération suisse, liberté de navigation sur le Rhin garantie par une commission composée de représentants des États riverains, interdiction de la traite négrière (mais pas de l'esclavage des Noirs !).

2. Le développement du droit international classique

Au cours du XIXe siècle, ce sont les puissances européennes qui ont développé et imposé aux États périphériques (comme l'Empire ottoman ou les nouvelles Républiques indépendantes d'Amérique du Sud), et encore plus aux peuples colonisés, leurs conceptions du droit international. Ce droit international classique, fondé sur des traités bilatéraux ou multilatéraux signés par les gouvernants (avec progressivement l'intervention des Parlements pour autoriser leur ratification) engageant les États (et leur responsabilité en cas de violation, pouvant justifier le recours à la guerre comme sanction) a posé un certain nombre de règles reconnues par les États. Il s'agit des règles concernant les relations diplomatiques (échanges d'ambassadeurs et immunités du personnel diplomatique), la situation des étrangers (comme les traités d'extradition), les relations commerciales (avec la clause dite de « la nation la plus favorisée » accordant le traitement douanier le moins lourd aux marchandises venues du pays avec lequel le traité était passé), mais aussi du pouvoir que se sont octroyées les puissances européennes de s'emparer de territoires (en Asie et en Afrique) par la colonisation ou d'imposer des traités inégaux aux États extra-européens (l'Empire ottoman, la Chine, le Japon, dans certains cas les pays d'Amérique latine). En même temps, les États se sont accordés pour trancher certains de leurs conflits par l'arbitrage (en liant les pouvoirs des arbitres à la détermination de règles internationales, comme dans l'affaire de l'*Alabama* dans laquelle les arbitres condamnèrent le Royaume-Uni en 1872 pour avoir violé les règles de la neutralité pendant la Guerre de Sécession aux États-Unis)[1] ou pour créer les premiers traités de droit uniforme garantis par des organisations internationales : l'Union télégraphique internationale en 1865, l'Union postale universelle en 1874.

1. V. *Situation 1.*

Des juristes, pour la plupart universitaires d'Europe et d'Amérique, notamment ceux réunis dans l'Institut de droit international, une société savante fondée en 1873, ont théorisé cet avènement d'un droit dont les « sources » auraient eu un caractère fondamentalement différent de celles des droits nationaux. Les traités, comparables à des contrats passés entre États, étaient susceptibles de donner naissance à des normes générales du droit international (on a parlé de « traités-lois » quand ils instauraient des règles de droit uniforme), tandis que des règles coutumières se seraient formées par la pratique des États et leur « conviction », bien difficile à cerner, du caractère obligatoire de ces règles. Les efforts de ces juristes pour rapprocher les peuples ont connu quelques succès : la signature des premières conventions de « droit humanitaire » (la convention de Genève sur les blessés de guerre en 1864 après la création de la Croix-Rouge), les conventions de La Haye (1899 et 1907) sur le droit de la guerre et l'arbitrage international. La Première Guerre mondiale a montré les limites de ces engagements pacifistes. À la suite du Traité de Versailles (1919) a été créée, par la Société des Nations (SDN), une Cour permanente de justice internationale (CPJI) dont les statuts reconnaissaient comme sources du droit international, les conventions ou traités, la coutume comme preuve d'une pratique générale acceptée et les « principes généraux du droit reconnus par les nations civilisées ». C'est l'adhésion d'une majorité d'États, membres de la SDN, qui conférait à ces règles leur caractère obligatoire, par une forme d'autolimitation du pouvoir des États.

B ▪ Les métamorphoses du droit de la société internationale

1. Le maintien de la paix et la création de l'ONU

Après la Seconde Guerre mondiale, qui a vu la faillite de la SDN et de ses efforts pour déclarer la guerre hors-la-loi, les Alliés victorieux ont voulu recréer un ordre international. Une cinquantaine d'États signent le 26 juin 1945 la Charte de San Francisco qui constitue à la fois l'acte créateur de l'Organisation des Nations unies et un traité multilatéral imposant toute une série d'obligations aux États-membres. Les buts, affirmés dans le Préambule et dans l'article 1, sont de maintenir la paix et la sécurité internationale contre le « fléau de la guerre », de « développer entre les nations des relations amicales fondées sur le respect du principe de l'égalité de droits des peuples et de leur droit à disposer d'eux-mêmes », d'encourager le respect des droits de l'homme et des libertés fondamentales pour tous. Les États-membres de l'ONU s'engagent à s'abstenir de recourir « à la menace ou à l'emploi de la force » contre l'intégrité territoriale ou l'indépendance politique de tout État (art. 2.4), comme à ne pas intervenir dans les affaires qui relèvent de la compétence nationale d'un État (art. 2.7 qui implique le respect du régime politique de chaque État, qu'il soit démocratique ou non). Pour assurer le maintien de la paix, outre l'Assemblée générale des représentants des États-membres (disposant chacun d'une voix), est institué un Conseil de Sécurité avec cinq membres permanents (les Grandes Puissances disposant d'un pouvoir de *veto*) et dix membres non-permanents (élus parmi les autres États tous les deux ans). En cas de menace contre la paix, le Conseil de Sécurité est habilité par le chapitre VII de la Charte à prendre des sanctions contre un État agresseur, qu'il s'agisse de la rupture des relations diplomatiques ou économiques ou du recours à l'intervention de forces armées (art. 41 et 42).

2. Les actions de l'ONU

Sur plusieurs points l'ONU a réussi à créer une nouvelle société internationale fondée sur le respect de la Charte. À la faveur de la décolonisation, presque tous les États du monde, 193 aujourd'hui, ont adhéré à la Charte de San Francisco (s'engageant ainsi à respecter les règles de ce traité et à se soumettre aux décisions du Conseil de Sécurité) et au Statut de la Cour internationale de justice adossé à la Charte, qui a reproduit dans son article 38 les dispositions du Statut de la CPJI sur les règles du droit international. Pour autant, du fait de la Guerre froide, l'ONU a échoué à mettre en place les forces armées communes prévues par la Charte. Elle a établi à la place les « casques bleus » avec des contingents fournis par les États et destinés dans la plupart des cas à fournir des forces-tampons pour garantir un cessez-le-feu après des hostilités avec l'accord des États concernés. La fin de la Guerre froide, et les opérations militaires menées par des coalitions d'États avec un mandat exprès (la Guerre du Golfe en 1990-1991 suite à l'invasion du Koweït par l'Irak) ou de manière plus contestable avec une ratification *a posteriori* d'une occupation internationale (la Guerre menée par les Américains et certains de leurs Alliés en 2003 contre l'Irak) ont redonné vigueur au pouvoir de sanction de l'ONU, sans pour autant conduire à un Gouvernement international.

L'ONU a été également un acteur de premier plan pour le développement d'un droit international général à vocation universelle. Si la Déclaration universelle des droits de l'homme (DUDH adoptée en 1948) est une simple résolution générale de l'Assemblée générale sans valeur contraignante, elle a été suivie de traités engageant la très grande majorité des États-membres : les deux Pactes (votés en 1966, entrés en vigueur en 1976) sur les droits civils et politiques (PIDCP ratifié par 173 États) et sur les droits économiques, sociaux et culturels (PIDESC ratifié par 171 États), les conventions pour la prévention et la répression du crime de génocide (1948, ratifiée par 152 États), sur l'élimination de toutes les formes de discrimination raciale (1966, ratifiée par 182 États), sur l'élimination de toutes les discriminations à l'égard des femmes (1979, ratifiée par 189 États), contre la torture (1984, ratifiée par 171 États) et celle relative aux droits de l'enfant (ratifiée par 196 États, y compris des États observateurs de l'ONU, seuls les États-Unis n'ont pas ratifié cette convention).

Si certaines de ces ratifications sont assorties de *réserves* (des déclarations des États ne s'estimant pas liés par tel ou tel article de la convention) et si leur application reste controversée dans de nombreux États, c'est bien un droit international des droits de l'homme qui s'est développé, faisant des individus et pas seulement des États des sujets du droit international. L'ONU a également initié les conventions de Vienne sur les relations diplomatiques (1961), les relations consulaires (1963) et sur le droit des traités (1969, cette dernière n'a pas été ratifiée par la France qui refuse la notion de *jus cogens*, supposant des normes impératives au-dessus des traités).

Avec la multiplication des organisations internationales, agences de l'ONU mais aussi organisations indépendantes de l'ONU (comme la très importante Organisation mondiale du commerce résultant en 1994 des accords de Marrakech avec aujourd'hui 164 États-membres et un Organe de règlement des différends[1]), comme avec la reconnaissance du rôle des ONG (organisations non-gouvernementales), le droit international a étendu ses compétences dans de nombreux domaines : commerce, santé, propriété intellectuelle, environnement... Pour autant, les États restent les interprètes des traités et conservent une maîtrise partielle sur les organisations internationales (mais non sur les juges internationaux qui agissent en toute indépendance des États dont ils sont ressortissants) comme sur les règles du droit international.

II ▪ Les ordres juridiques européens et leur intégration dans le droit français

Le continent européen n'a pas été le premier à connaître le développement d'un droit international régional. En Amérique latine, cinq États ont établi une Cour de justice centre-américaine qui a fonctionné de 1908 à 1918. Des conférences panaméricaines ont donné lieu à plusieurs conventions dans l'entre-deux-guerres, dont la convention de Montevideo (1933) qui donnait une définition de l'État comme personne de droit international avec un peuple, un territoire et un gouvernement. En 1948, l'Organisation des États Américains a adopté, par la Charte de Bogota, une Déclaration américaine sur les droits et les devoirs de l'homme qui a précédé de quelques mois la DUDH. C'est pourtant le continent européen, traumatisé par la Seconde Guerre mondiale, qui a mis en place les organisations internationales à caractère régional qui ont poussé le plus loin l'intégration juridique : le Conseil de l'Europe, fondé en 1949, réunissant pendant quarante ans les seuls États de l'Ouest du continent, qui a adopté en 1950 la Convention de sauvegarde des droits de l'homme et

1. V. *Situation 5*.

des libertés fondamentales ; les Communautés européennes qui ont débuté avec la CECA (Traité de Paris, 1951), puis la CEE et l'Euratom (Traité de Rome, 1957) avant de se transformer en Union européenne (traité de Maastricht, 1992).

A ▪ L'Europe de la Conv. EDH

Le Conseil de l'Europe, conçu à l'origine pour rapprocher politiquement (avec une assemblée parlementaire composée des délégués des États-membres) les peuples de l'Europe, n'a concerné que des formes modestes de coopération inter-gouvernementale entre les pays de l'Europe de l'Ouest pendant la Guerre froide et ses suites (1949-1989). Cette organisation internationale est néanmoins parvenue à élaborer toute une série de traités (concernant par exemple l'arbitrage ou les droits sociaux à travers la Charte sociale européenne de 1961), dont l'un est devenu essentiel pour la protection des droits de l'homme sur tout le continent européen avec l'ouverture aux pays d'Europe centrale et orientale, depuis 1989, et l'adhésion de 47 États (seul le Belarus fait exception sur le continent européen en ne remplissant pas les conditions d'adhésion à cette convention) : la « Convention européenne de sauvegarde des droits de l'homme et des libertés fondamentales » (Conv. EDH).

1. La Conv. EDH et le respect des droits de l'homme

S'inspirant du texte de la Déclaration universelle des droits de l'homme, la Conv. EDH a engagé les États signataires (c'est une condition obligatoire pour adhérer au Conseil de l'Europe) à respecter les droits de l'homme, dits de la « première génération » (v. Séquence 6). Les États-membres ont reconnu « à toute personne relevant de leur juridiction » (les nationaux, mais aussi les étrangers résidant sur leur territoire) : le droit à la vie (art. 2), le respect de l'interdiction de la torture (art. 3) comme de l'interdiction de l'esclavage et du travail forcé (art. 4), le droit à la liberté et à la sûreté (art. 5), le droit à un « procès équitable » (art. 6), le respect de la légalité des délits et des peines (art. 7), le droit à une vie privée et familiale (art. 8), la liberté de pensée, de conscience et de religion (art. 9), la liberté d'expression (art. 10), la liberté de réunion et d'association (art. 11), le droit au mariage (art. 12), le droit à un recours effectif en cas de violation des libertés (art. 13), l'interdiction de toute discrimination dans la jouissance des droits et libertés reconnus (art. 14).

L'originalité de cette convention ne tient pas tant à ce catalogue des droits de l'homme, assez classique et fondé sur les libertés individuelles, que dans le mécanisme de sanction judiciaire, tout à fait inédit en 1950. La convention avait prévu la possibilité de recours individuels contre les États en cas de non-respect de leurs engagements avec un filtre par le passage préliminaire devant une Commission des droits de l'homme (rejetant les requêtes ne remplissant les conditions d'admission), puis l'examen du fond de l'affaire par une juridiction, la Cour européenne des droits de l'homme (abrégée en CEDH ou Cour EDH). D'abord juridiction facultative (qui n'était pas acceptée par tous les États signataires, certains refusant les recours individuels comme la France jusqu'en 1981), la Cour, installée à Strasbourg à partir de 1959, eut des débuts modestes : une cinquantaine de requêtes par an dans les années 1960 et 1970 et quelques arrêts de condamnation des États-membres qui ont commencé à faire jurisprudence. Puis, à la faveur de l'augmentation du nombre des États ayant ratifié la Conv. EDH (la France, signataire en 1950, ne procéda à cette ratification qu'en 1974) et accepté les recours individuels, plus encore avec le ralliement des États d'Europe centrale et orientale (de la République tchèque en 1992 à la Serbie en 2004), la Cour de Strasbourg est devenue une juridiction supranationale extrêmement efficace, traitant des centaines, puis des milliers de dossiers chaque année. Le protocole additionnel à la convention n° 11, entré en vigueur en 1998, a tiré les conséquences de ce succès : la juridiction de la Cour est désormais obligatoire pour tous les membres du Conseil de l'Europe et le filtre de la Commission des droits de l'homme a été supprimé. D'autres protocoles à la convention ont précisé le sens de certains de ses articles, les protocoles n° 6 (1983) et n° 13 (2002) ont consacré l'abolition la peine de mort dans tous les États du Conseil de l'Europe, tandis que le protocole n° 14 (2010) a essayé d'établir des mécanismes pour écarter (par des formations plus réduites de la Cour) les requêtes manifestement infondées.

2. Le fonctionnement de Cour européenne des droits de l'homme

Composée d'un juge par État-membre, la Cour de Strasbourg examine les requêtes présentées par les personnes s'estimant victimes d'une violation de la convention par l'un des États signataires. Avec l'obligation d'avoir épuisé les voies de recours internes - pour la France, cela signifie le plus souvent être allé jusqu'à la Cour de cassation ou devant le Conseil d'État - les requérants contestent une décision législative, administrative ou judiciaire qu'ils estiment en contradiction avec le respect des droits et libertés reconnus par la convention. Tout en écartant un grand nombre de requêtes jugées infondées, la Cour est en mesure, quand elle relève une ou plusieurs violations des articles de la Conv. EDH, de condamner l'État défendeur à rétablir la situation antérieure à la violation et/ou à verser une indemnisation pécuniaire à la victime. Les arrêts de la Cour de Strasbourg n'ont d'autorité en principe qu'entre les parties (le requérant et l'État concerné), mais ces normes individuelles ont donné naissance à une jurisprudence abondante et influente. L'État condamné qui ne modifie pas son droit (ou ses pratiques) s'expose à de nouvelles condamnations par la Cour EDH, avec l'effet médiatique qu'elles entraînent (même si tous les États ont été condamnés, leurs dirigeants n'aiment guère le retentissement des arrêts de la Cour). Les autres États sont enclins à tenir compte de ces normes jurisprudentielles, s'ils veulent aussi éviter des condamnations répétées.

Les juges nationaux s'inspirent de la jurisprudence de la Cour EDH et des interprétations qu'elle a données de la convention. Loin de considérer que les États européens étaient présumés démocratiques, et donc respectueux des droits de l'homme, la Cour de Strasbourg a développé une interprétation « dynamique » de la convention, se montrant de plus en plus exigeante sur le respect de droits et libertés entendus de manière extensive. Les catégories juridiques, résultant des termes employés par la convention (par exemple, le procès équitable avec le respect d'un délai raisonnable ou d'armes égales pour toutes les parties), ne recoupent pas nécessairement les notions ou concepts utilisés dans les droits nationaux. Sans se montrer hostile à la dualité juridictionnelle, telle qu'elle est pratiquée en France, la Cour EDH a imposé sa vision du « procès équitable » qui a remis en question certaines des règles propres à la juridiction administrative ou à la juridiction judiciaire (v. Séquence 2).

Il existe ainsi en Europe, à travers une convention et une juridiction internationale, un ordre juridique spécifique des droits de l'homme qui a l'originalité de reposer essentiellement sur un seul traité et sur son interprétation authentique par une Cour supranationale[1]. Si cet ordre juridique est « sectoriel » (il est loin de couvrir tous les domaines du droit), il a développé les bases d'un droit commun aux 47 États-membres du Conseil de l'Europe.

B ▪ Le droit de l'Union européenne

La construction européenne, qui est passée par la CECA, la CEE, puis l'Union européenne présente des caractères différents. Restreinte à un plus petit nombre d'États (6 à l'origine, 9 en 1973, 10 en 1981, 12 en 1986, 15 en 1995, 25 en 2004, 28 depuis 2013, puis 27 depuis l'entrée en vigueur du Brexit au 1er janvier 2021), la conclusion de traités à vocation d'abord économique (la constitution progressive d'un marché sans frontières pour le charbon et l'acier à partir de 1951, pour tous les biens et services à partir de 1957) et la mise en place d'institutions à caractère international (la Haute Autorité de la CECA, puis la Commission de la CEE, la Cour de Justice de Luxembourg, le Conseil des ministres, le Parlement européen) ont eu pour conséquence le développement graduel des politiques dites communautaires à travers des règles de droit communes à tous les États-membres. Les instances européennes, aux premiers rangs desquels le Conseil des ministres, ont été habilitées à prendre des règlements, des directives et des décisions qui sont des actes juridiques de ce qu'on appelle le droit européen dérivé, pour le distinguer du droit « primaire » des traités.

1. V. *Situation 3*.

1. Droit primaire et droit dérivé

Avec les traités de Maastricht (1992), d'Amsterdam (1997) et de Lisbonne (2007, après l'échec du traité portant constitution européenne), se sont ajoutées au sein de ce qui est devenu l'Union européenne, l'union monétaire (une partie des États-membres ayant adopté l'Euro comme monnaie commune) et d'autres composantes aboutissant à des transferts de souveraineté : l'espace de sécurité, de liberté et de justice (qui a fait entrer un certain nombre d'affaires « internes » dans les compétences de l'Union, comme la coopération policière ou le contrôle de l'immigration) et la politique extérieure et de sécurité commune (avec un Haut Représentant pour diriger la diplomatie européenne). Le droit européen primaire est désormais constitué de deux traités qui se complètent : le Traité sur l'Union européenne (TUE en 55 articles sur les institutions) et le Traité sur le Fonctionnement de l'Union européenne (TFUE en 358 articles sur les principes directeurs des différentes politiques communes). S'y ajoute la Charte des droits fondamentaux de l'Union, une déclaration des droits reconnus aux citoyens européens à l'égard des institutions européennes qui a même valeur que les traités.

Le droit européen secondaire, en perpétuel renouvellement (le *corpus* de ces normes comprend plus de 10 000 actes, dont une partie a remplacé des normes plus anciennes), est constitué de règlements, de directives et de décisions. Les règlements et les directives sont adoptés par le Conseil des ministres, sur initiative de la Commission, en co-décision dans la plupart des cas avec le Parlement européen. Les règlements comportent des règles générales appliquées uniformément dans tous les pays de l'Union européenne (comme des lois matérielles), les directives indiquent des objectifs d'harmonisation (comme des lois-cadres) et doivent être transposées dans un délai déterminé dans le droit interne des États-membres. Les décisions ont une portée individuelle (beaucoup concernent des entreprises dans le domaine de la concurrence) et peuvent aussi être prises par la Commission. Toutes ces normes sont d'application immédiate, ce qui veut dire qu'elles n'ont pas besoin d'être ratifiées par les Parlements nationaux à la différence des traités pour être intégrées dans les ordres juridiques nationaux : les règlements ont un effet direct sur les citoyens, les directives l'acquièrent par la transposition (en France par des lois ou règlements) ou, à défaut, par le dépassement du délai imparti aux États si le texte de la directive est assez précis.

2. La Cour de justice de l'Union européenne

Comme tout droit international régional, le droit européen est fondé sur des traités acceptés par les États qui ont consenti des transferts de souveraineté aux institutions de l'Union. Il présente l'originalité d'avoir donné naissance à un droit commun intégré dans les droits nationaux des États-membres dont l'application et l'interprétation uniforme sont garanties par la Cour de justice de l'Union européenne (CJUE, anciennement CJCE). Installée à Luxembourg, avec un juge pour chaque État-membre, la CJUE comporte aujourd'hui deux organes : la Cour elle-même, un Tribunal de première instance pour les recours des personnes morales (des sociétés en matière de droit de la concurrence) et des fonctionnaires de l'Union européenne. Les compétences de ces instances sont diverses. Certaines ressemblent au contentieux administratif français : la CJUE peut juger des recours en annulation d'actes européens irréguliers[1], de recours en réparation ou en carence quand les institutions européennes ont créé des dommages ou se sont abstenues d'agir de manière fautive. À la demande de la Commission, les États qui ne respectent pas le droit européen ou dépassent les délais de transposition des directives peuvent être poursuivis et condamnés à des amendes par la CJUE. Les États sont ainsi amenés à se plier aux politiques communes qu'ils ont décidées et ne peuvent arguer de la réciprocité (l'absence de respect de la norme par d'autres membres de l'Union) pour s'exempter de leurs devoirs.

Le plus grand nombre d'affaires portées devant la CJUE résulte des questions préjudicielles posées par les juges nationaux. Chaque fois que ceux-ci ont un doute sur l'interprétation d'une norme européenne, ils peuvent (pour les juges inférieurs) ou ils doivent (pour les Cours souveraines, mais ce sont elles qui décident s'il y a un doute et donc lieu au renvoi préjudiciel) surseoir à statuer et adresser la question d'interprétation à la CJUE. La réponse de celle-ci constitue une interprétation authentique de la norme européenne qui s'impose à tous les États-membres et à leurs juges. Cette procédure a été l'instrument d'une jurisprudence créatrice de la Cour de Luxembourg qui, dès les années 1960, a affirmé la primauté du droit européen, c'est-à-dire la supériorité de ses normes sur celles du droit national, y compris les lois adoptées postérieurement aux actes européens concernés (arrêts *Van Gend en Loos* en 1963, *Costa c/ Enel* en 1964 et *Simmenthal* en 1978). Cette jurisprudence témoigne de l'impact considérable du droit européen sur les ordres juridiques nationaux.

III ▪ L'impact du droit international

Loin de constituer deux sphères complètement séparées, droit international et droits nationaux interagissent entre eux. Les constitutions de nombreux États comprennent des dispositions inspirées du droit international ou qui établissent le statut des normes internationales dans l'ordre juridique interne. Classiquement l'on distingue deux systèmes à cet égard. Dans les pays *dualistes* (par exemple, le Royaume-Uni, l'Inde, l'Allemagne ou l'Italie), la ratifica-

1. V. *Situation 4*.

tion d'un traité qui engage l'État ne suffit pas à introduire les normes internationales qu'il contient dans le droit national. Pour que ces règles internationales soient invocables devant les tribunaux de l'État, il faut en même temps que cette ratification ou après elle (sans qu'il y ait un caractère obligatoire pour cette étape) une loi spécifique qui transpose (en la transformant en norme nationale) la norme internationale dans le droit interne. Dans les pays *monistes* (par exemple la France, les Pays-Bas, la Suisse, les États-Unis) les normes internationales acceptées par l'État sont automatiquement intégrées dans l'ordre juridique national, souvent à un haut degré de la hiérarchie des normes au niveau des lois ou au-dessus des lois.

Cette opposition entre deux groupes de pays doit être nuancée en raison de plusieurs facteurs : le plus ou moins grand nombre de traités ratifiés par un État, la non-application de ces règles au droit international coutumier qui n'a pas besoin d'être ratifié, l'utilisation par les juges de pays dualistes des normes internationales pour soutenir l'interprétation des normes nationales ou le fait que les juges des pays monistes peuvent considérer que les dispositions d'un traité ne sont pas d'application immédiate (*self-executing*) et ont besoin d'être précisées par des textes nationaux. Dans tous les cas, ce sont essentiellement les juges qui font produire des effets aux normes du droit international, les juges internationaux quand ils peuvent être saisis par les États ou les individus, les juges nationaux quand ils appliquent le droit international à l'intérieur de l'État comme c'est le cas fréquemment en France.

A ▪ La portée des décisions des juges internationaux

1. La Cour internationale de justice (CIJ)

Établie par la Charte des Nations unies, la Cour internationale de justice (CIJ) est l'organe judiciaire principal des Nations unies. Composée de 15 juges élus pour un mandat de 9 ans par l'Assemblée générale et le Conseil de Sécurité des Nations unies (un consensus se dégage pour que les différentes « traditions juridiques » du monde soient représentées par des juristes par ailleurs indépendants de leur État une fois qu'ils sont élus), la CIJ poursuit à La Haye l'œuvre commencée après la Première Guerre mondiale par la CPJI. Ses statuts, contenus dans un traité adossé à la Charte de l'ONU, sont acceptés par tous les États-membres des Nations unies. Cela ne signifie pas pour autant que tous les États acceptent de soumettre le règlement pacifique de leurs conflits à la Cour et que tous les conflits internationaux soient susceptibles d'un recours en justice.

En cas de conflit entre États - que ce soit sur l'établissement de leurs frontières, la protection de leurs ressortissants, la recherche d'une indemnisation de dommages dont un État s'est rendu responsable - plusieurs voies de règlement sont possibles. Les négociations bilatérales, le recours à une enquête internationale (faisant intervenir une expertise extérieure), aux « bons offices » ou à la médiation d'un État tiers sont des modes de règlement diplomatique. La recherche d'un arbitrage, qui est toujours facultative, suppose le consentement mutuel des États en cause pour signer un compromis d'arbitrage (un traité désignant des arbitres, déterminant leur compétence et la procédure à suivre) et accepter, avant de la connaître, la sentence rendue par le ou les arbitres qui n'ont pas de moyen de procéder à une exécution forcée. Le recours à la guerre, interdit par la Charte de l'ONU en dehors de l'hypothèse de la légitime défense, devrait faire du règlement juridictionnel l'ultime moyen de régler les conflits en accord avec le droit international.

La saisine de la CIJ est facultative et elle suppose le consentement des parties en conflit : soit qu'elles aient ratifié toutes deux la « clause facultative d'acceptation de la juridiction » de la CIJ (seulement une soixantaine d'États ont maintenu leur adhésion à cet art. 36 § 2 du statut), soit qu'elles aient signé un traité avec une clause d'attribution de juridiction à la CIJ, soit (ce qui est le cas le plus fréquent) qu'elles aient passé un compromis pour faire juger une affaire particulière par la CIJ. Ces conditions expliquent que la CIJ ait connu moins de 130 affaires depuis 1948 (soit une moyenne de deux par an), qu'elle ait jugé essentiellement des conflits de moyenne importance (sur les frontières, la protection diplomatique, plus rarement les ingérences d'un État dans le territoire d'un autre) et que certaines de ses décisions aient été prises par défaut, en l'absence de l'État condamné qui finissait par contester la compétence de la Cour (la France dans l'affaire des essais nucléaires dans le Pacifique en 1974, les États-Unis dans l'affaire des activités militaires et paramilitaires au Nicaragua 1984-1986). Si la Cour n'a pas réussi à empêcher des conflits armés, ses arrêts (qui peuvent conduire à la condamnation d'un État et en cas de non-exécution à des sanctions prononcées par le Conseil de sécurité) et ses avis (rendus avec un caractère consultatif à la demande du Conseil de Sécurité ou de l'Assemblée générale de l'ONU) ont été déterminants pour les développements du droit international depuis 1948. Par ses décisions longuement motivées, la CIJ reconnaît les règles qui font partie du droit international, notamment les règles du droit international coutumier qui ont besoin de cette consécration judiciaire[1]. Des juridictions spécialisées, comme le Tribunal international du droit de la mer, mis en place par la convention de Montego Bay en 1982, participent également au règlement juridictionnel des conflits entre États.

1. V. *Situation 2*.

Cas particulier de l'Organe de règlement des différends de l'OMC

Les Accords de Marrakech sur l'Organisation mondiale du commerce (1994) ont mis en place une juridiction très efficace en cas de violation des engagements de liberté des échanges commerciaux et de respect des règles de concurrence que les États-membres de l'OMC ont souscrits. Tous ces États ont, en effet, accepté en cas de conflit la juridiction d'un Organe de règlement des différends (ORD) qui est composé en première instance d'un panel d'experts et en appel d'un organe avec 7 experts indépendants (des juges et professeurs de droit désignés par l'Assemblée générale de l'OMC). Depuis 1995, cet Organe de règlement des différends a connu de plus de 450 cas et décidé dans plus de 180 cas de constater une violation des accords OMC par une ou plusieurs parties, qu'il s'agisse de pays développés ou de pays en voie de développement. Comme les rapports de l'organe d'appel ne peuvent être contestés que par l'unanimité des membres de l'OMC (ce qui est très hypothétique) et comme le ou les États gagnants ont le droit de procéder à des mesures de rétorsion (douanières et économiques) à l'encontre des parties perdantes qui ne s'exécutent pas, le taux d'efficacité des décisions est très élevé : presque toujours les États perdants ont renoncé à leurs pratiques violant leurs engagements en matière de commerce international.

2. La justice pénale internationale et la Cour pénale internationale

Dans le domaine des droits de l'homme, les mécanismes de la justice internationale sont plus récents au niveau mondial (au niveau régional il faut compter avec la Cour EDH, la Cour interaméricaine des droits de l'homme et depuis 2006 avec la Cour africaine des droits de l'homme) et il s'agit ici d'accorder des possibilités de plainte aux individus, victimes des violations des traités (ce sont les mécanismes de plaintes individuelles, comme celui auprès du Comité des droits de l'homme rattaché au PIDCP), ou d'organiser une justice pénale internationale sanctionnant les personnes responsables de violations particulièrement graves des droits de l'homme.

La justice pénale internationale a véritablement débuté, après la Seconde Guerre mondiale avec les Tribunaux militaires internationaux de Nuremberg et de Tokyo chargés de juger les responsables allemands et japonais accusés de crimes contre la paix et de crimes contre l'humanité. Cette dernière notion a été développée pour sanctionner les crimes planifiés d'extermination des civils, en liaison avec la notion proche mais quelque peu différente de génocide, ayant donné lieu à une convention internationale en 1948 après que les sentences du procès de Nuremberg eurent été approuvées par l'ONU. Il a fallu attendre la fin de la Guerre froide pour que de nouvelles juridictions pénales internationales soient établies en 1993-1994 par le Conseil de sécurité de l'ONU avec le Tribunal pénal international pour l'ex-Yougoslavie (TPIY) et le Tribunal pénal international pour le Rwanda (TPIR). Tirant les leçons de cette expérience, le statut de Rome, un traité signé en 1998 et ratifié depuis par 124 États, a établi la Cour pénale internationale (CPI).

Installée également à La Haye, mais séparément de la CIJ, la CPI est composée de 18 juges élus par l'assemblée des États-membres du statut de Rome. Sa compétence à l'égard des crimes de guerre, des crimes contre l'humanité, des génocides (seulement à partir de 2002, date de son installation) et des crimes d'agression (seulement depuis 2013) est dite subsidiaire : la Cour n'intervient que dans les cas où les États (dont les responsables ou les victimes de ces crimes internationaux sont ressortissants) ne peuvent pas ou ne veulent pas juger ces crimes. Elle est donc saisie, en règle générale, avec l'accord d'un État-partie au statut pour juger l'un de ses nationaux. De manière exceptionnelle, le Conseil de sécurité des Nations unies peut saisir la Cour d'une affaire concernant des nationaux d'un État qui n'est pas partie au statut de Rome (des poursuites ont été ainsi intentées contre des dirigeants soudanais). La CPI a prononcé ses premières condamnations (à la prison, la peine de mort est exclue par le statut de Rome) depuis 2012 et sa juridiction reste encore aujourd'hui très fragile, dans un contexte où l'immunité traditionnellement reconnue aux (actuels et anciens) chefs d'État recule, mais n'a pas complètement disparu.

B ▪ Le droit international, levier pour les juges nationaux

Les juges nationaux ont un rôle très important pour faire appliquer les règles du droit international général et celles des droits internationaux régionaux comme le montrent les exemples des deux ordres juridiques européens. Cette action dépend des dispositions constitutionnelles propres à chaque ordre juridique national. En France, l'article 55 de la Constitution de 1958 introduit directement les règles des traités signés par la France dans le droit interne avec un rang supérieur aux lois. Tout en confirmant l'option moniste choisie par la France à partir de 1946, cette disposition n'a pas eu immédiatement beaucoup d'effets. Si la ratification d'un traité rendait caduque (par une abrogation tacite) les dispositions d'une loi antérieure qui lui étaient contraires, la question de l'éventuelle primauté de la loi postérieure contraire à un traité restait ouverte jusqu'en 1975. À cette date, profitant du refus du Conseil constitutionnel de contrôler la conformité des lois votées aux engagements internationaux de la France, la Cour de cassation mit en œuvre pour la première fois le *contrôle de conventionnalité* à propos d'une norme européenne (Cass., ch. mixte, 24 mai 1975, *Société des cafés Jacques Vabre, D.* 1975. 497). Il fallut 14 ans pour que le Conseil d'État, longtemps attaché à la primauté de la loi postérieure, se rallie à cette position de primauté de la norme internationale (en l'occurrence européenne) par l'arrêt *Nicolo* (CE 20 oct. 1989, *Rec.* 190).

Alors que les juges français, qu'ils soient judiciaires ou administratifs, se refusent à contrôler la constitutionnalité des lois (v. Séquence 2), ils s'estiment en droit d'écarter du litige une loi française qu'ils considèrent contraire à une norme internationale acceptée par la France. Le contrôle de conventionnalité, d'abord appliqué aux normes communautaires (traités et droit dérivé des règlements et des directives), s'est étendu logiquement (les arguments tirés de l'article 55 de la Constitution sont les mêmes, à condition de ne pas tenir compte de la condition de réciprocité, à laquelle la jurisprudence ne s'est pas attachée) aux règles de la Conv. EDH (CE 21 déc. 1990, *Confédération nationale des associations familiales catholiques, Rec.* 369), aux traités internationaux qu'ils soient bilatéraux ou multilatéraux (par exemple, pour le PIDCP, CE 23 oct. 1991, *Urdian Cirizar, Rec.* 347) En revanche, dans le silence de l'article 55, le contrôle de conventionnalité ne s'applique pas à la coutume internationale (CE 6 juin 1997, *Aquarone, Rec.* 206). Concernant certains traités ou certaines dispositions de ces traités, les juges français ont pu hésiter sur leur applicabilité directe : par exemple, la Cour de cassation n'a utilisé la Convention internationale relative aux droits de l'enfant dans le cadre du contrôle de conventionnalité qu'à partir de 2005 (Civ. 1re, 18 mars 2005). Le Conseil d'État (CE 30 oct. 1998, *Sarran, Levacher et autres, Rec.* 368) et la Cour de cassation (Ass. plén. 2 juin 2000, *D.* 2000. 89) ont également considéré que les normes constitutionnelles devaient prévaloir, dans l'ordre interne, sur les normes internationales. Dans un arrêt du 21 avril 2021 (*La Quadrature du Net et autres*), le Conseil d'État s'est efforcé de préciser les domaines d'application de la primauté du droit européen d'une part et des protections garanties par la constitution, placée « au sommet » de l'ordre juridique interne, d'autre part.

Si le nombre de lois écartées chaque année par les juges français reste relativement modeste et concerne rarement des orientations majeures décidées par le Parlement et le Gouvernement, l'argument consistant à confronter les normes nationales aux règles du droit international est très souvent invoqué devant les juridictions souveraines et a contribué à faire de certaines normes internationales (comme le standard du « procès équitable » de l'art. 6 Conv. EDH) des éléments essentiels de l'ordre juridique français. Utilisée dans quelques pays dans le monde (en Belgique, aux Pays-Bas, en Amérique du Sud), l'exception d'inconventionnalité témoigne des effets de plus en plus nombreux du droit international sur les individus, de même que les jugements nationaux (justifiés par un rattachement tenant à la qualité des victimes ou des auteurs de l'infraction, voire à une clause de compétence universelle) portant sur des crimes internationaux.

SÉQUENCE 5

Le droit international et européen en surplomb

SITUATION 1

L'arbitrage à l'origine de règles du droit international

L'histoire des arbitrages entre entités politiques séparées voulant mettre fin à des conflits entre elles est très ancienne et l'on peut citer, au Moyen Âge, des arbitrages rendus par le pape ou le roi de France entre des souverains étrangers. Il ne faut pas en conclure que ces arbitrages relevaient d'un droit « international » alors inexistant. L'arbitrage entre États modernes, reconnaissant qu'ils se soumettent à une décision rendue en application du « droit de gens », ne remonte pas au-delà du XVIIIe siècle. Il connaît un tournant à l'issue de la Guerre de Sécession, quand les États-Unis réclamèrent des indemnités au Royaume-Uni pour l'aide indirecte apportée aux Sudistes par la construction et l'armement de certains de leurs vaisseaux de guerre dans les ports britanniques. Par le traité de Washington signé en 1871, les deux États soumirent à l'arbitrage l'affaire de l'*Alabama* (un de ses vaisseaux qui avait fait d'importantes pertes chez les Nordistes) en précisant les règles de la neutralité que le Royaume-Uni se devait de respecter pendant le conflit. La décision de condamnation du Royaume-Uni à une indemnité par les cinq arbitres en 1872, un de chacun des États en conflit, un Italien, un Suisse et un Brésilien, fut expressément prise en application de ces règles du droit international. En même temps, la décision interpréta les dispositions du traité de Washington et contribua à l'élaboration des normes de conduite s'imposant aux puissances neutres à l'égard des belligérants. Bien avant la création des premières juridictions internationales, l'arbitrage entre États se développa et le rayonnement d'un certain nombre de « grandes » sentences donna lieu à la formation de premières « jurisprudences internationales ».

Un des plus célèbres arbitrages du XXe siècle est l'affaire de l'*île de Palmas*, arbitrée entre les États-Unis et les Pays-Bas par Max Huber en 1928. L'arbitre unique, Max Huber (1874-1960), était un professeur suisse de droit international à Zurich (depuis

1902) qui siégea comme juge, puis comme président, à la Cour Permanente de Justice Internationale de La Haye. Il fut également le président du Comité de la Croix-Rouge pendant la Seconde Guerre mondiale et un représentant de la doctrine internationaliste. Huber fut un des premiers à proposer une approche sociologique du droit international, fondée sur l'étude de son émergence progressive, en même temps que les États modernes, et sur la formation d'un « intérêt collectif » amenant les États à considérer comme obligatoires les règles du droit international (Huber ne négligeait pas d'ailleurs une analyse réaliste du rôle des grandes puissances imposant leur point de vue aux plus petits États).

L'affaire de l'île de Palmas (*Pulau Miangas* en indonésien) concerne une île de très petite superficie (3,2 km^2), avec une très faible population, qui se situe dans la mer des Philippines à plus de 300 milles marins de l'île de Célèbes en Indonésie. Suite au traité de Paris de 1898 transférant la souveraineté sur les Philippines de l'Espagne aux États-Unis, un fonctionnaire américain se rendit sur l'île en 1906 et y constata des manifestations d'une revendication par les Pays-Bas, puissance colonisatrice de l'Indonésie. Les deux pays affirmant leur souveraineté rivale sur l'île se soumirent à l'arbitrage par l'intermédiaire de la Cour permanente d'arbitrage (se réduisant, en fait, à une liste d'arbitres entre lesquels pouvait s'effectuer le choix des États-parties, en l'occurrence en faveur de Max Huber).

L'arbitrage rendu en 1928 conclut à la souveraineté des Pays-Bas sur l'île de Palmas à l'issue d'une argumentation serrée dont la motivation exerça jusqu'à nos jours une profonde influence sur le droit international. La sentence comporte des développements historiques qui placent aux Temps modernes l'avènement des États souverains et les débuts du droit international. Huber considère que d'importants changements sont intervenus entre le XVIe siècle et le XIXe siècle sur le droit (des États occidentaux colonisateurs) d'acquérir des territoires inhabités ou habités par des « sauvages ou peuples semi-civilisés ». Le droit international a connu une succession de « systèmes » à travers le temps formant ainsi un droit « intertemporel » dont les règles évoluaient dans le sens d'une exigence d'une maîtrise effective sur un territoire pour établir une souveraineté prouvée. C'est dans ce contexte qu'il envisage l'histoire de l'île de Palmas découverte par les Espagnols au début du XVIe siècle. En 1648, le traité de Münster, l'un des traités de Westphalie par lequel l'Espagne reconnaissait l'indépendance des Provinces-Unies des Pays-Bas, consacrait le droit de la Compagnie des Indes orientales (une société de commerce à laquelle les Provinces-Unies avaient délégué des prérogatives de souveraineté) de commercer et de « posséder » des territoires. La colonisation de l'archipel indonésien par les Néerlandais paraissait ainsi disposer, dans le droit international européo-centré, d'une base juridique acceptée par l'Espagne (elle-même puissance colonisatrice des Philippines, dont les États-Unis devinrent le successeur en 1898) pendant plusieurs siècles.

Max Huber rejeta comme non pertinents tous les arguments que les États-Unis avançaient pour affirmer leur souveraineté et dénier celle des Pays-Bas. Les cartes, nommant l'île et prétendant la rattacher à un autre territoire, n'avaient aucune valeur probatoire en matière de souveraineté, dans la mesure où ces choix résultaient de la décision arbitraire des cartographes. Il n'existait pas non plus de règle internationale de la « contiguïté » qui aurait, sur la base de précédents et de la pratique des États, conduit à rattacher les îles isolées au territoire continental ou insulaire (de plus grande taille ou sous forme d'archipel) considéré comme le plus proche. Le point décisif était la preuve de manifestations d'exercice de la souveraineté. Et dans ce domaine, Huber refusait de s'appuyer sur les conceptions privatistes de la possession (dès le XIVe siècle, Bartole avait réfléchi dans son traité *De insula* sur l'occupation des îles à partir des textes du droit romain) qui pouvaient conduire à reconnaître des « droits abstraits de propriété » sans maîtrise effective du territoire.

Alors que les États-Unis ne pouvaient invoquer qu'une visite récente de l'île en leur faveur, les Pays-Bas faisaient état de conventions ou contrats (Huber se montrait prudent en ne les qualifiant pas de traités, d'autant plus que les premiers contrats avaient été passés par la Compagnie des Indes orientales) avec des « princes » et « chefs » des îles voisines qui auraient reconnu une « suzeraineté » néerlandaise, assimilable à une sorte de protectorat. À la suite de ces conventions à la fin du XIXe siècle, le drapeau néerlandais avait flotté pendant plusieurs années sur la plage et les embarcations de l'île de Palmas. En l'absence d'une souveraineté préexistante d'un autre État (qui, dans la perspective de l'époque, n'aurait pu être qu'une autre puissance coloniale), la souveraineté néerlandaise était établie par des « actes caractéristiques de la souveraineté de l'État », même si ces actes étaient peu nombreux et discontinus.

Bien que remontant à l'époque (qui n'est pas si éloignée) du colonialisme, à laquelle aucune attention n'était portée aux droits des peuples indigènes, la sentence arbitrale de Huber conserve aujourd'hui une portée non négligeable. Elle correspond à l'idée qui a triomphé, en droit international, d'un monde plein d'États où aucune surface immergée, en dehors des terres antarctiques, n'échappe à l'emprise étatique, même si celle-ci se réduit parfois à quelques « actes de souveraineté ». Entre États, les frontières résultent de situations anciennes, pour beaucoup remontant à l'ère coloniale et au « partage » des dominations entre les puissances occidentales. La théorie dite de l'*uti possidetis* (une expression latine qui signifie « comme vous possédez » et renvoie à la notion de possession) a consolidé ces frontières après la décolonisation, dans un souci de sécurité juridique qui ne s'accorde pas toujours avec les réalités humaines. Enfin, la sentence de l'île de Palmas fait apparaître le rôle considérable de l'arbitre ou du juge en droit international, qu'il s'agisse de sélectionner les faits pertinents, de les qualifier juridiquement, d'utiliser des concepts de la science du droit (en l'occurrence celui de souveraineté territoriale) ou de déterminer quelles sont les règles de droit international applicables, surtout (comme c'était le cas) lorsqu'elles résultent de la pratique coutumière des États.

SITUATION 2

La Cour internationale de justice et la coutume internationale

Organe judiciaire principal des Nations unies d'après l'article 92 de la Charte de San Francisco, la Cour internationale de justice dispose en théorie d'une compétence universelle pour juger les conflits entre États. Ayant pris la succession à La Haye de la Cour permanente de justice internationale (qui jugea 66 affaires de 1922 à 1940), elle a rendu un peu plus d'une centaine de décisions (pour les trois quarts des arrêts et pour un quart des avis consultatifs) depuis 1948 (sa première décision sur le détroit de Corfou entre le Royaume-Uni et l'Albanie). Cela représente un peu moins de deux décisions par an, et il a été souvent remarqué que la CIJ a jugé des conflits d'envergure moyenne, voire restreinte à des questions de délimitation de frontières, sans pouvoir peser sur les grands et violents conflits internationaux qu'a connus le monde depuis 1948. Une telle situation, qui a pu décevoir les espoirs dans une Cour pacificatrice de la communauté internationale, s'explique par la nécessité d'un accord entre les États qui soumettent volontairement leurs litiges à la CIJ. Les États qui se trouvent en conflit ouvert répugnent à saisir la CIJ et les « puissances occidentales », notamment les États-Unis (qui ont été condamnés dans la célèbre affaire des *Activités militaires et paramilitaires au Nicaragua* en 1986), se méfient d'une Cour où siègent des juges du pays du Tiers-monde (même s'il y a toujours un juge américain, comme un juge français ou britannique).

Pour autant, la contribution de la Cour internationale de justice à la détermination des règles du droit international a été et reste importante. Malgré le développement considérable des traités multilatéraux, dont certains ont été ratifiés par la grande majorité des États du monde et contiennent ainsi des règles acceptées de manière quasi universelle, il reste une place non négligeable pour les autres « sources » du droit international au sens de l'art. 38 du statut de la CIJ (lui-même reconnu par tous les États membres des Nations unies, même ceux qui ne recourent jamais à la juridiction de la CIJ) : la coutume internationale et les principes généraux du droit « reconnus par les nations civilisées ». Or ces prétendues sources n'existent que par l'intermédiaire des décisions judiciaires, en particulier celles de la CIJ. Dans plusieurs décisions célèbres, la Cour de La Haye a donné vie à des règles coutumières. Dans l'affaire du *Plateau continental de la mer du Nord* (arrêt du 20 février 1969, Allemagne, Danemark, Pays-Bas), la CIJ s'est interrogée sur l'éventuelle formation d'une coutume relative à la méthode d'équidistance pour la délimitation du plateau continental à la suite de la convention de Genève de 1958 (que l'Allemagne n'avait pas ratifiée). Elle n'a pas exclu que, dans certaines situations (ce qui n'était pas le cas dans l'affaire), une disposition tirant son origine d'une convention devienne, en quelques années une règle du droit international coutumier (§ 71-77). Dans l'arrêt sur le fond du 27 juin 1986, *Activités militaires et paramilitaires au Nicaragua*, la CIJ était confrontée au refus des États-Unis d'inclure les conventions multilatérales dans le champ du litige tel que déterminé par le compromis accepté avec le Nicaragua pour saisir la Cour. Elle a néanmoins considéré que la non-ingérence dans les affaires des États souverains (§ 202) faisait partie des règles du droit international coutumier.

Illustration du regain d'activité de la Cour dans les années récentes, l'arrêt rendu le 3 février 2012 entre l'Allemagne et l'Italie, *Immunités juridictionnelles de l'État* est aussi un exemple de cette jurisprudence relative au droit international coutumier, aux obligations *erga omnes* et au *jus cogens*. L'affaire a son origine dans des actions civiles intentées par des victimes ou parents de victimes des crimes de guerre commis par les armées allemandes sur le territoire italien, après la chute de Mussolini et jusqu'à la fin de la Seconde Guerre mondiale (de 1943 à 1945, de nombreux Italiens, résistants ou civils, ont été massacrés par les troupes allemandes), actions qui ont été accueillies par les tribunaux italiens et ont même donné lieu à des mesures d'exécution forcée sur la « Villa Vigoni », propriété de l'État allemand en Italie. L'Allemagne invoque la responsabilité de l'État italien pour violation du droit international, particulièrement de la règle de l'immunité judiciaire des États. La Grèce, où des questions du même type se présentaient devant les tribunaux, est intervenue dans ce litige.

Il est admis depuis longtemps que les tribunaux d'un État ne peuvent, en règle générale et en vertu du principe d'égalité des États (*par in parem non habet jurisdictionem*), juger au civil un autre État, ce qui correspond à cette idée d'immunité de juridiction des États. Cette règle comporte des exceptions reconnues par la justice internationale et par un petit nombre de traités (une convention de 1972 entre membres du Conseil de l'Europe, dont seulement huit États sont parties, comme l'Allemagne, mais pas l'Italie, ni la France, ainsi qu'une convention des Nations unies de 2004 ratifiée par seulement 18 États, dont l'Italie et la France, mais non l'Allemagne) : dans les cas où un État a conclu une transaction commerciale avec une personne physique ou morale étrangère, ou un contrat de travail, ou quand un État a causé (par ses agents diplomatiques ou des forces militaires établies avec l'accord de l'État d'accueil) des dommages aux personnes ou aux biens sur un territoire étranger. Une distinction a ainsi été opérée entre les actes de puissance publique (ou accomplis *jure imperii*) et les actes de gestion, ces derniers n'ouvrant pas droit à l'immunité. Les juridictions nationales tiennent compte, dans leur jurisprudence, de ces règles essentiellement coutumières du droit international (pour la France Civ. 22 janv. 1849, *DP* 1849. 1. 5 ; Req. 5 févr. 1946, *S.* 1947. 1. 137 ; Cass., ch. mixte, 20 juin 2003).

La Cour internationale de justice avait à juger si les graves violations du droit humanitaire commises par l'Allemagne en Italie de 1943 à 1945 (violations dont la gravité n'était contestée par personne) entraient ou non dans le cadre des exceptions à l'immunité. Le principal argument de l'Italie en faveur de cette thèse consistait à dire que ces violations du droit humanitaire concernaient des règles du *jus cogens* considérées, depuis la convention de Vienne sur le droit des traités (1969) comme des règles « indérogeables », supérieures à toutes les autres du droit international. L'article 53 de la convention de Vienne a innové en faisant des « normes impératives » (*peremptory norms*) de droit international général des causes de nullité des traités qui leur seraient contraires. Ce concept de *jus cogens* est très controversé (notamment pour déterminer qui édicte ou reconnaît ces normes) et a été l'une des raisons principales du refus de la France de ratifier la convention de Vienne (ratifiée par 114 États dont l'Allemagne et l'Italie). L'Italie affirmait qu'en présence d'une violation du *jus cogens* la règle de l'immunité de juridiction des États devait s'effacer.

La Cour de La Haye a rejeté l'argumentation italienne et, par douze voix contre trois (l'Italie avait droit à un juge *ad hoc*), condamné l'Italie au titre de sa responsabilité internationale envers l'Allemagne. La CIJ, qui reconnaît prudemment dans cette affaire, comme elle a pu le faire dans des décisions précédentes (*Activités armées sur le territoire du Congo*, 2002), l'existence de règles du *jus cogens*, a considéré qu'elles ne pouvaient entrer en conflit avec la règle d'immunité de juridiction des États. Cette dernière règle est, selon la CIJ, de nature procédurale et sans incidence sur la question de fond de la licéité ou de l'illicéité des actes accomplis par l'État étranger. Il convient, en pareil cas, de s'en remettre aux traités entre États pour indemniser les dommages de guerre ou aux actions contre les personnes responsables de ces graves violations des droits de l'homme, notamment devant la Cour pénale internationale quand sa compétence est établie. Pour parvenir à ce résultat, la CIJ utilise également des références aux jurisprudences nationales, notamment française (Civ. 1re, 9 mars 2011, *La Réunion aérienne c/ Jamahiriya arabe libyenne*). On notera les différences avec les litiges internationaux concernant l'immunité pénale des chefs d'État ou anciens chefs d'État (comme l'affaire « Pinochet » qui a impliqué plusieurs pays de 1998 à 2006) et la grande liberté dont dispose la CIJ pour déterminer et interpréter la coutume internationale. On pourra réfléchir aussi à la décision de la Cour constitutionnelle italienne du 22 octobre 2014 qui a considéré que la règle du droit international, telle qu'elle a été interprétée par la CIJ, n'est pas entrée dans l'ordre juridique italien, car elle est contraire à la constitution italienne qui garantit la possibilité d'action pour violation des droits fondamentaux.

SITUATION 3

Quand la Cour européenne des droits de l'homme décide en fonction du droit international général

Organe d'une organisation régionale, le Conseil de l'Europe, la Cour EDH a la caractéristique d'avoir développé une jurisprudence d'une portée considérable, à partir du texte d'un seul traité, le traité de Rome avec ses protocoles additionnels. Dans quelques affaires, la Cour de Strasbourg a utilisé les règles du droit international général et pris des décisions qui ont également un impact en dehors du territoire des États-membres du Conseil de l'Europe. Dans l'arrêt *Loizidou c/ Turquie* (1996) la Cour EDH avait à juger le cas d'une propriétaire qui ne pouvait plus accéder à ses biens dans le nord de l'île de Chypre où un gouvernement sécessionniste de la minorité turcophone s'est installé en 1974 en lien avec une intervention militaire de l'État turc. La république turque de Chypre du Nord, autoproclamée et dotée d'une constitution en 1983, n'est reconnue en Europe que par la Turquie et considérée par le Conseil de l'Europe comme un « État fantoche ». La Cour de Strasbourg a pu ainsi juger que la Turquie, du fait du maintien de son occupation militaire, exerçait un contrôle effectif sur ce territoire entrant dans sa « juridiction » au sens de l'article premier de la Conv. EDH. En conséquence la violation de la Conv. EDH, qui était l'objet du litige, était imputable à l'État turc, jugé responsable des atteintes à la convention sur l'ensemble de sa juridiction. Cinq ans plus tard, la Cour EDH était saisie de la requête de victimes serbes des bombardements de l'OTAN (destinés à stopper les massacres commis au Kosovo) dirigée contre la Belgique et d'autres pays de l'OTAN, tous États-parties à la Conv. EDH (*Bankovic et autres c/ Belgique et 16 autres États*, 2001). Cette fois, la Cour de Strasbourg estima que des bombardements ne correspondaient pas à un contrôle effectif du territoire supposant l'exercice de l'intégralité ou d'une partie des pouvoirs des autorités publiques sur un territoire donné. En conséquence, les territoires serbes bombardés ne s'étaient pas trouvés sous la juridiction des pays européens, membres de l'Otan. À cette occasion, la Cour EDH rappela que la compétence juridictionnelle d'un État était principalement territoriale et ne pouvait s'exercer de manière extraterritoriale qu'à titre exceptionnel.

Cet arrêt ne mit pas un terme à la jurisprudence de la Cour EDH admettant des cas d'application (et donc de possible violation) de la Conv. EDH à l'extérieur des frontières des États-parties du Conseil de l'Europe. La seconde guerre du Golfe menée par une coalition contre l'Irak en 2003 fut l'occasion de plusieurs requêtes dirigées contre le Royaume-Uni et de la condamnation de ce dernier dans l'affaire *Al-Skeini et autres c/ Royaume-Uni* (arrêt du 7 juillet 2011). Il faut rappeler que, suite l'invasion du Koweït par l'Irak en 1990 et du refus de l'Irak d'obéir aux résolutions onusiennes assorties de sanctions diplomatiques et économiques (résolution 660), le Conseil de sécurité avait adressé un *ultimatum* à l'Irak (résolution 678 du 29 novembre 1990) et autorisé les États-membres de l'ONU à agir militairement à l'expiration de cet *ultimatum* le 15 janvier 1991. Une coalition de 34 États, menée par les États-Unis, fit la guerre contre l'Irak et pour libérer le Koweït sur mandat de l'ONU (mais sans intervention de forces placées sous le drapeau de l'ONU, ce qui correspondait à une nouvelle interprétation des sanctions militaires prévues dans le chapitre VII de la Charte de San Francisco). Le régime de Saddam Hussein fut maintenu mais l'Irak soumis à un embargo économique et au respect de toute une série de prescriptions (résolutions 687, 688, 705 et 986) qui dépassaient le cadre jusque-là assigné au chapitre VII de la Charte. Une mission de l'ONU était chargée de veiller à la démilitarisation de l'Irak, en procédant notamment à l'inspection des sites suspectés de renfermer des armes de destruction massive. Suite aux obstacles rencontrés par ces visites, le Conseil de sécurité vote le 8 novembre 2002 la résolution 1441 qui adresse un nouvel *ultimatum* à l'Irak, en parlant de « graves conséquences » en cas de refus, mais n'autorise pas une intervention armée.

En mars 2003, une coalition menée par les États-Unis et le Royaume-Uni entreprend la seconde guerre du Golfe, sans aucune habilitation de la part de l'ONU et en opposition avec d'autres membres du Conseil de sécurité comme la France. Cette guerre aboutit en mai 2003 au renversement de Saddam Hussein : c'est une Autorité provisoire de la coalition qui exerce les pouvoirs du gouvernement à titre transitoire à partir de mai 2003. La résolution 1483 du 22 mai 2003, considérant que les États-Unis et le Royaume-Uni étaient des puissances occupantes en Irak, appelait toutes les parties concernées à s'acquitter pleinement de leurs obligations au regard du droit international, notamment de la convention de La Haye de 1907 et des conventions de Genève de 1949. L'intervention armée, dont la légalité internationale était des plus discutables, devenait ainsi un état de fait reconnu par le droit international et susceptible d'être progressivement intégré dans le système onusien par les résolutions 1511 (du 16 octobre 2003 sur la transition progressive des pouvoirs de l'Autorité provisoire vers des autorités irakiennes) et 1546 (du 8 juin 2004, assurant le retour de l'Irak à la pleine souveraineté par la fin de l'Autorité provisoire, les forces multinationales continuant à assurer le maintien de la sécurité). Le Conseil de sécurité sauvait ainsi la face à l'égard d'une opération dont il n'avait pas approuvé le déclenchement. Il existait désormais une base juridique pour imputer à la responsabilité des États-Unis et du Royaume-Uni des violations du droit international résultant d'opérations de sécurité militaire réalisées en Irak.

Après épuisement des voies de recours internes, jusqu'à une décision de la Chambre des Lords déboutant les requérants au motif que le *Human Rights Act* de 1998 intégrant le contenu de la Conv. EDH dans le droit britannique n'avait pas d'effet extraterritorial, la Cour EDH avait à examiner si la Conv. EDH s'appliquait à cette situation et si le Royaume-Uni avait ou non violé la convention. En s'appuyant sur les avis et les arrêts de la CIJ, la Cour de Strasbourg considéra que le Royaume-Uni, puissance occupante en Irak pendant la période considérée au sens de la convention de La Haye de 1907, se devait à l'égard des populations de respecter le droit humanitaire des quatre conventions de Genève (1949), qui impose notamment une enquête sur les morts suspectes de prisonniers ou sur les homicides de personnes protégées liés à la situation d'occupation.

Sur la question de l'extension territoriale de la « juridiction » du Royaume-Uni, au sens de l'art. 1 de la Conv. EDH, la Cour EDH a voulu présenter, avec un souci de cohérence, les principes directeurs orientant sa jurisprudence. Bien qu'exceptionnels les cas de juridiction extraterritoriale doivent s'étendre, selon les juges européens, à toutes les situations où un État-membre, par l'intermédiaire de ses agents (diplomates, policiers, soldats), exerce à l'étranger son contrôle et son autorité sur un individu. Le contrôle effectif d'un territoire est une autre hypothèse d'effet extraterritorial de la Conv. EDH. Dans le litige, l'on pouvait dire qu'il y avait à la fois un contrôle effectif des Britanniques sur une partie du territoire de l'Irak et une autorité exercée sur les personnes qui avaient été tuées lors d'opérations de maintien de la sécurité entre mai et novembre 2003. Il existait donc un « lien juridictionnel » entre les victimes et le Royaume-Uni. Il en découle, sur la base de l'article 2 de la Conv. EDH, une obligation d'enquêter sur des circonstances qui peuvent constituer une atteinte à la vie. Reprenant des arrêts antérieurs sur des affaires internes, la Cour EDH fait découler du droit à la vie de l'art. 3 de la Conv. EDH, une obligation procédurale d'enquêter sur les homicides causés par les agents de l'État. Un État respectueux des droits de l'homme doit être capable de faire la lumière sur le recours à la violence la plus extrême par les agents de la force publique et d'établir (notamment en vue d'indemniser les victimes) si cette violence dont l'État a le monopole était ou non légitime. La motivation, très discutée par les juges eux-mêmes, de cette décision indique à la fois comment le droit international général peut être mobilisé par des instances juridictionnelles régionales et combien la protection des droits de l'homme garantie par la Conv. EDH peut avoir des effets extraterritoriaux considérables. Il n'est pas étonnant que beaucoup de juges extra-européens citent aujourd'hui les arrêts de la Cour EDH.

SITUATION 4

Quand la Cour de Luxembourg censure des règlements européens pris en application de décisions de l'ONU

La Cour de justice de l'Union européenne (CJUE, anciennement CJCE avant le 1er décembre 2009 et la mise en application du traité de Lisbonne) est amenée, comme la Cour EDH, à appliquer dans certaines affaires le droit international général. L'arrêt *Kadi et Al Barakaat International Foundation c/ Conseil et Commission* du 3 septembre 2008 en offre un exemple aussi éclatant que rare. Il s'agit d'un arrêt rendu en appel d'une décision de 2005 du Tribunal de première instance des communautés européennes (TPI). L'arrêt invalide, à l'égard des requérants, un règlement européen de 2002, lui-même pris en application de résolutions du Conseil de sécurité de l'ONU et de décisions du Comité des sanctions institué pour lutter contre le financement du terrorisme. Il s'agit donc d'un cas exceptionnel de conflit entre droit européen (ou normes de droit international régional) et droit onusien (ou normes de droit international général), dans lequel la Cour de Luxembourg a fait prévaloir le droit européen sur des décisions de l'ONU, tout en s'appuyant sur le droit international, y compris sur la Charte de l'ONU. Témoignant de l'indépendance des juges internationaux, aussi bien à l'égard des organisations internationales qu'entre eux (la CJCE a en quelque sorte « désavoué » le Comité des sanctions de l'ONU et s'est posée en gardienne du droit international), cet arrêt illustre aussi le mouvement de « constitutionnalisation » du droit européen qui, sur la base des traités et des « principes fondamentaux du droit communautaire », est devenu au fil des années un ordre juridique hiérarchisé comprenant à son sommet des normes de « niveau constitutionnel ».

Le contentieux de l'annulation des actes européens n'est pas le plus connu, ni le plus fréquent dans l'activité de la CJUE. L'on sait que la grande majorité des arrêts de la Cour de Luxembourg sont liés aux questions préjudicielles posées par des juges nationaux et donnant lieu à des décisions d'interprétation des normes européennes qui s'imposent à tous les États-membres et garantissent l'uniformité d'interprétation du droit européen. Il existe, cependant, des procédures (organisées et réorganisées au fil des traités européens) qui permettent aux particuliers, personnes physiques ou personnes morales, de contester des actes européens par un recours en annulation qui ressemble, par bien des points, au recours pour excès de pouvoir en France et au « contrôle de la légalité » des actes administratifs. La plupart du temps, ce recours en annulation est exercé par des personnes morales, des sociétés commerciales, qui contestent des décisions (des normes à portée individuelle) qui les concernent directement, par exemple des sanctions en matière de pratiques anti-concurrentielles. Les recours des personnes physiques sont extrêmement rares, du fait de la quasi-absence de décisions individuelles des organes européens les concernant et des obstacles qui existaient, jusqu'au traité de Lisbonne, pour qu'un particulier conteste un règlement européen. Il faut prouver que le règlement contesté cache en fait une décision individuelle qui concerne directement le requérant. Par l'arrêt *Plaumann* du 15 juillet 2003, la CJCE avait mis pour condition que le requérant soit atteint dans ses droits de manière particulière et spécifique, c'est-à-dire que la portée de l'acte ait pour lui des conséquences l'individualisant ou le différenciant par rapport à tous les autres destinataires de l'acte (ce qui était le cas du règlement litigieux dans l'arrêt *Kadi* qui comprenait en annexe les noms des requérants en tant que personnes visées par les sanctions). Le Traité de Lisbonne a depuis assoupli cette règle en modifiant l'article 263 TFUE qui parle maintenant d'un recours concernant directement le requérant et qui ne comporte pas de mesure d'exécution (pouvant être contestée).

L'arrêt *Kadi* s'inscrit dans le sujet beaucoup plus vaste des moyens utilisés en droit international dans la lutte contre le terrorisme. Outre la coopération inter-gouvernementale et interétatique en matière judiciaire (le terrorisme n'est plus considéré comme une infraction politique, mais comme un crime de droit commun particulièrement grave, la question restant en suspens de sa qualité ou non de « crime international » qui pourrait entraîner une compétence universelle des juridictions nationales ou une compétence subsidiaire de la Cour pénale internationale), les Nations unies ont pris un certain nombre de résolutions pour empêcher le développement et le financement du terrorisme. Après les attentats du 11 septembre 2001, la résolution 1390 du Conseil de sécurité a renforcé les mesures spécifiques contre les personnes soupçonnées de soutenir Oussama ben Laden et le réseau Al-Qaïda. Un comité des sanctions, sur le modèle de ceux créés antérieurement pour faire appliquer les décisions de l'ONU à des États récalcitrants (comme l'Afrique du Sud de l'apartheid à partir de 1977), a été mis en place dès 1999 pour lutter contre les activités de terrorisme liées aux Talibans. En 2000-2002, la principale mesure adoptée fut le gel des avoirs des personnes physiques ou morales suspectées de financer le terrorisme. Pour réaliser un tel gel, le plus souvent sur des comptes dans des institutions bancaires ou financières, la coopération des États est essentielle et doit se faire de manière coordonnée, ce qui explique le rôle de l'Union européenne dans la mise en œuvre de ces décisions parmi les États-membres. Le comité des sanctions est amené à élaborer des listes « noires » de personnes liées aux Talibans ou à Al-Qaïda qui font l'objet de sanctions, alors qu'elles n'ont pas été condamnées par un processus judiciaire. Au niveau européen, il ne s'agissait pas de prendre des sanctions à l'égard d'États-tiers ou relevant de la politique commerciale commune, mais de décider par un règlement de geler les avoirs de particuliers soupçonnés de mettre en péril la sécurité en Europe. Les autorités européennes ont agi en vertu de l'article 308 TCE qui, depuis le traité de Maastricht, autorise les États-membres, par une décision unanime, à doter les instances européennes de compétences nouvelles pour une action entrant dans les objets de la Communauté, ici la sécurité commune.

Ayant à examiner en appel une décision du Tribunal de première instance défavorable aux requérants (et soutenue par le Royaume-Uni, la France, l'Espagne et les Pays-Bas), la Cour de Luxembourg n'a pas, bien sûr, remis en cause la primauté de la Charte des Nations unies dont l'article 103 fait prévaloir les dispositions – en tant qu'elles imposent des obligations entre États –, sur les obligations résultant d'autres accords internationaux, comme le sont les traités européens. Il y a là une reconnaissance implicite du caractère « constitutionnel » de la Charte des Nations unies pour le droit international. La CJUE a considéré, ensuite, que cette primauté du droit international général (déjà reconnue dans son arrêt *Racke* de 1998, C-162/96) ne mettait pas le règlement européen en cause à l'abri d'un « contrôle de légalité » au sein de l'ordre juridique européen : le TCE est l'équivalent d'une « charte constitutionnelle de base » au sein d'un système juridique autonome qui a donné à la Cour le droit de contrôler la conformité des actes européens à ce traité. Il n'y a pas d'équivalent, dans le droit européen, à des « actes de gouvernement » qui seraient exemptés de tout contrôle. Sans le dire expressément, la CJCE suggère qu'à l'instar d'un juge constitutionnel national vérifiant la conformité des lois ou des règlements à la constitution d'un État-membre, la Cour européenne a le pouvoir et même l'obligation de faire respecter la « charte constitutionnelle européenne » (on remarquera que l'échec du traité portant constitution de l'Union européenne en 2005 n'a pas empêché le maintien de cette « constitutionnalisation » des traités).

Les droits fondamentaux font partie des « principes généraux du droit dont la Cour assure le respect » et qui ont une vocation supra-réglementaire, voire constitutionnelle (une position hiérarchique confirmée avec l'entrée en vigueur postérieure à l'arrêt du traité de Lisbonne qui a conféré à la Charte des droits fondamentaux de l'Union européenne la même valeur que les traités). Pour protéger ces droits fondamentaux, la Cour s'inspire des « traditions constitutionnelles communes aux États-membres » et de la jurisprudence de la CEDH : elle emprunte ainsi des règles à d'autres ordres juridiques, tout en ayant la maîtrise de leur insertion dans le droit de l'Union européenne.

La Cour de Luxembourg affirme concilier tous ces postulats en faisant porter son contrôle sur les actes européens (le règlement litigieux en l'espèce) et non sur les décisions du Conseil de sécurité ou du comité des sanctions des Nations unies. Le respect des droits de la défense n'oblige pas les autorités communautaires à auditionner préalablement les personnes visées par le gel de leurs avoirs, ce qui compromettrait gravement l'objectif de sécurité recherché dans la lutte contre le terrorisme. En revanche, ces personnes doivent être informées des éléments qui justifient l'inclusion de leur nom dans une « liste noire » afin de pouvoir contester d'éventuelles atteintes à leur droit de propriété. La décision se conclut par l'annulation, pour les personnes concernées du règlement litigieux, mais aussi par son maintien provisoire pendant trois mois : s'agit-il d'un simple avertissement aux organes internationaux et européens pour qu'ils se montrent à l'avenir plus scrupuleux sur le respect des droits fondamentaux ou d'une contribution décisive à l'autonomisation du droit européen ?

SITUATION 5

Quand l'Organe de règlement des différends de l'OMC traite de la protection de l'environnement

Le mécanisme de règlement des conflits commerciaux mis en place, avec l'OMC, par les accords de Marrakech, est généralement considéré comme un grand succès de cette organisation et un notable progrès dans le sens de la juridictionnalisation du droit international, rendant plus effective les règles de l'ordre juridique international. Outre son champ de compétences réduit (car limité au commerce international de marchandises), le GATT qui avait précédé l'OMC avant 1947 comportait un système insuffisant de règlement des différends entre les États-membres. Ce système reposait, en effet, sur la règle du consensus, imposant l'accord de tous les États-membres, dont ceux en conflit, pour la constitution d'une instance de règlement judiciaire, pour accepter et finalement pour exécuter la sentence rendue. Chaque État disposait ainsi d'un véritable pouvoir de *veto* qui pouvait paralyser à chaque étape la procédure. En 1994, les accords de Marrakech se sont fondés, en la matière, sur la règle dite du « consensus inversé » : il faut l'accord (bien improbable) de tous les États-membres pour remettre en cause une décision de l'organe de règlement des différends. Tout en sauvegardant les apparences de la souveraineté, ou du « dernier mot », des États, l'OMC a mis en place un système juridictionnel auquel les États ont accepté par avance de se soumettre, sans aucune possibilité (comme par rapport à la CIJ) d'y échapper.

Les accords de Marrakech ont établi un Organe de règlement des différends (ORD) composé de tous les États-membres et un ensemble de règles de procédure (mémorandum d'accord sur les règles de procédure ou MARD). Quand un ou plusieurs États se plaignent du non-respect des accords (entraînant la plupart du temps des difficultés ou des obstacles pour les entreprises nationales de ces pays pour exporter vers les États défendeurs ou s'implanter sur leurs marchés) par un ou plusieurs États défendeurs, il est constitué un « groupe spécial » avec des experts indépendants pris dans une liste d'une centaine de noms agréés par les États. L'État perdant en première instance peut faire appel devant un organe constitué de trois juges pris dans un panel de sept sages désignés par l'ensemble des États-membres pour un mandat de quatre ans renouvelable. Il y a toujours, parmi ces sept « juges », trois ou quatre citoyens des États en développement aux côtés de citoyens des pays développés (dont en fait un citoyen des États-Unis). Une fois adoptées par le système du consensus inversé, les décisions autorisent le(s) État(s) gagnant(s) à exercer des mesures de rétorsion commerciale à l'égard du ou des perdants, la simple menace de ces mesures suffisant d'ordinaire à assurer un très fort taux d'effectivité (ou *compliance* en anglais) aux sentences de l'Organe de règlement des différends.

D'un point de vue factuel, une autre cause du succès de ce mécanisme résulte du grand nombre d'affaires portées devant l'ORD de l'OMC (plus de 450 de 1995 à 2012, donnant lieu à environ 180 décisions définitives), avec dans la majorité des cas le succès de la partie ou des parties plaignante(s). Comme celles-ci ont été à la fois des pays développés (les États-Unis, l'Union européenne qui agit comme un seul acteur pour tous ses États-membres) et des pays en voie de développement, notamment les puissances émergentes comme l'Inde ou le Brésil, l'ORD est apparu comme relativement neutre et a gagné un haut degré de confiance parmi l'ensemble des 160 États qui ont rejoint l'OMC. Même si l'on constate une baisse de l'enthousiasme à l'égard de cette organisation ces dernières années, il s'agit bien d'une *success story* pour le droit international.

Comme les autres juridictions internationales, l'ORD participe à l'interprétation et même à la formulation des règles du droit international dans le domaine du commerce à travers sa jurisprudence. Les experts qui décident en première instance et en appel sont, comme d'autres juges internationaux, soucieux d'une cohérence de cette jurisprudence qui est un des ressorts de la crédibilité de l'organisation. Cela induit aussi des rapports étroits avec les jurisprudences des autres juridictions internationales, une forme de « dialogue » des juges et, dans certaines affaires, une mise en relation des règles propres à l'OMC avec celle du droit international général. Tel est le cas dans une des premières décisions, et une des plus célèbres de l'ORD, dans l'affaire « crevettes-tortue » de 1998. Quatre pays agissaient dans cette affaire, l'Inde, le Pakistan, la Malaisie et la Thaïlande contre les États-Unis. Ils reprochaient aux États-Unis de prohiber sur leur territoire l'importation de crevettes venant des quatre pays demandeurs sous prétexte qu'elles auraient été pêchées par des filets mécaniques mettant en danger des espèces de tortues protégées. Depuis 1973, une loi fédérale interdisait aux États-Unis la prise d'espèces de tortues marines menacées d'extinction et leur importation avait été interdite par une loi de 1989. Cette application d'une législation nationale constituait, selon les plaignants, une pratique discriminatoire et une violation des accords OMC.

Le groupe spécial, composé de l'ancien gouverneur britannique de Hong Kong, d'un homme politique brésilien et d'un haut fonctionnaire allemand spécialisé dans la protection de l'environnement s'est prononcé, dans l'espace d'un an (la rapidité des procédures de l'OMC est également un facteur de son efficacité) en faveur des quatre pays plaignants. Les États-Unis ont fait appel et la décision définitive a été rendue par un magistrat des Philippines, un ancien *congressman* des États-Unis et un diplomate de l'Uruguay (on remarquera que la nationalité des juges n'a pas nui à leur indépendance) le 12 octobre 1998 en faveur des plaignants, en réformant quelques points de la décision de première instance du groupe spécial. Alors que le MARD ne le prévoyait pas, le groupe spécial et l'organe d'appel ont admis des communications des ONG de protection de l'environnement pour les éclairer en tant qu'*amicus curiae* (ami de la Cour), ce qui témoigne d'une ouverture vers la société civile que le Conseil général de l'OMC a désapprouvée par la suite.

Sur le fond, il s'agissait de savoir si les États-Unis étaient en droit d'imposer aux crevettiers importateurs des quatre pays plaignants des dispositifs coûteux excluant de leurs filets les tortues marines protégées. Les règles du GATT incorporées dans les accords OMC prévoient des exceptions à la libre circulation des marchandises, qu'il s'agisse de la protection de la sécurité et de la moralité publique, de la préservation de la santé des populations ou de la conservation des ressources naturelles épuisables (alinéa g de l'article XX). Pour éviter l'abus de ces exceptions, la preuve doit être rapportée que les restrictions à l'importation sont bien justifiées par l'un des motifs prévus dans les accords, qu'elles sont proportionnées dans leur mise en œuvre et appliquées sans discrimination entre les États importateurs. La discussion portait dans cette affaire sur l'interprétation de la notion de ressources naturelles (s'agissait-il uniquement des ressources minérales ou aussi des espèces naturelles ?) et sur l'évaluation d'une discrimination pratiquée par les États-Unis à l'égard de certains importateurs. L'organe d'appel s'est prononcé pour une interprétation évolutive de la notion de ressources naturelles incluant les espèces animales menacées. Il a été surtout reproché aux États-Unis d'avoir négocié sérieusement, en leur apportant une aide technique afin de doter leurs crevettiers de filets d'exclusion des tortues, avec certains pays et non avec les quatre États plaignants.

La décision est accompagnée d'une sorte de *caveat* de la part des juges de l'OMC qui ont tenu à préciser ce qu'ils n'avaient *pas* décidé : en l'occurrence, ont-ils dit, le fait de donner tort aux États-Unis ne signifiait pas que les États souverains ne devaient pas protéger les espèces menacées, bien au contraire (ils devaient le faire au plan bilatéral ou multilatéral). On peut y voir un signe pour tenir compte du droit de la protection de l'environnement au sein du droit international du commerce.

SÉQUENCE 6

La défense des intérêts juridiquement protégés

Jusque-là nous avons envisagé le droit comme un ensemble de normes, selon un point de vue « objectif », c'est-à-dire celui d'une description générale des ordres juridiques « vus d'en haut ». Il faut tenir compte également d'un point de vue « individuel » ou « subjectif », celui des « sujets de droit », des personnes qui pensent *avoir des droits* (comme un droit de propriété, un droit de créance) et pouvoir les défendre en justice. La perspective individualiste a donné naissance, aux Temps modernes en Occident, à la notion de « droit subjectif ». Cette notion a été elle-même remise en question à partir du XIXe siècle, aussi bien par les juristes estimant que tout droit est « social » et dépend d'autorités gouvernantes (au premier rang desquelles les autorités étatiques) que par les théoriciens du droit assimilant l'État à l'ordre juridique envisagé comme un ensemble de normes (dans cette optique tout droit est objectif). Le juriste allemand Jhering (1818-1892) a proposé de parler d'« intérêts juridiquement protégés »[1], une formulation qui a l'avantage de ne pas rejeter ce point de vue individuel, tout en rappelant les limites de l'expression « droit subjectif ». Pour appréhender cette dimension des ordres juridiques, il faut partir des *actions judiciaires* (I) pour aller vers les classifications traditionnelles des *droits* (II) et vers le rôle croissant des *droits de l'homme* aussi bien dans les ordres juridiques nationaux que dans l'ordre juridique international (III).

I ▪ Les actions judiciaires

Historiquement, la création des premiers ordres juridiques a correspondu à la formalisation de règles de procédure permettant de saisir des juges en cas de contestation. En droit romain, comme plus tard dans le *common law* anglais apparu à partir du XIe siècle, l'action précède le droit (*remedies precede rights*

1. Rudolf von Jhering, *L'esprit du droit romain*, trad. fr. O. de Meulenaere, Paris, Marescq, 1888, vol. IV, § 71, p. 328.

dit-on en anglais) : il faut préalablement qu'une action dénommée ait été créée, par le législateur ou par les juges, pour qu'un plaideur puisse défendre son intérêt (ou si l'on préfère *son* droit) en justice. Plus tard ce formalisme s'est relâché et, en droit français, l'action judiciaire comporte un caractère de généralité qui permet en principe de protéger tous les droits. Si les actions ne sont pas « dénommées » et particularisées dans la défense d'une prérogative particulière de celle ou de celui qui saisit les tribunaux, toutes les actions ne présentent pas les mêmes caractères. Les actions civiles sont, pour la plupart, intentées par une personne (physique ou morale) qualifiée de demandeur et opposée à une autre personne qualifiée de défendeur. Les actions pénales sont déclenchées par le ministère public et donnent lieu à une poursuite, au nom de l'État, contre la personne suspectée d'avoir commis une infraction. Les actions devant la justice administrative sont, pour l'immense majorité d'entre elles (dans le cadre du recours pour excès de pouvoir et du plein contentieux), dirigées contre des actes administratifs et opposent un administré (ou éventuellement une collectivité territoriale) à une administration. En raison de ces configurations différentes, l'aspect subjectif est plus présent dans les actions civiles que dans les actions pénales ou administratives pour lesquelles prédomine le caractère objectif du recours.

A ▪ Les actions civiles, le rôle du juge et des parties

Qu'elles soient menées pour obtenir un divorce ou une reconnaissance forcée de paternité, pour revendiquer un bien ou pour obtenir le paiement d'une créance, les actions civiles paraissent à première vue être le prolongement d'un droit du demandeur qui serait ainsi « mis en mouvement ». Cette analyse, qui a été dominante au XIXe siècle, n'est pas satisfaisante, ni d'un point de vue historique (les actions ayant précédé la reconnaissance des « droits subjectifs ») ni au regard du droit positif français. L'article 30 du Code de procédure civile dit que « l'action est le droit, pour l'auteur d'une prétention, d'être entendu sur le fond de celle-ci afin que le juge la dise bien ou mal fondée. Pour l'adversaire, l'action est le droit de discuter le bien-fondé de cette procédure ». L'action civile est le moyen procédural de saisir le juge et donne accès, selon le principe du contradictoire, à une confrontation judiciaire entre le demandeur et le défendeur, un procès dont le juge est l'arbitre en position neutre de tiers.

1. Les conditions de l'action en justice

L'action ne se confond pas avec le droit (ou les droits) substantiel(s) que le demandeur entend défendre en justice. Il est des cas où l'action est possible sans droit : le ministère public peut agir devant la justice civile comme partie principale, par exemple pour demander l'annulation d'un mariage illicite et l'on ne peut pas dire que le Parquet défend *son* droit (il agit comme au pénal pour assurer le respect de l'ordre juridique). Dans certaines situations, une personne dispose de droits, mais ne peut agir en justice pour les protéger : par exemple, une créance née à la suite d'un jeu d'argent ou d'un pari ne peut donner lieu à une action (C. civ., art. 1965), alors que le gagnant a bien un droit et que le perdant ne peut répéter (obtenir le remboursement de) ce qu'il a volontairement payé. Entre le droit et l'action, les règles de la procédure intercalent toute une série de conditions préalables à la réussite du demandeur : il faut qu'il ait le droit d'ester en justice, il faut que sa demande soit portée devant le tribunal compétent et en temps utile pour être jugée recevable, il faut bien sûr qu'elle soit jugée bien fondée pour que le juge lui donne raison et lui accorde les moyens d'exécuter la sentence (ce qu'on appelle les voies d'exécution, comme la saisie d'une partie des biens du perdant). Il ne suffit pas de penser que l'on a un droit (ou que l'on est dans son droit) pour triompher en justice : il faut que l'action ne soit pas paralysée par un argument en défense (une *exception* soulevée par le défendeur en raison des règles de procédure ou des règles de fond), que le demandeur puisse apporter la preuve de ce qu'il allègue, que le juge ne prononce pas un sursis à statuer, en raison d'une question préjudicielle à régler.

Du point de vue de la capacité à ester en justice, l'action judiciaire est ouverte aussi bien aux personnes physiques (correspondant juridiquement à des personnes humaines vivantes ; en l'état actuel du droit, les animaux ne peuvent pas agir en justice, ce qui ne signifie pas l'absence pour eux d'« intérêts juridiquement protégés ») qu'aux personnes morales (les sociétés, les associations, les syndicats de copropriétaires, dans certains cas l'État ou une personne morale de droit public agissant au civil, par exemple à la suite d'un contrat de droit privé). Pour agir en justice, ces personnes doivent disposer de la capacité de *jouissance* (elles sont reconnues comme juridiquement existantes, une société sans existence juridique n'a pas la capacité de jouissance) et de la capacité d'*exercice* (les mineurs non émancipés, les majeurs incapables ne peuvent faire valoir les droits dont ils sont titulaires, ils doivent agir par l'intermédiaire d'un représentant, par exemple un tuteur). Les personnes morales et les personnes physiques n'ayant pas la capacité d'exercice agissent par l'intermédiaire de leur représentant légal (par exemple, le PDG d'une société ou le tuteur d'un mineur). Pour les actes de procédure, l'avocat représente son client qui reste le maître du litige : selon l'adage ancien « Nul ne plaide par procureur ».

2. La classification des actions civiles et la détermination de l'objet du litige

Les juristes romains avaient déjà distingué différents types d'actions civiles. L'une de leurs classifications a survécu jusqu'à nous, la distinction entre actions réelles et actions personnelles.

• Les actions réelles sont intentées par toute personne qui revendique la propriété d'un bien (ou une maîtrise rentrant dans la catégorie des droits dits réels) contre toute personne qui détient le bien revendiqué.

• Les actions personnelles appartiennent au seul créancier à l'égard de son débiteur, qu'il s'agisse d'une dette résultant d'un contrat ou d'un fait générateur de responsabilité civile.

Cette distinction a des conséquences pratiques : les actions réelles sont portées au juge compétent en raison de la situation de la chose (il s'agit presque toujours d'une action en revendication d'un immeuble, l'action en revendication d'un meuble est plus difficile) alors que les actions personnelles sont de la compétence du juge du domicile du défendeur ; les délais de *prescription* (interdisant d'agir en justice après l'expiration d'un certain temps) ne sont pas les mêmes pour les actions réelles et les actions personnelles. L'institution de la prescription, qui a pour effet principal (on parle de prescription extinctive) d'éteindre l'action en justice (dont l'exercice, en retour, interrompt le délai de prescription), a pour but d'éviter la remise en cause perpétuelle des situations acquises.

Dans le procès civil, les parties ont le premier rôle pour fixer, en fonction de leurs prétentions respectives, l'objet du litige et pour alléguer les faits propres à fonder leur action (C. pr. civ., art. 6). Cela veut dire qu'il incombe, en règle générale, aux parties (au demandeur d'abord à l'appui de sa demande, au défendeur pour les exceptions qu'il soulève ou les arguments qu'il avance) de prouver les faits qu'elles allèguent. Depuis la mise en vigueur du Code de procédure civile en 1976, le juge a le pouvoir d'ordonner d'office toutes les mesures d'instruction légalement admissibles dès lors qu'il ne dispose pas d'éléments suffisants pour statuer (par exemple, pour ordonner une expertise sanguine dans un conflit sur la filiation)[1]. Il faut tenir compte des règles de preuve qui figurent dans le Code civil (art. *1353-1362*) à propos des obligations. Pour prouver une créance résultant d'un contrat sur une chose excédant une certaine valeur (au-dessus de 1 500 € en fonction d'un décret d'application), l'art. *1359* exige la production d'un contrat écrit, qu'il soit sous signatures privées ou par acte notarié. Cette preuve littérale préconstituée est parfaite, elle ne peut être contestée que par des procédures de vérification d'écriture ou d'inscription en faux. En plus des créances d'un montant inférieur à 1 500 €, cette règle est écartée en matière commerciale et en présence d'un commencement de preuve par écrit (un acte écrit sans signature par exemple qui peut être complété par une preuve testimoniale, art. *1361*). Les articles *1358, 1360* et *1379* ajoutent d'autres exceptions : l'impossibilité matérielle ou morale de se procurer une preuve écrite, la perte de l'écrit par un cas de force majeure, l'usage d'une « copie fiable » (dans certains cas, une photocopie de l'acte écrit). La preuve des faits juridiques (accidents générateurs d'une responsabilité civile ou éléments établissant une filiation) reste libre (anc. art. 1348). Avec les règles concernant les *présomptions* (les faits connus qui déplacent la charge de la preuve ou rendent la preuve contraire impossible pour des faits

1. V. *Situation 1.*

inconnus qui leur sont liés), le droit de la preuve est très important pour défendre des intérêts devant la justice civile : ne pas pouvoir prouver *son* droit revient souvent à priver cette prétention de toute existence.

B ▪ Les actions pénales et administratives : caractère objectif et procédure inquisitoire

Le rôle des parties et de leurs prétentions à la défense de « droits subjectifs » est plus limité dans les actions pénales ou administratives. Les premières sont intentées, au nom de l'État et pour la défense de la société ou de l'ordre public, par le ministère public qui poursuit les personnes suspectées d'avoir commis des infractions. Il s'agit le plus souvent de personnes physiques, mais il existe aussi, depuis le Code pénal de 1992-1994, une responsabilité pénale des personnes morales (sauf l'État) qui peuvent être condamnées à une amende. Les actions administratives sont bien intentées par des requérants qui ont un « intérêt à agir », soit pour obtenir l'annulation d'un acte administratif (dans le contentieux de l'excès de pouvoir), soit pour obtenir une indemnisation de la part de l'administration (en matière de plein contentieux). La défense des « droits subjectifs » joue un rôle moindre que l'intérêt général de la défense de la légalité, particulièrement dans le recours pour excès de pouvoir ainsi que dans les actions administratives en matière disciplinaire et en matière de « contraventions de grande voirie » (des atteintes au domaine public punies d'amende) qui se rapprochent des actions pénales.

1. L'exercice de l'action pénale

En matière pénale, le ministère public a le quasi-monopole de l'exercice de l'action (dite publique), en dehors d'un petit nombre d'administrations (les douanes, les Eaux et Forêts, les contributions indirectes qui peuvent poursuivre directement certaines infractions). Seuls les magistrats du parquet peuvent requérir des peines. La séparation entre l'instruction et la poursuite, comme entre le jugement et la poursuite, laisse aux magistrats du siège un rôle décisif pour recueillir des preuves (par une procédure inquisitoire, le choix des moyens d'investigation revenant aux juges) et pour trancher le procès. Concernant le déclenchement de la poursuite, les personnes victimes peuvent jouer un rôle plus important. En déposant une plainte simple (une démarche préalable indispensable selon l'art. 85 C. pr. pén.) la victime (personne physique ayant subi une lésion corporelle, pécuniaire ou morale ou personne morale pour une lésion pécuniaire ou morale, ce qui ouvre la plainte notamment à des associations de défense des victimes) informe le ministère public qui n'est pas tenu de poursuivre. En cas de « classement sans suite », la victime peut déclencher l'action publique par une *plainte avec constitution de partie civile* : par *citation directe* (saisine du tribunal de police ou du tribunal correctionnel) à condition de connaître la personne suspectée de l'infraction et d'avoir des éléments de preuve (ce qui n'est pas le cas le plus fréquent) ou en saisissant un juge d'instruction (ce qui est obligatoire pour un crime). Dans ce dernier cas, la victime force le ministère public à exercer la poursuite, ce qui ne veut pas dire que la plainte aboutira à un procès : l'instruction peut se terminer par un non-lieu si le juge estime qu'il n'y a pas d'éléments pour renvoyer une personne comme prévenu ou accusé devant le tribunal correctionnel ou la Cour d'assises. Dans tous les cas la victime, qui peut aussi intervenir comme partie civile en cours de procédure ou choisir d'agir au civil sur le terrain de la responsabilité civile, n'est habilitée qu'à réclamer des dommages-intérêts pour compenser les lésions subies. Il n'y a pas de droit de la victime à obtenir ou à requérir une peine pour l'auteur de l'infraction. Certains délits de presse, comme la diffamation, présentent la particularité de soumettre le déclenchement de l'action publique à l'existence d'une plainte de la victime[1].

2. L'action administrative

Dans le contentieux administratif, le requérant conteste une décision préalable - l'acte administratif qu'il juge illégal dans le recours pour excès de pouvoir ou le refus d'une indemnisation par l'administration dans le plein contentieux - et il y a souvent dans l'intérêt à agir de ce requérant des considérations pécuniaires ou morales (obtenir le maintien ou l'annulation d'un permis de construire, d'une nomination d'un fonctionnaire, d'une mesure de police administrative, recevoir une indemnisation pour un dommage ou une réduction d'un impôt dont une partie est illégale) qui s'apparentent aux situations de droit civil. La place des « droits acquis » est cependant plus réduite en droit administratif et la défense de la légalité prévaut sur les intérêts particuliers : dans certains cas de recours d'excès de pouvoir, le requérant n'a aucune lésion personnelle à invoquer et ne recevra aucun « avantage » personnel de l'annulation de l'acte illégal. Ce contentieux objectif montre qu'il ne faut pas confondre le droit à l'action et les intérêts juridiquement protégés.

II ▪ Les droits et leur classification

Les termes couramment utilisés dans le contentieux civil, mais aussi administratif voire pénal, d'atteintes ou de lésions à des droits, génératrices de dommages (qui donnent lieu, en entrant dans la sphère du droit, à ce qu'on appelle des *préjudices* ouvrant l'action en justice) corporels, matériels ou immatériels (qualifiés le plus souvent de dommages *moraux*) montrent à la fois que le

1. V. *Situation 2.*

vocabulaire des « droits subjectifs » reste d'usage courant, malgré la critique faite à cette notion, et que les droits peuvent être classés selon des catégories qui correspondent à des régimes différents en matière substantielle et en matière procédurale. Le droit de propriété ayant été historiquement la matrice intellectuelle de ces « droits subjectifs », la catégorie des « droits patrimoniaux » a été la première à être mise en valeur et à donner lieu à des subdivisions. Apparus plus tardivement dans leur dimension de protection judiciaire, les droits extra-patrimoniaux (qui doivent leur nom au fait qu'ils ne peuvent pas être cédés par leur titulaire, plutôt qu'à la difficulté surmontable dans bien des cas de les évaluer en argent) tiennent aujourd'hui une place très importante et constituent un point de contact avec la catégorie des droits de l'homme ou droits fondamentaux.

A ▪ Les droits patrimoniaux

La propriété a pu être conçue dans certains systèmes juridiques, comme le droit romain ou l'ancien droit chinois, comme un « rapport de droit » (entre une personne et une chose, objet de la propriété, ce que les Romains ont qualifié de *dominium*) susceptible d'être protégé civilement ou pénalement contre les usurpateurs d'un bien. Il n'était pas question dans ces systèmes de *droit de propriété*, au sens d'un droit subjectif du propriétaire. À la différence de l'ancien droit chinois, qui envisageait cette protection uniquement sous l'angle pénal (vol d'un bien mobilier, usurpation d'un bien immobilier), le droit romain a ouvert une action civile en *revendication* au propriétaire qui n'avait plus la maîtrise ou la possession de son bien. Cette action, qualifiée de « réelle » par les juristes romains, a donné lieu aux premières réflexions des juristes du Moyen Âge, notamment des canonistes, relatives à l'idée d'un droit (*jus*) reconnu à un individu, titulaire des prérogatives attachées à ce droit (pour le propriétaire, l'usage et la jouissance d'un bien comme la possibilité d'en disposer par aliénation). L'idée que toute propriété humaine était une concession divine, tout comme la division de la maîtrise des terres entre plusieurs tenanciers résultant du régime féodal, ont longtemps entravé le développement de cette conception subjectiviste. Aux Temps modernes, les théoriciens du droit naturel ont considéré ces prérogatives (*usus*, *fructus* et *abusus* dans le langage latin des juristes des XVIIe et XVIIIe siècles) comme les manifestations d'un droit individuel permettant aux propriétaires de se défendre y compris à l'égard de l'État, amené à indemniser les propriétaires dont les terrains étaient sujets à une procédure d'expropriation pour utilité publique. Le *dominium* est devenu un *jus* et a été exalté comme un droit naturel des hommes. La Déclaration des droits de l'homme et du citoyen, érigeant la propriété en « droit sacré » dans son article 17, et le Code civil, définissant dans son article 544 la propriété comme « le droit de jouir et de disposer des choses de la manière la plus absolue », ont consacré ces conceptions subjectivistes dans le droit positif français.

1. L'évolution du droit de propriété

Le fait que l'énoncé de l'article 544 soit inchangé depuis 1804, dans une société française restée liée à l'économie de marché, ne signifie pas que le droit de propriété n'ait pas connu des évolutions. D'une part, le titre de propriétaire s'est étendu à de nouvelles personnes (les personnes morales, comme les sociétés) et à de nouveaux objets (les « propriétés » intellectuelles), d'autre part la législation et la réglementation, comme l'autorise la seconde partie de l'art. 544 (« pourvu qu'on n'en fasse pas un usage prohibé par les lois et les règlements »), ont apporté de nombreuses restrictions aux prérogatives des propriétaires en matière d'urbanisme (le permis de construire), de droit rural (le statut des baux ruraux en faveur des fermiers et métayers), de droit du travail, ou de l'environnement. Le Conseil constitutionnel l'a reconnu dans sa fameuse décision de 1982 censurant la première loi de nationalisation votée par la majorité de gauche (DC 81-132, 16 janv. 1982, v. *Les grandes décisions du Conseil constitutionnel*, Dalloz, 18e éd., 2016, n° 32).

Ce qui reste du droit de propriété est son caractère exclusif qui réserve au seul propriétaire (ou aux co-propriétaires dans les cas de co-propriété) le pouvoir d'user de certaines de ses prérogatives, notamment le droit de disposer de son bien, voire de le détruire. La doctrine civiliste (v. Séquence 7) a donné, au XIXe siècle (postérieurement au Code civil), une vision excessive du droit de propriété comme un droit absolu (ce qui voudrait dire sans limites, contrairement au texte de l'art. 544) faisant du propriétaire une sorte de « souverain » sur son bien[1]. En suivant une classification qui avait été proposée au XVIIIe siècle par le juriste Pothier (1699-1772) et paraissait évoquée par l'ancien article 2114 (désormais art. 2393 depuis 2006) du Code civil (qualifiant l'hypothèque de « droit réel »), la doctrine civiliste a aussi développé la distinction dogmatique des *droits réels* et des *droits personnels.*

2. La distinction des droits réels et des droits personnels

Sont considérés comme des droits réels principaux, la propriété, l'usufruit (le droit temporaire d'user et de jouir d'une chose concédée à un usufruitier, tandis que le « nu-propriétaire » conserve le droit de disposer de cette chose), l'usage (restreint au droit d'user sous les mêmes conditions que l'usufruit), les servitudes (imposant au propriétaire d'un fonds dit *servant* une charge au profit du propriétaire d'un fonds voisin dit *dominant*) qui étaient mentionnées dans le Code Napoléon et l'emphytéose (un droit réel résultant d'un bail de longue durée donnant d'importantes prérogatives au preneur ou emphytéote) qui a été reconnue au XIXe siècle par la jurisprudence. Sont des droits réels accessoires, ceux qui résultent d'une sûreté, c'est-à-dire d'une garantie accordée au créancier sur un bien du débiteur : le gage, le nantissement, l'hypo-

1. V. *Situation 3.*

thèque, l'antichrèse et le privilège. Tous les droits réels donnent à leurs titulaires un pouvoir plus (pour la propriété) ou moins (pour les autres droits réels) étendu sur la chose, qui est opposable à tous (*erga omnes*) et qui comporte deux caractères : le droit de suite qui permet de revendiquer la chose, même si elle est passée dans d'autres mains que celles du propriétaire initial et le droit de préférence qui permet au créancier de se faire payer en priorité sur le bien saisi par l'exercice de son droit réel.

Les droits personnels sont les droits de créance créés (par un contrat ou en vertu d'une obligation non conventionnelle comme un accident générateur de responsabilité) en faveur d'un créancier et lui permettant de réclamer le paiement à son débiteur. Au lieu d'un lien entre une personne et une chose, opposable à tous, comme dans le cas du droit réel, le droit personnel met en relation deux personnes et uniquement elles. Il faut tenir compte cependant de la règle de l'art. 2284 C. civ. : « quiconque s'est obligé personnellement est tenu de remplir son engagement sur tous ses biens, mobiliers et immobiliers, présents et à venir ». Tout créancier a donc un droit de gage général sur l'ensemble des biens de son débiteur, ce qui lui permet en cas de non-paiement de faire saisir ses biens. Mais les créanciers simples dits *chirographaires* n'ont aucun droit de préférence sur un bien particulier : ils passent après les créanciers disposant d'une sûreté réelle et d'un droit de préférence, ce qui leur laisse peu de chances dans la plupart des cas de récupérer leur créance.

La distinction entre créanciers chirographaires et créanciers dotés d'une sûreté réelle est la principale utilité pratique de la classification des droits réels et personnels. Cette construction doctrinale a été critiquée dès le XIXe siècle, les droits réels pouvant être analysés comme des « obligations passives universelles » (chacun est dans l'obligation de respecter le droit de propriété d'autrui). La propriété se distingue nettement de tous les autres droits réels et peut être conçue comme un pouvoir exclusif susceptible de porter aussi sur des créances : un bien meuble incorporel, comme une créance, pouvant servir de sûreté réelle sous la forme du *nantissement* (C. civ., art. 2355 depuis 2006), il n'y a rien d'illogique à parler de droit de propriété sur une créance. Enfin, les droits personnels sont également susceptibles d'être évalués en argent et peuvent donner accès aux bien saisis du débiteur. Comme les droits réels, ils font partie de ce que les civilistes du XIXe siècle ont appelé le *patrimoine* d'une personne, l'ensemble constitué par tout son actif (droits réels et créances) diminué de la valeur de son passif (dettes).

B ▪ Les droits extra-patrimoniaux

Au cours des deux siècles d'application du Code civil, les juristes ont pris conscience de l'existence d'autres droits qui ne pouvaient être considérés comme des éléments du patrimoine d'une personne.

1. Les droits de la personnalité

Il s'agit du droit au nom qui a été protégé, dès le début du XIXe siècle, contre les appropriations et utilisations abusives. On ne peut usurper un nom de famille qui n'est pas le sien et le droit au nom permet de poursuivre les personnes créant un dommage par l'utilisation abusive d'un nom de famille, par exemple dans une publicité à des fins commerciales. Le droit à l'honneur a suscité, dans le cadre des délits de presse à partir de 1819, une protection pénale contre la diffamation (l'allégation d'un fait qui porte atteinte à l'honneur d'une personne) et l'injure (toute qualification déshonorante). Cette protection se combine avec la liberté de la presse et permet, dans certains cas, au diffamateur de prouver la vérité des faits allégués (ce qui conduit à sa relaxe) ou d'arguer de sa bonne foi (ce qui le dispense de peine). C'est dans ce contexte, ainsi qu'à propos d'affaires touchant la concurrence déloyale, que la jurisprudence a dégagé au XIXe siècle la notion de *préjudice moral*, donnant à la victime le droit à une indemnisation en cas d'atteinte à ses droits de la personnalité. Le droit moral des auteurs, artistes et compositeurs - qui leur laisse l'entière décision de modifier ou non leur œuvre - a été analysé aussi comme un de ces droits attachés intimement à la personne.

Plus récemment, le droit au respect de la vie privée, le « droit à l'image », le droit au respect de son corps ont pris une importance considérable parmi ces droits extra-patrimoniaux. Depuis une loi du 17 juillet 1970, « chacun a droit au respect de sa vie privée » (C. civ., art. 9). Cela signifie que toute divulgation d'information ou de photographie (ce qu'on appelle communément le « droit à l'image », expression contestable, car personne n'est maître de son image) sur la vie privée des personnes est soumise à une autorisation toujours révocable. Les organes de presse ou les autres médias portent atteinte à la vie privée quand ils publient une telle information ou photographie sans l'autorisation de la personne concernée. La distinction vie privée/vie publique s'applique à tous, sachant qu'elle permet de photographier des personnes publiques (participant à la vie politique, économique, culturelle...) dans les occasions nombreuses où elles se montrent en public. Depuis 1994, les articles 16 à 16-9 du Code civil protègent, sur la base de la « primauté de la personne » et de sa « dignité », le droit au corps en interdisant les conventions lucratives sur le corps humain ou des éléments (organes, tissus) du corps humain. La loi « Kouchner » du 4 mars 2002 a développé les droits à l'information des usagers du système de santé afin de renforcer l'expression d'un consentement libre à toute opération médicale sur le corps d'une personne, en tenant compte des situations d'urgence ou de perte de conscience. On touche ici le domaine du « droit à la vie » garanti par l'article 2 de la Conv. EDH qui se combine, en France comme dans la plupart des États européens, avec le droit de la femme enceinte de recourir, dans les conditions et les délais fixés par la loi, à l'interruption volontaire de grossesse.

2. La spécificité des droits extra-patrimoniaux

Le point commun de tous ces droits, qui les distingue des droits patrimoniaux, est d'être indisponibles, intransmissibles et imprescriptibles. La loi interdit à quiconque de renoncer définitivement à son nom, à son honneur, au respect de sa vie privée ou à quelque élément de son corps : toute atteinte à ces droits extra-patrimoniaux doit être autorisée par la personne concernée et/ou justifiée (par exemple, pour des nécessités d'urgence médicale). Il n'est pas question non plus de monnayer ces droits en vendant ses organes, en cédant contre argent l'usage de son nom ou son droit au respect de la vie privée (ce qui n'interdit pas, de manière plus subtile, de monnayer l'usage d'un nom de famille comme marque commerciale ou la publication d'une interview dans la presse). Enfin, le non-usage de ces droits n'entraîne pas, par une forme de prescription, leur extinction. Pour autant, ces droits (ou « intérêts ») sont protégés en justice et donnent lieu à des actions pour faire cesser le trouble (le juge peut ordonner par exemple la saisie de journaux ayant publié des photographies sans autorisation) ou des formes de réparation en « nature » (comme des publications des condamnations) ou en argent (pour indemniser, dans certains cas symboliquement, le préjudice moral). Le droit de la famille - avec la liberté de se marier, la faculté de divorcer - contient également des prérogatives qui ne sont pas évaluables en argent. On touche alors au domaine des libertés et droits fondamentaux, qu'on appelle communément *droits de l'homme*.

III ▪ Les droits de l'homme, des droits fondamentaux ?

Initiée en France avec la Déclaration de 1789, la reconnaissance des « droits de l'homme et du citoyen » a mis du temps à avoir des effets concrets dans le droit positif. C'est avec le préambule de la Constitution de 1958 et son interprétation par le Conseil constitutionnel à partir de 1971 que les droits de l'homme ont été véritablement garantis en tant que droits constitutionnels. Auparavant l'on parlait en France de « libertés publiques » dont le régime était déterminé par la loi. La doctrine, largement influencée par les classifications proposées par Jellinek, mettait en valeur le « statut négatif » de ces libertés : pour que chaque citoyen puisse jouir de sa liberté, l'État devait s'abstenir d'intervenir (du moins de manière arbitraire et sans contrôle judiciaire) dans la sphère privée ou publique où se déployaient les droits de l'homme.

Parallèlement la consécration des droits de l'homme avait progressé dans plusieurs pays (à commencer par le Royaume-Uni et les États-Unis où l'on parle de *human rights*) et dans le droit international, avec la Charte des Nations unies (1945), la Déclaration universelle des droits de l'homme (1948, même si celle-ci n'avait pas de valeur contraignante) et la Convention européenne de sauvegarde des droits de l'homme et des libertés fondamentales (1950)[1]. Le qualificatif de « fondamental » appliqué à ces droits ou libertés faisait ainsi son entrée dans le vocabulaire juridique : utilisé dans la Loi fondamentale allemande (1949, les *Grundrechte* sont protégés par une clause d'éternité contre les révisions constitutionnelles liberticides), dans la Conv. EDH, plus tard dans la Constitution espagnole (1978, avec un titre premier « des droits et des devoirs fondamentaux » qui fait référence à la DUDH comme plusieurs constitutions dans le monde), ce vocabulaire a pénétré tardivement en France dans quelques décisions (DC 89-269 du 22 janvier 1990, qui garantit des « libertés et droits fondamentaux » à tous ceux qui résident sur le territoire de la République, incluant ainsi les étrangers dans le droit à une protection sociale). Selon certaines interprétations, les droits de l'homme seraient fondamentaux, parce qu'ils touchent ce qui est fondamental dans l'homme et rayonneraient sur l'ensemble de l'ordre juridique, en ayant non seulement des effets à l'égard de l'État mais aussi des effets dits « horizontaux » entre les particuliers. Plutôt que cette conception essentialiste, qui évoque les idées du droit naturel, les théoriciens positivistes mettent en avant un critère formel faisant appel à la hiérarchie des normes : les droits fondamentaux sont des intérêts garantis par des normes constitutionnelles ou internationales, ce qui permet (par le contrôle de constitutionnalité et de conventionnalité) d'écarter les lois portant atteinte à ces droits. Pour autant, cette catégorie n'est pas homogène : d'un point de vue historique, et en suivant l'articulation des deux pactes de l'ONU de 1966, il convient de distinguer les droits de l'homme « de la première génération » et ceux des « deuxième et troisième générations ».

A ▪ Droits et libertés de la première génération

Qualifiés de « droits naturels et imprescriptibles de l'homme », autour des notions de liberté, propriété, sûreté et résistance à l'oppression (art. 3 de la DDHC), les libertés classiques sont également garanties par la Conv. EDH et par le Pacte de l'ONU sur les droits civils et politiques. Ces droits de l'homme de la première génération ont en commun d'avoir été conçus de manière plutôt individuelle et d'exiger une abstention de l'État, en permettant à toutes les personnes soumises à l'ordre juridique français d'agir en justice (en fonction de leur compétence, devant les juges judiciaires gardiens de la liberté individuelle selon l'art. 66 de la Constitution ou devant les juges administratifs pour contester une décision administrative portant atteinte à ces droits, notamment par la procédure du référé-liberté) ou d'initier, à l'encontre d'une loi, la procédure de la QPC

1. Rémy Cabrillac (dir.), *Libertés et droits fondamentaux*, Dalloz, 26e éd., 2020 ; S. Hennette-Vauchez et D. Roman, *Droits de l'homme et libertés fondamentales*, 4e éd., Dalloz, 2020..

(destinée à protéger les « droits et libertés garantis par la constitution », art. 61-1 de la Constitution). Cela ne veut pas dire que l'État soit réduit à un rôle passif face à ces libertés (les autorités étatiques doivent assurer aussi les conditions pour que ces droits soient effectifs), ni que ces droits (combinés avec le principe d'égalité qui est aussi de rang constitutionnel) n'aient pas à s'appliquer dans les rapports horizontaux entre particuliers (par exemple, en matière d'atteinte à la liberté d'expression au sein d'une entreprise).

Ce qu'on appelle « liberté individuelle » comporte la liberté d'aller et venir et la sûreté dans sa dimension relevant du droit pénal et de la procédure pénale. La première, garantie par l'art. 4 de la DDHC, garantit la liberté de circulation en France et hors de France (ce qui entraîne un droit à obtenir la délivrance d'un passeport) des nationaux, sous réserve du respect des mesures de police, des décisions de mise en détention prises par les juges en matière pénale ou des placements en établissements psychiatriques de personnes souffrant de troubles mentaux (deux décisions du Conseil constitutionnel, QPC 2010-71 et QPC 2011-135/140 ont provoqué l'adoption de la loi du 5 juillet 2011 instaurant un contrôle judiciaire sur les mesures d'hospitalisation d'office). La liberté d'aller et venir est beaucoup plus restreinte pour les étrangers, en fonction des règles relatives à leur admission et à leur éventuelle sortie forcée du territoire national (v. Séquence 3). Le droit à la sûreté (art. 7 à 9 de la DDHC) encadre, sous le contrôle du Conseil constitutionnel et des juges judiciaires, toutes les mesures de contrôle d'identité, de garde à vue par la police, de mise en détention et celles relatives à la condition des prisonniers. Seules les restrictions à la liberté rendues nécessaires par l'application des règles du droit pénal sont admissibles, dans le respect des droits de la défense, du droit à la santé et plus largement de la dignité des personnes.

Les libertés de l'esprit viennent, dans la DDHC (art. 10-11), après la liberté individuelle qui assure à chacun la maîtrise de son corps (l'*habeas corpus*, selon l'expression de la célèbre loi anglaise de 1679). L'article 10 de la DDHC, affirmant que « nul ne peut être inquiété pour ses opinions mêmes religieuses » (le terme « même » n'a, dans cette phrase, aucun sens restrictif) associe liberté de pensée, de conscience (ou de croyance) et de religion. La liberté de conscience est liée, depuis la Séparation des Églises et de l'État en France en 1905, à la laïcité (c'est-à-dire la neutralité religieuse) de l'État, à l'interdiction de toute discrimination qui serait fondée sur la religion ou les croyances (art. 1 de la Constitution). La liberté des cultes, qui s'exerce aussi dans l'espace public (la liberté religieuse n'étant pas confinée à l'espace privé), est soumise au respect des règles d'ordre public, de même que l'expression d'appartenance à une religion (par des signes ostensibles) peut être limitée (ce qu'a fait la loi du 15 mars 2004 dans les écoles publiques).

Au sein de la liberté d'expression, la liberté de la presse (qui concerne toutes les publications à caractère périodique ou non[1]) a une place particu-

1. Sur l'affichage v. *Situation 4*.

lière, en raison du rôle attribué, notamment par la Cour EDH, aux médias dans le débat démocratique. Comme les autres libertés publiques, elle connaît des limites dans les « cas déterminés par la loi ». En dehors de régimes spécifiques (celui de la diffusion des films de cinéma soumis à un régime d'autorisation préalable, le visa ministériel qui est sujet au contrôle du Conseil d'État ou celui des publications étrangères), c'est un régime « répressif » (c'est-à-dire autorisant seulement des sanctions *a posteriori* en cas d'abus de la liberté de la presse) qui fonctionne en vertu de la loi sur la presse du 29 juillet 1881. Plusieurs fois modifiée, cette loi prévoit un certain nombre de « délits de presse » : l'injure et la diffamation pour protéger les droits des particuliers touchés dans leur honneur ainsi que les tribunaux, armées, corps constitués et administrations publiques, la provocation à des crimes ou à des délits, la provocation à la haine ou à la violence à l'égard d'une personne ou d'un groupe de personnes en raison de l'ethnie, de la race de la religion, de l'orientation sexuelle ou d'un handicap, l'apologie ou en sens inverse la contestation des crimes contre l'humanité, la publication de fausses nouvelles (le délit d'offense à l'égard des chefs d'État étrangers a été supprimé en 2004, celui d'offense envers le chef de l'État en 2013).

La liberté de la presse trouve également ses limites dans les atteintes à la vie privée (depuis la loi du 17 juillet 1970, en partie insérée à l'article 9 du Code civil) et dans les atteintes à la dignité. Il s'agit de deux droits fondamentaux qui ne figuraient pas dans le bloc de constitutionnalité en 1958 et qui, sous l'influence de modèles internationaux (la Conv. EDH notamment pour la vie privée) ou étrangers (la dignité avec l'importance que lui confère la Loi fondamentale allemande depuis 1949) ont été reconnus par la jurisprudence du Conseil constitutionnel (DC 94-343/344 du 27 juillet 1994 sur la dignité et DC 94-352 du 18 janvier 1995 sur la vie privée). Ce sont aussi des intérêts juridiquement protégés non seulement contre les ingérences injustifiées ou disproportionnées de l'État, mais de manière « horizontale » entre particuliers. Il en va de même pour le droit de propriété qui est garanti par le dernier article (17) de la DDHC (auquel il faut ajouter la liberté d'entreprendre), particulièrement à travers l'encadrement des expropriations et nationalisations, mais qui peut donner lieu aussi à des décisions en cas d'atteinte par des lois aux droits des propriétaires au profit d'autres personnes privées[1].

B ▪ Droits fondamentaux de la deuxième et de la troisième génération

Cette classification correspond à la reconnaissance plus tardive, dans le bloc de constitutionnalité ou dans les textes internationaux, des droits écono-

1. V. *Situation 5*.

miques et sociaux (seconde génération), puis des droits culturels et environnementaux (troisième génération). Elle recoupe partiellement la distinction entre droits individuels et droits collectifs, en tenant compte du fait que les droits de la première génération ont souvent une dimension collective (par exemple, la liberté de culte) et que ceux des deuxième et troisième générations peuvent comprendre des aspects individuels (par exemple, dans le cadre du droit à la santé ou à l'éducation). De même, les droits de la deuxième génération et de la troisième génération requièrent, encore plus que les droits de la première génération, une action positive de l'État. On les présente traditionnellement comme des *droits-créances* qui permettraient aux citoyens de réclamer des prestations de la part des autorités publiques. Du fait du coût de la plupart de ces prestations, ce seraient des intérêts plus difficiles à faire valoir en justice, les collectivités publiques pouvant se défendre en raison du manque de moyens pour réaliser les objectifs (comme celui du droit à l'emploi) figurant dans les normes constitutionnelles. Il faut distinguer entre ces droits (comme entre les ordres juridiques et les juridictions qui ne partagent pas la même appréhension de ces créances) qui sont loin d'avoir un régime uniforme et qui connaissent des évolutions rapides ces dernières décennies.

En suivant le plan (qui n'établit aucune hiérarchie) du préambule de la Constitution de 1946, qui est la source de plusieurs de ces droits, il s'agit d'abord des droits sociaux. Ceux-ci comportent un droit (ou plutôt un objectif) à l'emploi, qui est le fondement constitutionnel de l'assurance-chômage, le droit à ne subir aucune discrimination dans le travail en raison de ses origines, de ses opinions et de ses croyances, la liberté syndicale (c'est-à-dire le droit d'adhérer ou non à un syndicat, la liberté de l'action syndicale), le droit de grève (qui est en France un droit constitutionnel permettant à tout travailleur, même isolé dans une entreprise, de faire grève en suivant un appel à la cessation du travail lancé par une organisation syndicale, selon un schéma qui mêle l'individuel et le collectif) et le droit des travailleurs de participer à la gestion des entreprises (qui se limite, en règle générale, aux compétences consultatives des comités d'entreprise).

Le droit à la santé, reconnu spécialement aux enfants, aux mères et aux vieux travailleurs et plus généralement à tous les malades, n'est bien évidemment pas une garantie de bonne santé perpétuelle qui serait invocable devant les tribunaux. C'est un droit constitutionnel (DC 77-92 du 18 janvier 1978) à la protection de la santé qui inclut la liberté individuelle de choisir son médecin, l'accès aux soins sans exclusion pour les plus pauvres, le droit à l'assurance-maladie. Le droit à l'instruction et à la formation professionnelle est lié en France à l'existence, garantie par la Constitution, d'un enseignement public, gratuit et laïque à tous les degrés et à la reconnaissance comme PFRLR de la liberté de l'enseignement en faveur des établissements privés.

Plus récemment, la jurisprudence constitutionnelle a fait du « droit au logement » (dont parlaient plusieurs lois à partir de 1982) un « objectif à valeur constitutionnelle » qui autorise les pouvoirs publics à restreindre les droits des propriétaires de logements vacants (par des réquisitions ou l'imposition d'un bail forcé) au profit des personnes sans logement décent (DC 94-359 du 19 janvier 1995). Il ne s'agit pourtant pas d'un principe constitutionnel car, dans la plupart des cas, il doit céder le pas devant le droit de propriété. Les droits à l'environnement résultent, quant à eux, de la Charte de l'environnement (2004) qui garantit à toute personne « le droit de vivre dans un environnement équilibré et respectueux de la santé ». À travers le droit d'accès aux informations relatives à l'environnement, cette Charte a été sanctionnée par le Conseil constitutionnel (QPC 2011-183/184 14 oct. 2011). Les droits de la deuxième et de la troisième génération doivent souvent être mis en balance avec ceux de la première génération, notamment la liberté individuelle ou le droit de la propriété. Les juges sont aussi amenés à rechercher de tels équilibres pour les droits de la première génération (entre la liberté de la presse et le respect de la vie privée), ce qui montre combien ces droits fondamentaux sont déterminés par les contours des décisions de justice.

SÉQUENCE 6

La défense des intérêts juridiquement protégés

SITUATION 1

Droit à établir une filiation, encadrement de la preuve et vérité biologique

Le droit de la filiation a connu de profondes évolutions en France depuis la publication du Code civil en 1804. À cette époque, l'on disait que seule « la mère était connue » (*mater semper certa est*) par le fait de l'accouchement et que la nature avait jeté un « voile impénétrable » sur la paternité. Les considérations politiques et sociales qui prévalaient, considérant le mariage comme une « union sacrée » et reléguant les enfants nés hors-mariage à un statut inférieur en matière de successions, avaient établi un système particulièrement rigoureux en matière d'établissement de la paternité. Tandis que les enfants nés dans le mariage bénéficiaient de la présomption de paternité (art. 312 C. civ. 1804) les rattachant au mari de la mère (sauf désaveu ouvert au seul mari sous des conditions strictes de délai et de fond), les enfants naturels devaient être reconnus, indépendamment par chacun des parents, pour bénéficier d'un statut familial. Alors que la mère pouvait être recherchée par une action en justice, la reconnaissance paternelle ne pouvait être que volontaire : la recherche de paternité était interdite sauf dans le cas rarissime d'enlèvement et de séquestration de la mère (art. 340 C. civ. 1804). Toute reconnaissance d'enfants adultérins ou incestueux était interdite. Il en résultait une large impunité pour les séducteurs qui ne voulaient pas reconnaître leur enfant, ainsi qu'un nombre non négligeable de reconnaissances ou de légitimations de complaisance. La vérité légale (au profit de l'ordre familial) de la filiation l'emportait sur une vérité biologique difficile à connaître.

Après plus d'un siècle de contestations, l'action en recherche de paternité fut admise, de manière limitative (dans cinq cas seulement faisant appel à la preuve littérale ou testimoniale) par la loi du 16 novembre 1912. Apparu peu avant la Seconde Guerre mondiale, l'examen comparatif des sangs (qui ne pouvait établir, dans un premier temps, que la non-paternité) fut consacré (à côté de la possession d'état comme moyen de preuve) par les lois des 15 juillet 1955 et 5 juillet 1956 qui élargirent quelque peu les actions reconnues aux enfants naturels. Ce fut surtout la loi de 1972, préparée par le doyen Carbonnier, qui améliora notablement les droits des enfants naturels et tendit à rapprocher la vérité légale de la vérité biologique : l'action en recherche de paternité était élargie, l'action en contestation de paternité ouverte à la mère après un divorce et un remariage, les enfants adultérins et incestueux pouvaient être reconnus. Rapidement cette évolution législative fut rattrapée par les progrès scientifiques permettant par l'examen comparé des empreintes génétiques une preuve positive de la paternité. Après que la Cour de cassation eut refusé d'admettre l'analyse biologique comme substitut à un des cas d'ouverture de la recherche en paternité (Civ. 1re, 5 juill. 1988, *D.* 1988. IR. 214), la loi du 8 janvier 1993 supprima les cas d'ouvertures à la recherche en paternité mais exigea des « adminicules préalables » (des commencements de preuve) pour que le juge puisse autoriser un examen biologique. La loi bioéthique du 29 juillet 1994 inscrivait à l'art. 16-11 du Code civil l'interdiction de la recherche de l'identification d'une personne par ses empreintes juridiques en dehors d'une procédure judiciaire. En France, contrairement à d'autres pays européens, il n'est pas légal de recourir à des examens d'empreintes génétiques afin de connaître une filiation en dehors d'une action en justice pour établir ou contester une filiation. L'ordonnance du 4 juillet 2005 (ratifiée par la loi du 16 janvier 2009), abandonnant la distinction entre filiation légitime et filiation naturelle, a harmonisé les modes d'établissement de la filiation (C. civ., art. 310-1) : par l'effet de la loi (pour la filiation maternelle par la désignation du nom de la mère, mariée ou non, dans l'acte de naissance et par la présomption de paternité pour les pères mariés), par une reconnaissance ou par la possession d'état (qui peut être prouvée par un acte de notoriété). L'ordonnance a également harmonisé les actions en établissement de la filiation (avec une prescription de dix ans) et en contestation de la filiation (avec un verrou en cas de possession d'état conforme au titre d'une durée d'au moins cinq ans depuis la naissance ou la reconnaissance). Elle a supprimé les adminicules préalables pour l'action en recherche de paternité.

Est-ce à dire que la preuve est libre pour établir son droit à une filiation (qui constitue incontestablement un intérêt juridiquement protégé) ? La réponse à cette question est négative : la filiation est d'abord établie, en dehors du cadre judiciaire, par des titres qui sont des présomptions d'une filiation biologique. La vérité sociale, notamment celle de la possession d'état, continue à avoir le pas sur la vérité biologique, même si les deux coïncident dans l'immense majorité des cas. C'est seulement en cas de procès que la preuve biologique est susceptible d'intervenir pour amener le juge à trancher. On voit bien, dans cette configuration, le lien étroit qui existe entre le droit de toute personne à connaître et à faire établir une filiation (un « droit subjectif » ou un « intérêt juridiquement protégé ») et l'encadrement de la preuve. Comme dans les autres domaines du droit civil, l'absence de preuve risque de conduire à l'échec de l'action judiciaire, c'est-à-dire à la non-reconnaissance d'un droit : *idem est non probari aut non esse*, c'est la même chose (pour un droit) de ne pas être prouvé ou de ne pas exister.

C'est dans ce cadre qu'il faut comprendre l'arrêt de principe de la Cour de cassation du 28 mars 2000 (Civ. 1re, 28 mars 2000, *D.* 2000. 731, note T. Garé) et la jurisprudence qui l'a suivi. Selon cet arrêt « l'expertise biologique est de droit, sauf s'il existe un motif légitime de ne pas l'ordonner ». Il s'agissait d'une affaire de contestation d'une reconnaissance paternelle par la mère qui affirmait, sans pouvoir le prouver, que le prétendu père était stérile. L'arrêt de la cour d'appel refusant l'expertise biologique fut cassé par la Cour de cassation. Le juge pouvait ainsi venir au secours de la partie demanderesse d'une expertise biologique, en l'occurrence la mère contestant la reconnaissance paternelle : il n'était plus question d'interdire au juge d'ordonner cette expertise au prétexte qu'il avantagerait indûment une partie en situation de carence dans l'administration de la preuve, mais au contraire de dire que le juge n'était pas en mesure de s'opposer à une preuve qui avait toutes les chances de faire gagner ou perdre le procès à cette partie. Confirmée dans les actions en contestation de reconnaissance, cette règle fut étendue par la Cour de cassation aux actions de contestation de la présomption de paternité, puis aux actions en recherche de paternité (quand il y avait des adminicules préalables avant 2005, puis sans ce début de preuve dont l'exigence a été supprimée en 2005, cette réforme ayant même été précédée d'un arrêt, Civ 1re 12 mai 2004, qui prouve que la jurisprudence devance la loi). La disparition des cas d'ouverture et des fins de non-recevoir de l'action en recherche de paternité allait dans ce sens. La célèbre affaire Montand (1997-1998, le corps de l'acteur fut exhumé par décision de justice pour un prélèvement d'ADN qui conclut à la non-paternité) conduisait à la disposition de la loi du 6 août 2004 interdisant la recherche d'empreintes génétiques sur une personne après sa mort, sauf consentement exprimé de son vivant.

La réserve du motif légitime pouvant s'opposer à une expertise biologique, correspond à l'hypothèse où le juge disposerait déjà de preuves convaincantes pour établir (ou dénier) une filiation, rendant la preuve biologique superfétatoire. En tout état de cause, un tel refus de la preuve biologique serait soumis à la Cour de cassation qui n'a pas montré depuis lors une tendance en faveur de ce motif légitime. Dernier bastion de l'indépendance du juge (qui ne peut pas après coup refuser le résultat d'une expertise biologique) à l'égard de la preuve biologique ou manifestation du rôle encore important que joue la possession d'état, c'est-à-dire la filiation sociale ? On pourra faire la comparaison avec la situation des enfants nés d'un accouchement sous X (qui ne peuvent établir leur filiation à l'égard de leur mère) et des controverses qu'elle suscite. Même en présence d'un droit prétendument subjectif (celui de connaître ses origines et celui d'établir sa filiation), c'est la loi et la jurisprudence qui déterminent les intérêts juridiquement protégés, les limitent en raison de considérations d'intérêt général, comme la stabilité des familles, et les encadrent par des règles de preuve : il y a loin de la pensée d'avoir un « droit *à*... » à la reconnaissance de ce droit en justice.

SITUATION 2

L'action en diffamation, entre protection de l'honneur et préservation de l'ordre public

Une personne attaquée dans son honneur peut agir en poursuivant l'auteur d'une injure ou d'une diffamation. Cette défense d'un intérêt juridiquement protégé passe, en France, par une poursuite pénale exercée devant le tribunal de police ou le tribunal correctionnel et pouvant aboutir à une condamnation à l'amende. Pour l'injure ou la diffamation « non-publique » (c'est-à-dire connue du seul intéressé, par exemple par une lettre, ou par une communauté d'intérêts précise et homogène, par exemple les membres d'une section d'un parti politique destinataires d'un courrier), l'action de la personne diffamée ou injuriée peut être portée devant le tribunal de police ou au tribunal d'instance, si la partie souhaite seulement une réparation financière. Si l'injure ou la diffamation ont un caractère public (il s'agit aussi bien d'écrits distribués ou mis en vente que de discours dans les lieux publics, de dessins ou images diffusés par tout moyen de communication au public incluant la voie électronique), le droit subjectif de la personne visée doit composer avec l'intérêt général de la liberté de la presse et de ses limitations. C'est donc dans la loi du 29 juillet 1881 sur la presse, une loi pénale définissant les délits de presse, que se trouvent les règles de cette action.

Cette action présente plusieurs particularités par rapport au droit commun de la procédure pénale. Dans le cas de la diffamation ou injure envers un particulier, la poursuite n'a lieu que sur plainte de la personne injuriée ou diffamée (art. 48 de la loi du 29 juillet 1881). Sans qu'il soit porté atteinte au principe du monopole de la poursuite exercé par le Parquet, c'est la partie civile qui a l'initiative du déclenchement du procès, soit par une citation directe devant le tribunal correctionnel, soit par un dépôt de plainte avec constitution de partie civile déclenchant une enquête, par exemple si l'auteur de la diffamation ou de l'injure est inconnu. L'intérêt juridiquement protégé prévaut ainsi dans la saisine de la juridiction pénale. Il est fait exception pour les diffamations et injures à caractère raciste, en raison du sexe, de l'orientation sexuelle ou du handicap, auxquels cas le ministère public peut agir d'office, que les personnes visées aient appartenu à un groupe ou qu'elles aient été agressées individuellement (il faut alors leur accord). La réforme opérée par la loi du 5 août 2013 du délit d'offense contre le chef de l'État (ancien art. 26 de la loi de 1881 dont l'emploi disproportionné avait été condamné par la CEDH dans l'arrêt *Eon c/ France* du 14 mars 2013, O. Beaud, *D.* 2013. 968) a fait disparaître un cas où le ministère public pouvait agir d'office. Le Président de la République, comme les ministres, parlementaires et fonctionnaires publics, peut choisir de porter plainte et déclencher la poursuite, sachant que dans ce cas, le délit est aggravé (sauf atteinte à la vie privée) avec une peine d'amende plus lourde que pour les diffamations envers les particuliers.

Quand il s'agit d'injures ou diffamations à caractère racial (ou de « défense de la mémoire des esclaves et de l'honneur de leurs descendants » depuis la loi du 21 mai 2001), toute association déclarée depuis au moins cinq ans et dont les statuts prévoient la lutte contre le racisme peut agir en tant que partie civile. Il en va de même pour les associations qui défendent les « intérêts moraux » (l'expression utilisée à l'art. 48-2 de la loi de 1881 est significative) des anciens combattants, résistants et déportés, comme pour celles qui luttent contre les discriminations en raison du sexe, de l'orientation sexuelle ou du handicap pour les délits de diffamation et d'injure concernés. Des personnes morales se voient ainsi reconnaître le droit de défendre en justice les intérêts juridiquement protégés de groupes de personnes. C'est la consécration de nouvelles formes de « droits subjectifs » pour des collectifs (qui ne se confondent pas avec des « communautés » ethniques ou religieuses) constitués par des personnes physiques (les membres de l'association) qui entendent être présents en justice dans la lutte contre le racisme. Ces règles sont aussi conçues pour surmonter la timidité, voire les craintes, des personnes isolées qui n'oseraient pas porter plainte. On remarquera que l'action en diffamation ou injure n'est ouverte, en règle générale, qu'à des personnes physiques vivantes ou à des associations constituées plusieurs années avant la commission du délit (cette dernière règle pour éviter la formation *a posteriori* d'associations qui auraient pour seul but de poursuivre une diffamation ou une injure). Les morts ne sont pas protégés contre les atteintes à l'honneur, sauf si celles-ci touchent en même temps leurs descendants. Les intérêts moraux juridiquement protégés s'éteignent avec les personnes, alors que d'autres « droits subjectifs », à caractère patrimonial, sont susceptibles d'être transmis à cause de mort d'une personne à une autre.

Il est une autre caractéristique de l'action de la partie civile déclenchant la poursuite pénale, qui est moins favorable aux victimes : celles-ci doivent agir au maximum dans les trois mois suivant la commission du délit (art. 65). C'est un délai de prescription particulièrement court qui vient sanctionner l'inaction d'une partie atteinte dans son honneur. Pour arguer d'une atteinte à son honneur, il faut être réactif, la loi présumant de manière irréfragable que le défaut d'action implique l'indifférence, l'oubli, voire le pardon de la personne visée par une diffamation ou une injure.

Il revient à chacun de décider si son intérêt moral a été ou non atteint par une allégation d'un fait déshonorant ou portant atteinte à sa considération par une expression outrageante, un terme de mépris ou une invective sans imputation d'aucun fait (ce sont les définitions respectives de la diffamation et de l'injure selon l'art. 29 de la loi de 1881). Il peut se produire que l'auteur de la diffamation ou de l'injure n'ait pas pensé porter atteinte à l'honneur de la victime, mais que celle-ci se montre sourcilleuse sur ses intérêts moraux. Chacun est juge de porter ou non en justice une atteinte à ses intérêts.

Pour autant, la notion d'atteinte à l'honneur n'est pas complètement subjective. C'est au tribunal saisi qu'il revient de décider si les caractéristiques de l'infraction sont réunies et par conséquent si la personne visée a été ou non déshonorée. Sous le contrôle de la Cour de cassation (puisque c'est une question de qualification juridique et que les juges du fond doivent clairement motiver leur décision sous peine de cassation pour défaut de base légale), les juges tiennent ainsi compte de l'évolution du langage (telle injure ancienne peut devenir anodine au cours du temps) et du contexte politique (traiter quelqu'un de « fasciste » dans un débat politique peut renvoyer à des classifications idéologiques sans caractère injurieux, alors que le même qualificatif employé hors du débat politique, en tant que terme dégradant, reste une injure). L'intérêt juridiquement protégé n'est reconnu judiciairement que si les juges estiment qu'il existe et qu'il a bien été atteint par l'injure ou la diffamation : le « droit subjectif » dépend d'une norme (la norme individuelle du jugement qui peut donner naissance à une norme jurisprudentielle à caractère général) relevant du « droit objectif ».

Dans les moyens de défense accordés à la partie poursuivie en justice (l'auteur de la diffamation et de l'injure), l'on retrouve ce subtil mélange de prise en compte des intérêts privés (ceux du demandeur diffamé ou injurié) et de l'intérêt général (celui de liberté de la presse et de l'information du public, dans le respect des personnes). En vertu de l'article 35 de la loi de 1881, la vérité des faits diffamatoires (il ne peut y avoir de « vérité » dans une injure) à l'égard des particuliers peut être prouvée par l'auteur de la diffamation, qui obtiendra ainsi sa relaxe, l'infraction n'étant pas constituée. Il s'agit, bien sûr, d'assurer aux journalistes, historiens et enquêteurs les moyens de diffuser dans le public des faits vérifiables et de contribuer ainsi au débat public. À la suite de QPC récentes (20 mai 2011 et 7 juin 2013), deux des exceptions à la preuve de la vérité des faits ont été abrogées : celle relative aux faits remontant à plus de dix ans et celle concernant les infractions amnistiées. Le « droit à l'oubli » a ainsi reculé devant l'exigence d'information. Il reste l'interdiction de prouver la vérité de faits diffamatoires tenant à la vie privée : là encore, il revient aux juges, de fixer la frontière entre la « vie privée » et la « vie publique ».

Même en cas d'absence de preuve de la vérité des faits, la partie poursuivie peut échapper à la peine (d'amende, accompagnée d'une indemnisation de la partie civile) en démontrant sa « bonne foi ». Il n'y a pas de « droit subjectif à l'honneur », mais un intérêt limitativement protégé.

SITUATION 3

Les cas d'abus de droit, négation des droits subjectifs ou recherche d'équilibre entre des intérêts juridiquement protégés ?

Ce qu'on appelle « abus de droit » en France correspond à une expression apparue au cours du XIXe siècle pour qualifier des situations où des personnes, titulaires d'un droit que la doctrine considérait alors comme « subjectif », étaient sanctionnées pour une faute consistant à avoir abusé de ce droit, le plus souvent à dessein de nuire à autrui. Un certain nombre de décisions de justice, relatives aux prérogatives des propriétaires, à l'action en justice de plaideurs chicaniers, ou au recours à la grève par des salariés et leurs syndicats (à partir de 1864, la grève a cessé d'être un délit, mais elle a pu constituer assez souvent une faute aux yeux des tribunaux, avant la reconnaissance du droit constitutionnel de grève en 1946) ont donné naissance à un mouvement jurisprudentiel soutenu par une partie de la doctrine, soucieuse de relativiser l'individualisme des droits subjectifs au tournant du XIXe et du XXe siècle.

Concernant le droit de propriété, les commentateurs du Code civil, obnubilés par le caractère « absolu » des prérogatives des propriétaires qu'ils croyaient lire dans l'article 544 (particulièrement à partir des années 1830 et face à la crainte du « communisme »), considéraient qu'un propriétaire était seul juge de ses intérêts et n'était pas juridiquement (mais non moralement !) condamnable s'il faisait sur son immeuble quelque action susceptible de nuire aux intérêts de son voisin. Du droit reconnu par l'article 658 du Code civil à l'un des propriétaires d'un mur mitoyen de l'exhausser à ses frais sans l'autorisation de l'autre copropriétaire, l'on déduisait qu'un propriétaire pouvait diminuer la lumière qui pénétrait chez son voisin, alors même qu'il n'avait aucun intérêt positif à cette élévation du mur (Civ. 11 avr. 1864, *DP* 1864. 1. 219).

Quelques décisions isolées ont cependant tracé une autre voie. En 1836, le tribunal de première instance de Péronne condamne un propriétaire qui avait, sans raison (probablement pour ôter de la lumière et « donner des idées noires » à son voisin) repeint en noir une façade qui donnait sur la propriété contiguë. Sans chercher à aller plus loin qu'une vague notion de faute, inspirée de l'article 1382 du Code civil, le Tribunal condamna le propriétaire malveillant à redonner au mur sa couleur blanche d'origine. En 1855, la cour d'appel de Colmar adopta la même démarche dans l'arrêt « *Doerr* » (Colmar 2 mai 1855, *DP* 1856, 2, 9) pour condamner un propriétaire à détruire une fausse cheminée, par définition sans utilité, qui là aussi obscurcissait « méchamment » son voisin. De manière plus spectaculaire, mais aussi plus anecdotique, le Tribunal de Compiègne, la cour d'appel d'Amiens et la Cour de cassation (Req. 3 août 1915, *DP* 1917. 1. 79) ont considéré, dans l'affaire *Coquerel c/ Clément-Bayard*, que le propriétaire d'un fonds avoisinant un terrain d'atterrissage et de décollage de ballons ne pouvait élever des structures de seize mètres de haut surmontées de tiges de fer pointues et commettait un abus de son droit par un acte sans utilité pour lui, inspiré par la volonté de nuire à autrui et ayant de plus causé un dommage à l'un des dirigeables. À la même époque Louis Josserand (1868-1941), professeur de droit civil à Lyon, commençait à théoriser cette notion d'abus de droit (*De l'abus des droits*, 1905, puis *De l'esprit des droits et de leur relativité*, 1927) en considérant que la finalité sociale et objective des prérogatives de propriétaires venait apporter une limite au droit de propriété de l'art. 544 du Code civil.

Cette lignée jurisprudentielle relative à l'abus du droit de propriété n'a pas disparu et il est encore des décisions pour condamner des propriétaires dont les constructions ou les plantations à la limite de leur terrain sont inspirées par la volonté de nuire à leur voisin. Il peut y avoir aussi abus de droit en cas de refus injustifié d'admettre la présence temporaire de matériaux nécessaires à des travaux sur la propriété voisine ; toutefois, en l'absence de preuve d'une intention malicieuse, la même décision n'est pas constitutive d'abus de droit.

On peut considérer que l'expression « abus de droit » n'est pas très bien choisie (Planiol, adversaire précoce de cette théorie, disait que le droit cesse là où l'abus commence) et que le critère, très subjectif, de l'intention de nuire n'est pas très satisfaisant. Pour l'essentiel la notion d'abus de droit en matière de propriété a évolué en direction d'une autre notion explicative, celle de « troubles anormaux du voisinage ». Utilisée, à propos de troubles sonores, dès le milieu du XIXe siècle, l'idée qu'il existe des « obligations ordinaires du voisinage », amenant à supporter de menus troubles venant de ses voisins, a conduit à interdire (ou à sanctionner par des réparations, selon un régime propre de responsabilité indépendant de la prise en compte d'une faute) des actes excessifs, dépassant la mesure de ces obligations : privation de vue, nuisances sonores, émission de fumées... Il s'agit en fait d'une prise en considération objective de l'équilibre entre les droits des propriétaires. Comme la liberté consiste à faire tout ce qui ne nuit pas à autrui, les prérogatives du propriétaire s'arrêtent là où commencent celles de ses voisins. Les troubles du voisinage, comme l'abus de droit, ne viennent pas contredire le droit de propriété (par ailleurs considérablement limité par les lois et les règlements comme prévu dans l'art. 544), mais défendent le droit de propriété de chacun, dans le respect du droit égal de ses voisins. Les intérêts juridiquement protégés doivent se concilier les uns avec les autres.

La situation n'est pas la même dans les cas où l'on parle d'abus de droit dans les relations entre contractants ou dans une procédure opposant un demandeur et un défendeur. Les intérêts juridiquement protégés ne sont pas les mêmes et il n'est plus question ici de relation de voisinage. Le créancier est « en droit » de se faire payer par son débiteur, comme toute personne est autorisée à défendre « son droit » en justice. En matière contractuelle, la législation et la jurisprudence sont allées de concert pour développer, dans la seconde moitié du XXe siècle, des orientations en faveur de la partie « faible » qui aurait été « abusée » en raison de son inexpérience par la partie la plus forte. La sanction des « clauses abusives » dans les contrats entre professionnels et consommateurs, l'introduction en 2001 du délit d'abus frauduleux de l'état d'ignorance ou de faiblesse de personnes vulnérables (C. pén., art. 223-15-2), le recours par la jurisprudence à la notion de bonne foi pour sanctionner des comportements abusifs en matière contractuelle (comme l'utilisation de mauvaise foi d'une clause résolutoire : Civ. 1re, 31 janv. 1995, *Bourdon, D.* 1995. Somm. 230), l'extension jurisprudentielle et législative de l'action en concurrence déloyale (avec le recours à la notion venue du droit européen d'abus de position dominante), tous ces phénomènes ont concouru à reconnaître des points-limites à l'exercice rigoureux des droits des créanciers, sans pour autant remettre en cause la force de ces intérêts protégés. En matière commerciale, un entrepreneur malheureux, ruiné par la concurrence, ne peut se plaindre des agissements de ses rivaux, sauf à prouver que ceux-ci ont commis des actes anti-concurrentiels et déloyaux, ce qui revient à une violation des normes qui organisent le marché.

En matière procédurale, le droit d'agir en justice, à ses risques et périls pourrait-on dire, ne peut être contesté dans son principe. Pour autant, les juridictions judiciaires n'hésitent pas à condamner (à des dommages-intérêts, mais aussi à une amende civile prévue à l'art. 32-1 du Code de procédure civile) ceux qui agissent en justice de mauvaise foi, en multipliant les manœuvres dilatoires et dans le seul souci de nuire à l'autre partie en lui faisant perdre du temps. Le contentieux administratif connaît également des sanctions contre les requérants qui cherchent uniquement à encombrer la justice administrative par des recours réitérés et des demandes infondées (art. 741-12 Code de la justice administrative). Il ne faut pas exclure les cas où les requérants cherchent à nuire à un tiers, par exemple en contestant un permis de construire (où l'on peut retrouver les conflits entre voisins). Les intérêts juridiquement protégés ne sont pas des « espaces de liberté » où les droits individuels se déploieraient sans contraintes, ni des « cages » où chacun se mouvrait à l'abri de la société, mais des possibilités d'agir configurées par le droit objectif, qu'il résulte de la loi ou des jugements.

SITUATION 4

La liberté de l'affichage et les possibles conflits avec d'autres droits fondamentaux

Quelques bâtiments anciens portent encore aujourd'hui l'inscription « Défense d'afficher. Loi du 29 juillet 1881 ». La grande loi libérale sur la presse de la Troisième République contient, en effet, trois articles sur l'affichage dont l'un est abrogé aujourd'hui : l'affichage des actes de l'autorité publique est placé sous l'autorité du maire et bénéficie de lieux spécifiques (comme du monopole du papier entièrement blanc pour éviter les confusions entre les « affiches administratives » et les « affiches publicitaires »), des emplacements sont réservés pour les affiches électorales et des amendes sanctionnent le fait de déchirer ou altérer les affiches officielles ou électorales. Dès cette époque, la liberté de l'affichage, liée au débat démocratique entre les idées, est encadrée par des dispositions destinées à protéger l'ordre public. Le développement précoce de la publicité a amené les pouvoirs publics à réagir rapidement en protégeant les monuments historiques et les sites classés contre l'affichage sauvage (lois de 1902 et 1910, loi de 1924 sur les stations touristiques). Prise sous le régime de Vichy mais validée à la Libération, la loi du 12 avril 1943 fixe des limites de taille pour les affiches publicitaires dans et à l'abord des agglomérations. La loi « d'Ornano » du 29 décembre 1979 a clairement mis la protection de l'environnement au centre des préoccupations de la réglementation nationale de l'affichage, cette dernière pouvant être « durcie » par des règlements municipaux. Les objectifs de protection de la jeunesse (la loi du 16 juillet 1949 modifiée interdisant toute publicité par affichage de toute publication à caractère licencieux et pornographique ou présentant un caractère violent ou raciste qui serait un danger pour les mineurs) et de protection de la santé (loi « Evin » du 10 janvier 1991 sur la publicité du tabac et de l'alcool) interviennent également pour limiter la liberté d'affichage. Reprenant la loi d'Ornano avec ses modifications et ses compléments réglementaires, le Code de l'environnement (art. L. 581-1) rappelle que « chacun a le droit d'exprimer et de diffuser informations et idées, quelle qu'en soit la nature, par le moyen de la publicité ». L'affichage reste placé sous le signe des libertés d'expression et de création.

Depuis une trentaine d'années, les juridictions sont saisies de demandes, passant souvent par la procédure d'urgence du référé (permettant au juge de prendre toutes mesures conservatoires pour « faire cesser un trouble manifestement illicite », C. pr. civ., art. 809), pour retirer des affiches publicitaires contenant des images susceptibles de léser des intérêts juridiquement protégés et de susciter un conflit entre la liberté d'expression et d'autres droits fondamentaux. Une des premières affaires concernait, en 1984, l'affiche du film *Ave Maria* représentant une jeune femme, la poitrine nue, attachée à une croix. Saisi par la fraternité Saint Pie X, le Tribunal de grande instance de Paris jugea recevable l'action d'une association dont le but était de défendre les principes de la religion et de la morale catholique. Cette personne juridique avait, selon le juge des référés, un « intérêt moral » juridiquement protégé sur la base de la liberté de conscience, du « respect des croyances » et de la liberté d'aller et venir « sans risque d'agression ou d'outrage », des droits constitutionnellement garantis. Sur le fond, l'affiche (qui ne correspondait pas à une image du film), diffusée « dans des conditions de publicité tapageuse et en des lieux de passage forcé » devait être retirée, car elle constituait « un acte d'intrusion agressive et gratuite dans le tréfonds des croyances » (TGI Paris, 23 oct. 1984, *D.* 1985. 31, note Lindon ; confirmé par Paris 26 oct. 1984).

Si la recevabilité des actions intentées par des associations (qu'elles prétendent représenter des communautés religieuses en accord avec leur hiérarchie ou qu'elles correspondent à des groupes très minoritaires, le droit français ne fait aucune différence juridique entre ces personnes en l'absence de cultes reconnus depuis 1905) n'a jamais été remise en cause, depuis lors, les décisions prises par les juges des référés relèvent du cas par cas, plutôt que de lignes jurisprudentielles clairement définies. Ainsi, en 1997, la demande (présentée par l'Alliance générale contre le racisme et pour le respect de l'identité française) de retirer l'affiche du film *Larry Flint* (une femme à moitié dévêtue auprès d'un homme dans une position de crucifié et drapé de la bannière étoilée des États-Unis) fut rejetée par le TGI Paris. De fait, le principal motif de cette décision est l'absence de ressemblance de l'acteur avec la figure du Christ et d'une représentation de la croix (TGI Paris, 20 févr. 1997, *LPA* 1997. 10). S'y ajoute, en droit, un rapport plus étroit entre l'affiche et son contenu, un argument qui a été repris dans la décision, déboutant aussi les demandeurs (à nouveau l'AGRIF), relative à l'affiche du film *Amen* (TGI Paris, 21 févr. 2002, *JCP* 2002. 100064). En 2005, l'association « Croyances et Liberté », créée par la conférence épiscopale de France, a demandé au juge des référés d'interdire une affiche (de grande dimension) faisant la publicité d'une marque de vêtements en représentant des femmes portant des habillements de la marque accompagnées d'un homme dos nu selon les postures du Christ et de ses apôtres dans

La Cène de Léonard de Vinci. En première instance comme en appel, les juges ont estimé que l'affiche dénaturait l'image de *La Cène* avec un « motif de dérision inutilement provocateur » et constituait une « injure » (au sens de la loi de 1881) faite aux catholiques et apparaissant « disproportionnée au but mercantile recherché » (TGI Paris, 10 mars 2005 et Paris 8 avr. 2005, *D.* 2005. 1326, note P. Rolland). L'arrêt de la cour d'appel de Paris a été cassé par la Cour de cassation (Civ. 1re, 14 nov. 2006) jugeant que l'infraction d'injure n'était pas constituée en l'absence d'intention d'outrager les fidèles de confession catholique.

Différents arguments ont été présentés dans ces décisions pour faire prévaloir le respect des croyances ou la liberté d'expression qui sont deux droits fondamentaux garantis par la Constitution. Non seulement la loi de 1881 accorde une protection renforcée, en cas d'injure (art. 33), aux personnes revendiquant leur appartenance à une religion déterminée, mais l'article premier de la Constitution fait du « respect des croyances » une obligation constitutionnelle pour l'État, qui n'est en rien contradictoire avec la Séparation entre ce même État et les Églises. L'État, c'est-à-dire l'ordre juridique français, doit protéger les convictions religieuses de chacun, au titre de « convictions intimes » (selon l'expression utilisée par la Cour EDH 20 sept. 1994, *Otto-Preminger Institut c/ Autriche*, une décision qui laisse aux États une grande marge d'appréciation pour ce qui touche les offenses aux convictions religieuses, voire la pénalisation du blasphème) tenant aux droits fondamentaux de la personnalité. En lien avec la liberté d'aller et venir, les croyants peuvent invoquer leur droit à se déplacer dans les rues sans être agressés « gratuitement » par des affiches face auxquelles ils ne pourraient détourner le regard (à la différence des films que personne n'oblige à aller voir). La publicité commerciale, avec ses fins mercantiles, ne pourrait arguer de la liberté de la création artistique pour l'emporter sur ce respect dû aux croyances religieuses : face à un droit fondamental tenant à l'intimité des personnes, la liberté d'expression reconnue aux publicitaires serait de second ordre.

En sens inverse, l'on peut considérer que les libertés d'expression et de création ne se divisent pas en différents degrés de protection, selon le jugement (subjectif) des juges quant au caractère artistique, informatif ou publicitaire d'une image diffusée sous forme d'affiche dans l'espace public. En France, comme dans beaucoup d'autres pays européens, la création artistique bénéficie d'une protection renforcée qui écarte le plus souvent la qualification d'injure ou de diffamation. Les affiches faisant la publicité d'une marque sont aussi des créations artistiques au même titre que celles des films. « L'esprit de tolérance » qui doit être présent dans une société démocratique impose de ne pas diffuser des images ou des messages haineux à l'égard d'une religion ou de ses fidèles (il y a alors injure et même provocation à la haine), mais n'interdit ni les parodies, ni les caricatures que les croyants doivent aussi tolérer de leur côté. Dans ces « cas difficiles » de conflits entre plusieurs droits fondamentaux, il faut admettre que les juges décident au cas par cas et peuvent, dans la même affaire, aboutir à des résultats divers, *a fortiori* quand ils se situent dans des pays différents (les affiches *Benetton* avec l'inscription HIV sur des corps ont été interdites en France [Paris, 28 mai 1996] comme attentatoires à la dignité humaine, alors que la Cour constitutionnelle allemande les a autorisées en 2000 et 2003 au nom de la liberté d'expression).

SITUATION 5

Un regain de la propriété comme liberté fondamentale ?

Mis en cause au cours du XXe siècle par l'avènement de régimes communistes dans plusieurs pays, le droit individuel de propriété a pu paraître sur le déclin dans les décennies suivant la Seconde Guerre mondiale, y compris dans les ordres juridiques fidèles aux principes de l'économie de marché, comme la France. Les nationalisations de la Libération, les développements du droit rural (le statut des biens ruraux de la loi du 13 avril 1946 reconnaissant aux fermiers et métayers un droit « d'allure réelle » avec le renouvellement du bail à la demande de l'exploitant et son droit de préemption en cas de vente du fonds par le bailleur), du droit de l'urbanisme et du logement, plus tard du droit de l'environnement paraissaient réduire les prérogatives du propriétaire à bien peu de chose, par exemple en matière de construction avec les conditions mises à l'obtention d'un permis de construire. L'exemple du recul des pouvoirs des propriétaires illustrait la critique même de la notion de droit subjectif, conçu comme un droit inné prolongeant la personne par une emprise sur ses biens et comme un droit « exercé de la manière la plus absolue » selon la formulation de l'article 544 du Code civil.

La propriété a pourtant connu depuis le début des années 1980 un regain de vitalité juridique lié à sa reconnaissance en tant que droit fondamental. La décision du Conseil constitutionnel (DC 81-132) du 16 janvier 1982, invalidant la première loi de nationalisation en raison d'une indemnisation des actionnaires jugée insuffisante et contraire aux exigences de l'article 17 de la Déclaration des droits de l'homme et du citoyen, a représenté un véritable tournant. Le Conseil constitutionnel, en reconnaissant « le caractère fondamental du droit de propriété » en vertu de la DDHC, a clairement inséré le droit individuel de propriété parmi les droits garantis par la Constitution, c'est-à-dire parmi les droits fondamentaux. Sans méconnaître la portée constitutionnelle de l'alinéa du préambule de 1946 énonçant que toute entreprise avec le caractère d'un service public national ou d'un monopole de fait « doit devenir la propriété de la collectivité », le Conseil constitutionnel a entendu soumettre les nationalisations au régime de l'expropriation, c'est-à-dire celui d'un achat forcé par l'État du bien d'un particulier contre une indemnité juste et préalable – ce qui conduit au respect de la valeur patrimoniale de la propriété, le bien exproprié étant échangé contre de l'argent. Le Conseil constitutionnel a, de plus, fixé une frontière qu'il est interdit au législateur de franchir sans violer la Constitution : celle d'atteintes d'une gravité telle que soient dénaturés « le sens et la portée » du droit de propriété. Sans qu'une limite chiffrée soit assignée au secteur public, le maintien d'un « secteur privé » fondé sur la propriété individuelle a été érigé en exigence constitutionnelle, repoussant le « collectivisme » en dehors du cadre constitutionnel actuel.

Cela ne signifie pas que le Conseil constitutionnel ignore les nombreuses et importantes limitations qui ont été apportées au droit de propriété depuis 1789. Il y a fait référence à de multiples reprises, qu'il s'agisse de valider une loi d'urbanisme en insistant sur l'étendue de ces limitations d'intérêt général (DC 89-256 du 25 juillet 1989) ou de poser des réserves d'interprétation aux dispositions de réquisition des logements vacants dans la loi de lutte contre les exclusions (DC 98-403 du 29 juillet 1998). Le droit de propriété l'emporte en cas de conflit sur le droit au logement qui se situe à un degré inférieur, celui d'un objectif à valeur constitutionnelle. L'on peut faire une lecture plus critique de cet aspect de la jurisprudence constitutionnelle en considérant que le Conseil constitutionnel n'a opposé que des barrières symboliques, de portée presque marginale, au mouvement de recul des prérogatives des propriétaires qui continue. Pour autant, l'existence de ce contrôle de la constitutionnalité des lois, renforcé depuis 2010 par la QPC (donnant lieu notamment à des décisions validant des articles 544 et 671 du Code civil, QPC 2011-169 du 30 septembre 2011, QPC 2014-394 du 7 mai 2014), a ajouté une protection supplémentaire pour les droits des propriétaires qui peuvent être opposés à des interventions étatiques qui seraient jugées excessives (par exemple, QPC 2011-176 du 7 octobre 2011 invalidant un article de la loi d'orientation foncière du 30 décembre 1967 qui pouvait obliger les propriétaires à céder gratuitement une partie de leur terrain à une commune en contrepartie d'une autorisation de construire ou de lotir).

Parallèlement, la Cour européenne des droits de l'homme a développé une jurisprudence protectrice de la propriété garantie par l'article premier du protocole additionnel à la Conv. EDH de 1952. La place du droit de propriété dans un protocole additionnel montre, d'un point de vue historique, la relative discrétion avec laquelle les pays européens (à l'époque seuls les États de l'Europe de l'Ouest avec une économie de marché s'opposant au collectivisme des pays de l'Europe de l'Est adhéraient à la Conv. EDH) entendaient consacrer ce droit fondamental. Cet article ne recourt pas aux formulations « absolutistes » du Code Napoléon, en reconnaissant que « toute personne physique ou morale a droit au respect de ses biens ». Pour autant, les conséquences qu'en tire la Conv. EDH en matière d'expropriation sont comparables à celles de la Déclaration de 1789 et le lien établi entre les personnes, aussi bien morales que physiques, et *leurs* biens évoque bien un droit juridiquement protégé. Si la Cour de Strasbourg a validé de nombreuses restrictions apportées aux droits des propriétaires par les législations des États-membres, elle a aussi condamné des États qui ne laissaient pas les propriétaires accéder librement à leurs biens immeubles (Cour EDH 18 déc. 1996, *Loizidou c/ Turquie*, v. Séquence 5 sur le contrôle d'un territoire par un État-membre), qui procédaient à des expropriations de fait sans indemnisation (Cour EDH 31 oct. 1995, *Papamichalopoulos et autres c/ Grèce*) ou qui donnaient au fisc, par l'octroi d'un droit de préemption non assorti de garanties procédurales, un pouvoir arbitraire pour priver un particulier de sa propriété (Cour EDH 22 sept. 1994, *Hentrich c/ France*). La protection du droit de propriété a ainsi amené la Cour EDH à contrôler la législation fiscale des États quand elle menace, de manière disproportionnée et injustifiée au regard de l'intérêt collectif, les propriétés des contribuables.

L'affaire *Chassagnou et autres c/ France*, jugée par arrêt du 29 avril 1999, illustre les effets qui sont attachés à la reconnaissance de la propriété comme une liberté fondamentale. En l'espèce les requérants contestaient la loi « Verdeille » de 1964 qui permettait, dans de nombreuses communes françaises, aux adhérents d'associations communales de chasse de chasser sur les terrains privés dont la superficie était inférieure à un certain seuil, y compris si les propriétaires de ces terrains étaient opposés à la chasse. La Cour de Strasbourg a considéré que cet « apport forcé du droit de chasse » (en tant que prérogative attachée à la propriété en droit français) imposé aux petits propriétaires contre leurs convictions personnelles (le droit de « conscience » contre la chasse) constituait une violation de l'article premier du Protocole additionnel n° 1 et une discrimination sous la forme d'une rupture d'égalité entre petits et grands propriétaires. La réforme de la loi « Verdeille » en 2000 a suivi cette décision de la Cour EDH et marqué un retour aux « principes de 1789 » : le droit de tout propriétaire d'un terrain de se clore et d'interdire sur son bien des activités qu'il n'a pas autorisées, la dépendance du « droit de chasse » à l'égard du droit de propriété dont il est un prolongement possible (mais non nécessaire, le propriétaire ayant précisément la liberté de ne pas chasser et d'exclure la chasse de son terrain).

Cette sorte de « retour aux sources » ne signifie pas qu'il faille reconsidérer la notion d'intérêt juridiquement protégé, une notion qui s'accorde beaucoup mieux avec le droit en vigueur que celle de « droit subjectif » marquée par ses accents jusnaturalistes. Le regain de la propriété nous rappelle qu'en vertu des normes du droit objectif, les personnes se voient imputer des pouvoirs ou des prérogatives dont elles sont titulaires. Que ce rapport entre personnes et biens soit de nature patrimoniale (sur des biens corporels ou incorporels) ou non (sur des biens extra-patrimoniaux, comme le corps et ses éléments), il y a une forme de liberté et de maîtrise des individus sur leurs intérêts.

SÉQUENCE 7

Doctrines et sciences du droit

Les normes juridiques donnent lieu, depuis l'Antiquité, à une activité intellectuelle qui réfléchit sur le droit. Désigné souvent sous le nom de « droit savant », ce discours sur le droit, sous des formes descriptives ou critiques, peut avoir aussi bien des finalités pratiques liées à l'argumentation dans un cadre judiciaire ou à la didactique dans un cadre académique (v. Séquence 9) que des objectifs désintéressés de connaissance du droit. En France, le terme de *doctrine* a été utilisé de manière privilégiée à partir de la première moitié du XIXe siècle quand des publications (comme le *Répertoire méthodique et alphabétique* des frères Dalloz) ont voulu rendre compte de manière synthétique des opinions de ceux qui écrivaient sur le droit. La doctrine a ainsi revendiqué une place à côté de la législation et de la *jurisprudence* qui acquérait alors son sens moderne (v. Séquence 2). Dans d'autres langues on parle de science du droit (*Rechtswissenschaft* en allemand, *scienza giuridica* en italien) ou de littérature juridique (*legal writing* en anglais). Le phénomène doctrinal présente ainsi des spécificités selon les époques et les ordres juridiques et nous tenterons d'en dessiner les contours en France aujourd'hui (I). La multiplicité *des* doctrines et des sens donnés à ce mot, amène à s'interroger sur le vocabulaire des juristes et sur le rôle des concepts dans toute activité réflexive sur le droit (II). Il convient enfin de faire la distinction entre doctrines et sciences du droit : l'histoire du droit, la sociologie du droit et la théorie du droit ont l'ambition de développer une approche scientifique du droit à partir d'un point de vue d'observateur extérieur (III).

I ■ Le phénomène doctrinal en France

La notion de doctrine est une construction historique relativement récente (elle ne remonte pas au-delà du XIXe siècle, même si elle revendique une filiation avec la *jurisprudence* des Prudents, qui était l'activité des juristes romains en matière de consultation et d'élaboration de commentaires ou traités) et propre à la France[1]. À la polysémie du mot s'ajoute la variété des buts poursuivis par les auteurs censés composer la doctrine : autant de raisons de préférer de parler d'une pluralité de doctrines qui se dissimulent derrière l'ambition affichée d'une unité de la doctrine française.

A ▪ Les caractérisations des doctrines

Dans le langage courant, une doctrine est une opinion, plus ou moins développée (d'une prise de position ponctuelle à une théorie élaborée) qui prétend analyser des faits de manière exacte au point de pouvoir être diffusée et professée (*docere* signifie enseigner en latin). On peut parler d'une doctrine sur l'erreur dans les contrats ou sur l'étendue des pouvoirs du Conseil constitutionnel. Un auteur peut ainsi défendre la doctrine selon laquelle l'erreur sur le prix n'est pas une cause de nullité d'un contrat en droit français ou que le Conseil constitutionnel peut contrôler la conformité des lois votées par le Parlement avec les engagements internationaux de la France. Dans le premier cas, la doctrine proposée se veut descriptive de la règle de droit telle qu'elle figure dans le Code civil ; dans le second cas, il s'agit d'une doctrine critique ou prescriptive qui va à l'encontre de la jurisprudence du Conseil constitutionnel.

Dans la mesure où une prise de position doctrinale cherche à convaincre d'autres personnes, plusieurs auteurs peuvent partager la même doctrine et ces convictions communes peuvent s'étendre à toute une matière, voire à une « branche » du droit (v. Séquence 8). Une doctrine peut être ainsi un ensemble d'opinions sur telle ou telle partie du droit et le terme peut servir à qualifier la totalité des opinions sur le droit. Il faut bien comprendre que plus on élargit la notion à un nombre croissant de sujets et d'auteurs exprimant ces opinions, plus l'unité du phénomène doctrinal diminue. Si l'un des sens donnés par l'usage au mot « doctrine » est l'ensemble des opinions sur le droit, il est clair qu'il n'y a pas d'unanimité des juristes (par exemple en France) pour adhérer aux mêmes opinions sur toutes les questions juridiques. Si l'on veut donner cohérence à un sous-ensemble d'opinions, il faut restreindre cette pratique interprétative des règles de droit à un domaine limité et avoir conscience qu'il existe probablement des dissidents : le langage des juristes parle souvent de « doctrine majoritaire » ou de « doctrine dominante », ce qui traduit bien l'absence d'accord sur ce sous-ensemble d'opinions[2].

De ce découpage des doctrines, qui résulte lui-même d'un point de vue subjectif (nous relevons que plusieurs auteurs, dont les noms sont souvent cités, partagent la même doctrine), l'on passe à l'utilisation du mot « doctrine »

1. Philippe Jestaz, Christophe Jamin, *La doctrine*, Paris, Dalloz, 2004.
2. V. *Situation 1*.

pour désigner le collectif des auteurs et non plus les opinions elles-mêmes. La doctrine est censée être un « corps particulier » qui développe un discours déterminé sur le droit[1]. On parlait, pour le droit savant de l'Ancien Régime, de la *communis opinio doctorum*, faisant référence au corps des docteurs en droit, c'est-à-dire de ceux ayant l'autorisation d'enseigner le droit. Aujourd'hui la doctrine en France émane essentiellement des enseignants en droit, mais cette tendance au monopole de la doctrine universitaire doit être relativisée par la participation à la doctrine passée (importante au XIXe siècle) et encore présente, notamment dans les revues juridiques, d'avocats, de magistrats, de notaires ou d'autres praticiens du droit. En réalité, ce que l'on désigne alors sous le terme de doctrine est une activité, une pratique (v. Séquence 9 pour ces cultures des juristes) qui consiste à défendre et le plus souvent à enseigner des positions doctrinales. Ces positions sont censées être douées d'une certaine « autorité », combinaison du prestige de la position occupée par leurs auteurs et de leur force de conviction, qui donnerait à cet ensemble de discours et de personnes une influence sur la vie du droit. Non seulement les enseignants seraient habilités, après examen de leurs compétences par leurs pairs, à tenir un discours d'experts sur le droit, mais le « droit des professeurs » (correspondant aux expressions courantes en Allemagne de *Juristenrecht* ou de *Professorenrecht*) correspondrait à des phénomènes de création du droit par les auteurs de la doctrine.

S'il existe dans la doctrine universitaire des contraintes collectives et des habitus professionnels susceptibles d'entretenir une forme de conformisme par un ralliement à la doctrine dominante, il n'y a pas bien évidemment de consensus à l'intérieur du corps doctrinal. La spécialisation des universitaires, la diversité des orientations idéologiques et les phénomènes d'« écoles » autour de maîtres et de disciples sont autant de phénomènes qui conditionnent la pluralité, comme l'évolution dans le temps, des groupes doctrinaux. En revanche, l'on peut parler d'influence de *la* doctrine (entendue au sens d'un groupe social et professionnel) quand on se pose le problème de la participation des universitaires à la création de règles de droit.

Le terme de doctrine renvoie, enfin, aux supports (ou contenants) utilisés par les auteurs pour défendre et diffuser leurs opinions. Dans cette optique, la doctrine devient synonyme de la littérature juridique et de ses diverses formes (v. Séquence 9). La doctrine se trouve dans les cours, les manuels, les livres, les revues et les articles consacrés au droit. Encore une fois, ce *corpus* de textes que l'on réunit sous le nom de doctrine résulte d'une catégorie subjective dans la mesure où ses limites ne sont jamais définies par ceux qui en parlent. Face à ces multiples usages du mot doctrine, qui justifient l'emploi du pluriel plutôt que du singulier, il faut se demander quel est le statut, dans l'ordre juridique français contemporain, du discours doctrinal.

---

1. Éric Millard, « Ce que « doctrine » veut dire », *in* Association française pour la recherche en droit administratif, *La doctrine en droit administratif*, Paris, Litec, 2010, p. 3-12.

B ▪ Les ambitions du discours doctrinal

Reprenant les fonctions que se donnaient les Prudents romains - *respondere* (répondre à des demandes de consultation), *cavere* (conseiller, notamment en évitant les procès), *agere* (aider, quand cela est nécessaire, à agir en justice) –, les auteurs de la doctrine ont souvent une ambition proche de celle des praticiens d'aider les usagers du droit à résoudre les difficultés, contentieuses ou non, qu'ils ou elles rencontrent dans la vie juridique. Non seulement les enseignants en droit peuvent se livrer à une activité de consultation, au même titre que des avocats ou des notaires, mais ils peuvent livrer (individuellement ou en commun) des mémoires en justice qui défendent le point de vue d'un des justiciables et peuvent influencer la décision judiciaire. Il s'agit alors d'une activité au cas par cas, qui peut seulement, comme les plaidoiries des avocats, revendiquer être un facteur parmi d'autres de la norme individuelle qui résulte de toute décision judiciaire (v. Séquence 2).

Les auteurs de la doctrine, spécialement quand ils sont enseignants, entendent la plupart du temps donner une portée plus générale à leurs opinions. Ils défendent une doctrine pour pouvoir influencer l'interprétation d'une norme législative ou la création d'une norme jurisprudentielle. Dans les deux cas (souvent liés dans la mesure où les juges interprètent les énoncés législatifs), les auteurs de la doctrine ne peuvent prétendre être les créateurs de normes. De la même façon, un professeur de droit ou une commission d'universitaires peuvent conseiller le Parlement dans l'élaboration d'une loi : ce ne sont pas ces auteurs de la doctrine qui édictent la loi et, dans la pratique parlementaire récente, il est bien rare que le Parlement adopte sans changement un texte préparé dans les cercles académiques. Au minimum, il y a une intervention de hauts fonctionnaires ou de parlementaires dans l'élaboration d'une loi ou d'une ordonnance, quand bien même elle s'inspire d'un « avant-projet » d'origine doctrinale. C'est l'autorité habilitée à créer la norme, le Parlement ou le Gouvernement, qui lui confère son statut et son autorité.

L'enseignement et la rédaction de manuels de droit qui lui est liée mettent en œuvre une autre ambition de la doctrine. Comme il est impossible de faire connaître aux étudiants l'ensemble des normes juridique en vrac, la didactique impose une « mise en ordre » des phénomènes juridiques qui relève de l'activité doctrinale. Les enseignants en droit déterminent collectivement (aujourd'hui avec beaucoup moins de contraintes sur les programmes qu'au XIXe siècle où des règlements disaient précisément ce qui devait être enseigné et dans quel ordre) et individuellement (chacun suit sa méthode dans son cours et ses publications) quelles sont les normes les plus importantes à expliquer et selon quel plan adapté à des fins pédagogiques. Le discours sur le droit devient alors un « droit savant », qui prétend souvent être une description scientifique, une sorte de reproduction au style indirect de la norme (l'enseignant dit que « le Code pénal prescrit tel ou tel comportement »). En réalité, le discours doctrinal ne se confond pas avec les normes en vigueur :

il opère une sélection de ces normes, les relie entre elles par des processus intellectuels, en propose une interprétation et souvent une évaluation, plus ou moins critique (l'enseignant fait la remarque que la norme est claire ou confuse, adaptée ou non, respectée ou non, par exemple en donnant son point de vue sur la jurisprudence des tribunaux)[1].

Alors que les normes juridiques ne sont ni vraies ni fausses, les énoncés de la doctrine (ou « propositions de droit » dans le vocabulaire de Kelsen) prétendent à une forme de vérité en rendant compte exactement du contenu des normes. Dans certains cas, quand la règle tranche de manière binaire par oui ou par non (la loi autorise ou non la peine de mort, une seule réponse est possible dans un ordre juridique donné), la proposition de la doctrine peut être considérée comme vraie ou fausse. Dans d'autres cas, où la solution de la question juridique est controversée et donne lieu à des procès, la doctrine propose une interprétation de la norme qui peut être discutée et rejetée par d'autres interprétations. L'ambiguïté vient du fait que, la plupart du temps, les auteurs de la doctrine ne disent pas clairement qu'elle est l'ambition de leur discours et ne se donnent jamais des règles d'évaluation qui puissent déterminer de manière objective (et extérieure au locuteur) si ce discours est convaincant ou non. Tantôt la doctrine parle *de lege lata* (en affirmant décrire ce que la norme ordonne), tantôt elle veut prescrire *de lege ferenda* (en proposant ce que devrait être la norme).

Pour toutes ces raisons, il y a loin entre les ambitions de la doctrine et son rôle réel dans l'ordre juridique français contemporain. Il a bien existé des périodes de l'histoire où les juristes étaient habilités à dire le droit ou exerçaient une influence déterminante à travers le droit savant. Les Prudents romains affirmaient dire le droit et, en leur conférant le *jus respondendi* (le droit de faire une réponse de manière publique, avec un caractère officiel), les empereurs romains ont probablement reconnu à certains d'entre eux un pouvoir d'interprétation authentique des textes de droit. Dans les derniers siècles de l'empire romain, des lois prescrivent aux juges de suivre l'avis des Prudents quand ils sont unanimes sur une question ou que l'on peut citer les opinions des plus grands jurisconsultes du début du IIIe siècle ap. J.-C. En ordonnant de composer le *Digeste* d'extraits des œuvres de ces juristes faisant autorité, l'empereur Justinien leur a reconnu, en 533, la même valeur qu'aux lois. De ce fait, nous avons une vision peut-être déformée de la réelle influence de ces juristes. De même, à partir du XIIe siècle avec la redécouverte en Occident des compilations de Justinien, les glossateurs et les commentateurs ont profité des faiblesses de la législation et de la transmission incertaine des décisions judiciaires pour donner au droit savant une place de choix dans les processus de création du droit : avocats et juges n'hésitaient pas à citer les noms de ces professeurs et à accumuler les références à ces autorités.

1. V. *Situation 2*.

Depuis le développement du pouvoir législatif à partir du XVIIIe siècle (correspondant aux débuts de la codification moderne), puis avec l'essor de la « jurisprudence législative », ce qu'on a appelé « doctrine » en France ne peut créer de nouvelles normes juridiques. Le rôle des auteurs de la doctrine, qui ne sont investis d'aucune autorité pour « dire le droit », se limite à proposer des interprétations « scientifiques » (c'est-à-dire non authentiques, n'ayant pas la force d'une norme en vigueur) des règles de droit entre lesquelles les législateurs et les juges, créateurs de droit nouveau, peuvent choisir. C'est en vain, et en abandonnant sa prétendue neutralité, qu'une doctrine se prétend prescriptive et que des auteurs espèrent à eux seuls changer le droit. La doctrine est néanmoins d'une grande utilité pour diffuser et améliorer l'outillage conceptuel du droit.

II ▪ L'outillage des concepts juridiques

Les énoncés législatifs et jurisprudentiels, comme les discours sur le droit, utilisent un vocabulaire souvent spécialisé et abstrait. Sans que la terminologie soit clairement fixée (chaque auteur tend à avoir sa propre définition des concepts, des notions ou des principes)[1], le terme de concepts est le plus couramment utilisé pour ces outils intellectuels qui servent à ordonner le contenu des règles de droit sous des définitions qui donnent à une ou plusieurs expressions linguistiques (des signifiants) la même signification (ou signifié). La définition part de la recherche du genre le plus proche et de la différence spécifique qui permet de séparer le concept de ce *genus proximum*. Deux précautions s'imposent ainsi d'emblée : il faut faire la différence entre les concepts et les « noms de concepts », de même qu'il faut distinguer entre les concepts présents dans les énoncés normatifs et ceux qui résultent d'une construction doctrinale. Une définition unique peut correspondre, dans la même langue, à plusieurs mots utilisés par diverses normes ou par différents auteurs. Quand l'article 637 du Code civil parle (dans la langue de 1804) d'une servitude établie sur un « héritage », ce dernier mot est synonyme d'immeuble. Les deux noms de concept « héritage » et « immeuble » correspondent au même concept. Il en va de même quand deux auteurs de la doctrine, aux tendances on l'a vu très individualistes, choisissent chacun un mot qui leur est propre pour désigner le même concept (par exemple en parlant de responsabilité pour risque ou de responsabilité objective). Inversement, ce qui est plus troublant et n'est pas toujours avoué par les utilisateurs de concepts, le même nom peut servir à désigner des concepts différents. Encore une fois, on

1. Véronique Champeil-Desplats, *Méthodologie du droit et des sciences du droit*, Paris, Dalloz, 2014, p. 320-326.

ne peut parler d'unité de la doctrine quand des civilistes donnent des définitions divergentes pour le nom de concept « autonomie de la volonté » ou quand les publicistes développent des théories opposées sous le nom de « séparation des pouvoirs ». Il convient plus généralement d'attacher un poids différent aux concepts (« du droit ») qui sont nommés dans les normes elles-mêmes (le vocabulaire employé par la loi ou la jurisprudence) et ceux qui résultent d'un travail intellectuel de la doctrine ou de la science du droit (concepts de la science du droit), sachant que certains concepts ont les deux qualités (c'est le cas pour la « séparation des pouvoirs », mais non pour l'« autonomie de la volonté » qui est seulement un concept doctrinal). Les concepts peuvent donner lieu à une typologie tant est large la gamme des définitions et des classifications possibles. En tant qu'outils de tout discours sur le droit, ils remplissent des fonctions et ne correspondent pas à des essences.

A ▪ Pour une typologie des concepts

Proposer une typologie des concepts risque de transformer un usage personnel du vocabulaire juridique en une présentation dogmatique. Les remarques suivantes ne sont destinées qu'à attirer l'attention sur quelques difficultés du vocabulaire juridique.

• Dans un premier type de cas, les normes juridiques emploient des mots du vocabulaire courant qui sont, en tant que représentations générales, des concepts. Prenons l'exemple des articles du Code civil consacrés, dans une forme inchangée depuis 1804, à la distinction entre meubles et immeubles. Il y est question de bateaux, bacs, moulins, usines (art. 531), des animaux (art. 528) ou des ruches à miel (art. 524), autant de concepts (il s'agit des bateaux en général, pas d'un type particulier de bateaux) qui sont des catégories de pensée utilisés dans d'autres domaines que le droit. La loi ne donne pas de définition de ces concepts, mais les juges peuvent être amenés à préciser l'étendue du concept dans l'opération de qualification juridique, par exemple pour dire si tel engin est un « bateau » ou un « véhicule ». La qualification est particulièrement importante en droit pénal, où le juge doit vérifier que sont réunis les éléments de l'infraction pour appliquer la sanction. Quand l'article 311-1 du Code pénal définit le vol comme la « soustraction frauduleuse de la chose d'autrui », il établit un concept de vol qui doit comporter les éléments attachés aux mots « soustraction », « frauduleuse » et « chose d'autrui ».

• Dans un deuxième type de cas, le vocabulaire juridique est de caractère technique et spécialisé : par exemple, les mots « hypothèque », « génocide », « excès de pouvoir » ont leur origine dans des normes du droit et l'on ne peut se référer à un sens en usage dans la langue de tous les jours. L'article 2393 du Code civil esquisse une définition (ou plutôt les linéaments d'un régime) de l'hypothèque en affirmant qu'elle est « un droit réel sur les immeubles affectés à l'acquittement d'une obligation » : une définition qui renvoie à d'autres concepts juridiques (non définis dans le Code), ceux de « droit réel » et d'« obligation ». L'article 211-1 du Code pénal donne une définition détaillée du génocide qui est un complexe d'infractions « en exécution d'un plan concerté tendant à la destruction totale ou partielle d'un groupe national, ethnique, racial ou religieux, ou d'un groupe déterminé ». Il n'en reste pas moins que le concept de génocide fait l'objet de discussions (dans ses rapports avec celui de « crime contre l'humanité ») et que la jurisprudence doit déterminer quels crimes rentrent dans la catégorie « génocide ».

• Encore plus incertains sont, dans un troisième type de cas, les contours de concepts qui cherchent à régler des conflits selon ce qu'on appelle souvent des standards : les bonnes mœurs, la bonne foi, l'équité, l'erreur manifeste d'appréciation, la vie privée[1], la dignité. Ces concepts ne font pas l'objet de définitions générales dans les normes juridiques qui les mentionnent (comme le Code civil pour les bonnes mœurs, la bonne foi ou l'équité), mais d'applications dans les décisions de justice et de propositions doctrinales de la part des auteurs. À leur propos, plus encore que pour les concepts précédents, l'on peut dire (selon un vocabulaire proposé par le juriste allemand Heck) qu'il existe un « noyau » dont les limites font l'objet d'un relatif consensus chez les interprètes (*a priori* ce qui se passe à l'intérieur d'un domicile privé relève de la « vie privée ») et un « halo » du concept qui fait l'objet de plus de discussions (où s'arrête la vie privée dans la rue ou au travail ?). Les logiciens savent que plus un concept gagne en extension à une multiplicité d'objets, plus il perd en compréhension, c'est-à-dire en éléments indispensables de sa définition.

• Un quatrième type de cas correspond à des ensembles relativement vastes de règles subsumés sous un même (nom de) concept auxquelles ces règles sont censées se rattacher. Ces catégories juridiques très compréhensives sont souvent désignées sous le nom d'*institutions* dans la mesure où elles correspondent à des pratiques sociales enracinées dans l'histoire et dans les mentalités. La propriété, le mariage, la dévolution successorale, l'administration, le domaine public, le contrat administratif, la responsabilité de l'État relèvent de ce type de concept que l'on a l'habitude d'appeler « institutions ». Il faut alors faire attention à plusieurs pièges de langage. Dire que la Cour de cassation est une institution ne signifie pas qu'il s'agisse d'un concept : la Cour de cassation est unique pour toute la France (COJ, art. 411-1), ce n'est pas une abstraction réunissant plusieurs espèces de juridiction, mais une réalité juridictionnelle d'un corps spécifique. Quand on parle de département ou d'État, il peut s'agir du concept de département et d'État ou d'un département et d'un État particulier qui n'a rien de conceptuel avec un territoire, une population

1. V. *Situation 3*.

et des dirigeants identifiés. Tout un courant théorique a voulu définir les institutions comme des phénomènes juridiques et sociaux dominés par une idée-force, un esprit et la réunion d'un faisceau de critères. Si une telle méthode contourne la difficulté d'une définition de concepts aussi larges que la propriété, le mariage ou l'État, elle « spiritualise » à l'excès des phénomènes juridiques en les confondant avec des pratiques sociales dans une perspective qui tend à négliger les effets de l'histoire. Parler du mariage comme un concept unifié qui réunirait toutes les règles juridiques (transformées à travers le temps) du mariage avec les pratiques de l'union matrimoniale relève de l'abus de langage, un abus souvent destiné à imposer de manière dogmatique une essence du mariage. Comme l'avait remarqué Jellinek au début du XXe siècle, il faut distinguer les inflexions d'une institution (n'affectant pas le noyau dur de la définition) et les métamorphoses qui, sous le couvert du même nom, font passer d'un concept à un autre. L'adoption dans le droit français actuel n'a rien à voir avec l'adoption du Code Napoléon en 1804 ou avec l'adoption romaine. Ce sont autant de concepts différents, de même que le mariage ouvert aux personnes de même sexe, institué par la loi du 17 mai 2013, introduit dans le droit français un nouveau concept de mariage, la définition précédente (supposant la différence de sexe entre les conjoints) n'étant plus valable.

• Un cinquième type de concepts, pouvant trouver leur origine dans les normes mais se développant surtout dans la doctrine, correspond à des théories faisant l'objet de profonds désaccords sur leur définition : la cause des contrats, la séparation des pouvoirs, l'abus de droit, l'obligation de sécurité, le détournement de pouvoir, la fraude à la loi en matière de droit international privé renvoient à une multiplicité de sens, chaque auteur de la doctrine qui s'est intéressé à ces concepts en proposant sa propre vision.

B ▪ Les fonctions des concepts

Les concepts sont des outils et ils valent par l'usage qui en est fait. S'agissant des concepts du droit, l'on comprend que les tribunaux aient besoin de fixer un tant soit peu des définitions pour toutes les opérations de qualification juridique qui déterminent l'application d'une norme à des faits. De manière générale, les normes juridiques procèdent à des distinctions et à des classifications : le droit discrimine au sens le plus neutre de ce terme, il discrimine entre nationaux et étrangers, entre ce qui licite et ce qui est illicite, conforme ou non à la Constitution... Pour cela il faut des outils conceptuels, quitte à les faire évoluer au gré des décisions judiciaires et souvent en liaison avec les propositions de la doctrine. La fonction « classificatoire » des concepts est un élément de la sécurité juridique, par exemple pour éviter qu'une personne soit punie pour une infraction, alors que les éléments de cette infraction ne sont pas réunis. Dans d'autres cas, l'utilisation d'une catégorie conceptuelle obéit davantage à des vertus didactiques qu'à des impératifs pratiques : le concept de « droit réel » est utile pour l'enseignement du droit civil, il n'est pas indispensable à la résolution des conflits judiciaires. Les auteurs de constructions conceptuelles ont tendance à voir dans les règles juridiques une cohérence et une harmonie qui n'existent pas dans l'accumulation contingente de ces règles à travers le temps. Même des codifications, comme le Code civil, ont pu utiliser des noms de concept qui ne sont pas en concordance les uns avec les autres : la cause de l'ancien art. 1131 du Code civil ne faisait pas référence, selon une majorité d'interprètes, au même concept que la cause de l'ancien art. 1133[1].

Dans cet objectif de clarté du droit, les concepts sont souvent utilisés pour expliquer des règles ou des phénomènes en apparence épars qui sont censés acquérir un sens en étant reliés à un concept. Il s'agit ici des concepts complexes qui forment, aux yeux de la doctrine, des institutions ou de véritables théories. Pour la commodité du langage, il est courant de parler de « propriété », de « mariage » ou de « responsabilité administrative » pour désigner l'ensemble des normes qui régissent ces domaines. Il est beaucoup plus problématique de subsumer ces règles sous un seul concept dont on prétendrait donner une définition immuable. Il faut recourir à plusieurs concepts successifs de propriété, de mariage ou de responsabilité administrative pour rendre compte de l'évolution du droit sur ces matières. C'est dans ce sens que les « concepts juridiques n'ont pas d'histoire »[2], qu'ils ne s'engendrent pas les uns les autres (comme le disait Jhering et les partisans de la « jurisprudence des concepts » en Allemagne), mais qu'ils se superposent les uns aux autres sans aucune logique.

S'agissant de concepts qui sont de véritables théories, comme la séparation des pouvoirs, le droit subjectif ou l'abus de droit, l'absence d'accord sur la définition qui leur est donnée limite leur fonction explicative. En toute rigueur, il faudrait rappeler le sens qu'on veut leur donner à chaque fois qu'on les utilise. Ces théories sont utilisées par la doctrine à des fins militantes, souvent pour transformer le droit *de lege ferenda* ou soutenir un mouvement législatif et jurisprudentiel en cours de formation. Elles peuvent être mobilisées par la législation ou par la jurisprudence (la séparation des pouvoirs est mentionnée par l'art. 16 de la DDHC et par des décisions du Conseil constitutionnel) dans un but de justification de la norme. Dans l'étude des discours juridiques, il faut tenir compte de cette fonction idéologique et politique de concepts qui ne sont pas neutres[3]. L'idée d'un « esprit » propre aux institutions ou aux concepts est encore plus contestable dans la mesure où elle transforme de simples outils de pensée en des réalités qui auraient une sorte de vie propre.

---

1. L'ordonnance du 10 février 2016 remplace la référence à la cause par un contenu licite et certain (art. 1118).
2. Michel Troper, *Le droit et la nécessité*, Paris, PUF, 2011, p. 262.
3. V. *Situation 4*.

Une démarche plus scientifique, inspirée des conceptions de Max Weber sur l'idéal-type (un concept construit en exagérant les traits relevés empiriquement dans l'étude des phénomènes et qui sert de critère de comparabilité avec d'autres concepts), conduit pour l'analyse du droit à utiliser des concepts moins marqués par la tradition juridique (certains auteurs disent des « méta-concepts »), que leurs auteurs ont précisément définis, qu'ils utilisent à titre d'hypothèse et qu'ils sont capables de changer pour aller vers d'autres grilles de lecture des phénomènes juridiques. Ce faisant, on quitte le terrain de la doctrine avec ses tendances dogmatiques pour aller vers celui de la science.

III ▪ L'aspiration à des sciences juridiques

Pour qualifier l'activité réflexive sur le droit, les juristes Romains ont utilisé à la fois le terme d'*ars* et celui de *scientia*. L'idée que le droit est un « art » évoque bien l'utilisation de techniques d'exposition et d'argumentation en vue d'un but pratique qui caractérise le phénomène doctrinal. Le terme de science a pris depuis le XIXe siècle un sens plus fort qui se réfère à des méthodes rigoureuses de recherche désintéressée supposant un point de vue extérieur : traiter scientifiquement du droit suppose qu'on ne prend pas parti, en tant qu'acteur, sur la pertinence ou la critique des règles de droit. Les juristes, eux-mêmes experts dans les phénomènes qu'ils observent, adoptent dans ce cas une perspective « modérément externe » en tenant compte du point de vue des professionnels du droit[1]. Ces aspirations en faveur de véritables sciences juridiques se sont développées, depuis le XIXe siècle, dans trois domaines : l'histoire du droit, la sociologie du droit et la théorie du droit.

A ▪ L'histoire du droit

Si l'idée d'expliquer le droit par son histoire est relativement ancienne, c'est l'École historique du droit, née en Allemagne au début du XIXe siècle qui lui a donné l'ambition de se poser en science du droit. En s'attaquant aux codifications du droit, notamment au Code Napoléon en 1814 et en fondant une revue pour la science historique du droit (*Zeitschrift für geschichtliche Rechtswissenschaft*), Savigny (1779-1861) établit tout l'argumentaire en faveur de « la seule voie qui mène à la connaissance de notre propre situation » selon lui. L'orientation anti-codificatrice de Savigny l'a conduit à considérer que les pre-

1. François Ost, Michel de Kerchove, « De la scène au balcon. D'où vient la science du droit ? », *in* François Chazel, Jacques Commaille (dir.), *Normes juridiques et régulations sociales*, Paris, LGDJ, 1991, p. 67-80.

mières formes du droit s'expriment dans la coutume, avant d'être élaborées par les juristes professionnels et plus tardivement par le législateur. Le droit est censé émaner de la conscience des peuples et se développer organiquement comme la langue. À cette idéologie conservatrice discutable, se mêle pourtant une authentique réflexion scientifique sur le droit. Celui-ci doit être étudié et compris à partir de documents historiques, des textes considérés, en raison de l'autorité dont ils ont joui, comme des sources au sens herméneutique de ce terme. Les juristes doivent interpréter ces textes comme le font les philologues avec les langues du passé, en combinant les approches grammaticale, logique, systématique et surtout historique. Il s'agit de reconstituer la pensée du législateur (qui ne se confond pas avec les intentions exprimées par les participants aux travaux préparatoires de la loi) pour dégager un sens « vrai » des textes juridiques. Le droit contemporain, auquel Savigny s'est aussi intéressé, se comprend dans son évolution historique, comme le produit de continuelles réélaborations par des textes auxquels les juristes contribuent plus ou moins selon les époques. Tout en admirant les Prudents romains et leur pragmatisme, Savigny n'a jamais prétendu que la doctrine était la seule interprète du droit et a ménagé une place non négligeable à l'interprétation judiciaire.

Savigny et ses successeurs, en Allemagne et rapidement hors d'Allemagne, se sont attachés à la recherche des manuscrits, à l'édition des textes du droit romain et du droit germanique, à leur étude rigoureuse (tenant compte des modifications apportées par des copistes ou des compilateurs) et à la compréhension des concepts utilisés dans les documents juridiques. Ce travail sur les « sources » du droit (un terme qui a acquis alors son sens classique, v. Séquence 1) a inspiré en Allemagne le *Pandectisme*, la priorité donnée à la compréhension systématique des textes romains contenus dans le *Digeste* (dont le nom grec est Pandectes), et à la « jurisprudence des concepts » (*Begriffsjurisprudenz*) qui croyait en la réalité de concepts juridiques engendrés les uns par les autres.

Dans la deuxième moitié du XIXe siècle, ces conceptions de l'histoire du droit ont conduit à chercher de prétendues lois de développement des systèmes juridiques, comme il y en a pour les organismes vivants. Si l'on laisse de côté cet évolutionnisme naïf, l'histoire du droit reste une méthode, permettant une pluralité d'approches, pour comprendre la dynamique de création des normes, sans vouloir expliquer tout le droit du présent par le droit du passé. La science historique du droit, en s'intéressant aussi à la réception des normes dans les groupes sociaux, aux représentations et aux cultures que suscite le droit, a ouvert la voie à la sociologie du droit, avec laquelle elle continue à entretenir d'étroits rapports.

B ▪ La sociologie du droit

D'apparition plus récente, à la fin du XIXe siècle, la sociologie se propose d'étudier scientifiquement les phénomènes sociaux comme des « choses », c'est-à-dire comme des données matérielles ou intellectuelles qui peuvent être observées objectivement, sans porter de jugement de valeur sur les comportements et les normes. En France, Durkheim (1858-1917), qui a exposé ces *Règles de la méthode sociologique* (1894), s'est beaucoup intéressé au droit, voyant dans les transformations des normes pénales un indice objectif des progrès de la division du travail et des mutations de la solidarité sociale. Ehrlich (1862-1922), un professeur de droit romain qui s'est penché sur les usages du droit dans les différentes communautés ethniques de la Bucovine austro-hongroise, a été un des premiers à ambitionner pour la sociologie du droit une place prépondérante au sein des sciences juridiques. Pour Ehrlich, les juristes ne doivent pas seulement s'intéresser aux énoncés normatifs des lois qui émanent de l'État, mais aussi aux « normes de décisions » produites par les juges (il était très sensible aux développements de l'autorité de la jurisprudence) et par les juristes (le *Juristenrecht* en langue allemande, qui se révèle par la doctrine et son influence par exemple sur la rédaction des codes), ainsi qu'aux formes d'organisation sociale (à travers les mariages, les successions, les contrats) qui vivent en dehors de l'État et peuvent continuer, même de nos jours, à suivre des règles extérieures au droit étatique. Si la méthode d'Ehrlich manque de rigueur et tend à confondre toutes les normes de régulation sociale, il fait partie des fondateurs de la sociologie du droit qui ont ouvert l'horizon des juristes à des pratiques para-légales.

À la même époque, Max Weber (1864-1920) a jeté les bases d'une sociologie compréhensive, cherchant à analyser les comportements des individus à partir des représentations qu'ils se font des règles et trouvant son couronnement dans son œuvre posthume *Économie et Société* (1921). Juriste de formation, Weber a consacré plusieurs chapitres de cet ouvrage inachevé à ce qu'on appelle couramment sa *Sociologie du droit*[1]. Weber a insisté sur le processus de « rationalisation » du droit qui s'est développé en Occident à partir du droit romain, puis s'est diffusé dans le monde : ce processus a consisté à remplacer les recours à la magie ou aux oracles dans le règlement des conflits par une procédure proprement judiciaire et à substituer progressivement aux décisions des juges au cas par cas leur soumission à des normes générales. Sans négliger le point de vue des juristes et de la doctrine dans son travail d'interprétation et de conceptualisation du droit, Weber a lui aussi attiré l'attention vers ce qu'il appelait l'« ordre juridique empirique » : les représentations que les individus se font des normes de droit et la manière dont ils adaptent leurs

---

1. Max Weber, *Sociologie du droit*, trad. fr. Jacques Grosclaude, Paris, PUF, coll. « Quadrige », 2013.

comportements, par exemple en matière économique, à ces règles. L'objet de la sociologie du droit est précisément d'étudier ces aspects du droit, incluant la compréhension historique du développement et du rôle des professionnels du droit.

Tout au long du XXe siècle, avec les travaux de Georges Gurvitch, Henri Lévy-Bruhl, Renato Treves, Niklas Luhmann, Jean Carbonnier ou ceux des sociologues et juristes anglo-américains (liés au début du XXe siècle aux courants de la *sociological jurisprudence*, puis du « réalisme juridique », qui cherchaient à identifier le droit « en action » comme distinct du droit « dans les livres »), la sociologie du droit s'est développée, en raffinant ses méthodes d'investigation et en donnant lieu à différents courants de pensée. Le recours à des enquêtes de terrain, qualitatives et quantitatives, à des entretiens avec les praticiens et les usagers du droit, l'intérêt porté aux pratiques du droit, même quand elles sont routinières ou déviantes (la sociologie du droit touche alors à la criminologie) sont autant de caractéristiques de la méthode sociologique. Ces approches objectives de l'application du droit permettent aux sociologues du droit d'aller au-delà des processus de création et d'interprétation des normes qui intéressent en général les juristes. La sociologie du droit établit des connexions entre le droit et d'autres phénomènes sociaux : l'économie, la culture, le langage, la littérature, la différenciation des sexes et le féminisme (autant de thèmes qui ont donné lieu, aux États-Unis, aux disciplines intitulées *Law and*...).

Une partie des sociologues du droit insiste sur la présence de phénomènes juridiques extra-étatiques qui se seraient développés dans le cadre colonial (avec les coutumes ou statuts personnels des indigènes), puis à la faveur de la mondialisation (avec les pratiques contractuelles et arbitrales du commerce international, v. Séquence 10). L'ampleur de ces phénomènes de « pluralisme juridique » est discutée, de même que leur rattachement possible à la vision positiviste d'un ordre juridique identifié à l'État. Sans méconnaître l'intérêt de ces études sociologiques, les partisans de la théorie du droit tendent à lui contester le monopole d'une approche scientifique du droit.

C ▪ La théorie du droit

Le vocable de « théorie du droit » doit son succès à l'œuvre du juriste autrichien Hans Kelsen (1881-1973, v. Séquence 1). Il correspond à une volonté de se distinguer de la « philosophie du droit », qui s'interroge, elle, sur les fondements de l'obéissance au droit et recourt fréquemment dans cette perspective à l'idée de droit naturel ou de « norme fondamentale », des hypothèses qui ne sont pas susceptibles de vérification. Comme la science historique du droit et la sociologie du droit, la théorie du droit s'appuie sur le premier postulat du positivisme : les phénomènes juridiques, comme tous les phénomènes sociaux, sont objectivement observables et peuvent donner lieu, dans toute leur variété, à une analyse rigoureuse qui ne porte pas de jugement de valeur.

Dans sa *Théorie pure du droit* (1re édition en 1934, 2e édition en 1960 avec d'importantes inflexions épistémologiques), Kelsen a voulu fonder cette science du droit sur des conceptions « normativistes ». Pour lui, les règles juridiques sont des normes de devoir-être (*Sollen* distingué du *Sein* ou être dans la tradition de la philosophie de Kant) qui sont produites sur le modèle : « si A (en fonction de tel comportement, par exemple la commission d'une infraction), alors B (la sanction prévue par la loi) doit être ». Rendues obligatoires sous peine de sanction (ce qui peut les distinguer d'autres normes morales, religieuses ou sociales), les règles juridiques sont identifiables par leur rattachement à un ordre juridique. Seul le droit peut dire ce qui est du droit : les normes juridiques sont créées selon un système d'habilitation d'autorités (c'est l'aspect dynamique de la « pyramide » des normes) et en respectant une hiérarchisation de leur contenu (qui va de la constitution aux normes individuelles résultant des décisions d'espèce ou des contrats). Chaque ordre juridique national est identifiable avec l'État, ce qui doit éviter tout recours à des formes de « dualisme » : il s'agit d'écarter la distinction entre droit positif (le seul droit) et droit naturel (qui n'est pas un droit), comme la problématique du droit au-dessus de l'État ou de l'État au-dessus du droit.

Le but de la théorie « pure » (car débarrassée de toute idéologie et de toute ambition prescriptive) du droit de Kelsen est de développer un discours (ou ce qu'on appelle un « méta-discours » pour le distinguer des normes ou des propositions de la doctrine qui sont les objets de cette science du droit) applicable à tous les ordres juridiques, du passé et du présent, des différents États et de la société internationale, qui rende compte des processus de création du droit. Dans cette perspective la théorie du droit rejoint les écoles « analytiques » du droit qui, particulièrement dans le monde anglo-saxon (depuis Bentham jusqu'à Raz en passant par Hart), s'efforcent de donner des définitions précises aux termes du vocabulaire juridique et de comprendre comment des énoncés de langage ont une action (dite souvent « performative ») sur les conduites humaines (tout ce qui contribue à concevoir la règle de droit comme un « ordre » auquel il faut en principe obéir). La théorie du droit s'intéresse particulièrement aux techniques d'interprétation du droit (v. Séquence 9) et entretient de ce fait des liens avec l'herméneutique, la linguistique et la logique.

Pour établir sa théorie du droit, Kelsen a pris des positions critiques et tranchées à l'égard de l'histoire du droit et de la sociologie du droit qui portaient, selon lui, sur les faits et non sur les normes. La pensée de Kelsen peut-être cependant combinée, comme elle l'a été depuis par d'autres théoriciens du droit, avec les approches historiques et sociologiques qui partagent les mêmes postulats positivistes. La théorie du droit s'efforce de définir, à partir de critères formels et non en rapport avec le contenu des normes, le droit et les ordres juridiques. Elle concentre son attention sur les processus de création des normes du droit. Elle recommande le développement d'une doctrine descriptive des normes qui échapperait à toute idéologie. L'histoire du droit analyse la genèse des normes et étudie aussi les configurations successives du champ doctrinal. La sociologie du droit nous montre comment les normes fonctionnent, comme elles sont reçues par les individus. Ces trois types d'approches peuvent être associées, avec une pluralité de méthodes et de sujets d'investigation[1]. Elles partagent la même ambition de rendre compte des phénomènes juridiques du point de vue d'un observateur extérieur et objectif, ce qui justifie de distinguer les sciences juridiques des doctrines.

1. V. *Situation 5*.

SÉQUENCE 7

Doctrines et sciences du droit

SITUATION 1

La responsabilité contractuelle, une invention de la doctrine ?

Ce que nous appelons « responsabilité contractuelle » en droit français est un régime spécifique de mise en jeu de la responsabilité d'un des contractants quand des dommages ont causé un préjudice à l'autre contractant au cours de l'exécution du contrat. Ce régime suppose un « concept » de responsabilité contractuelle (v. Ph. Rémy, « La responsabilité contractuelle : histoire d'un faux concept », *RTD civ.* 1997. 323-355) distingué de la responsabilité délictuelle, ou extra-contractuelle, qui intervient à la suite d'un « accident », c'est-à-dire de manière plus ou moins imprévisible et met en relation un responsable (débiteur de l'obligation de réparer) et une victime (créancière de cette obligation) qui n'étaient pas liés préalablement par contrat. Le médecin libéral et son patient qui ont contracté l'un avec l'autre ont pu prévoir un accident dans une opération chirurgicale, alors que deux automobilistes se tamponnant n'avaient pas inscrit la perspective de cet accident dans un contrat. La question qui se pose à tous les systèmes juridiques, et qu'ils résolvent différemment, est de savoir si cette différence doit ou non impliquer deux régimes de responsabilité civile et une séparation plus ou moins rigide entre responsabilité délictuelle et responsabilité contractuelle. Par la règle désignée par la formule du « non-cumul » des responsabilités (une formule plutôt maladroite car il est hors de doute que la victime ne peut être indemnisée deux fois pour le même dommage), le droit français contemporain oblige les victimes qui veulent agir en justice à clairement identifier si elles le font sur la base de la responsabilité contractuelle (ce qui suppose un contrat préalable entre la victime et le responsable) ou de la responsabilité délictuelle. Cette spécificité ne se rencontre pas dans les droits de nos pays voisins.

L'expression de « responsabilité contractuelle » n'était pas présente dans le Code Napoléon et elle n'a toujours pas été introduite dans notre Code civil. Sous le titre « des délits et des quasi-délits », les célèbres articles 1382 à 1386 (*1240* à *1244*) du Code civil ont envisagé les liens d'obligation entre l'auteur d'une faute (les articles 1383 et 1384 utilisent l'adjectif « responsable ») et la victime du dommage causé par cette faute. C'est seulement au milieu du XIXe siècle, avec la parution du *Traité général de la responsabilité* du magistrat Sourdat (1852) et d'un long article sous le mot de « Responsabilité » au *Répertoire Dalloz* (1858) que le mot de responsabilité devint courant. Il s'appliqua, d'abord, aux articles 1382 et suivants, à une époque où les tribunaux sanctionnaient essentiellement des faits de responsabilité délictuelle, en y rattachant même des dommages créés dans une relation plus tard analysée comme contractuelle, par exemple celle du patient avec son médecin. Si Toullier, un des premiers commentateurs du Code Napoléon, avait plaidé pour l'unité de la faute, les auteurs de la doctrine s'intéressaient peu jusqu'à la fin du XIXe siècle aux dommages créés au cours de l'exécution d'un contrat qui passaient au second plan derrière le défaut ou le retard de paiement du débiteur, source des dommages-intérêts pour le créancier dont parle l'article 1147 (*1231-1*) du Code civil.

À partir des années 1880 virent jour des préoccupations pour les victimes d'accidents du travail ou d'accidents de transport qui, selon les règles de la responsabilité délictuelle (les seules envisagées dans l'ouvrage de Sourdat), devaient faire la preuve de la faute de l'employeur ou de l'entreprise de transport pour obtenir réparation. Pour renverser le fardeau de la preuve en faveur des ouvriers, l'avocat belge Sainctelette (*De la responsabilité et de la garantie*, 1884, un titre traduisant une volonté claire de distinguer responsabilité délictuelle et garantie contractuelle) considérait que l'employeur garantissait une obligation contractuelle de rendre l'ouvrier sain et sauf à la fin du travail, l'obligeant ainsi à réparer les accidents du travail, sauf à prouver un cas fortuit ou une faute de l'ouvrier. Cette théorie ne fut pas acceptée par les tribunaux, ni en Belgique, ni en France, mais elle inspira un raisonnement analogue sur l'obligation de sécurité dans le contrat de transport de personnes qui fut retenu par les cours d'appel, puis par la Cour de cassation en 1911 (Civ. 21 nov. 1911, *DP* 1913. 1. 249). Tandis que les accidents du travail suscitaient les premiers arrêts sur la responsabilité du fait des choses, puis la loi de 1898 établissant une responsabilité patronale, les accidents de transport voyaient la consécration d'une responsabilité liée à la mauvaise exécution d'un contrat.

En 1889, la thèse d'Ernest Tarbouriech (*De la responsabilité contractuelle et délictuelle*, soutenue en droit romain sous la présidence de Buffnoir) semble être le premier texte à revendiquer l'expression « responsabilité contractuelle »[1] que l'on

1. Auparavant un article de Lefebvre à la *Revue critique* en 1886 réduisait la responsabilité contractuelle à une forme de responsabilité délictuelle.

retrouve aussi dans la première édition de l'*Essai d'une théorie générale de l'obligation d'après le projet de Code civil allemand* de Saleilles (1890) et dans plusieurs thèses en droit des années 1890. Le concept de « responsabilité contractuelle » a, d'abord, été une création de la « science du droit », portée par un mouvement doctrinal en faveur de l'indemnisation des victimes d'accidents survenus dans l'exécution d'un contrat. Dans son *Traité élémentaire de droit civil* en 1900, Planiol défendait l'idée de l'unité de la faute, en tant que violation d'une obligation préalable qu'elle soit légale ou contractuelle, renforçant ainsi l'idée que le contrat impliquait l'obligation de réparer les dommages survenus à l'une des parties du fait de l'autre contractant. Au début du XXe siècle, la « responsabilité contractuelle » est reconnue en tant que telle par la doctrine.

Sans s'attacher à ces questions de formulation, la jurisprudence a étendu au cours du XXe siècle l'obligation de sécurité censée être tacite dans certains contrats, avant de la compléter par des obligations de conseil ou d'information. Ce faisant, elle a utilisé une autre création doctrinale, la distinction faite par Demogue en 1925 (*Traité des obligations en général*, t. V, p. 536 s.), entre obligations de moyens et obligations de résultat. Le médecin libéral s'engage dans un contrat (selon une jurisprudence qui débute seulement en 1936) à mettre tous les moyens de la science au service de la guérison de son patient, sans garantir un résultat, à la différence de l'entreprise de transport qui promet l'arrivée saine et sauve du passager à destination. Un dualisme a ainsi été instauré entre deux branches de la responsabilité contractuelle, qui rappelle la distinction entre responsabilité pour faute et responsabilité objective en matière délictuelle.

Cette combinaison, en apparence sereine, des propositions de la doctrine et des réalisations de la jurisprudence, a été troublée à partir des années 1990 par une controverse doctrinale. Les professeurs Le Tourneau, Tallon et Rémy ont mis en doute l'interprétation qui était faite de l'article 1147 du Code civil et l'utilité d'une catégorie séparée de « responsabilité contractuelle ». Philippe Rémy a, parlé d'un « faux concept » dans son article de 1997. D'autres auteurs, notamment Geneviève Viney, ont répondu à cette remise en cause de la responsabilité délictuelle en défendant les solutions jurisprudentielles.

On voit là certaines des caractéristiques du phénomène doctrinal : le rôle des auteurs pour inventer un « nom de concept » qui ne figure pas dans la loi et ordonner une construction intellectuelle autour de ce concept, l'apparition d'une « doctrine dominante » qui n'exclut pas des contestations minoritaires, les rapports plus ou moins étroits que la jurisprudence entretient avec la doctrine (ainsi, à partir des années 1950, la Cour de cassation a emprunté la distinction entre garde de la structure et garde du comportement à la thèse de Berthold Goldman, après avoir repris les expressions de Demogue sur obligations de moyens et de résultat). Parler de « faux » concept, comme le fait Philippe Rémy, laisse entendre qu'il y a une interprétation « vraie » des règles du Code civil, qu'il reviendrait à la doctrine d'exprimer. Bien que courante sous la plume des professeurs de droit, cette prétention à dégager le « vrai » du « faux » est des plus discutables. En droit positif, la responsabilité contractuelle existe, quoi qu'en pense la doctrine, parce que des normes jurisprudentielles ont établi un régime et des règles d'indemnisation propres à ce type de responsabilité qui diffèrent des règles appliquées à la responsabilité délictuelle. La doctrine propose, la jurisprudence dispose.

SITUATION 2

Les bases constitutionnelles du droit administratif français ou deux conceptions de la doctrine ?

Deux articles fameux de deux célèbres professeurs de droit illustrent, de la plus belle manière, les diverses conceptions que l'on peut se faire en France du phénomène doctrinal. En 1954, Georges Vedel publie, dans les *Études et Documents du Conseil d'État* (p. 21-53), « les bases constitutionnelles du droit administratif ». Quelques années plus tard, il adapte sa théorie aux nouvelles règles de la Constitution de la Ve République dans son manuel de *Droit administratif*. À plus d'une dizaine d'années de distance, Charles Eisenamm répond à son collègue parisien dans un texte de presque cent pages paru à la *RD publ.* 1972, « La théorie des "bases constitutionnelles du droit administratif" ». Il s'agit d'une opposition frontale entre deux visions du droit administratif français et surtout deux manières d'appréhender le rôle de la doctrine (v. P. Dévolvé, « L'actualité de la théorie des bases constitutionnelles du droit administratif », *RFDA* 2014. 1211-1217).

Georges Vedel a placé son point de départ dans les rapports entre règles de droit et non dans la délimitation des disciplines juridiques (ou matières d'enseignement). Il affirme que « tout le monde tombera d'accord que la constitution est la base nécessaire des règles dont l'essentiel compose le droit administratif ». Dès la IVe République, et *a fortiori* sous la Ve République, s'est effectivement installé un consensus doctrinal pour faire de la constitution le « fondement de l'ordre juridique français » et pour chercher, au sein de ce que les juristes français ont qualifié plus tard de « hiérarchie des normes », une base constitutionnelle aux règles législatives et jurisprudentielles. En même temps, Vedel constatait deux phénomènes qui paraissaient rendre difficile l'identification de ces bases constitutionnelles du droit administratif : le caractère laconique des dispositions constitutionnelles concernant l'administration et la « crise de la notion de service public ». Par cette dernière expression, Vedel désignait les théories qui, depuis le tournant du XIXe et du XXe siècle, avaient voulu voir dans le service public le « principe explicatif » de tout le droit administratif. Attachée au nom de Duguit, mais aussi à bien d'autres publicistes, une « école du service public » aurait formé la doctrine dominante (le mot doctrine étant ici pris dans le double sens du collectif majoritaire des auteurs et de la thèse substantielle que ces auteurs défendaient). Comme d'autres administrativistes (Jean Rivero, Marcel Waline), Vedel pensait que la notion de service public était démesurément extensive (même la fabrication du pain pourrait être considérée comme un « service public ») et inadaptée au développement de la jurisprudence administrative (qui a placé les services publics industriels et commerciaux, pour une large part, sous l'empire du droit privé). Pour Vedel, il était impossible de fonder le droit administratif sur une base « matérielle » et il fallait recourir à des notions organiques, en reconnaissant que la loi est la « notion-clé » du droit public français. Il considérait que la Constitution avait consacré une séparation entre les fonctions législative, judiciaire et exécutive, cette dernière étant dévolue à un pouvoir Exécutif qui crée des actes administratifs généraux ou individuels. L'administration se définit, d'abord, par rapport à l'Exécutif dont la tâche est à la fois le maintien de l'ordre et l'organisation des services publics. C'est parce que l'Exécutif dispose de prérogatives de puissance publique, comme l'avait affirmé Maurice Hauriou (1856-1929), que l'Exécutif développe un droit administratif exorbitant du droit commun, avec des règles propres sanctionnées par les juridictions administratives. Dans cette perspective, le droit administratif tend à s'identifier à la compétence des juridictions administratives, en traitant comme des « exceptions » les formes de gestion privée (notamment des SPIC) ou les arrêts qui avaient reconnu la compétence du Conseil d'État pour juger de la légalité des décisions du Conseil Supérieur de la Magistrature (des arrêts critiqués, à bon droit selon Vedel, par la doctrine). S'il était chimérique, d'après Vedel, d'espérer un parfait accord entre la construction doctrinale et la jurisprudence, le principe de la « puissance publique » et la théorie des bases constitutionnelles du droit administratif auraient été les plus aptes à expliquer le droit administratif français.

La réplique d'Eisenmann s'est voulue solidement argumentée et construite pour contrer un « système » qui lui paraissait contraire à des idées traditionnelles et « mondialement » reconnues, avec des affirmations « parfaitement infondées et grosses de graves inconvénients ». D'après Eisenmann, aucune disposition des constitutions de la IVe et de la Ve République ne laissait inférer que le domaine d'application du droit administratif dépendait de l'exercice du Pouvoir Exécutif. Même la consécration de « règlements autonomes » par la Constitution de 1958 ne signifiait pas que le pouvoir législatif n'avait plus rien à voir avec le droit administratif. Les règles de ce droit étaient créées aussi bien par des lois que par des règlements. La séparation proposée par Vedel entre fonctions législative, juridictionnelle et gouvernementale serait artificielle, alors que la séparation des fonctions administratives et judiciaires résulte de lois, et non de la Constitution elle-même. La Constitution ignorerait toute définition du « régime administratif » ou du droit administratif, elle se contenterait d'identifier organiquement l'Administration. Cela expliquerait que le droit administratif regroupe tous les actes de l'administration, qu'ils soient soumis à des règles propres sous le contrôle des juridictions administratives ou qu'ils relèvent du droit privé. Eisenmann faisait la remarque que Vedel traitait, lui aussi, des SPIC et de la gestion privée, dans son manuel de *Droit administratif*.

Certains aspects de cette opposition doctrinale entre Eisenmann et Vedel ont aujourd'hui un caractère historique. D'un côté, le Conseil constitutionnel (dont Vedel était membre depuis 1980) a consacré comme PFRLR, dans sa décision de 1987 « Conseil de la concurrence », un noyau constitutionnel de la compétence des juridictions administratives autour de la notion d'exercice des prérogatives de puissance publique. D'un autre côté, les ouvrages de droit administratif ont continué, comme le soutenait Eisenmann, à inclure dans le droit administratif les actes des administrations qui relèvent du droit privé. L'analyse historique des développements du droit administratif en France depuis le début du XIXe siècle dément les interprétations de Vedel sur la décision *Blanco* ou la séparation entre droit public et droit privé qui résulte d'une jurisprudence mouvante, insusceptible d'être expliquée par le seul critère de la puissance publique[1].

En revanche, la lecture de ces deux « grands » articles peut révéler des visions antithétiques de la doctrine et de son rôle. En parlant explicitement de dialogue entre la doctrine et la jurisprudence, Vedel laisse entendre que la doctrine est une autorité, sinon une source, du droit. Selon Vedel, le rôle de la doctrine est non seulement d'expliquer le droit positif, mais de l'ordonner selon des concepts qui peuvent souffrir d'une carence relative de définition. Autour d'idées-forces ou de notions-clés, comme les prérogatives de puissance publique (remplaçant le critère du service public qui aurait eu son utilité à une époque antérieure du droit administratif), la doctrine peut modeler le droit selon son interprétation de la Constitution, norme fondamentale qui laisse une grande latitude aux interprètes. Eisenmann, de son côté, ne parle pas de doctrine, mais de discipline et de démarche scientifique. Le disciple français de Kelsen ne croyait certainement pas que la doctrine pouvait créer du droit. Les enseignants devaient, d'après lui, se livrer à un travail intellectuel d'observation et de classification du droit positif : c'est

1. Grégoire Bigot, *Introduction historique au droit administratif depuis 1789*, Paris, PUF, 2002, p. 355-357.

ainsi qu'ils découpaient (avec une part d'arbitraire) des disciplines à l'intérieur du droit (comme le droit administratif, v. Séquence 8 sur cette question des branches du droit) et utilisaient des concepts avec des définitions fixant la place des objets observés dans les classes ainsi définies. Alors que le droit positif était mouvant et contingent (Eisenmann faisant preuve de scepticisme sur la « logique » de la séparation entre droit public et droit privé), une approche scientifique devait proposer des moyens de comprendre le droit : la science n'était pas une « doctrine ».

SITUATION 3

La vie privée, un concept juridique relativement récent et un standard du droit ?

L'expression « vie privée », *privacy* en anglais, correspond à un concept juridique relativement récent, qui a pris une place importante dans de nombreux ordres juridiques dont celui de la France dans la seconde moitié du XXe siècle et amène à s'interroger sur les standards dont la définition est relativement imprécise. Dans le droit français, l'expression « vie privée » a connu deux occurrences à la fin du XVIIIe siècle et au cours du XIXe siècle qui en ont fait, de manière plutôt fugace, un « concept du droit » (nommé et reconnu par le droit positif). Dans la Constitution de 1791 (titre III, chapitre V, art. 17) il était prévu une action judiciaire pour punir les auteurs de calomnies ou d'injures relatives à la vie privée. Il s'agissait de protéger les fonctionnaires publics, tout en garantissant une libre critique de leur action officielle. De manière plus précise une loi sur la presse de 1868 sanctionnait pénalement la publication, sans l'autorisation de la personne concernée, de tout écrit « relatif à un fait de la vie privée ». Toutefois cette expression était absente de la loi de 1819 qui a défini la diffamation et de la loi sur la presse qui a remplacé en 1881 le texte de 1868. Tout au plus, peut-on dire que la jurisprudence des tribunaux pouvait être amenée à distinguer vie publique et vie privée, les règles de compétence étant différentes jusqu'en 1944 pour les diffamations des fonctionnaires portant sur leur vie publique (qui relevaient des jurys d'assises) et celles attaquant leur vie privée (qui relevaient des tribunaux correctionnels réputés moins indulgents à l'égard de la presse).

C'est aux États-Unis, pays où n'existe pas à proprement parler l'équivalent de notre « doctrine juridique », qu'un article paru dans la *Harvard Law Review* en 1890 et rédigé par les avocats Samuel Warren et Louis Brandeis (le second devint plus tard un juge de la Cour suprême) proposa le concept de « *right to privacy* ». Choqués par les révélations de la presse populaire sur la vie privée et familiale des personnes connues (peut-être même à propos du mariage de la fille de Warren !), Warren et Brandeis s'interrogeaient sur les lacunes du *common law* qui ne prévoyait aucune action spécifique, liée à un *tort*, pour sanctionner les auteurs de révélations indiscrètes. Fondée sur l'idée de liberté personnelle – le droit de chacun de vivre en paix, sans être inquiété par la publicité donnée à sa vie (*the right to be let alone*) – et sur la tradition anglo-américaine de l'inviolabilité du domicile, la proposition de Warren et Brandeis consistait à reconnaître un droit et une action, en prolongement de la propriété privée, pour permettre aux particuliers de se défendre contre des intrusions indues dans la vie privée. Dans notre langage contemporain, la *privacy* apparaissait alors comme un « concept de la science du droit » et une proposition doctrinale *de lege ferenda* en vue d'améliorer la protection des droits (*rights*) individuels.

Ce concept a connu, progressivement, un immense succès. À partir de 1905, des jurisprudences et des législations des États fédérés intègrent dans le droit américain, pris au sens large, des actions permettant aussi bien de sanctionner les révélations de la presse sur la vie privée des personnes sans leur autorisation que l'attribution fausse d'une opinion ou d'une attitude (on n'est pas loin alors de la diffamation du droit français) à une personne ou, avec les débuts de la publicité par voie d'affiche, l'usage d'une photographie d'une personne pour vanter un produit sans son consentement. Plus tard, à partir de la décision de la Cour suprême *Griswold v. Connecticut* (1965) sur la contraception jusqu'à *Lawrence and Garner v. Texas* (2003) invalidant toutes les lois sanctionnant des relations homosexuelles, le *right to privacy* est devenu un droit constitutionnel, protégé par le XIVe amendement, selon lequel chacun peut user de sa liberté, selon les choix qu'il/elle assigne à sa vie privée.

Sur la lancée du droit américain, le concept de « vie privée » est entré, après la Seconde Guerre mondiale, dans les instruments internationaux, à commencer par l'article 12 de la Déclaration universelle des droits de l'homme (« Nul ne sera l'objet d'interférences dans sa vie privée... »). Résultat d'une rencontre entre des juristes des pays de *common law* et des pays de droit civil comme René Cassin, la DUDH a inspiré la Convention européenne des droits de l'homme qui a repris, en 1950, dans son article 8 ce droit au respect de la « vie privée et familiale ». Les traditions européennes relatives à la vie privée et celles américaines sur la *privacy*, qui n'étaient pas si fondamentalement différentes, se sont alors combinées pour promouvoir l'intégration de ce concept dans de nombreux textes de droit positif : l'article 9 du Code civil français dans la rédaction de la loi du 17 juillet 1970, l'article 22 modifié en 1994 de la Constitution belge, l'article 16 de la Constitution sud-africaine de 1996, l'article 13 de la nouvelle Constitution suisse de 1999, les jurisprudences japonaise et indienne pour ne donner que quelques exemples. En France, le respect de la vie privée a été reconnu par le Conseil constitutionnel comme étant un droit constitutionnel, ce qui permet de censurer des lois qui lui porteraient atteinte de manière disproportionnée. On peut parler de succès planétaire pour un concept qui n'est pas issu des traditions juridiques les plus anciennes (comme le droit romain ou le *common law*, la preuve en étant qu'il n'y a toujours pas de *tort* protégeant généralement la vie privée au Royaume-Uni) et a été porté sur le devant de la scène juridique par un article que peu d'utilisateurs de cette notion ont lu. Il y a là, très certainement, un phénomène social dans notre société de l'information, où les écoutes téléphoniques, les interceptions des messages électroniques, les revendications en faveur de choix de vie différents de ceux adoptés par la majorité de la population ont ajouté des arguments en faveur d'une protection renforcée d'une vie privée qui serait menacée.

Ce succès n'empêche pas de s'interroger sur les caractéristiques de ce concept qui, comme d'autres, a perdu en compréhension ce qu'il gagnait en extension. Au départ, la vie privée est liée au domicile, la plupart du temps familial, et à une protection contre les interférences dans ce « château » propre à chacun que serait son *home* dans la tradition anglaise. Il y a là comme un prolongement du droit de propriété ou plus exactement du droit d'usage, la vie privée protégeant aussi les locataires dans leur logement, voire les passagers d'un paquebot dans l'usage de la cabine qui leur est réservée. La vie privée se situe également dans la conscience des individus (notamment les croyances religieuses qui, dans la « laïcité » française, relèvent de la vie privée de chacun) et dans les échanges interindividuels au caractère restreint au cercle de la famille et des intimes (c'est le sens de la protection ancienne accordée aux « lettres missives »).

Il avait été pourtant remarqué, dès le XIXe siècle, que les croyances religieuses s'exprimant dans l'espace public (qu'il s'agisse de cérémonies du culte ou de pèlerinages) relevaient aussi de la vie privée et qu'inversement les personnalités célèbres (de l'histoire contemporaine comme disent les juristes allemands) menaient aux yeux du public une vie qui étendait la sphère des révélations ne nécessitant pas une autorisation des intéressés bien au-delà de la frontière entre vie privée et vie publique des simples particuliers. Depuis 1992 et l'arrêt *Nimietz c/ Allemagne*, la Cour EDH étend la vie privée aux relations interindividuelles sur le lieu de travail : il y a aussi une vie privée en dehors du domicile. À propos des personnalités, la Cour constitutionnelle allemande a parlé aussi de la possibilité d'un « isolement spatial » leur permettant de faire savoir qu'elles se soustrayaient aux photographies même dans la rue. Chacun transporterait avec lui sa vie privée, y compris dans l'espace public. La vie privée ne se réduit pas à une définition précise sur son contenu, elle s'identifie plutôt à travers sa fonction de frontière contre les intrusions indues, qu'elles émanent de l'État (par sa législation ou des interceptions injustifiées de communications) ou de personnes privées agissant dans les divers médias (par ex. voir H. Capitant, F. Terré, Y. Lequette, *Les grands arrêts de la jurisprudence civile*, t. 1, Dalloz, 13e éd., 2015, n° 21). On peut y voir une illustration de la dichotomie introduite par Georges Vedel (« De l'arrêt *Septfonds* à l'arrêt *Barenstein* », *JCP* 1948, I, 682) des « notions conceptuelles » précises et des « notions fonctionnelles » plus ouvertes. C'est aussi une source de réflexion sur la distinction, qui a été plusieurs fois proposée, entre les droits déterminés et les libertés permettant de faire tout ce qui n'est pas interdit par les règles d'ordre public (c'est l'idée qui a prévalu à propos du mariage des personnes de même sexe dans la décision de la Cour suprême de 2015 *Obergefell v. Hodges*).

SITUATION 4

La classification des régimes politiques et les concepts du droit constitutionnel

La classification des régimes politiques a commencé dès l'Antiquité, notamment dans les œuvres d'Hérodote et d'Aristote, bien avant le premier âge constitutionnel de la fin du XVIIIe siècle. Sur la base de ces textes antiques, mais aussi des conceptions de Locke, de Montesquieu, puis au XXe siècle des spécialistes de la science politique comme Maurice Duverger avec sa catégorie de « régime semi-présidentiel » appliquée à la France, la typologie des régimes a évolué en fonction des nouvelles combinaisons des pouvoirs qui étaient mises en œuvre dans les constitutions et dans la pratique de la vie politique.

La distinction entre républiques et monarchies n'a plus beaucoup de signification aujourd'hui, du moins en Europe. La définition de ce qu'est une « démocratie », comme des critères qui permettent de l'identifier, est de plus en plus problématique. Le recours aux élections au suffrage universel s'est généralisé, sans qu'on puisse dire que les régimes démocratiques sont ceux qui donnent le pouvoir (ou la décision des orientations majeures de la politique suivie par les autorités étatiques) à la majorité du peuple. Dans les « démocraties constitutionnelles », le contrôle de constitutionnalité des lois et les pouvoirs importants des juges ont limité la souveraineté parlementaire et peuvent faire prévaloir la constitution sur la volonté des représentants du peuple, ce qui paraît une entorse (qualifiée de contre-majoritaire) aux principes traditionnels de la démocratie.

De nombreuses constitutions dans le monde affirment, dans leur texte même, le caractère démocratique de l'État alors que les observateurs de la vie politique relèvent l'absence de pluralisme dans la vie politique de ces pays. Pour assurer un objectif de coexistence pacifique, le droit international renonce à exclure des organisations internationales et des conventions relatives aux droits de l'homme les États les plus autoritaires. C'est la science politique, par l'étude empirique de la loyauté des élections, des mécanismes d'alternance et de succession entre les gouvernants ou du respect effectif des droits fondamentaux qui fournit, plus que le droit et l'analyse des textes constitutionnels, des éléments permettant de classer les régimes en fonction de leurs tendances autoritaires ou démocratiques.

L'on peut chercher à réduire les tentatives de classification juridique aux seuls États qui connaissent, sur la base d'élections pluralistes et périodiques, une forme ou une autre de séparation des pouvoirs. Celle-ci est alors entendue négativement, dans la tradition de Montesquieu, comme le non-cumul des fonctions législative, exécutive et judiciaire dans la même personne ou le même organe. À la différence des régimes autoritaires qui concentrent tous les pouvoirs dans une même personne (un dictateur) ou un petit groupe de personnes (un parti unique), les États fondés sur la séparation des pouvoirs distribuent les fonctions gouvernementales (ce qu'on appelait traditionnellement l'Exécutif, mais dont chacun sait qu'il va bien au-delà de la seule exécution des lois), législatives et judiciaires entre plusieurs organes. Ainsi l'on peut espérer, comme l'avait prédit Montesquieu, que « le pouvoir arrête le pouvoir », la « faculté d'empêcher » (aussi bien celle du Parlement, que celle du Gouvernement ou des juges) évitant les abus d'un gouvernement absolutiste. La séparation des pouvoirs ainsi entendue n'implique pas une spécialisation de chacun des organes dans une seule des fonctions (ce qui paraît difficile, sinon impossible : par exemple le Gouvernement participe toujours à l'initiative et à la promulgation des lois), mais des mécanismes assurant des relations d'indépendance (les *checks and balances* de la tradition constitutionnelle américaine) entre les organes les amenant à collaborer entre eux pour faire fonctionner l'État.

Dans cette perspective qui s'attache à l'historique de la séparation des pouvoirs (Montesquieu ayant pris l'idée de son modèle théorique dans les développements du pouvoir du Parlement en Angleterre), le point d'appui le plus sûr semble être la définition classique du « régime parlementaire ». Chacun paraît s'accorder à voir les origines historiques de ce régime en Angleterre, à partir du XVIIIe siècle, et à identifier son critère caractéristique dans la responsabilité politique du chef du Gouvernement (et du cabinet ministériel) devant le Parlement. Dans une monarchie où le souverain était et reste irresponsable, le Parlement a voulu contrôler l'action des ministres auxquels il accordait sa confiance (ou *trust*). Au recours, lourd (en termes de procédure) et périlleux (avec le risque d'une crise politique grave), à la responsabilité pénale sur la base d'une mise en accusation des ministres, s'est substituée l'idée d'une responsabilité dite politique du ministre qui dirigeait le cabinet. Concrètement, après un ou plusieurs votes défavorables au cabinet, celui-ci était censé avoir perdu la confiance du Parlement et était amené à démissionner. Plus tard, au XIXe siècle, le monarque a été conduit à choisir le *leader* du parti qui avait gagné les élections comme Premier ministre. Les adaptations continentales du parlementarisme anglais, avec le recours à des constitutions écrites, ont mis en place les mécanismes (interpellation suivie d'un ordre du jour défavorable au cabinet, question de confiance) de nature à établir la responsabilité parlementaire.

Les théoriciens du régime parlementaire anglais, comme Bagehot (auteur en 1867 de *The English Constitution*) opposèrent ce gouvernement de cabinet, en tant qu'expression de la souveraineté parlementaire et d'une forme de confusion des pouvoirs au profit du Parlement, au régime présidentiel des États-Unis qui maintenait une séparation rigide entre le Président et le Congrès. À la fin du XIXe siècle et au début du XXe siècle, Adhémar Esmein, dans ses *Éléments de droit constitutionnel* consacre en France cette classification des régimes politiques, en opposant les formes « souples » de séparation des pouvoirs (le régime parlementaire comme celui de la Troisième République française) et le régime présidentiel (avec le modèle américain). Il y ajoute le régime d'assemblée ou « conventionnel », par référence à la Convention nationale de 1792 à 1795, qui serait marqué par la confusion des pouvoirs, l'Exécutif n'étant que le commis d'une assemblée cumulant tous les pouvoirs.

Cette classification à laquelle il est fait référence jusqu'à nos jours est des plus problématiques. Le seul exemple historique de régime d'assemblée qui soit proposé est celui de la Convention nationale, correspondant à une période d'exception (la Constitution de 1793 a été suspendue), de révolution et de guerre[1]. En revanche, les évolutions au cours du XXe siècle ont accentué, dans les régimes parlementaires, la confusion des pouvoirs que Bagehot relevait déjà entre le cabinet (ou Gouvernement) et le Parlement (v. R. Carré de Malberg, *Contribution à la théorie générale de l'État*, t. 2, Sirey, 1922, p. 71-80). Mais cette confusion ne joue plus uniquement dans le sens d'une subordination du cabinet au Parlement, mais aussi d'une influence prépondérante du Gouvernement sur le Parlement, le chef du Gouvernement étant en mesure de diriger sa majorité parlementaire. Dans la plupart des cas où le régime parlementaire fonctionne, le Gouvernement est à l'origine de l'immense majorité des projets de lois et n'éprouve pas de grandes difficultés à faire voter ces textes par sa majorité. Du fait des mécanismes de rationalisation de l'activité parlementaire ou de la structuration des partis, les renversements d'un Gouvernement à la suite d'une motion de censure sont devenus rares.

1. Arnaud Le Pillouer, « La notion de "régime d'assemblée" et les origines de la classification des régimes politiques », *Revue française de droit constitutionnel* 2004/2, p. 305-333.

Par ailleurs, les régimes présidentiels connaissent des procédures d'*impeachment* qui, dans plusieurs pays, ont abouti à la démission forcée du Président mis en accusation (ou menacé de l'être) devant le Parlement. Il n'est plus possible d'opposer frontalement les régimes parlementaires de séparation « souple » des pouvoirs et les régimes présidentiels de séparation « stricte » des pouvoirs. Il y a bien des nuances entre les régimes où le Chef de l'Exécutif est élu par le Parlement (comme en Allemagne), élu par les électeurs en même temps que le Parlement (en Israël) ou désigné, de manière automatique, comme chef de la majorité au Parlement et ceux où la dyarchie gouvernementale (avec un Président doté de forts pouvoirs, comme en France) fait que le Premier ministre est choisi par le chef de l'État, sans pour autant se soustraire à la règle de la confiance parlementaire. Les concepts de régime d'assemblée et de régime semi-présidentiel n'ont pas résisté à l'épreuve du temps. Cela ne signifie pas que la doctrine constitutionnaliste abandonne ce terrain à la science politique, mais qu'elle doit, comme toute analyse juridique, renouveler ses concepts en fonction des réalités empiriques.

SITUATION 5

Les apports des sciences du droit à la compréhension des finalités de la peine

Les règles du droit pénal, dans les ordres juridiques contemporains comme dans ceux du passé, n'indiquent pas le but qu'elles poursuivent. Quelles sont les finalités des peines ? La réponse n'est pas aisée (v. Marie Pariguet, « Une autre rationalité pénale », *RSC* 2014. 543-558), si l'on a toujours à l'esprit (comme le demandait Bentham) que le mal est fait irrémédiablement par le crime et que dans certains cas, comme la mort de la victime, il est impossible de revenir à la situation antérieure au crime. La peine appliquée au responsable de l'infraction (cette responsabilité, quel que soit le moyen de l'établir, est le fondement de la peine) apparaît comme une réaction de la société face au crime et cette réaction sociale (à la différence de la vengeance privée de la victime ou de ses proches) doit pouvoir s'expliquer par un ou plusieurs effets attachés au châtiment prescrit par la loi.

L'histoire du droit, la sociologie du droit et la théorie du droit peuvent nous aider à comprendre, par une méthode rigoureuse d'observation, quelles sont les finalités qui ont été et sont encore assignées à la peine par les normes juridiques et par ceux qui les ont commentées. Étudiant les textes qui ont cherché à expliquer les règles du droit pénal à travers le temps, l'histoire du droit prend pour objet les doctrines pénales telles qu'elles ont été exprimées par des juristes, mais aussi par des théologiens, des philosophes, des moralistes ou des hommes d'État. Dès l'Antiquité, plusieurs finalités ont été proposées pour la peine. Le crime étant un mal commis par les hommes, susceptible d'offenser la divinité, la peine aurait un but d'expiation : il faudrait solliciter et obtenir le pardon divin par le mal infligé au coupable. Cette idée de rétribution, du mal imposé ou payé pour le mal commis ou subi, est susceptible d'expliquer le système du talion (*œil pour œil, dent pour dent* et en cas d'homicide la vie du coupable à la place de celle de la victime) que l'on trouve dans de nombreuses législations, qu'il s'agisse du droit juif, de la loi des XII Tables à Rome ou du droit musulman issu du Coran. Il est remarquable que ces règles juridiques, conçues sans lien les unes avec les autres, aient prévu la possibilité, par un pacte entre la famille de la victime et le coupable, de racheter la mort de la victime par une composition pécuniaire. Loin d'être une pratique cruelle, le talion a été probablement un moyen d'encadrer la répression (en évitant la surenchère de la vengeance réclamant une réparation d'un niveau supérieur au crime commis ou une punition de caractère collectif) et une manière d'encourager la substitution de peines réparatrices aux châtiments corporels (mutilations et peine de mort).

Héritiers d'une tradition philosophique grecque assignant à la justice la finalité de punir ceux qui ont fait le mal (ce que les Anciens appelaient, en référence à un personnage de la mythologie, la « loi de Rhadamanthe »), les Romains avaient également conscience de la fonction préventive de la peine. Sénèque (*De ira*, I, 16 reprenant un passage *Des lois* de Platon) écrivait qu'aucun homme sage ne punit parce qu'il y a eu un mal, mais pour prévenir le mal (*non quia peccatum, sed ne peccetur*) et un fragment du juriste Paul, recueilli au *Digeste* (D. 48, 19, 20) parle de corriger les hommes par la peine (*poena constituitur in emendationem hominis*).

Dans la tradition occidentale, la peine est attachée au péché (« toute peine, si elle est juste, est une punition du péché » écrivait saint Augustin) et constitue une rétribution ou rachat proportionné au crime. Ces théories ont servi à justifier la peine de mort (qui sauvegarderait aussi la société en éliminant les criminels les plus dangereux) et ont connu un développement philosophique tardif chez Kant (défenseur du principe du talion) et Hegel (insérant la peine dans une dialectique entre le droit et le crime négateur du droit). Elles ont coexisté dans le droit canonique, qui a été le premier à développer la peine d'emprisonnement, avec l'idée d'amender le criminel en favorisant sa repentance. Aux Temps modernes, la finalité de la peine a eu tendance à se laïciser et à être rattachée aux théories du contrat social (Grotius, Hobbes, Rousseau et Beccaria) : la peine serait voulue par le criminel lui-même qui a accepté de vivre en société et de se soumettre à une loi punissant le crime pour maintenir la sécurité. La peine doit ainsi être proportionnelle et utile à la société. Tandis que les partisans de la justice rétributive insistent sur l'équivalence entre le mal commis et le mal subi par le criminel, les utilitaristes comme Beccaria et Bentham mettent l'accent sur le caractère dissuasif de la peine, qui serait susceptible d'empêcher d'agir celui tenté de commettre une infraction par un calcul économique des avantages et risques attachés au crime. La doctrine « classique » au milieu du XIXe siècle a adopté, notamment en France, une formule éclectique « pas plus qu'il n'est juste, pas plus qu'il n'est utile ».

À la fin du XIXe siècle, les théories positivistes de l'École anthropologique italienne ou celles plus modérées de Liszt en Allemagne et de Garraud en France, ont mis en avant la finalité préventive de la peine. Dans cette perspective relativiste, la peine n'est plus une rétribution « absolument » juste, mais un moyen au service d'une politique pénale cherchant à réduire la violence. Il faut distinguer la prévention spéciale – la peine cherche à dissuader le criminel de récidiver (entraînant des peines très lourdes pour les récidivistes) ou cible des personnes qui seraient plus que d'autres enclines à commettre certaines infractions – et la prévention générale, qui s'adresse à toute une population censée adhérer aux valeurs protégées par le droit pénal et susceptible d'être retenue sur la voie du crime par la crainte de châtiments certains. L'art. 130-1 du Code pénal donne, depuis la loi du 15 août 2014, deux fonctions à la peine : celle de sanctionner l'auteur de l'infraction et de favoriser son amendement, son insertion ou sa réinsertion.

La sociologie apporte ses enseignements sur ces diverses finalités attribuées à la peine. Dans une perspective théorique, qui a été celle de Durkheim dans *La division du travail social* (1893), la peine serait particulièrement présente dans le « droit répressif » des sociétés « primitives » à solidarité mécanique entre des segments semblables. La peine serait aussi une réaction de la société face à un acte qui offense les états forts de la conscience collective, de nature essentiellement religieuse aux origines. Le crime, portant atteinte à la conscience collective, susciterait la peine, y compris sous la forme de la peine privée tolérée dans des sociétés accordant peu de valeur aux personnes individuelles. Dans les sociétés modernes à solidarité organique, où s'est développée la division du travail, le droit serait plus « restitutif » avec une progression des réparations pécuniaires par rapport aux châtiments corporels, sans pour autant exclure l'idée de vengeance dans les peines encourues par ceux qui attentent aux personnes, désormais considérés comme les criminels les plus dangereux. Dans une perspective empirique, la sociologie criminelle cherche à mesurer les effets dissuasifs de la peine et elle a plutôt mis en question les effets de la prévention générale (l'ensemble de la population est peu sensible aux lourdes peines affectant des crimes commis par un très petit nombre de personnes souvent dans un état d'irrationalité ou de perte de leurs facultés mentales) et même ceux de la prévention spéciale (les taux de récidives évolueraient indépendamment de l'alourdissement ou de l'allégement des peines, la peine de mort n'ayant en particulier aucun effet dissuasif sur la commission des crimes). Alors que certaines politiques pénales, comme aux États-Unis, ont évolué au cours de ces dernières décennies, vers une répression accentuée des récidivistes (les lois dites « *three strikes and you are out* » qui peuvent conduire à l'emprisonnement à vie après la commission de trois infractions par la même personne) au nom de l'intimidation (*deterrence*), la sociologie du droit montre les limites de la prévention spéciale et oriente la prévention générale plutôt vers la préservation de l'ordre public (l'enfermement des criminels les empêcherait d'agir tant qu'ils sont en prison) que vers un véritable effet dissuasif.

Partant du constat de l'extrême variabilité des règles de droit sur les peines, comme d'ailleurs sur la définition même des crimes, la théorie du droit constate que les peines sont établies par les droits positifs indépendamment des buts qui peuvent leur être assignés par le législateur, la doctrine ou tel groupe social. L'efficacité globale d'un ordre juridique repose seulement sur l'acceptation que les peines prescrites par le droit pénal doivent être obéies, parce qu'elles sont du droit.

SÉQUENCE 8

Unité et diversité du droit

En proposant une définition minimale du droit (v. Séquence 1), nous avons postulé que tous les systèmes juridiques, dans le temps et dans l'espace, partageaient certaines caractéristiques formelles. Le positivisme juridique est une théorie « moniste » (par opposition au jusnaturalisme qui défend le dualisme du droit positif et du droit naturel) qui affirme l'unité du droit. Pour autant les phénomènes juridiques sont extrêmement divers dans leur contenu et varient d'une époque à une autre, d'un État à un autre. Opérant des classifications à l'aide de concepts, les doctrines et les sciences du droit (v. Séquence 7) procèdent à des divisions et des subdivisions à l'intérieur des *corpus* de règles et de jugements. Ce qu'on appelle souvent les « branches » du droit résulte de ces « découpages » qui peuvent se justifier par des structures judiciaires ou procédurales, par des critères matériels tenant à la substance des règles juridiques ou par des préoccupations didactiques (I). Tenant compte de la division du monde en États, l'étude comparée des droits (le droit comparé est lui-même une forme de doctrine ou de science du droit) met en valeur les différences et les ressemblances entre les ordres juridiques (III). Toutes ces opérations intellectuelles de classement font ressortir l'existence de « lieux communs » aux différentes branches du droit et aux divers ordres juridiques que l'on peut désigner sous le nom savant de « topique juridique » (II).

I ▪ Les branches du droit

À propos de l'État (v. Séquence 3), il a été question de la notion de « droit public », des conceptions qui en ont fait une *summa divisio* dans l'ordre juridique français, des remises en cause récentes de la dichotomie droit privé/ droit public et des critiques théoriques qui pouvaient être faites à cette distinction. Cet exemple nous montre que les divisions entre les branches du droit sont des constructions intellectuelles, souvent durables mais conditionnées à un état donné des ordres juridiques et susceptibles d'être discutées. Sachant que la détermination de ces « branches du droit » varie d'un pays à un autre (le droit britannique n'ignore pas les notions de « droit privé » et de « droit public », mais n'attache pas beaucoup d'importance à cette division) et que les frontières entre ces différentes parties d'un ordre juridique sont mouvantes avec le temps, nous nous limiterons dans cette section à quelques considérations sur le droit français. Certaines de ses branches sont liées à l'existence de juridictions spécialisées et, depuis l'époque napoléonienne, de codes portant sur les matières soumises aux différents types de juridiction. D'autres branches correspondent plutôt à des disciplines enseignées dont les contours ont été dessinés par les programmes et par les cours, la division du travail doctrinal encourageant l'autonomie des spécialistes et aboutissant à forger des concepts propres à chacune de ces branches.

A ▪ Les juridictions d'attribution et la division des matières

L'on a vu (v. Séquence 3) combien la division entre droit public et droit privé en France a tenu historiquement à la création (par Bonaparte) et au développement (au cours du XIXe siècle) des juridictions administratives. Pendant longtemps, le droit constitutionnel était instable et ne donnait guère lieu à des affaires contentieuses, tandis que le droit international naissant tenait lui aussi un rôle limité devant les tribunaux. Le droit public a été, d'abord, constitué en France par le droit administratif et ce sont les juridictions administratives qui, en affirmant leur compétence, ont délimité et d'une certaine manière défini les matières qui relevaient du droit public. Le Conseil d'État, juge des conflits jusqu'en 1872, a ajouté les effets de sa jurisprudence aux lois qui réservaient certaines matières aux juridictions administratives et précisé ainsi les contours des matières qui relevaient d'un « droit exorbitant du droit commun » (ce terme désignant le droit civil). Ce phénomène, lié à la dualité juridictionnelle, a pu se développer alors même que le droit administratif n'était pas codifié : en l'absence d'un Code administratif qui aurait permis de connaître facilement les limites de cette branche du droit, le droit administratif a été largement produit dans son contenant et ses contenus par la jurisprudence du Conseil d'État. Après 1872, le Tribunal des conflits a fait participer, avec sa composition paritaire, les magistrats de la Cour de cassation à la détermination d'une frontière, particulièrement complexe, entre la compétence administrative et la compétence judiciaire. On peut remarquer qu'en matière d'enseignement et de doctrine, le droit administratif dépasse la compétence des juridictions administratives pour englober aussi les règles applicables aux administrations qui, en cas de contentieux, sont de la compétence des juridictions judiciaires.

Dans le domaine du « droit privé », la codification napoléonienne s'est également appuyée sur la structure juridictionnelle pour diviser les règles dans les cinq codes élaborés de 1804 à 1810 : le Code civil, le Code de procédure civile, le Code de commerce, le Code d'instruction criminelle et le Code pénal. Reprenant la tradition monarchique qui avait vu l'établissement des tribunaux de commerce (depuis celui de Toulouse en 1549) et la rédaction d'une ordonnance du commerce (1673), le Code de commerce napoléonien a délimité le droit commercial en rapport avec la compétence des tribunaux de commerce. Celle-ci se fonde sur deux critères, l'un subjectif tenant à la qualité commerciale des deux parties (le droit commercial est le droit des commerçants, immatriculés au registre du commerce, qu'il s'agisse de personnes physiques ou de personnes morales, les sociétés en nom collectif, les SARL et les SA étant des sociétés commerciales par nature), l'autre objectif tenant à la notion d'acte de commerce. Posée en 1807 dans l'article 632 du Code de commerce, cette définition des actes de commerce est passée dans le premier article L. 110-1 de la recodification en 2000. Sont des actes de commerce les opérations d'achat en vue de revente spéculative, les opérations professionnelles de location de meubles et de fournitures, les activités industrielles, financières, bancaires, les opérations d'assurance, de change, de bourse, le courtage, les opérations de commerce maritime et, en raison de la forme quelles que soient les parties, les lettres de change. On parle de contrats commerciaux, dont les règles sont fixées pour bon nombre d'entre eux dans le Code civil (comme la vente), quand les parties à un contrat sont des négociants. Paradoxalement, les règles de la procédure devant les tribunaux de commerce se trouvent dans le Code de procédure civile.

Lié au droit civil, notamment au droit des obligations, le droit commercial se singularise par quelques règles spécifiques : la liberté de la preuve (C. com., art. L. 110-3) fait exception à l'article *1359* du Code civil sur la preuve littérale, la solidarité entre codébiteurs est de droit en matière commerciale, les créances commerciales se transmettent sans les formalités de la cession de créance, les prescriptions sont courtes, les phénomènes d'apparence (comme les sociétés de fait) sont largement pris en compte, les formalités de publicité légale sont destinées à assurer la sécurité juridique, le règlement rapide des litiges est encouragé par la liberté de la défense et le recours à l'arbitrage. Pour autant, le droit commercial n'a pas coupé tous ses liens avec le droit civil et il est maintenant englobé, dans la pratique comme dans l'enseignement, dans un « droit des affaires » qui inclut les règles relatives aux baux commerciaux, au droit de la concurrence (intégré au Livre IV du Code de commerce) ou à la propriété industrielle (celle des brevets). Les auteurs de la doctrine ont pu proposer de repenser ce droit des affaires autour de la notion d'entreprise (comme on aborde l'ancienne faillite à travers le terme de « difficultés des entreprises » qui sert d'intitulé au Livre VI du Code de commerce), mais la législation française n'a pas fait de cette notion la clé de voûte de l'architecture du droit des affaires. Ce droit des affaires comporte également des normes européennes et internationales en plus des lois, règlements et normes jurisprudentielles propres à l'ordre juridique français.

Le droit pénal est empreint d'un fort particularisme, en dépit de la réunion des compétences pénales et civiles dans plusieurs juridictions (tribunal d'instance, tribunal de grande instance, Cours d'appel, Cour de cassation). Non seulement les sections ou chambres pénales de ces tribunaux et cours sont séparées des chambres civiles, mais la Cour d'assises est une juridiction exclusivement pénale et surtout les règles de la procédure pénale sont réunies dans un code séparé de celui consacré à la procédure civile, ce qui marque bien la spécificité du procès pénal opposant l'État et le délinquant poursuivi. L'action pénale se distingue clairement de l'action civile (v. Séquence 6).

Le droit pénal comprend également un certain nombre de principes hérités pour les uns d'une tradition ancienne (la présomption d'innocence est déjà évoquée par les juristes romains dans le *Digeste*, D. 48, 19, 5), pour les autres dans l'affirmation du principe de légalité au XVIIIe siècle et dans sa consécration dans l'article 8 de la Déclaration des droits de l'homme et du citoyen (« Nul ne peut être puni qu'en vertu d'une loi établie et promulguée antérieurement au délit, et légalement appliquée »). Il s'agit aujourd'hui de règles (dont certaines ont une valeur constitutionnelle) insérées au début du Code pénal : la définition obligatoire des crimes et des délits par la loi (C. pén., art. L. 111-3), la non-rétroactivité des lois pénales plus sévères (ce qui signifie que la rétroactivité peut concerner les lois plus douces et les lois de procédure), l'interprétation stricte de la loi pénale (C. pén., art. L. 111-4), l'application territoriale de la loi pénale à toutes les personnes présentes sur le territoire français. Ces règles n'empêchent pas l'existence de normes jurisprudentielles en matière pénale, l'application de la loi pénale pour des infractions commises en dehors du territoire français quand l'auteur ou la victime sont français, la « compétence universelle » des tribunaux français pour les crimes contre l'humanité.

La place du droit pénal

Si le droit pénal est rattaché d'un point de vue universitaire (du fait du sectionnement de l'agrégation de droit en 1896) au droit privé (avec lequel il entretient quelques rapports, la responsabilité civile et la responsabilité pénale étant liées dans de nombreux cas), ce n'est pas le cas dans d'autres pays et le droit pénal comporte des aspects « publicistes », notamment du fait des pouvoirs du ministère public. Caractérisée par une relative stabilité des règles substantielles du Code pénal (auquel s'ajoutent quelques lois pénales et règlements sur les contraventions pour fixer la totalité des infractions) et par une évolution rapide, par des réformes au rythme saccadé, des règles de la procédure pénale, la matière pénale constitue sans nul doute une branche du droit bien identifiée. Historiquement, on peut d'ailleurs s'interroger sur la signification de la part prépondérante accordée au droit pénal dans certains systèmes juridiques anciens (comme le droit chinois) et de la part en apparence (une apparence qui est peut-être trompeuse) limitée que tient aujourd'hui l'étude du droit pénal dans la formation des juristes.

Le droit du travail, comme celui des baux ruraux ou de la Sécurité sociale, tient aussi sa qualité de « branche du droit » à l'existence de juridictions spécialisées en première instance pour le règlement des conflits individuels de travail, les conseils de prud'hommes. Il faut rappeler que ces derniers ne sont pas compétents pour les conflits collectifs et que la chambre sociale de la Cour de cassation donne une cohérence à la jurisprudence sur le droit du travail et la Sécurité sociale. C'est la formation progressive, à partir de 1910, d'un Code du travail qui a donné son autonomie au contrat de travail, intégré à partir de 1919 les conventions collectives et renforcé les droits spécifiques des salariés garantis par l'ordre public social. Les débats actuels sur la réforme de ce code, avec un retour possible à une plus grande liberté contractuelle, montrent que la définition des branches du droit dépend aussi du contexte de la politique législative[1].

B ▪ La didactique universitaire et la spécialisation des disciplines

D'autres branches du droit doivent leur reconnaissance à la diversification des programmes universitaires entraînant la spécialisation croissante des enseignants qui sont susceptibles de former entre eux une « communauté épistémique » cherchant à promouvoir l'émancipation de leur sujet d'études et de recherche par rapport aux disciplines traditionnelles liées à la structuration des juridictions. C'est ainsi qu'au sein du droit civil, le droit des personnes et de la famille, le droit des biens et le droit des obligations ont pu être conçus comme des champs relativement bien identifiés qui avaient leur spécificité, qu'il s'agisse du contenu des règles elles-mêmes ou des points de vue adoptés pour les analyser.

On peut néanmoins mettre en doute la réalité des frontières séparant ces prétendues disciplines qui portent sur des règles réunies dans le même *corpus* (comme le Code civil) ou appliquées par les mêmes juridictions. Le particularisme est un peu plus accusé quand il s'agit de domaines ayant fait l'objet de lois spéciales, puis de codifications propres comme la propriété intellectuelle ou le droit de la consommation. Dans ces deux cas, l'élaboration d'un code (respectivement en 1992 et 1993, avec une refonte en 2016) à droit constant a pu consacrer des règles dérogatoires au droit commun, en l'occurrence de la propriété et des contrats, qui caractérisent ces matières.

Le droit international privé, correspondant à ce que, dans des traditions plus anciennes ou dans d'autres pays, on appelle les « conflits de lois », fournit un exemple d'un domaine qui doit en France son identité disciplinaire au fait d'être pratiqué et enseigné presque exclusivement par des privatistes. S'il y a des raisons de considérer que les principales règles du droit international privé émanent d'autorités nationales (et doivent à ce titre être séparées du droit international qualifié, par redondance, de « public »), il est également possible, comme cela se fait dans d'autres pays, de trouver des points de

1. V. *Situation 1.*

contact entre conflits de lois et droit international comme entre droit de la nationalité et droit des étrangers, qui sont souvent dissociés dans l'enseignement.

Le droit fiscal[1], le droit public des affaires, le droit de l'environnement, les droits et libertés fondamentaux constituent des sujets transversaux, qui remettent en cause la frontière entre droit public et droit privé et dont les spécialistes revendiquent également l'autonomie. Les exemples historiques du droit féodal, du droit militaire, du droit colonial ou du droit ecclésiastique (qui concerne l'organisation des Églises par l'État[2]), des disciplines qui se sont vidées de leur substance à travers l'histoire, montrent que les divisions introduites dans les différentes parties du droit sont des artefacts dont la portée est essentiellement didactique.

II ▪ La topique du droit

Les juristes font souvent référence à des principes qui s'expriment dans une phrase, en latin ou dans une langue moderne, sous forme de ce qu'on appelle indifféremment une maxime, un adage ou un brocard[3]. Le caractère général de ces maximes laisse entendre qu'elles sont susceptibles de s'appliquer à plusieurs branches du droit comme à plusieurs systèmes juridiques. Transmises par une tradition, qui finit souvent par oblitérer leurs origines, elles paraissent universelles. En réalité, chacune de ces maximes a une histoire et, au moins dans certains cas, l'on peut identifier sa source (par exemple dans un fragment du *Digeste*), voire son auteur. Nous utilisons presque exclusivement des adages venus de l'histoire du droit en Europe (droit romain, droit canon, droit français, droit allemand, droit anglais). Même si beaucoup de ces brocards sont utilisés par des juristes de tous les continents – la citation de formules latines reste très fréquente chez les juristes de *common law* –, il faut avoir conscience de leur transplantation dans des ordres juridiques extra-européens pour ne pas y voir les éléments d'un quelconque droit universel ou la preuve de l'existence d'un droit naturel. L'emploi de ces adages nous instruit sur un certain nombre de pratiques et d'habitudes partagées par les juristes à travers le monde. Ils illustrent la manière d'envisager aussi bien la division du droit en branches (certains adages sont spécialisés dans une matière particulière et en font ressortir la spécificité) que des sujets transversaux (tenant à l'articulation des règles de droit entre elles). Autant que des règles appliquées et citées par les tribunaux, ce sont des « lieux communs » de la doctrine

1. V. *Situation 2*.
2. V. *Situation 5*.
3. Henri Roland, Laurent Boyer, *Adages du droit français*, Paris, Litec, 3e éd., 1992.

et de la science du droit, ce que les Grecs appelaient *topoi* et dont l'étude constituait la topique[1]. Dans cette perspective de topique du droit, l'on peut distinguer les adages traditionnels, essentiellement issus des droits savants (romain et canonique) et les « principes » plus récents, souvent liés au droit public (droit constitutionnel et droit international public), dont le rayonnement est allé croissant. Le renouvellement de ces maximes est aussi la preuve de leur caractère historique et de l'évolution de la cartographie, ou topographie pourrait-on dire, des branches du droit.

A ■ Les adages traditionnels

Exprimés en latin, ces adages sont pour une grande part issus des textes du droit romain (le *Digeste* comporte dans son dernier livre et dernier titre (D. 50, 17), une liste de 211 de ces *regula juris*, règles de droit qu'il faut comprendre comme des résumés de normes plutôt que des normes elles-mêmes) et du droit canon (la compilation ordonnée par Boniface VIII au début du XIVᵉ siècle, le *Sexte*, comprend dans son dernier titre, une autre liste des *regula juris*). D'autres adages en latin sont, en fait, des créations de la doctrine du Moyen Âge et des Temps modernes. Certains de ces adages, portant sur l'esclavage ou l'exclusion des femmes de tous les offices publics (D. 50, 17, 2) n'ont plus qu'un aspect historique. D'autres conservent un usage qui témoigne de la fidélité à des règles pourtant inventées et réinterprétées au fil du temps.

Il existe des adages qui concernent toutes les branches du droit ou un grand nombre de matières. Ils peuvent refléter des manières de pensée qui sont communes à tous les juristes depuis des siècles. Passée à l'état de proverbe dans la langue courante, la maxime *Dura lex, sed lex* (la loi est dure, mais c'est la loi, raccourci à partir d'un fragment d'Ulpien au D. 40, 9, 12, 1) exprime le respect dû aux règles de droit qui sont impératives, comme inexorables, quelle que soit leur rigueur, voire créatrices d'injustice aux yeux de l'observateur. On peut la comprendre comme un avertissement méthodologique en faveur du positivisme et du relativisme des valeurs : il faut considérer la règle de droit en vigueur comme obligatoire, quel que soit le jugement moral ou politique porté sur elle. De même l'adage *Res judicata pro veritate accipitur* (la chose jugée est tenue pour vérité d'après D. 50, 17, 207) illustre l'obéissance due aux décisions judiciaires rendues en dernier ressort qui sont tenues comme des vérités incontestables (ce qui différencie aussi la vérité juridique de la vérité scientifique). On peut y rattacher, dans le domaine plus restreint du droit pénal, la règle *non bis in idem* (D. 48, 2, 7, 2) qui est incorporée dans un grand nombre d'ordres juridiques pour interdire qu'une personne

1. Theodor Viehweg, *Topik und Jurisprudenz* (1953), trad. it. *Topica e giurisprudenza*, Milan, Giuffrè, 1962.

définitivement acquittée puisse être accusée et jugée à nouveau pour le même crime. Dans la même veine de respect du droit et de la justice, « nul n'est censé ignorer la loi » ou « nul ne peut se faire justice à soi-même » résument, de manière tranchante, les règles qui interdisent sauf exception de tenir compte de l'ignorance du droit par les justiciables ou de recourir à la vengeance privée, même quand on est « dans son droit ».

Les maximes destinées à régler les conflits de lois - *lex posterior priori derogat* (la loi postérieure déroge à la loi antérieure, ou la loi postérieure abroge la loi antérieure contraire, même en l'absence de disposition expresse en ce sens) et *lex scpecialis generali derogat* (la loi spéciale déroge à la loi générale) - sont des produits plus complexes de la doctrine médiévale commentant les textes de droit romain (qui intégraient la seconde maxime, mais évoquaient seulement la première) et de droit canon, à une époque où la législation des princes commençait à prendre son essor. La règle *lex posterior priori derogat* a été exprimée dans cette forme par le juriste Balde au XIVe siècle et, en dépit de son importance pour la compréhension des changements législatifs, elle est parfois écartée aujourd'hui, par exemple au profit de la loi constitutionnelle, considérée comme une *lex superior* dans la hiérarchie des normes.

D'autres adages, qui ont pu être empruntés à la rhétorique, proposent des méthodes d'interprétation et soulèvent la question de la part de logique dans le droit (v. Séquence 9). *Exceptio est strictissimae interpretationis* (les exceptions doivent être interprétées restrictivement), *Ubi lex non distinguit nec nos distinguere debemus* (où la loi ne distingue pas, il ne faut pas distinguer) ou *in claris non est interpretandum* (on ne doit pas interpréter des dispositions qui sont claires) sont des adages de création plus récente (aux Temps modernes) qui servent de guides aux interprètes plutôt que de règles de droit au caractère impératif.

La spécificité des branches du droit est notamment illustrée par le nombre important d'adages réservés aux matières pénales qui tiennent compte des risques d'une répression aveugle. *In poenis benignior est interpretatio facienda* est une *regula juris* du *Sexte* (V, XII, XLIX) qui invite à faire une interprétation plus douce et donc restrictive des règles sur les peines. « Le doute profite à l'accusé » (*in dubio pro reo*) a des racines anciennes dans l'idée qu'il vaut mieux laisser un crime impuni que de condamner un innocent, une idée déjà exprimée au *Digeste* 48, 19, 5. La formule, due au criminaliste Feuerbach au début du XIXe siècle, *nulla poena, nullum crimen sine lege* (pas de peine, pas de crime sans une loi pour les définir) est, en revanche, une synthèse de la règle, revendiquée au XVIIIe siècle, d'une stricte légalité des délits et des peines.

En matière de droit civil, les adages sur le mariage (*consensus non concubitus facit nuptias*), la possession (*melior est causa possidentis, fraus omnia corrompit, prior tempore potior jure, nemo plus juris ad alium transferre potest quam ispe habet*), les contrats (*privatorum conventio juri publico non derogat,*

D. 50, 17, 45, *cessante causa, cessat effectus*) se sont progressivement ancrés dans la tradition juridique occidentale transportée, notamment par la colonisation, sur tous les continents. Ils correspondent à des états historiques du droit (souvent de longue durée mais sans caractère immuable) et sont en général assortis de nombreuses exceptions. Il faut aussi les envisager comme des éléments argumentatifs dont se servent les juges, les avocats et les auteurs de la doctrine et non comme des normes consacrées par la législation ou la jurisprudence.

B ▪ Les paradigmes contemporains d'inspiration constitutionnelle

La rédaction de constitutions écrites comportant des clauses générales, que l'on peut qualifier de « principielles », est à l'origine de nouveaux *topoi* sous la forme d'expressions ou de phrases simples qui ont été imitées à travers le monde. Compte tenu de leur présence dans un grand nombre d'ordres juridiques, nationaux ou internationaux, on peut les considérer comme des paradigmes du droit contemporain, se distinguant des anciens adages transmis par la tradition savante. Deux exemples illustrent le caractère transversal de ces règles, souvent désignées en tant que principes du fait de leur application à plusieurs branches du droit et du « rayonnement » de la constitution sur tout l'ordre juridique.

Le premier exemple concerne ce que nous appelons en France le principe d'égalité. Exposé dans la Déclaration de 1789 (art. 1 et 6), en réaction contre les privilèges et la société d'ordres, ce principe a acquis une valeur positive, avant même que soit reconnu le caractère proprement constitutionnel de la DDHC dans les années 1970. Le Conseil d'État en a fait un principe général du droit, de même que la Cour de cassation a veillé à son respect, notamment en matière pénale et successorale. Le Conseil constitutionnel a imposé au législateur une contrainte moins forte que celle qui pèse sur l'administration. Dans la mesure où il faut appliquer un traitement identique aux personnes dans une situation semblable, le Parlement est habilité, en définissant des catégories, à traiter différemment des situations déclarées dissemblables, à la seule condition de ne pas introduire les discriminations (en raison du sexe, de l'origine, de la race ou de la religion) interdites par l'art. 1 de la Constitution[1]. Ainsi une tarification différente (en fonction de l'origine géographique des véhicules) pour les utilisateurs d'un bac ou d'un pont permettant de rejoindre une île est contraire au principe d'égalité quand elle résulte d'un acte administratif (CE 10 mai 1974, *Denoyez et Chorques, Rec.* 274), mais ne l'est pas quand elle est décidée par une loi (DC n° 79-107 du 12 juillet 1979).

1. V. *Situation 3*.

Cette plasticité d'un principe d'égalité nous rappelle aussi qu'il a pu être entendu diversement selon les époques et qu'il fait encore aujourd'hui l'objet d'interprétations contrastées à travers le monde. En France, le principe d'égalité ne s'est appliqué aux femmes, par rapport aux hommes, qu'à partir de 1945-1946 (selon l'alinéa 1 du préambule de 1946). Il n'a pas empêché, jusqu'aux années 1980, des discriminations dans l'accès à certaines fonctions à l'égard des naturalisés, distingués des Français de naissance, alors que l'égalité ne devrait pas souffrir l'existence de citoyens de seconde zone. Presque toutes les constitutions dans le monde ont intégré un article sur l'égalité entre nationaux, opposés ainsi aux étrangers, ou l'égale protection des lois selon la formule du XIVe amendement aux États-Unis (1868). Pour autant, et malgré des textes internationaux quasiment universels interdisant les discriminations en raison du sexe ou de la race, plusieurs ordres juridiques maintiennent des inégalités de traitement entre hommes et femmes (notamment en droit de la famille) ou entre membres de différentes communautés (dans les pays avec la reconnaissance de statuts personnels liés à la religion). Les politiques discriminatoires à l'égard des minorités sont loin d'avoir disparu et plusieurs ordres juridiques maintiennent des doubles standards (c'est-à-dire des règles différentes) en droit pénal ou en droit civil en raison du sexe, de l'orientation sexuelle ou de la religion.

En sens inverse, la dynamique de l'égalité, qui met en mouvement des revendications sociales et des changements normatifs, a provoqué des transformations profondes dans le droit des personnes au cours des dernières décennies sur tous les continents : égalité complète entre les époux dans la gestion du ménage et l'exercice de l'autorité parentale, entre les enfants nés dans le mariage et hors du mariage, entre les couples hétérosexuels et homosexuels. Le principe d'égalité se distingue ainsi de la catégorie des concepts juridiques, même sous la forme simple des standards, en échappant à toute définition et en s'appliquant comme une modalité dans la reconnaissance de tous les droits subjectifs (ou intérêts juridiquement protégés, v. Séquence 6). Certains théoriciens du droit, comme Herbert Hart, n'ont pas craint d'y voir une condition *sine qua non* de notre obéissance à un ordre juridique (v. Séquence 10).

Le deuxième exemple de paradigme contemporain réside dans le principe de proportionnalité. Utilisé de longue date, en France et ailleurs, en droit pénal ou en droit administratif (notamment avec le contrôle de l'erreur manifeste d'appréciation), ce principe a été étendu par la justice constitutionnelle au contrôle du caractère « raisonnable » des lois comme le disent les décisions de la Cour suprême des États-Unis. En fonction du but qu'il poursuit le législateur devrait choisir uniquement entre des moyens raisonnables, proportionnés à l'objectif recherché. En fonction de ce paradigme les règles du droit doivent être interprétées dans un esprit de modération, sans excès soit dans le sens du rigorisme, soit dans l'absence de toute contrainte. Il s'agit là encore d'une construction historique susceptible de bien des nuances et des exceptions. Le caractère topique de la proportionnalité se manifeste cependant dans son emploi dans le droit de la concurrence (sous la forme de la règle de raison pesant les avantages et les inconvénients de concentrations d'entreprise), dans le droit européen et dans le droit international (à propos de la légitime défense et des contre-mesures qui ont remplacé les représailles). Plus que les normes sur les droits de l'homme, qui sont loin d'avoir un caractère universel, ces paradigmes renouvellent, d'une manière moins européo-centrée, la catégorie des *topoi* juridiques et illustrent les liens qui demeurent entre les branches du droit.

III ▪ L'étude comparée de la diversité des ordres juridiques

Ce qu'on appelle le droit comparé porte un titre trompeur. Il ne s'agit pas d'un ensemble de règles qui formeraient ensemble un ordre juridique applicable à une population ou un territoire donné : il n'y a pas de droit positif qui puisse être qualifié de « comparé », au même titre qu'un droit national ou international. Le droit comparé est une des branches de l'étude, ou de la science si l'on préfère, des normes juridiques. Ce que la langue allemande nomme plus justement la comparaison des droits (*Rechtsvergleichung*) est la connaissance des différents ordres juridiques, dans l'idéal de tous les droits. Entretenant des liens étroits avec l'histoire du droit et la théorie du droit (v. Séquence 7), le droit comparé suppose l'unité du droit, c'est-à-dire que tous les systèmes juridiques présentent, aujourd'hui et dans le passé, un minimum de caractères communs pour appartenir au même genre, celui des ensembles de normes juridiques (v. Séquence 1, sur ces critères minimalistes et formels du droit). C'est en comprenant les méthodes et les objectifs de la science du droit comparé que l'on peut s'interroger sur les phénomènes de circulation et de transplant des normes juridiques, comme sur la possibilité d'un droit transnational ou global.

A ▪ La science du droit comparé

Si l'idée de comparer les droits, comme les régimes politiques, remonte à l'Antiquité, le droit comparé n'est devenu une discipline scientifique, donnant lieu à des enseignements, des ouvrages et des revues spécialisées, qu'au cours d'un long processus d'émergence de cet objet scientifique au XIXe et au XXe siècle. Le Congrès international de droit comparé tenu à Paris en 1900 lors de l'Exposition universelle est une manifestation parmi d'autres de cette émancipation disciplinaire et non l'acte de naissance d'une science qui aurait été établie par le concert des juristes de toutes les nations. Regroupés de plus ou moins longue date dans des sociétés savantes à base nationale, tournés longtemps vers la comparaison des seuls droits privés, et en priorité des droits européens ou occidentaux, les juristes comparatistes ne sont toujours pas en accord sur les méthodes ou les buts principaux de cette discipline qui occupe une place assez restreinte dans l'enseignement du droit.

Pour pouvoir comparer, il faut au minimum deux objets de la comparaison et un standard (le *tertium comparationis*) permettant de considérer que ces objets, malgré leurs différences, sont des espèces d'un même genre. En l'occurrence, l'étude du droit comparé nécessite, encore plus que toute branche des sciences juridiques, une définition minimale (et pour les positivistes purement formelle, sans égard au contenu des normes) du droit. Le plus souvent, l'observateur prend appui sur « son » droit national qu'il connaît le mieux pour comparer avec un ou plusieurs droits étrangers. L'étude, plus ou moins détaillée, d'un droit étranger est un élément essentiel de la comparaison, sachant que le droit comparé veut aller au-delà de la juxtaposition d'analyses monographiques de tous les droits du monde pour mettre en valeur leurs ressemblances et leurs différences.

Dans le monde contemporain, la comparaison paraît facilitée par la structuration de l'ensemble de la planète en États qui entraîne l'identification des ordres juridiques nationaux associés (et même identifiés dans la lignée de la pensée de Kelsen) à ces États. Si la comparaison a lieu le plus souvent entre droits nationaux (droit français, droit allemand et droit japonais par exemple), il faut prendre garde aux particularités des États fédéraux ou composés de plusieurs ordres juridiques. Le droit américain comporte à la fois l'ordre juridique fédéral, celui des 50 États fédérés et les aspects communs, particulièrement développés par l'enseignement, à ces deux ensembles. Le droit britannique doit être distingué du droit anglais *stricto sensu* et du droit écossais, qui est lié à la tradition des pays de droit civil. Il faut tenir compte aussi, dans la comparaison du droit international et, en Europe, des ordres juridiques de l'Union européenne et de la Convention européenne des droits de l'homme (v. Séquence 5). L'intégration des normes de l'Union européenne, opérée de manière identique et simultanée dans les ordres juridiques nationaux, fait que les droits français, allemand, italien, mais aussi suédois, irlandais ou polonais comportent aujourd'hui, en leur sein, les mêmes normes d'origine européenne.

Après l'identification de son objet, le comparatiste doit s'interroger sur les méthodes qu'il emploie. L'étude rigoureuse suppose un accès aux textes qui contiennent les énoncés normatifs (constitution, lois, décisions judiciaires et administratives) du ou des droits étrangers qui sont pris en considération dans la comparaison. Le droit comparé pose ainsi des problèmes de traduction et plus généralement d'interprétation linguistique des règles de droit. Ces obstacles sont plus ou moins présents (le juriste français n'a pas de difficulté linguistique à lire et comprendre les règles du droit belge, de même que le juriste britannique a accès par sa langue à tous les droits énoncés en anglais) et ils entretiennent des rapports avec les difficultés que rencontre l'interprétation juridique, y compris à l'intérieur d'un même espace linguistique (v. Séquence 9).

En cherchant à aller le plus loin possible dans la connaissance des langues et des systèmes étrangers, le comparatiste doit peser, au-delà des apparences qui peuvent être trompeuses, les ressemblances et les différences. Partons d'un exemple qui prend sa source dans ces difficultés linguistiques : comment comparer le droit français du contrat et le *contract law* britannique ? Nous nous doutons que les règles qui s'appliquent aux contrats au Royaume-Uni ne sont pas les mêmes qu'en France. Nous avons lieu de supposer que les catégories conceptuelles ne sont pas identiques dans les deux ordres juridiques et nous constatons rapidement que, dans les deux pays, on parle aussi de droit *des* contrats ou de *law of contracts*. Doit-on pour autant renoncer à comparer les deux ensembles de règles et même à traduire *contract law* par droit du contrat ? La réponse est non, car nous pouvons identifier le même objet - des opérations donnant lieu à des engagements consentis par au moins deux parties - qui correspond à l'usage courant du mot contrat ou *contract* dans les deux langues. Le comparatiste peut ainsi recourir à des traductions en termes techniques, à condition de faire attention à ne pas être prisonnier des spécificités linguistiques, voire des connotations culturelles, attachées aux termes de sa langue d'origine. On peut aussi recourir à des mots ou des expressions qui n'ont pas un sens technique précis - parler ainsi d'union conjugale au lieu de mariage, de disposition de dernière volonté au lieu de testament - ou à des concepts élevés au rang d'idéaltypes. La méthode des idéaltypes, préconisée par Max Weber, consiste à exagérer des traits singuliers constatés dans la réalité empirique, afin de dégager des modèles qui n'existent précisément nulle part à l'état parfait mais permettent de comparer des phénomènes à la fois proches et divers.

Ces opérations de traduction et de qualification, auxquelles le comparatiste doit se soumettre avec la plus grande rigueur possible, sont parfois difficiles et obligent à recourir à des périphrases. De même que les expressions françaises « contrôle de conventionnalité » et « codification à droit constant » n'ont guère d'équivalent satisfaisant en anglais, on ne progresse guère en cherchant à remplacer le « *trust* » par un mot français, en particulier par celui de « fiducie » qui désigne un concept présentant des ressemblances, mais aussi de grandes différences (notamment dans sa portée) avec le « *trust* ». En arrivant à se comprendre les uns les autres, les comparatistes peuvent utiliser des typologies qui, comme les idéaltypes, ont une valeur heuristique au moins pendant un certain temps. La division des systèmes juridiques en familles de droit - pays de droit civil, *pays de common law*[1], pays de droit musulman... - est une de ces typologies proposées dès le début du XXe siècle (et rendant compte du

1. V. *Situation* 4.

phénomène colonial qui était prégnant à cette époque) dont l'utilité est sans doute moindre aujourd'hui, où l'on préfère recourir à des classifications plus fines.

En établissant des différences et des ressemblances sur un certain nombre de règles (qu'elles soient législatives ou jurisprudentielles), comme sur un certain nombre de concepts (qu'ils soient des concepts du droit ou de la science du droit, v. Séquence 7), la méthode comparative parvient à proposer des évaluations. Celles-ci peuvent avoir un but purement scientifique de description et de compréhension des systèmes juridiques : en cela le droit comparé nous aide à mieux analyser les phénomènes juridiques, en n'acceptant pas comme des évidences les spécificités de notre droit national. L'évaluation, qui ne prend pas nécessairement la forme d'un jugement de valeur et encore moins d'une hiérarchie entre les droits, peut avoir également des buts pratiques : résoudre des conflits de lois en droit international privé (que ce soit dans des contrats ou des contentieux), préparer au niveau mondial ou régional des normes et des traités visant à l'harmonisation et à l'unification des systèmes juridiques.

B ▪ Circulations juridiques et recours aux arguments empruntés à des droits étrangers

Depuis environ un demi-siècle, les comparatistes sont sensibles au fait que les ordres juridiques, isolés formellement les uns des autres (une norme appartient nécessairement à un ordre juridique) sont en contact plus ou moins étroit les uns avec les autres d'un point substantiel (celui du contenu des ordres). Il y a toujours eu des formes de porosité entre les systèmes juridiques, des circulations d'énoncés normatifs, de concepts ou de doctrines que l'on désigne, depuis les travaux du romaniste britannique Alan Watson, sous le terme de transplants juridiques (*legal transplants*)[1]. Beaucoup de ces transplants ont été imposés par des pouvoirs conquérants qui étendaient leurs règles juridiques aux populations qu'ils avaient soumises. Les Romains ont progressivement appliqué leur droit civil, qui était originairement le droit des citoyens romains et non celui des pérégrins ou étrangers soumis à la domination romaine, à l'ensemble des habitants libres de leur Empire. Cette « romanisation » a abouti avec l'édit de Caracalla (212 ap. J.-C.) concédant la citoyenneté romaine à toutes les personnes libres vivant dans l'Empire. Depuis le XVIe siècle, les puissances coloniales occidentales ont transplanté leur droit (les Espagnols et les Portugais avec des règles inspirées du droit romain et du droit canon, les Britanniques avec le *common law*, les Français avec la

---

1. Alan Watson, *Legal Transplants : An Approach to comparative Law*, Edinburgh, Scottich Academic Press, 1974.

coutume de Paris puis avec le Code civil) dans leurs colonies, forçant les indigènes (considérés comme sujets) à appliquer les règles d'ordre public venues de la métropole, quitte à leur reconnaître le maintien limité de leur propre droit pour leur statut personnel.

D'autres transplants juridiques massifs ont été effectués de manière plus volontaire de la part des pays récepteurs. Le droit romain des compilations de Justinien, redécouvert en Italie à la fin du XIe siècle, a été introduit (en Allemagne on parle de « réception ») dans la plus grande partie de l'Europe dans les siècles suivants, déterminant les ressemblances jusqu'à nos jours entre les droits privés des pays de droit civil. Même l'Angleterre a accepté, en les sélectionnant, des influences du droit canon et du droit romain. Au XIXe et au XXe siècle, des États extra-occidentaux, comme les pays d'Amérique du Sud, le Japon, la Turquie ont « modernisé » leur droit (pour essayer aussi d'échapper à la colonisation) en empruntant des énoncés normatifs, des formes (la codification) et des concepts aux droits européens. La Turquie de Mustapha Kemal a adopté en 1926 un Code civil qui est, pour l'essentiel, la traduction du Code civil suisse de 1907-1912.

Cet exemple turc nous montre que les transplants juridiques, qu'ils soient volontaires ou forcés, sont susceptibles de rencontrer des obstacles dans le contexte linguistique, politique, social et culturel du pays importateur d'énoncés juridiques venus de l'extérieur. Il a fallu du temps pour que les règles venues du Code civil suisse sur l'enregistrement des mariages civils, la capacité des femmes mariées et la procédure de divorce soient appliquées dans l'ensemble de la société turque, notamment dans les campagnes. La législation turque et la jurisprudence ont pu donner aux articles du Code civil (réformé en 2001) des compléments ou des interprétations s'éloignant du modèle suisse. Les énoncés d'origine suisse, une fois traduits (rappelons qu'en Suisse le Code civil a la même valeur normative dans les quatre langues de la Confédération, l'allemand, le français, l'italien et le romanche) et intégrés dans l'ordre juridique turc, ont été « naturalisés » dans des normes purement turques qui sont différentes des normes suisses. Une telle expérience nous confirme cependant que les transplants sont réalisables et peuvent avoir une très grande portée dans la longue durée. Depuis plus de huit décennies, les règles rédigées par le codificateur suisse se sont implantées dans la société turque : le nombre de mariages non enregistrés est aujourd'hui réduit, de même que le divorce est largement pratiqué. Des contacts sont même restés entre juristes turcs et juristes suisses sur ce qui est une partie de leur patrimoine commun.

Les transplants juridiques sont à l'origine de processus dont certains se développent dans la longue durée (qui est un indice du succès), tandis que d'autres ne parviennent pas à s'imposer longtemps (et sont des échecs). Les énoncés normatifs d'origine étrangère, même quand ils sont conservés dans leur forme initiale (beaucoup de pays indépendants ont conservé une part non négligeable de la législation qui leur avait été imposée par les colonisateurs, l'Inde a ainsi maintenu l'*Indian Penal Code* promulgué par les Britanniques en 1860-1862), donnent naissance à des normes nouvelles, comme le fait dans l'ordre interne de tous les pays l'interprétation jurisprudentielle. Il ne faut pas exagérer les obstacles culturels (v. Séquence 10) à la circulation juridique, à notre époque de globalisation où le droit uniforme issu des traités concerne des pans entiers de plusieurs matières et où certaines juridictions n'hésitent pas à utiliser des droits étrangers dans leur argumentation. La diversité des droits se combine avec une relative unité des conceptions du droit (permettant aux doctrines d'échanger des idées) et des techniques juridiques.

SÉQUENCE 8

Unité et diversité du droit

SITUATION 1

Le droit du travail, entre protection des travailleurs et flexibilité

Le droit du travail constitue un exemple d'une branche du droit qui s'est affirmée en France comme dans beaucoup d'autres pays avec la législation adoptée depuis le XIXe siècle en faveur de la protection des travailleurs, d'une discipline qui s'est émancipée du droit civil dont elle est issue et de problématiques contemporaines qui pourraient remettre en question le caractère apparemment « irréversible » de cette évolution (v. F. Guiomard, « "Loi El Khomri", un droit du travail de crise ou un droit du travail en crise ? », Dalloz-actu-etudiant.fr, 27 sept. 2016). En France, la codification napoléonienne a rattaché les relations salariales, fondées sur un contrat, au Code civil avec la figure du « louage de services » (le louage d'ouvrage correspondant plutôt au travail à la façon des artisans auxquels les clients passent commande d'un ouvrage). Le Code Napoléon ne consacrait que deux articles aux relations entre maîtres et commettants d'un côté, ouvriers et domestiques de l'autre : l'article 1780 interdisant les engagements perpétuels (par réaction contre le servage, la relation de travail, même si elle a vocation à être de longue durée, ne doit pas enchaîner à vie les travailleurs) et l'article 1781 prescrivant qu'en cas de contestation sur les salaires, le maître soit cru sur parole. Ce dernier article, abrogé sous le Second Empire en 1867, traduisait l'inégalité des employeurs et des ouvriers, à une époque où la Révolution industrielle connaissait ses premiers développements et où les patrons avaient pour objectif prioritaire de fixer la main-d'œuvre. Tous les autres aspects du contrat de louage de services, la plupart du temps verbal et rudimentaire, étaient laissés à la liberté contractuelle : la fixation du salaire ou de la durée du travail, comme la possibilité de mettre fin de manière unilatérale au contrat, sauf à respecter des usages professionnels se limitant à de brefs préavis. Cette liberté contractuelle était à l'avantage des employeurs, alors que les ouvriers avaient besoin de travailler pour vivre et que toute coalition de leur part était interdite (l'article 290 du Code pénal reprenait à la loi Le Chapelier l'interdiction des associations et des grèves qui était sanctionnée pénalement).

Avec les premières lois interdisant le travail des enfants en dessous de 8 ans (loi de 1842), limitant la durée du travail des femmes (1848), supprimant le délit de coalition (1864), le législateur commença à intervenir timidement en faveur des salariés. À la fin du XIXe siècle, après la reconnaissance de la licéité des syndicats (loi Waldeck-Rousseau de 1884), une loi de 1890 précise que le louage de services est un contrat à durée indéterminée, auquel il peut être mis fin par le licenciement ou la démission, sauf pour l'une ou l'autre partie à répondre des abus qui résulteraient d'une rupture brusque et complètement injustifiée. La doctrine remplace progressivement l'expression de louage de services par celle de contrat de travail.

L'évolution vers l'émancipation du droit du travail s'est poursuivie après les deux guerres mondiales. Complétant la présence des conseils de prud'hommes (les premiers créés sous Napoléon mais avec une implantation nationale qui s'est faite au cours du XIXe siècle), un Code du travail a été lancé en 1910, d'abord sous la forme d'un simple plan articulant (avec d'importantes lacunes) les « lois ouvrières », puis à partir de 1973 en tant que codification complète et homogène séparée du Code civil. Le développement des conventions collectives, au caractère réglementaire autant que contractuel (particulièrement depuis qu'une loi de 1936 a autorisé le Gouvernement à étendre les effets d'une convention collective à tous les salariés et les employeurs d'une branche professionnelle, même ceux qui n'ont pas signé la convention), la reconnaissance du droit constitutionnel de grève en 1946, l'instauration des délégués du personnel (1936), des comités d'entreprise (1945), des délégués syndicaux dans l'entreprise (1968), combinée avec des lois réduisant la durée du travail et encadrant les licenciements (1973 et 1975) ont contribué à éloigner les règles du droit du travail des règles du droit commun (civil) en matière contractuelle.

Les juristes spécialisés en droit du travail, qualifiés de « travaillistes » dans l'Université, n'ont pas manqué de mettre en valeur les règles spécifiques de l'objet de leur discipline. L'ordre public social s'impose sur tout le territoire à tous les employeurs et salariés (parties à un contrat de travail identifiable à travers le critère de subordination des travailleurs à leur patron), quelles que soient leur situation et leur nationalité. Il est interdit de déroger à ces règles législatives ou réglementaires (incluant les conventions collectives) qui fixent un salaire minimum, une durée légale du travail (au-delà de laquelle s'applique le régime spécifique des heures supplémentaires), des pauses et des dispositions spécifiques pour le travail de nuit, des congés payés, des dispositions protégeant l'hygiène et la sécurité des travailleurs, leur garantissant la liberté syndicale (dont le droit de grève qui ne met pas fin au contrat de travail), le respect des procédures de licenciement ou les différents éléments de la protection sociale (Sécurité sociale pour la maladie, les accidents du travail, la retraite).

S'ajoutent à cette primauté de l'ordre social sur les contrats l'interdiction de recourir en matière de licenciement à des procédures de droit civil (comme celle de résiliation des contrats) et l'idée que les conventions d'entreprise et les contrats individuels ne peuvent comprendre des dispositions moins favorables aux travailleurs que la loi ou les accords de branche. Les normes législatives et jurisprudentielles protégeant les salariés syndiqués contre toute discrimination, les représentants des salariés contre des licenciements abusifs (allant jusqu'à la possibilité pour les tribunaux d'ordonner la réintégration des travailleurs illégalement licenciés) paraissaient conférer à ces protections un caractère irréversible.

Tandis que le droit comparé permettait déjà de souligner des spécificités françaises par rapport aux pays voisins et encore plus par rapport à des modèles ultra-libéraux comme les États-Unis (où le pouvoir des employeurs de licencier leurs salariés est presque sans limites), les réformes entreprises en faveur de la libéralisation de l'économie et du marché du travail depuis la fin des années 1980 ont partiellement remis en cause ce « bloc » protecteur qu'était censé constituer un droit du travail avec son propre Code et ses propres juridictions (des conseils de prud'hommes à la chambre sociale de la Cour de cassation). Successivement une loi de 1988 supprimait l'autorisation administrative pour les licenciements économiques, une loi de 1994 faisait de l'inscription au registre du commerce une présomption de non-salariat, des textes législatifs de 2004-2005 autorisaient des conventions collectives d'entreprise dérogeant aux accords de branche, une loi de 2008 créait une forme conventionnelle de rupture du contrat de travail par un accord négocié, tandis que la même année une autre loi réformait profondément les critères de représentativité des syndicats entrant en jeu pour la signature des conventions collectives. La succession de lois et d'ordonnances (le Code du travail étant lui-même l'objet d'une recodification par ordonnances) pour « détricoter » les lois « Aubry » (1998 et 2000) sur les 35 heures a montré la fragilité des dispositifs législatifs. À l'heure d'un chômage structurel de masse et de l'essor des contrats à durée déterminée, il n'est question que de flexibilité et de retour à plus de liberté contractuelle dans la réforme du Code du travail (loi du 8 août 2016 et ordonnances du 22 septembre 2017 ratifiées par la loi du 29 mars 2018).

Le droit du travail est-il une « technique réversible » se demandait déjà Gérard Lyon-Caen[1] en 1995 ? Le débat se situe sur plusieurs plans. Du point de vue de la doctrine (ou de la dogmatique) et de la spécialisation des universitaires, il n'y a aucune nécessité d'avoir un « droit du travail » homogène. Dans de nombreux

1. Gérard Lyon-Caen, *Le droit du travail, une technique réversible*, Paris, Dalloz, coll. « Connaissance du droit », 1995.

pays, l'on fait la distinction entre le droit de l'emploi (*Employment law*) obéissant à des logiques contractuelles (et à l'heure actuelle très influencées par le néo-libéralisme) et le droit du travail (*Labour law*) plus limité aux grandes entreprises (avec l'influence des conventions collectives) et aux conflits du travail (comme la grève). Du point de vue de la pratique, il faut tenir compte de l'évolution des taux de syndicalisation (très bas en France depuis plusieurs années) et du maillage des conventions collectives (qui reste très important en France). Du point de vue de la politique législative, le Parlement est bien maître d'orienter ou non la législation dans le sens d'une plus grande flexibilité en abandonnant certaines techniques de l'ordre public social.

SITUATION 2

L'autonomie du droit fiscal, une controverse révélatrice de l'état des branches du droit en France

En France, les juristes spécialisés parlent volontiers d'autonomie du droit fiscal, comme d'autonomie du droit du travail. Les situations de ces deux branches du droit présentent cependant de notables différences. Alors que le droit du travail est issu du droit civil, dont il a emprunté en les corrigeant les techniques contractuelles, le droit fiscal combine des aspects de droit public (sur tout ce qui concerne le pouvoir d'imposer et la contrainte fiscale exercée par les autorités publiques) et de droit privé (les impôts portant sur des personnes privées, leurs biens et des produits qui relèvent d'échanges économiques réglés par le droit privé). Alors que les conseils de prud'hommes ont donné aux conflits individuels du travail une juridiction propre en première instance (avec le complément de l'institution de la chambre sociale de la Cour de cassation en 1938), le contentieux fiscal est divisé, depuis la Révolution française, entre les juridictions judiciaires pour les impôts indirects et les juridictions administratives pour les impôts directs. Le droit fiscal est ainsi dans une situation de « carrefour » entre le droit public et le droit privé. Dans le champ universitaire, les enseignements de droit de l'enregistrement assurés par des privatistes (comme Demante et Wahl) ont précédé dans le temps ceux faits par les économistes de la Faculté de droit (les cours de « science financière »), puis par les administrativistes (le droit financier et fiscal) comme Jèze au début du XXe siècle. Avec le développement de l'impôt sur le revenu, après la Première Guerre mondiale, le poids des juridictions administratives et de leur jurisprudence s'est accru attirant le droit fiscal, avec le droit budgétaire et les finances publiques, dans l'orbite du droit public (Georges Vedel et Maurice

Duverger ont enseigné, entre autres, le droit fiscal). Mais, plus récemment, l'investissement des spécialistes de droit des sociétés, voire de la gestion, dans le droit fiscal a remis en valeur les aspects privatistes de cette matière.

Il faut compter aussi avec le fait que la doctrine française n'a pas, en comparaison des littératures juridiques d'autres pays, consacré un investissement conceptuel de grande ampleur à une matière considérée comme technique et plutôt du domaine des praticiens (des administrateurs aux conseillers fiscaux, en passant par les juges administratifs). Alors que les juristes allemands, autrichiens (Franz Myrbak von Rheinfeld), suisses, italiens, espagnols et latino-américains construisaient tout un appareil théorique sur l'obligation fiscale[1], les juristes français restaient attachés à l'idée d'un pouvoir d'imposer, attribut de la puissance publique, ce qui laissait peu de place aux droits des contribuables. Avec Marcel Moye et Louis Delbez, la doctrine fiscaliste française s'est orientée, dans l'entre-deux-guerres et après 1945, vers une description pragmatique des technicités de l'impôt.

Une telle situation n'a pas empêché le professeur Louis Trotabas (1898-1985) d'affirmer, à partir d'articles parus en 1926 (« Les rapports du droit fiscal et du droit privé », *DH* 1926. 29) et en 1928 (dans la *Revue de science et de législation financière*), l'autonomie du droit fiscal et sa spécificité, tenant notamment à son « réalisme », parmi les matières du droit public. « Le droit fiscal, comme « charbonnier », est maître chez lui », écrivait le doyen Trotabas. En 1983 dans les *Grands principes de la fiscalité des entreprises*, puis à nouveau en 1999 dans la *Revue de droit fiscal*, Maurice Cozian (1936-2008), un professeur de droit privé spécialiste de la fiscalité des entreprises, dénonce dans cette exaltation répétée de l'autonomie et du réalisme du droit fiscal une « tarte à la crème » qui ne correspondrait à aucun caractère spécifique de cette branche du droit[2]. Maurice Cozian contestait l'existence de catégories juridiques propres au droit fiscal, en remarquant que l'appréhension des sociétés, des personnes physiques, des commerçants ou des biens était la même en droit fiscal qu'en droit civil ou commercial, sous réserve de quelques dispositions particulières de la législation. Des notions à la limite des catégories juridiques classiques, comme la société de fait, sont identiques en droit fiscal et en droit commun.

Quant au prétendu réalisme du droit fiscal, qui amènerait la loi et le juge à saisir (pour les imposer) des situations de fait, sans se soucier de leur légalité (en imposant des activités illicites comme la prostitution) ou sans y attacher des conséquences

1. Renaud Bourget, *La science juridique et le droit financier et fiscal. Étude historique et comparative de la science juridique fiscale*, Paris, Dalloz, 2012.

2. Maurice Cozian, « Propos désobligeants sur une « tarte à la crème » : l'autonomie et la réalité du droit fiscal », *Revue de droit fiscal* 1999, p. 530-534.

rigides (comme en matière de simulation et de contre-lettres), il aurait ses équivalents dans le domaine du droit civil ou du droit commercial.

Derrière ce qui n'est pas uniquement une querelle de mots, il y avait, de la part de Maurice Cozian, une volonté de ramener le droit fiscal, spécialement celui des entreprises, dans l'orbite d'un droit commun fondé sur le droit civil (et donc sur les droits subjectifs des contribuables) et de lui enlever sa réputation d'un arbitraire administratif qui en ferait la dernière citadelle d'un droit public échappant à tout contrôle extérieur à l'administration. La critique facétieuse de Maurice Cozian, qui correspondait à un humour peu ordinaire dans les publications universitaires, était en accord avec l'évolution néo-libérale qui, depuis la fin des années 1980, insistait de plus en plus sur les impératifs économiques d'une diminution de l'impôt sur les sociétés et d'un accroissement des garanties pour les contribuables. L'argumentation tire aussi sa force des propos du doyen Vedel, qui avait consacré une partie non négligeable de sa carrière à des enseignements et des consultations de droit fiscal : il notait que la revendication d'autonomie d'une discipline pouvait conduire, après une phase d'émancipation, à une période de doutes ou de retour dans le giron des règles de droit commun, d'autant plus que certaines d'entre elles ont une place élevée dans la hiérarchie des normes.

Comme les autres parties de l'ordre juridique français, l'ensemble des règles du droit fiscal doit respecter la Constitution, notamment le principe d'égalité, ainsi que les normes internationales (avec les traités pour prévenir la double imposition) et européennes (avec l'abolition des taxes douanières dans le marché intérieur). Les dispositions législatives et réglementaires sont contenues depuis 1950 dans le Code général des impôts dont la révision est régulièrement à l'ordre du jour (la loi de finances modifie chaque année une partie seulement des règles sur l'assiette et le calcul de l'impôt). Les circulaires, instructions et réponses ministérielles formant ce qu'on appelle une « doctrine administrative » sont une particularité de la matière. Elles jouent un rôle indéniable dans les pratiques des administrations fiscales, mais ne sont pas opposables aux administrés quand elles sont en opposition avec la loi. Le livre des procédures fiscales dans ses articles L 80 A (rédaction de 2008) et L 80 B protège les administrés qui ont suivi de bonne foi la doctrine fiscale, sans les mettre à l'abri de la possibilité de validation législative pour maintenir des actes administratifs illégaux. En cas de contestation, le recours préalable est obligatoire devant le service des impôts concerné depuis 1800. Le contribuable doit s'acquitter de l'impôt qu'il conteste, sauf à obtenir un sursis à exécution ou un référé-suspension décidé par le juge. La transaction fiscale entre l'administration et un contribuable poursuivi pour non-paiement des impôts met fin au contentieux, avec le risque d'un traitement inégal des illégalités par l'administration.

Le contentieux constitutionnel s'est particulièrement développé ces dernières années, la QPC venant s'ajouter à la saisine traditionnelle des lois de finances par l'opposition : des décisions du Conseil constitutionnel ont ainsi porté sur le bouclier fiscal (instauré en 2006, développé en 2007, validé par DC 2007-555 du 16 août 2007, puis supprimé en 2011), sur les dispositifs de plafonnement de l'ISF (censure par la DC 2013-685 du 29 décembre 2013), ou sur l'impôt à 75 % sur les hauts revenus (bloqué en 2012 du fait de l'inégalité de taxation de conjoints d'un couple, admis en 2013 sur une nouvelle forme). Ces décisions pourraient rendre vigueur à une doctrine fiscale qui doit tenir compte d'intérêts antagonistes, les droits des contribuables (dans une Charte de 1975 révisée en 2005) et le besoin de financement des dépenses publiques, tandis que le législateur s'efforce de « raboter » les dispositifs de réductions d'impôts ou « niches fiscales » en vue de rétablir l'équilibre des comptes publics.

SITUATION 3

Les discriminations, nouveau paradigme universel de l'égalité des droits ?

Le terme de discrimination est relativement récent dans la langue juridique, que cela soit en droit international (l'article 104 du Traité de Versailles en 1919 sur la Ville libre de Dantzig, puis les conventions de l'ONU sur l'élimination de toutes les formes de discrimination raciale en 1963 et à l'égard des femmes en 1979), en droit européen (des directives à partir du traité d'Amsterdam de 1997 prenant la suite de l'article 48.2 du traité de Rome interdisant toute discrimination entre les travailleurs européens fondée sur la nationalité et l'article 119 prescrivant l'égalité salariale entre femmes et hommes) ou en droit français (avec la loi du 16 novembre 2001 puis la création de la Halde qui a fonctionné de 2004 à 2011 avant d'être rattachée au Défenseur des droits). Devenues un concept du droit et de la science du droit les discriminations ont été elles-mêmes divisées en deux catégories : les discriminations négatives (refusant l'accès à certains droits) jugées contraires au principe d'égalité et les discriminations dites positives (en français, l'anglais parle d'*affirmative action*) qui visent, en facilitant l'accès aux droits de populations défavorisées (précisément victimes de discriminations de fait), à assurer l'égalité désormais conçue comme une égalité des chances (*D.* 2002. 1949, note Didier Ribes sur une DC de 2001 citée *infra*).

Il faut avoir conscience du caractère artificiel de cette dichotomie entre « mauvaises » et « bonnes » discriminations. En qualifiant et en classant des situations où se trouvent impliquées des personnes (par exemple, en décidant qu'une personne de moins de dix-huit ans est un mineur), les règles de droit opèrent des distinctions. De ce point de vue elles ne cessent de discriminer, par exemple entre mineurs et majeurs, entre nationaux et étrangers, entre délinquants primaires et récidivistes, entre employeurs et employés, ou entre personnes redevables de l'impôt sur le revenu et personnes exemptées (ce dernier exemple montre à quel point la « discrimination » légale peut varier d'une année à l'autre selon les lois de finances adoptées par le Parlement).

Notre appréhension contemporaine des discriminations est liée, dans chaque ordre juridique, à l'histoire du principe d'égalité qui lui-même s'est imposé, dans pratiquement toutes les constitutions du monde, comme un paradigme universel. En France, l'égalité de la Déclaration de 1789 est une égalité des droits, distinguée dès l'article 1 (qui parle de « distinctions sociales ») de l'égalité sociale ou de fait. Cette égalité devant la loi s'oppose au régime des privilèges, c'est-à-dire de « lois privées » pour une personne ou un petit groupe de personnes, particulièrement en raison de la naissance, comme cela était le cas de la noblesse. L'égalité ainsi conçue n'empêchait pas le législateur, en l'absence de contrôle de constitutionnalité, de discriminer entre les femmes et les hommes (refusant aux premières le droit de vote jusqu'en 1945) ou même, du point de vue civil, entre les femmes célibataires et les femmes mariées. La Seconde Guerre mondiale a provoqué un choc des consciences avec la législation antisémite du régime de Vichy introduisant en France une discrimination raciale qui a été clairement condamnée par le Préambule de la Constitution de 1946, refusant toute distinction de race, de religion et de croyance et garantissant à la femme des droits égaux à ceux de l'homme. Aujourd'hui, l'article premier de la Constitution de 1958 associe l'égalité devant la loi à l'interdiction de ces distinctions d'origine, de race ou de religion, une interdiction susceptible d'être sanctionnée par le Conseil constitutionnel.

L'origine du concept de « discrimination positive » se trouve dans la Constitution indienne de 1950 qui, aux lendemains de l'indépendance, entendait mettre fin au système des castes et à l'impossibilité pour les « intouchables » (ou *dalit*) d'avoir accès aux temples, aux puits ou autres lieux publics. L'article 15 de cette Constitution interdit à l'État de discriminer (*discriminate*) en raison de la race, de la caste, du sexe, du lieu de naissance et garantit le libre accès de tous à ces lieux dédiés à l'usage public. En même temps, la Constitution indienne réserve aux membres des castes et tribus répertoriées des sièges au Parlement et dans les législatures des États comme dans la fonction publique. Par le premier amendement à la Constitution voté en 1951, l'art. 15.4 a autorisé l'État à adopter des « dispositions spéciales » pour la promotion des castes et tribus répertoriées, ainsi que des « autres classes arriérées » (*other backward classes* ou OBC). Suite à deux rapports destinés à dénombrer ces catégories – le rapport de la commission Kalkela en 1955 et celui de la commission Mandal en 1980 aboutissant à chiffrer les OBC jusqu'à 27 % de la population s'ajoutant aux 14, 5 % de castes et 7 % de tribus répertoriées – ont été développées des politiques leur réservant de quotas. La Cour suprême a posé des limites à ces quotas (ne devant pas dépasser plus de 50 % ou ne devant pas avantager la *creamy layer*, la génération éduquée parvenant à s'élever dans la société), mais a globalement reconnu la constitutionnalité de l'*affirmative action*. En 2005, le Parlement a adopté le 93ᵉ amendement étendant cette politique à tous les établissements d'enseignement supérieur pour contourner les décisions de la Cour qui a validé cet amendement avec quelques réserves (*Ashoka Kumar Thakur v. Union of India*) en 2008. Bien que constamment renouvelés, ces dispositifs sont aujourd'hui contestés par les musulmans et les chrétiens qui sont écartés des castes répertoriées depuis 1950.

Aux États-Unis, l'*affirmative action* est apparue dans le contexte de la déségrégation et du *Civil Rights Act* de 1964. Afin de corriger la discrimination passée des *executive orders* des présidents Kennedy (1961) et Johnson (1963) ont prescrit aux entreprises contractantes de marchés publics fédéraux un plan d'emploi en faveur des personnes issues des minorités raciales et ethniques ou des femmes. La Cour suprême a successivement encouragé puis strictement encadré cette politique : en 1971 (*Griggs v. Duke power company*) elle condamne les tests d'embauche inutiles qui ont pour effet de discriminer, même indirectement, les Afro-Américains ; en 1978 (*Regents of the University of California v. Dukke*) elle interdit les quotas en faveur des minorités, mais reconnaît l'impératif de la diversité culturelle, permettant d'en tenir compte au cours du processus de sélection à l'entrée des formations universitaires ; en 1989 (*City of Richmond v. J. A. Croson Co*) et 1995 (*Adarand Constructors v. Pena*), elle décide d'appliquer un contrôle strict (*strict scrutiny*) aux programmes d'*affirmative action*. Après avoir confirmé en 2003 (*Grutter v. Bollinger*) la légalité de discriminations positives à l'entrée de la *Michigan Law School*, la Cour suprême a validé un référendum constitutionnel de cet État (2006) bannissant ces plans d'*affirmative action* (*Schuette v. Coalition to Defend Affirmative Action*, 2014). En 2016 (*Fisher v. University of Texas*) a été validé le processus de sélection de l'Université d'Austin qui fait appel à la discrimination positive. La Cour suprême reconnaît une marge d'appréciation pour les constitutions des États fédérés, tout en laissant une grande liberté aux universités pour utiliser l'*affirmative action* : le débat reste ouvert sur la période jugée nécessaire pour corriger les discriminations du passé.

En France, les politiques étatiques ont, depuis longtemps, visé à corriger plutôt les discriminations de caractère économique et social qui affectaient les habitants des territoires défavorisés, notamment les « zones d'éducation prioritaire ». Le dispositif mis en place par Sciences-Po à partir de 2001 pour intégrer des étudiants issus de ces ZEP a été validé par le Conseil constitutionnel (DC 2001-450 du 11 juillet 2001) à condition de reposer sur des critères objectifs (la Cour administrative d'appel de Paris a limité en 2003 la durée de ces conventions). D'autres établissements d'enseignement ou d'autres procédures de recrutement dans la fonction publique ont créé des dispositifs (par exemple, les « cadets de la République » pour l'entrée dans la police depuis 2004) du même ordre, la France s'inspirant aussi du système texan (*Top Ten Percent*) consistant à admettre dans les classes préparatoires les meilleurs élèves de tous les lycées pour corriger ainsi, à l'intérieur d'un département, les inégalités sociales entre territoires. Ces politiques, qui sont pratiquées par un petit nombre de pays dans le monde (en Europe, en Afrique du Sud) doivent être comparées avec celles qui garantissent l'égalité des droits aux personnes handicapées et avec les nouvelles conceptions de l'égalité qui sont liées, depuis 2000 en France, au concept de parité entre les sexes.

SITUATION 4

Qu'est-ce qu'un pays de *common law* ?

Depuis les premiers essais de classification des « familles de droit » au début du XXe siècle, la science du droit comparé oppose « pays de droit civil » et pays dits de *common law*. Tandis que les premiers auraient « reçu » l'héritage du droit romain (d'où le recours à l'expression « droit civil ») et adopté le modèle (essentiellement français) de codification au cours du XIXe siècle, les seconds seraient liés à une tradition médiévale anglaise, au caractère « insulaire » (ce qui supposerait un refus du droit romain) et « non écrit » du *common law* (comme la « constitution de l'Angleterre » ne se prêtant pas à une mise par écrit dans des codes ou des textes au caractère systématique). De cette opposition entre deux types anciennement séparés de systèmes juridiques résulteraient, encore aujourd'hui, des caractéristiques antagonistes du *common law* et de la tradition civiliste : pouvoir créateur du juge contre subordination du juge au respect de la loi, pragmatisme de solutions dégagées peu à peu sur la base des procédures judiciaires contre rigidité de règles imposées d'en haut par un législateur omniscient, adaptabilité à l'économie de marché contre tendance à un interventionnisme étatique envahissant. Poussée à ces extrêmes conséquences, la confrontation supposerait que tous les ordres juridiques de *common law* posséderaient les mêmes traits, exactement opposés à ceux de l'autre bloc constitué par les pays de droit civil. Une dichotomie aussi systématique ne repose sur aucune base scientifique : le seul point commun des pays de *common law* est d'avoir été à un moment ou un autre de leur histoire attachés à la couronne britannique (comme métropole, colonie ou protectorat). Les États-Unis, qui sont la première colonie émancipée, se sont dotés de constitutions écrites et, pour certains des États fédérés, de codes, ce qui montre rapidement les limites d'une opposition trait à trait des deux familles de droit.

Il faut revenir aux sources du droit anglais pour savoir de quoi on parle avec l'expression *common law*. Celle-ci s'applique, de manière stricte, au « droit commun » (ce qui incline beaucoup de comparatistes à utiliser le masculin pour parler du *common law* en français) appliqué et créé par les tribunaux royaux à partir du XIIe siècle. Le *common law* a une sphère d'application limitée, d'un point de vue géographique (l'Angleterre *stricto sensu*, l'Écosse étant un « pays de droit civil » qui a introduit beaucoup de droit romain dans son système juridique au XVIe et au XVIIe siècle) et du point de vue matériel : à côté du *common law*, des juridictions ecclésiastiques ont appliqué jusqu'au XIXe siècle des règles de droit canon (très proches de celles du « droit civil »), la juridiction du chancelier a développé les règles d'*equity* (le chancelier, un ecclésiastique jusqu'au XVIe siècle, jugeait selon sa conscience, en équité), tandis que le roi et le Parlement adoptaient des lois formant le *statute law*. C'est par une hyperbole que l'on désigne par le terme *common law* l'ensemble du droit anglais, *a fortiori* la totalité de l'ordre juridique britannique (qui a intégré jusqu'au Brexit les mêmes normes européennes que les autres États-membres de l'UE) ou, par une généralisation abusive, l'ensemble des règles qui seraient communes aux ordres juridiques ayant été rattachés à la couronne britannique.

L'originalité du *common law* tient historiquement au fait que les rois anglo-normands, à partir de Guillaume le Conquérant (1066) et surtout à partir du règne d'Henri Plantagenêt (1154-1189), ont pu établir une monarchie relativement forte (même si elle a connu aussi des périodes de faiblesse à l'égard des féodaux ou barons), avec des organes judiciaires centralisés (les trois « cours de Westminster », dans l'ordre chronologique d'apparition, l'Échiquier, les Plaids communs et le Banc du roi) qui ont pu développer pour l'ensemble des sujets du roi une « ley commune » (l'expression vient du droit canon, à une époque où le langage de ces cours, appelé *law French* et maintenu en vigueur jusqu'au XVIIe siècle, est plus proche du français que de l'anglais). Le *common law* a ses origines dans la volonté royale et dans un cadre législatif, certes rudimentaire (le premier texte législatif d'Henri II, les constitutions de Clarendon en 1164, a pour objectif de délimiter les compétences respectives de la juridiction royale et de la juridiction ecclésiastique), mais appelé à se développer notamment pour mettre en place l'institution du jury, de garantir un certain nombre de droits à des sujets (particulièrement aux barons, c'est l'objectif de la Grande Charte de 1215), d'associer le Parlement dès la fin du Moyen Âge et de donner aux juges royaux (saisis au moyen de *writs* ou brefs) les moyens d'intervenir dans un nombre croissant de procès. Ce *common law* n'a pas été étranger aux influences externes, celle du droit canon (appliqué en Angleterre jusqu'à la Réforme) et même du droit romain, dont les modèles sont connus de l'autre côté de la Manche (la *Magna*

Carta est rédigée en latin et le juriste anglais Bracton cite de nombreux textes romains au XIIIe siècle). La spécificité des *laws of England* a été rapidement exaltée : en 1235 les barons réunis à Merton refusent d'adopter en Angleterre la règle, dégagée à l'époque par les papes, de la légitimation des enfants naturels par le mariage subséquent de leurs parents, au XVe siècle Fortescue oppose le droit anglais au droit français, au XVIe siècle la rupture avec la Papauté accentue cette idée que le *common law* serait un don de Dieu au seul peuple anglais. En fait, l'Angleterre est la première nation à se doter en Europe de son propre droit en se détachant du *jus commune*, ce qui fera dire à Selden au XVIIe siècle que tout État chrétien a son propre *common law*.

Par la suite, plusieurs phénomènes ont pu, d'un côté rapprocher le droit anglais des droits de l'Europe continentale, d'un autre côté accentuer la spécificité du *common law*. Mère des Parlements, l'Angleterre a servi de modèle pour le développement de textes législatifs votés (le *statute law*) qui, dès le XIXe siècle, sont importants dans plusieurs branches du droit (le droit des sociétés, le droit du travail, le droit de la vente et des effets de commerce qui font l'objet de véritables codifications, comme le *Sale of Goods Act* de 1893). Le jury civil disparaît en Angleterre au cours du XIXe siècle, tandis que les *Acts of Judicature* (1873-1875) réunissent le *common law* et l'*equity* dans la *High Court* succédant aux cours de Westminster et à la juridiction du chancelier. D'un autre côté, les projets de codification du droit pénal échouent, alors que l'idée même d'une codification civile est rejetée par la *legal profession* dominée par les juges (choisis parmi les avocats ou *barristers* avec une longue expérience) et ne reçoit pas le soutien du groupe très peu nombreux des professeurs d'université. C'est alors que l'ensemble de l'Europe continentale se dote de codes et de constitutions écrites que le *common law* apparaît si étrange aux juristes de droit civil et que naissent les mythes de l'*unwritten law* (le droit anglais n'a rien d'un droit coutumier oral), du rejet total du droit romain (alors que les juristes anglais citent volontiers des adages latins) ou de la singularité du *case law* (alors que la règle du précédent ne devient rigide qu'à la fin du XIXe siècle et qu'il faut attendre 1865 pour que paraisse une collection régulière des décisions des cours, les *English Law Reports*) (v. E. Servidio-Delabre, *The Legal System of a Common Law Country*, Dalloz, coll. « HyperCours », 2e éd., 2014, notamment p. 97-103 sur le « Ratio decidendi » et le style judiciaire).

Les autres pays de *common law* ont emprunté tel ou tel trait au droit anglais : le refus d'un code civil (pourtant présent dans certains États américains comme la Californie), l'institution du jury (que seuls les États-Unis ont maintenu au civil, l'Inde et l'Afrique du Sud l'ayant abandonné au criminel), des institutions comme le *trust* (qui relèvent de l'*equity* et non du *common law*), le maintien de règles procédurales ayant leur origine dans la casuistique des *writs*. Paradoxalement, les États-

Unis, à partir d'un mouvement doctrinal débutant à la fin du XIXe siècle avec *The Common law* de Holmes et poursuivi par Roscoe Pound, Karl Llewellyn jusqu'à Richard Posner de nos jours (exaltant le *common law* comme plus favorable à la libre entreprise et donc plus efficient économiquement) se sont montrés plus fidèles à la tradition historique du *common law*, tout en la complétant par le poids d'une constitution écrite et d'un contrôle de constitutionnalité qui est ignoré au Royaume-Uni. Aujourd'hui les différences entre pays de *common law* et pays de droit civil, que l'on désigne comme culturelles ou que l'on classe selon des facteurs institutionnels, épistémologiques et substantiels[1], tiennent plutôt à des traditions différentes dans l'éducation juridique et dans la conceptualisation des règles du droit privé.

1. Duncan Fairgrieve, Horatia Muir Watt, *Common law et tradition civiliste*, Paris, Dalloz, coll. « Droit et Justice », 2006.

SITUATION 5

Le droit de l'Église et le pluralisme des ordres juridiques

L'histoire du droit de l'Église catholique illustre, jusqu'à aujourd'hui, la variété des ordres juridiques, dont certains sont dépourvus de caractère étatique. À la différence de l'Ancien Testament, les Évangiles ne contiennent pas de règles juridiques et le message du Christ venu « accomplir la loi de Moïse » est susceptible de plusieurs interprétations. C'est en se séparant du judaïsme que les premières communautés chrétiennes se sont données des règles, notamment sur le statut des prêtres et des évêques. Prétendument rattachés aux apôtres, ces premiers textes de droit canonique ont doté l'Église (*ecclesia* ou assemblée des fidèles en grec) d'une organisation qui n'était pas reconnue, et était même combattue, dans l'Empire romain jusqu'à Constantin. La conversion de cet empereur au début du IVe siècle a ouvert la voie à la constitution d'un ordre juridique propre à l'Église, cette dernière se voyant aussi reconnaître, par l'institution de l'*audientia episcopalis*, le droit des évêques de trancher les litiges portés volontairement devant eux par les chrétiens. Les grands conciles œcuméniques, réunis sous l'autorité de l'empereur de 325 à 381, élaborent toute une série de canons aussi bien sur la discipline que sur le dogme, tandis que les premières *décrétales* des papes prennent modèle sur les rescrits des empereurs romains. Alors qu'en Orient le Code de Justinien intègre le droit ecclésiastique à l'ordre juridique impérial, en Occident la première collection canonique, celle de Denys le Petit, réunit des « constitutions apostoliques », des canons des conciles et les premières décrétales en 527 après la chute de l'Empire.

Le droit canon de l'âge classique se développe à partir du XIe siècle, avec la séparation des Églises d'Orient et d'Occident, qui divergeaient notamment sur le mariage des prêtres admis en Orient. Avec la réforme grégorienne (1073-1085), l'Église réussit pour une large part à s'affranchir de la tutelle des empereurs germaniques et des seigneurs féodaux. D'importantes collections canoniques, réunissant des centaines de canons des conciles, d'extraits des Pères de l'Église et de décrétales, voient le jour comme celle de l'évêque Yves de Chartres vers 1090. Entre 1139 et 1150 est élaboré, probablement en deux étapes, le monumental *Décret* de Gratien (du nom d'un moine italien) : cette collection, cherchant à harmoniser plus de 3 700 textes, acquiert une autorité quasi officielle dans l'Église. Au XIIIe et au XIVe siècle, les papes qui légifèrent par des centaines de décrétales, suscitent la publication des *Décrétales de Grégoire IX* (en cinq livres, en 1234), du *Sexte* (sous Boniface VIII), des *Clémentines*, des *Extravagantes de Jean XXII* et des *Extravagantes communes*. C'est un éditeur parisien qui imprime, au tournant des XVe et XVIe siècles, ces recueils sous le titre de *Corpus juris canonici* qui est officialisé par la Papauté en 1582.

Le droit canonique a donc formé, avant les États, un ordre juridique pourvu des règles secondaires de reconnaissance, de changement et d'adjudication (v. Séquence 1). Cependant les princes affirmant leur souveraineté, comme le roi de France, ont commencé à partir du XIIIe siècle, à limiter la juridiction ecclésiastique. Après le Grand Schisme, le roi Charles VII légifère sur le droit ecclésiastique par la Pragmatique Sanction de Bourges (1438) et développe l'*appel comme d'abus* permettant de contester des décisions des tribunaux d'Église (appelés *officialités*) devant le Parlement. Du XVIe siècle à la fin de l'Ancien Régime, le pouvoir royal ne va pas cesser de renforcer l'intervention de l'État dans l'Église de France et de faire reculer la juridiction ecclésiastique, réduite à la discipline des clercs et aux actions matrimoniales (annulation de mariage, séparation de corps). En instaurant le mariage civil et le divorce, les deux lois du 20 septembre 1792 sécularisent le droit français qui ne reconnaît plus valeur positive au droit canonique. La sécularisation et le déclin de la juridiction ecclésiastique interviennent plus tard dans plusieurs pays d'Europe, comme l'Italie, l'Espagne ou l'Allemagne.

L'Église n'a pas, pour autant, abandonné le droit canonique, comme elle a perdu ses territoires (les « États de l'Église ») avec l'unité italienne. Elle conserve, pour régler le statut des clercs et le droit des sacrements pour les fidèles (incluant le mariage religieux), son propre ordre juridique (avec des Codes de droit canonique, en 1917, puis en 1983, ayant remplacé le *Corpus juris canonici*) et ses juridictions (des officialités diocésaines jusqu'aux tribunaux de la Papauté, la *Rote*, la *Signature* et la *Pénitencerie apostolique*). Alors que certains États, comme l'Espagne et l'Italie, reconnaissent des effets civils au mariage religieux et accordent sous certaines conditions l'*exequatur* aux décisions de ces juridictions ecclésiastiques, d'autres, comme la France, dénient toute valeur positive au droit canonique.

Cette situation a été analysée en 1918 par le juriste italien Santi Romano dans son ouvrage *L'ordinamento giuridico* (v. extraits repris *in* J.-S. Bergé, *Les ordres juridiques*, Paris, Dalloz, coll. « Tiré à part », 2015, p. 45-52). À l'encontre des auteurs qui déniaient toute valeur positive au droit de l'Église, Romano a affirmé que le droit canon continuait bien à être un ordre juridique autonome, non étatique et indépendant de l'État. Cela ne signifie pas pour autant que droit de l'État et droit de l'Église se concurrencent et se situent sur le même plan. Ce sont les États, ayant revendiqué et obtenu le « monopole de la violence légitime » (v. Séquence 3), qui reconnaissent ou non une autorité sur leur territoire à une partie du droit canonique. Romano a utilisé le terme de « relevance » pour qualifier ce phénomène qui accorde certains effets à un droit étranger, qu'il s'agisse de l'ordre juridique d'un autre État ou du droit de l'Église, avec dans un cas comme dans l'autre des questions de reconnaissance des décisions judiciaires susceptibles d'être exécutées (par l'octroi d'un *exequatur*) sur le territoire de l'État. Même un État affirmant le principe de laïcité et refusant tout effet aux décisions des juridictions de l'Église sur le mariage, comme la France, ne conteste pas une forme d'autonomie de l'Église, sous l'autorité de sa hiérarchie, pour s'organiser. Le libre usage des lieux de culte catholique revient aux prêtres reconnus par la Papauté (et non à des dissidents) et il n'est venu à l'idée d'aucun pouvoir d'imposer à l'Église l'accès des femmes à la prêtrise, au nom de la supériorité du principe d'égalité sur les discriminations opérées par certaines associations entre leurs membres. Le fait que la Papauté exerce une forme de souveraineté sur le Vatican et siège comme « observateur » à l'ONU va aussi dans le sens de cette « relevance minimale » qui continue d'être reconnue au droit de l'Église par l'État français, sans compter les comportements des catholiques mariés religieusement qui ont des scrupules à se séparer sans la décision d'une juridiction ecclésiastique.

Cet exemple sans équivalent d'un ordre juridique non étatique (qui ne se confond pas non plus avec le droit international) s'appliquant à des personnes (les fidèles) et non à un territoire, permet d'utiliser les mêmes outils d'analyse sur la question du *pluralisme juridique*. La plupart des juristes s'accordent aujourd'hui à reconnaître qu'il existe des ordres juridiques non étatiques en dehors du droit international. Outre la question d'une éventuelle *lex mercatoria* fondée sur les sentences arbitrales en matière de commerce international (v. Séquence 10), celle d'un « ordre juridique sportif » fait aussi appel au phénomène de la *relevance*. Non seulement les fédérations sportives nationales et internationales se sont dotées de règles propres, en grande partie reconnues par les États, mais ceux-ci ont été amenés à tenir compte des décisions du Tribunal arbitral du sport établi en 1983 de manière indépendante du Comité international olympique et des fédérations sportives. Les décisions du TAS ont pu être tantôt exécutées par les juridictions étatiques, tantôt contestées devant elles. Le pluralisme des ordres juridiques ne signifie pas une rivalité d'ordres non étatiques qui pourraient prétendre à la même autonomie que les États. Ces derniers ont conservé, en dépit même des transferts de souveraineté à des juridictions internationales ou d'une grande tolérance à l'égard des décisions arbitrales, le choix de reconnaître ou non une relevance plus ou moins étendue à ces ordres juridiques non étatiques. Comme dans les situations où se sont maintenus des statuts personnels diversifiés en matière de droit de la famille, les États restent les organisateurs (plus ou moins habiles) de la coexistence d'une pluralité de règles juridiques.

SÉQUENCE 9

Le travail des juristes et les cultures juridiques

Les professionnels du droit interviennent à plusieurs niveaux dans l'élaboration, la diffusion et l'examen critique des normes juridiques. Le travail des magistrats est directement à l'origine de la création de normes jurisprudentielles à la formation desquelles contribuent aussi, plus indirectement, les avocats, les enseignants en droit ou, dans certains cas, les notaires. Les juristes dans leur ensemble participent, par leurs pratiques professionnelles et leurs prises de position individuelles ou collectives, à la préparation des textes législatifs et plus encore à leur application. Se forment ainsi, aux côtés des énoncés normatifs, des discours, des *habitus* et des mouvements d'idées qui constituent des cultures juridiques, le plus souvent attachées à un milieu professionnel et redessinées à chaque génération[1]. Pour appréhender ces phénomènes « juridiques » (dans la mesure où ils concernent et affectent le droit), il convient d'avoir une connaissance minimale des professions du droit (ici circonscrites au cadre français), de prendre conscience des diverses méthodes de raisonnement mobilisées par les juristes et de décrire les caractéristiques des styles utilisés aussi bien par les universitaires que par les juridictions.

I ■ Les professionnels du droit en action

La France a connu pendant longtemps un éparpillement des professions juridiques qui la singularisait en comparaison avec ses voisins. Jusqu'en 1971, les avoués de première instance et les agréés intervenaient dans la procédure civile et commerciale. Jusqu'en 1990 des conseils juridiques donnaient des consultations ou des avis aux particuliers et aux entreprises jusqu'à ce que leur profession soit fusionnée avec celle d'avocat. Les avoués d'appel ont à leur tour disparu au 1er janvier 2012. Les professions du droit s'articulent

1. Frédéric Audren, Jean-Louis Halpérin, *La culture juridique française. Entre mythes et réalités*, Paris, éd. du CNRS, 2013.

désormais autour de trois pôles : les magistrats et tous ceux dont l'activité principale est de siéger dans les différentes juridictions, les avocats et notaires qui remplissent les fonctions d'assistance et de conseil, les enseignants et chercheurs en droit qui étudient le droit et en diffusent la connaissance. Il faut ajouter d'autres groupes de juristes qui participent au bon fonctionnement de la justice. Les 6 500 greffiers, fonctionnaires publics (à l'exception des greffiers des tribunaux de commerce qui sont des officiers ministériels) sont chargés de mettre en forme, d'authentifier et de conserver les actes de procédure. Les 3 200 huissiers sont des officiers ministériels qui ont le monopole de la signification et de l'exécution des décisions de justice. Les quelque 300 mandataires judiciaires, professionnels libéraux, représentent les créanciers d'une entreprise placée en redressement judiciaire. Chacune de ces professions, comme celles d'avocats et de notaires, emploie des collaborateurs salariés qui font aussi partie du monde des métiers du droit.

A ▪ Magistrats et juges

Par le terme de magistrats l'on désigne, d'abord, les membres des juridictions judiciaires soumis au statut de la magistrature résultant de l'ordonnance du 22 décembre 1958, soit un peu plus de 8 000 personnes. L'on parle également de magistrats administratifs (art. 86 de la loi du 12 mars 2012) pour les membres du corps des tribunaux administratifs et des Cours administratives d'appel (un peu plus de 1 000 personnes). Bien que n'ayant pas le statut de magistrat, les membres du Conseil d'État qui siègent dans la section du contentieux exercent bien sûr des fonctions de juges administratifs. Sont également des juges pendant la durée de leurs fonctions les juges de proximité (devenus magistrats à titre temporaire en 2016), les membres élus des tribunaux de commerce, des conseils de prud'hommes, des tribunaux paritaires de la Sécurité sociale ou des baux ruraux. Sont des « échevins » participant temporairement aux fonctions judiciaires les assesseurs des tribunaux pour enfants et les jurés d'assises. Au total plus de 20 000 personnes ont, chaque année en France, la tâche de juger des procès et ainsi d'édicter des normes individuelles (les décisions judiciaires en tant qu'elles sont applicables aux parties au procès) dont certaines deviennent des normes générales par le phénomène de la jurisprudence (v. Séquence 2).

Le groupe le plus nombreux est composé par les magistrats de l'ordre judiciaire qui, en dépit de la diversité de leurs fonctions et du développement fréquent des carrières entre des postes dans le siège et dans le parquet (« tout magistrat a vocation à être nommé, au cours de sa carrière, à des fonctions du siège et du parquet » selon l'art. 1 de l'ordonnance de 1958), partagent de nombreuses caractéristiques en termes de statut, de formation et de discipline. La France dispose, avec l'École nationale de la magistrature (qui a succédé en 1970 au Centre National d'Études Judiciaires créé en 1958), d'une école professionnelle dédiée spécifiquement à la formation des magistrats. L'ENM recrute chaque année entre 100 et 300 auditeurs de justice (le nombre des places mises au concours est en augmentation ces dernières années pour combler les nombreux postes vacants de magistrats) à travers trois concours (concours externe pour les étudiants, concours interne pour les fonctionnaires, troisième concours pour des professionnels) et une série de recrutements latéraux qui concernent notamment des avocats souhaitant entrer dans la magistrature. Au cours d'une scolarité de 31 mois, constituée d'enseignements et de stages, les futurs magistrats (qui sont déjà astreints à une prestation de serment et au respect de certains devoirs) apprennent leur métier avant d'être nommés, en fonction d'un classement de sortie, à un premier poste.

La carrière des magistrats dépend du Conseil supérieur de la magistrature dont les pouvoirs ont été accrus par les réformes constitutionnelles de 1993 et 2008, en même temps qu'était modifiée sa composition. Constituées de 15 membres depuis 2008, les deux formations du CSM (siège et parquet) comptent une majorité de 8 non-magistrats (un membre du Conseil d'État élu, un avocat désigné par le CNB, 6 personnalités qualifiées choisies à raison de 2 chacun par le Président de la République, le Président du Sénat et le Président de l'Assemblée nationale) et une minorité de 7 magistrats (le Premier président et le Procureur général de la Cour de cassation, présidant de droit les formations du siège et du parquet, 6 magistrats élus par leurs pairs pour chacune des deux formations). Les magistrats du siège sont nommés par le Président de la République, sur proposition du CSM (qui a donc, dans ce cas l'initiative) pour les 400 postes les plus élevés dans la hiérarchie, sur avis conforme du CSM (c'est alors le Président de la République qui a l'initiative) pour les autres magistrats. Les magistrats du parquet, y compris les procureurs généraux depuis 2008, sont nommés par le Président de la République sur avis simple du CSM. Cette disparité se retrouve en matière disciplinaire : le CSM peut prononcer directement des sanctions à l'égard des magistrats du siège, alors qu'il n'émet qu'un simple avis pour les magistrats du parquet, la décision revenant au garde des Sceaux[1]. Il y a ainsi une indépendance absolue des magistrats du siège, garantie par l'inamovibilité, et une indépendance relative des magistrats du parquet qui appartiennent à un corps hiérarchisé sous l'autorité du garde des Sceaux. Dans leurs réquisitoires (v. Séquence 6), les magistrats du parquet sont tenus par écrit de suivre les instructions de leurs supérieurs, mais conservent leur liberté de parole dans leurs conclusions orales (suivant l'adage « la plume est serve, mais la parole est libre »).

Liés par serment (« Je jure de bien et fidèlement remplir mes fonctions, de garder religieusement le secret des délibérations et de me conduire en tout comme un digne et loyal magistrat »), les magistrats de l'ordre judiciaire sont tenus de respecter des incompatibilités (comme de se récuser s'ils sont inté-

1. V. *Situation 1*.

ressés personnellement à un procès), une « obligation de réserve » (leur interdisant toute délibération politique ou manifestation d'hostilité à la forme républicaine du gouvernement) et les devoirs de leur état fondés sur l'honneur, la délicatesse et la dignité sous peine de sanctions disciplinaires. Le CSM peut être saisi par le garde des Sceaux et, depuis 2008, par les justiciables de plaintes engageant la responsabilité disciplinaire des magistrats. Il existe ainsi une formation et une déontologie commune à tous les magistrats qui partagent sans nul doute une « culture juridique » constituant un des facteurs explicatifs de la formation de la jurisprudence. Dans l'ordre administratif, la diversité des statuts entre membres du corps des TA et CCA et membres du Conseil d'État n'empêche pas la constitution d'*habitus* et de pratiques partagés qui confèrent une forte homogénéité aux comportements des juges administratifs. Les réflexes collectifs sont moins sensibles, compte tenu de leur petit nombre et de la variété de leur parcours, parmi les membres du Conseil constitutionnel comme parmi les juges français (alternativement choisis dans le Conseil d'État et de la Cour de cassation) des juridictions européennes.

B ▪ Avocats et notaires

Ayant dépassé le nombre de 70 000, après avoir absorbé les avoués et les conseils juridiques, les avocats constituent le groupe numériquement le plus important parmi les professionnels de la justice. Ils sont formés au sein d'écoles professionnelles, les Écoles d'avocats (EDA, terme qui a remplacé depuis 2004 celui de Centre régional de formation professionnelle des avocats) au nombre de 15 en métropole et outre-mer qui recrutent par des examens (organisés par des Instituts d'Études Judiciaires rattachés aux universités) des titulaires du master 1 en droit ou d'un diplôme équivalent. À l'issue d'une formation professionnelle de 18 mois, les élèves avocats passent le CAPA (certificat d'aptitude à la profession d'avocat) et prêtent serment devant une cour d'appel (« je jure, comme avocat, d'exercer mes fonctions avec dignité, conscience, indépendance, probité et humanité »). Inscrits à un barreau auprès d'un tribunal de grande instance, les avocats sont soumis à une discipline professionnelle dont le contrôle revient au conseil de discipline de leur ordre (en première instance) et aux cours d'appel.

Les avocats sont des professionnels libéraux, qui exercent à titre individuel (pour environ 40 % d'entre eux) ou en qualité de salarié (8 %), de collaborateur (18 %) ou d'associé (34 %) au sein d'une société civile professionnelle, d'une SA ou SARL d'exercice libéral. Les fonctions des avocats sont de postuler (c'est-à-dire accomplir les actes de procédure, ce qui était autrefois la tâche des avoués), d'assister les plaideurs (notamment en plaidant) et de conseiller leurs clients dans un cadre non contentieux. Les plus grosses sociétés d'avocats, souvent liées à des réseaux de *law firms* à caractère international, consacrent une grande partie de leur activité au conseil donné aux entreprises.

Les avocats contractent avec leurs clients dans un système de liberté des tarifs, associé à une prise en charge par l'État (toujours difficile et contestée dans ses montants) de l'aide juridictionnelle aux plaideurs sans ressources suffisantes.

Les 15 900 notaires sont des officiers ministériels nommés par le garde des Sceaux, le plus souvent à la suite d'une présentation faite par leur prédécesseur, dans quelques cas à la suite d'un concours. Ce droit de présentation, reconnu depuis 1817, se monnaye et donne lieu à des contrats qui maintiennent, chez les notaires comme chez d'autres officiers ministériels (par exemple, les avocats au Conseil d'État et à la Cour de cassation) une forme de « patrimonialité » des offices qui évoque l'Ancien Régime, sans être liée à une vente des charges par l'État ou à l'hérédité comme avant 1789. Détenteurs d'un sceau officiel (à ce titre les notaires ont été qualifiés de fonctionnaires publics par la loi du 25 ventôse an XI-16 mars 1803 qui reste le texte de référence pour la profession), les notaires authentifient les actes dont ils ont le monopole : ventes immobilières, donations, testaments authentiques, constitutions d'hypothèque. Les actes notariés, notamment les contrats passés sous cette forme, ont force exécutoire, ce qui permet au créancier impayé par son débiteur de passer directement aux voies d'exécution sans avoir besoin de recourir à un juge. Les actes notariés font l'objet d'un tarif officiel, tandis que l'activité de conseil est laissée à la liberté des contrats. Comme les avocats, les notaires sont susceptibles de donner des conseils aux entreprises comme aux particuliers. Notaires et avocats contribuent ainsi à la création, comme à l'application, des normes juridiques : pour les notaires, en accompagnant les pratiques contractuelles, voire en innovant sur les techniques employées dans ce domaine et pour les avocats en présentant en justice des arguments nouveaux qui peuvent inspirer les décisions judiciaires.

C ▪ Enseignants et chercheurs en droit

Ce dernier groupe professionnel est le moins important numériquement puisqu'il est composé d'un peu plus de 4 000 personnes : environ 1 500 professeurs, 2 500 maîtres de conférences et quelques dizaines de chercheurs du CNRS dans les disciplines juridiques. Dans les universités et dans quelques autres établissements d'enseignement supérieur, les enseignants-chercheurs sont des fonctionnaires de l'État recrutés par concours après l'obtention d'un doctorat en droit, le plus haut diplôme universitaire consistant dans la rédaction et la soutenance d'une thèse sur un sujet original et pointu. Depuis 1896, à la suite du fractionnement de l'agrégation jusque-là unique de droit, les enseignants en droit sont répartis en trois sections : droit privé, droit public et histoire du droit. Pour leur carrière, ils dépendent de la section correspondante (01 pour le droit privé, 02 pour le droit public et 03 pour l'histoire du droit, sachant que les historiens du droit représentent le plus petit groupe, d'environ 300 membres, alors que privatistes et publicistes dépassent le millier pour chacune de ces deux sections). Cette organisation entraîne des rigidités (rendant par exemple plus difficile la carrière d'un enseignant-chercheur travaillant à la lisière de ces catégories traditionnelles), mais se combine avec un statut protecteur de l'indépendance intellectuelle des universitaires (décret du 6 juin 1984 plusieurs fois modifié, notamment à la suite de la loi LRU du 10 août 2007). Les enseignants-chercheurs remplissent des missions de service public par leurs enseignements et leurs activités de recherche pour lesquelles ils disposent d'une pleine liberté d'expression sous réserve du respect des « principes de tolérance et d'objectivité ». Ils sont autorisés, s'ils le souhaitent, à donner des consultations et à demander leur inscription comme avocat dans un barreau. Les chercheurs du CNRS sont également des fonctionnaires d'État qui travaillent, avec les universitaires, au sein d'équipes constituées notamment sous la forme d'Unités Mixtes de Recherche. Principaux acteurs de la doctrine à travers leurs livres, articles et prises de position (v. Séquence 7), les enseignants et chercheurs en droit ont un rôle formateur de première importance et peuvent contribuer, par des recherches collectives (d'apparition plus récente dans le domaine du droit), à l'épanouissement des sciences juridiques.

II ■ Les méthodes de raisonnement des juristes

Si les fonctions des divers groupes de juristes sont distinctes, et génèrent des cultures professionnelles de plus en plus séparées (la culture des juges se différenciant de celle des avocats et de la culture académique, les passages par plusieurs professions étant plutôt rares en France), juges, avocats et enseignants-chercheurs travaillent tous sur des énoncés normatifs et ont à utiliser des méthodes de raisonnement afin d'arriver pour les premiers à trancher des litiges, pour les seconds à bien conseiller leurs clients, pour les derniers à proposer des interprétations à la fois systématiques (à des fins pédagogiques) et critiques des normes juridiques. Les impératifs sont différents (avocats et enseignants-chercheurs n'ayant pas à décider de l'issue d'un procès), mais le point de départ est le même dans la compréhension des textes normatifs et dans le développement d'une argumentation adaptée au but recherché.

Pendant longtemps, à partir notamment de l'ouvrage de Beccaria, *Des délits et des peines* (1764, § 4), le raisonnement tenu par les juges (sur le modèle de l'application d'une loi pénale) a été présenté comme un syllogisme dont la règle de droit applicable constitue la prémisse majeure (par exemple, « le vol est puni de tant d'années de prison »), la qualification du fait la prémisse mineure (X est convaincu d'avoir volé) et la conclusion l'application de la règle générale au cas particulier (X doit être puni de tant d'années de prison). Encore aujourd'hui des théoriciens du droit pensent qu'il existe une « logique juridique »[1]. Le réalisme incite la grande majorité des observateurs à considérer qu'il y a beaucoup plus de liberté et de contingence dans les opérations et les méthodes des juristes, qu'il s'agisse de l'interprétation des énoncés normatifs ou de l'articulation des arguments au sein du discours juridique.

A ▪ Les méthodes d'interprétation

Pour appliquer des énoncés normatifs, qu'ils figurent dans des lois ou dans des jugements, il faut leur donner un sens qui soit susceptible d'être partagé par plusieurs personnes - à commencer par les membres d'une formation de jugement rendant une décision collective - et compréhensible par les destinataires du discours juridique qui se développe (dans les jugements, les plaidoiries ou les textes de la doctrine) à partir de ces énoncés législatifs et jurisprudentiels. La question de l'interprétation est au cœur du travail des juristes, sachant que certains d'entre eux (les juges, mais aussi les membres d'organes politiques ou administratifs qui interprètent les lois) réalisent une interprétation qualifiée d'« authentique » dans le vocabulaire de Kelsen (parce qu'elle est dotée d'une autorité qui s'impose en principe aux destinataires), tandis que d'autres (les auteurs de la doctrine) ne font que proposer une ou des interprétation(s) qui n'ont pas de force juridique.

À partir du XVIe siècle, un adage latin, qui n'a rien de romain, a prétendu qu'il ne fallait pas interpréter un texte clair (*in claris non est interpretandum*). La théorie dite de « l'acte clair », encore employée par certaines juridictions, prétend écarter l'opération d'interprétation quand le sens de l'énoncé paraît résulter avec évidence des mots employés. En réalité, c'est une décision impliquant un choix, et donc une interprétation, qui attribue un sens « clair » à un énoncé. Comme l'avait noté Hobbes (*Leviathan*, IIe partie, chap. 26) toutes les lois ont besoin d'être interprétées. Dans tout raisonnement juridique, il y a des opérations explicites ou implicites d'identification de la norme (quelle est la loi applicable et le texte considéré est-il bien celui d'une loi ?) et d'explicitation de son sens. L'utilisation de méthodes herméneutiques, nécessaire pour tout énoncé linguistique, est d'autant plus importante en droit qu'il s'agit de donner une signification à un commandement, résultant d'une volonté (celle du « législateur ») qui s'est exprimée parfois à des années de distance dans le passé.

Au début du XIXe siècle, sous l'influence de la philologie et de la recherche historique sur les documents anciens, ont été dégagés un certain nombre de « canons » ou règles d'interprétation, dont la pluralité illustre la grande liberté des interprètes. Dans son *Système de droit romain* (1840), Savigny a distingué quatre éléments de l'interprétation qui est à la fois grammaticale (reposant

1. V. *Situation 2*.

sur la compréhension des mots, selon l'usage courant ou le sens technique de la langue des juristes avec ses définitions), logique (cherchant à comprendre l'articulation de la pensée), historique (s'intéressant au changement introduit par l'énoncé normatif) et systématique (faisant le lien avec les autres normes). Pour Savigny, il s'agissait de reconstituer la pensée du législateur, en particulier du législateur romain dont la volonté intime était impénétrable, par un travail de l'interprète qui devait conduire à un sens « vrai ». Appliquée en France au Code Civil, la méthode dite exégétique, en référence à l'Exégèse de la Bible, s'efforçait de parvenir au même résultat en scrutant le sens des mots et en prétendant découvrir l'intention du législateur.

Depuis la seconde moitié du XXe siècle, avec le tournant herméneutique ou linguistique, s'est développée l'idée que les énoncés n'ont pas un sens univoque et prédéterminé, mais qu'ils acquièrent une multiplicité de sens attribués par leurs lecteurs. Chacune des méthodes d'interprétation est susceptible de conduire à plusieurs solutions. L'étude grammaticale des mots, qui reste importante pour les opérations de qualification juridique (afin de subsumer des faits sous une règle générale), conduit à s'interroger sur la présence ou non d'une définition, l'usage courant et contemporain du vocabulaire et le sens que pouvaient avoir les mêmes expressions à l'époque où l'énoncé normatif a été rédigé. Aux États-Unis, les partisans de l'interprétation « originaliste » entendent s'en tenir aux significations que pouvaient avoir à la fin du XVIIIe siècle les termes de la Constitution de 1787, alors que les avocats d'une interprétation évolutive acceptent de donner à ces termes des sens nouveaux correspondant au langage et aux préoccupations d'aujourd'hui. Comme l'avait relevé Hart, l'application d'une règle interdisant les véhicules dans un parc suppose que soit bien identifiée la catégorie de véhicule, pour y faire entrer non seulement les automobiles, mais peut-être les charrettes à bras (la question s'est posée en droit administratif français, CE 25 juin 1986, *Dame Curtol, Rec.* 177), voire les poussettes d'enfants. L'on retrouve ici les difficultés qui entourent l'appréhension des concepts, avec leur noyau relativement bien défini et leur halo plus vague (v. Séquence 7).

Concernant l'interprétation historique, elle a consisté pendant longtemps à rechercher l'intention du législateur en consultant les débats parlementaires ou les travaux préparatoires, comme ceux qui ont été publiés pour le Code civil. Mais il a été remarqué que les lois sont votées par des assemblées où les raisons (et donc l'intention visant un sens particulier du texte) des parlementaires sont diverses et insondables. L'intention d'un législateur collectif est inconnaissable et l'on peut tout au plus attacher de l'importance au changement qu'instaure un énoncé législatif ou jurisprudentiel par rapport à l'état du droit antérieur. C'est ce qu'on appelle en Angleterre, depuis le XVIe siècle, la *mischief rule* qui conduit à déterminer le défaut de l'ordre juridique à laquelle la loi a voulu remédier pour comprendre son sens. La tradition de *common law* combine cette méthode avec la *plain meaning rule* qui s'en tient au sens littéral des mots et la *golden rule* qui écarte l'interprétation littérale conduisant à un résultat absurde[1]. Dans tous ces cas, l'interprétation est téléologique : elle part du but assigné à la loi. Mais s'agit-il de la fonction de la loi au moment où elle a été rédigée ou d'une utilité qui lui est reconnue par l'interprète dans son contexte ? L'on bute toujours sur une part de subjectivité de l'interprète. Quant à la notion d'interprétation systématique, elle rappelle qu'il est rare qu'une norme juridique soit interprétée isolément. La plupart des opérations d'interprétation mettent en jeu un réseau ou un maillage de normes qu'il faut coordonner ou dont il faut déterminer la hiérarchie. L'interprétation est intertextuelle, elle s'insère dans une chaîne d'interprétations[2]. C'est ici qu'interviennent les méthodes d'argumentation.

B ▪ Les méthodes d'argumentation

Très souvent lié à un procès, où par définition chacune des parties s'affrontant prétend être « dans son droit » et défendre la bonne interprétation des normes juridiques, le raisonnement juridique utilise toutes les armes et tous les trésors de la rhétorique. C'est particulièrement vrai de l'argumentation développée par les avocats dans leurs mémoires et plaidoiries, mais cela concerne aussi le développement des motifs dans les décisions judiciaires ou le déploiement d'un argumentaire dans le discours doctrinal.

Parmi les méthodes de raisonnement utilisées, les types d'arguments identifiés depuis l'Antiquité ont été mobilisés et continuent à l'être par les juristes. Le raisonnement par analogie poursuit le processus d'extension des règles et des concepts juridiques en s'interrogeant sur l'application d'une norme à des cas semblables (on parle d'argument *a pari*) à ceux qui ont été expressément prévus. Si l'analogie a mauvaise réputation en droit pénal - où elle va à l'encontre de la légalité des délits et a été utilisée par des régimes autoritaires pour sanctionner toutes les formes d'opposition au pouvoir - elle peut être justifiée dans les autres domaines du droit où la loi n'a pas pu prévoir tous les cas. Il reste alors à déterminer, comme à propos du principe d'égalité, si les ressemblances entre les situations prévues et celles qui ne le sont pas l'emportent sur les différences.

L'argument *a fortiori* paraît aussi répondre à des objectifs rationnels. Si la règle pénale punit les vols pour de petites valeurs, elle doit sans doute (et en général elle le dit expressément) punir les vols de grandes valeurs ou avec des circonstances aggravantes. À nouveau c'est la *ratio legis*, l'objectif visé par la loi, qui justifie cette extension à des situations qui ne sont pas expressément citées ou évoquées par l'énoncé normatif. Une autre forme de l'argument *a fortiori* repose sur l'idée « qui peut le plus, peut le moins », par exemple

---

1. V. *Situation 3*.
2. Benoît Frydman, *Le sens des lois. Histoire de l'interprétation et de la raison juridique*, Bruylant, 3e éd., 2011.

pour autoriser un propriétaire à toutes les manipulations sur la chose qui lui appartient, en raison de son pouvoir absolu allant jusqu'à la destruction de la chose. Là aussi, il y a un jugement de valeur sur ce qui est considéré comme moins ou plus « important »[1]. L'argument *a contrario* présente également des limites, bien qu'il soit fréquemment utilisé dans le cadre d'un raisonnement qui cherche à distinguer des situations pour déterminer si telle ou telle règle leur est applicable. En droit pénal, on peut considérer, par faveur pour le principe de liberté, que tout ce qui n'est pas interdit est permis. D'ailleurs, l'article 5 de la Déclaration de 1789, « tout ce qui n'est pas défendu par la loi ne peut être empêché », en a fait une règle de droit positif. Pourtant, il peut conduire à des sophismes, s'il n'est pas combiné avec d'autres arguments : ce n'est pas parce que l'accès des chiens est expressément interdit dans un hôpital, que les éléphants sont autorisés[2]. De plus, un grand nombre de normes ne contiennent pas d'interdit, mais ouvrent des facultés d'agir, ce qui ne signifie pas qu'elles prohibent l'abstention (par exemple, du droit de se marier ou de divorcer on ne peut induire *a contrario* l'interdiction du célibat ou l'obligation de divorcer en cas de faute de l'un des époux). Il y a toujours un risque à induire quelque chose de positif du silence : l'on sait qu'en droit administratif le silence de l'administration peut (et a pu signifier au gré des législations) signifier refus ou acceptation d'une demande de l'administré.

Il faut aussi faire la distinction entre les raisonnements rendus obligatoires par les normes du droit positif - le principe de l'autorité de la chose jugée, les règles de la preuve, les présomptions particulièrement lorsqu'elles sont irréfragables obligent les juristes à aller vers des conclusions qui peuvent être contraires à leur conviction sur les faits - et les arguments pragmatiques qui envisagent les conséquences à venir des décisions judiciaires. Non seulement ces arguments reposent sur un « saut dans l'inconnu » et en dehors de la sphère proprement juridique, mais ils rendent difficile la pesée des avantages et désavantages. L'argument dit de la « pente glissante » (si vous prenez cette décision, vous ouvrez la voie à des décisions futures déraisonnables ou à des flots contentieux incontrôlés) comporte encore plus une vision partiale de la situation.

Comme en matière d'interprétation des textes, le raisonnement utilisé par les juristes mobilise en général, en fonction de l'objectif recherché, plusieurs types d'argument. Certains analystes du droit (Georges Kalinowski en France, les Argentins Eugenio Bulygin et Carlos Alchourron) ont défendu l'idée d'une logique formelle ou déontique (celle qui concerne les normes) qui serait applicable au droit. Le philosophe du droit belge Chaïm Perelman (1912-1984) a réalisé de nombreux travaux[3], accompagnés d'exemples concrets dans des

1. Véronique Champeil-Desplats, *Méthodologies du droit et des sciences du droit*, Paris, Dalloz, coll. « Méthodes du droit », 2014, p. 363.
2. Stefan Goltzberg, *L'argumentation juridique*, Dalloz, coll. « Connaissance du droit », 3e éd., 2017, p. 108.
3. Parmi lesquels Chaïm Perelman, *Logique juridique*, Paris, Dalloz, 1976.

décisions judiciaires, pour montrer le rôle d'une argumentation rhétorique dépendant du contexte et de la manière dont les interprètes du droit conçoivent leurs missions. À la fin de sa vie, Kelsen s'est montré particulièrement sceptique sur la place de la logique dans un raisonnement juridique, la décision d'une autorité relevant selon lui d'un acte de volonté et non d'un acte de connaissance. Dans un conflit entre une norme constitutionnelle et une norme législative, c'est le pouvoir (ou l'absence de pouvoir) du juge pour écarter la loi, jugée non compatible (plutôt que non « conforme », ce qui ne correspond pas à une relation de non-contradiction entre deux normes) avec la constitution, qui décide de la résolution de l'antinomie et non la logique.

Le raisonnement juridique, qui mobilise fréquemment les principes de non-contradiction (l'interprète postule que l'ordre juridique est cohérent et ne contient pas des commandements en sens contraire) et d'inférence (les juristes s'efforcent de déduire des conclusions admissibles par le plus grand nombre à partir d'interprétations « communes » des textes, des prémisses qui font plus ou moins consensus) a pour but de persuader, plutôt que de convaincre, les destinataires du discours juridique. Le juge-rapporteur, le représentant du ministère public ou le rapporteur public dans le contentieux administratif s'efforcent de rallier les juges qui délibèrent à leur point de vue. Alors que nous ne connaissons pas les « vraies » raisons des juges, du fait du secret des délibérés, il faut distinguer ces raisonnements préparatoires à la décision (les « motifs des motifs ») des justifications données aux décisions judiciaires qui sont contraintes par le style de motivation propre à chaque juridiction.

III ▪ Les styles juridiques

Dans chaque configuration historique et géographique, la rédaction des textes juridiques est soumise à un certain nombre de contraintes et obéit à des règles stylistiques qui relèvent de la tradition, de l'habitude ou de « codes » déontologiques (le plus souvent tacites). L'on peut parler de style législatif à propos de la présentation des normes dans les constitutions, les lois ou les règlements. Presque dans tous les cas, les énoncés législatifs s'ordonnent en articles ou paragraphes numérotés. Différents systèmes d'indexation (avec la date d'édition de la norme, un chiffre, une phrase plus ou moins développée sur l'objet de la loi) permettent d'identifier la place de la loi nouvelle dans l'ordre juridique où elle s'insère. Il est fréquemment fait recours à des clauses expresses d'abrogation ou de modification des textes anciens, ce qui peut rendre d'ailleurs très complexe la « lecture » d'une loi comprenant de multiples renvois. Si l'usage de préambules est plutôt réservé à des constitutions (on le rencontre également dans des traités ou dans des décisions d'organisations internationales), les articles d'une loi peuvent aussi contenir des développements sur ses buts (la célèbre Loi Le Chapelier du 14 juin 1791 affirme, dans son article 1er, que « l'anéantissement de toutes espèces de corporations de citoyens du même état ou profession » est « une des bases fondamentales de la constitution française ») et des clauses particulières sur sa durée d'application (lois à caractère expérimental avec un terme au bout de quelques années, appelées *sunset laws* en anglais). S'il existe des spécificités propres à chaque ordre juridique dans son « style législatif » (les lois britanniques contiennent presque toujours des définitions des principaux mots employés, ce qui est très rare en France), la question des styles se pose principalement pour la rédaction des décisions de justice, astreinte à une obligation légale de la motivation, et pour la combinaison dans le style universitaire entre la liberté d'expression et des contraintes déontologiques.

A ▪ Les styles judiciaires

La France est un des premiers pays dont la législation, au début de la Révolution française (loi des 16-24 août 1790), a imposé des règles minimales dans la rédaction des jugements avec « quatre parties distinctes. Dans la première, les noms et les qualités des parties seront énoncés. Dans la seconde, les questions de fait et de droit qui constituent le procès seront posées avec précision. Dans la troisième, le résultat des faits reconnus ou constatés par l'instruction, et les motifs qui auront déterminé le jugement, seront exprimés. La quatrième enfin contiendra le dispositif du jugement ». Ce qu'on appelle traditionnellement les « qualités » des parties figure depuis le Moyen Âge dans les jugements : l'indication des noms des demandeurs et défendeurs, de l'objet de l'action et des arguments avancés le plus souvent par les avocats des deux côtés. En revanche, les motifs du jugement, qui avaient pu être exprimés dans les premiers arrêts du Parlement de Paris au XIIIe siècle, avaient disparu de la plupart des décisions par la suite, les magistrats d'Ancien Régime craignant d'affaiblir leur autorité en donnant leurs raisons.

La volonté des révolutionnaires français de soumettre les juges à un strict respect de la loi, dont témoigne aussi la création du Tribunal de cassation, a imposé jusqu'à nos jours la mention de la loi (ou plus généralement des normes) qui servent de base à la décision elle-même contenue dans le « dispositif ». Reprenant sans le savoir (mais en ayant à l'esprit la Déclaration de 1789 dont le Préambule est rédigé avec des « considérants ») des formulations qui avaient été utilisées au Moyen Âge sous une forme latine (*considerato quod, attendo quod*), les juges du Tribunal de cassation créèrent un style judiciaire adapté à cette juridiction qui devait précisément contrôler la soumission des juges aux lois. La décision de casser (avec l'utilisation de la formule redondante, venue de l'Ancien Régime, « casse et annule ») ou de rejeter le pourvoi fut motivée d'abord par des subordonnées explicatives (parce que le jugement cassé est contraire à tel ou tel article de loi), puis par des considérants et des attendus, précédés à la fin de la Révolution par le visa du ou des texte(s) invoqués. Au début du XIXe siècle, le style de la Cour de cassation se fixa sous une forme laconique imitant le langage de la loi et assurant ainsi l'autorité de la jurisprudence (v. Séquence 2) « sous le masque de la loi ». Les juridictions du fond (Cours d'appel et tribunaux) imitèrent ce style, adoptant la présentation des « attendus » dans une grande phrase comprenant autant de subordonnées que d'arguments invoqués et se terminant par une courte sentence principale correspondant au dispositif. Le Conseil d'État choisit une formulation proche, préférant les « considérants » aux « attendus » et présentant le dispositif sous forme d'articles, souvenir de l'époque de la justice retenue où la décision finale appartenait au chef de l'État.

De ce processus historique résultent les caractéristiques des styles judiciaires utilisés en France qui les distinguent de ceux connus dans d'autres pays. Toutes les instances juridictionnelles en France rendent des décisions qui, censées unanimes, ne portent pas atteinte au secret des délibérés par la révélation des opinions individuelles des juges. La sentence n'est pas présentée sous la forme d'une opinion (au style direct) de la Cour, du ou des juges, avec l'admission d'opinions dissidentes, comme dans les pays de *common law* (ou comme devant certaines juridictions constitutionnelles s'agissant des opinions dissidentes). Si la part de l'exposé des faits est plus importante devant les juridictions de première instance, permettant plus de liberté et de longueur dans les questions prises en considération, toutes les décisions s'appuient sur les arguments des plaideurs ou requérants. Les arrêts de la Cour de cassation, comme ceux du Conseil d'État s'articulent autour des moyens (ou des « ouvertures » à cassation ou du recours pour excès de pouvoir) présentés par les parties, avant de se terminer par des considérants ou des attendus, parfois fort brefs, traduisant le point de vue propre à la juridiction qui motive le dispositif. Ces techniques, qui peuvent être associées à des attendus ou considérants de principe présentant dès le début de la décision l'interprétation d'une règle de droit, permettent de donner à un grand nombre d'arrêts, y compris de rejet, une portée jurisprudentielle. Cette dernière est aussi susceptible d'être appréciée par la décision de la Cour de cassation ou du Conseil d'État de publier l'arrêt au *Bulletin* ou au *Lebon*, comme par l'indication de la formation, plus ou moins élargie, qui a rendu la décision. L'arrêt lui-même ne révélant rien d'éventuelles influences venues de la jurisprudence antérieure ou de la doctrine, il faut se tourner, quand cela est possible, vers les travaux préparatoires (rapport du conseiller rapporteur, avis de l'avocat général, conclusions du rapporteur public) pour essayer d'inférer les « motifs des motifs » et mieux comprendre les raisons des juges. Encore faut-il avoir conscience que la motivation est autant une « justification » à l'égard des plaideurs et de l'opinion publique que le reflet authentique du raisonnement suivi par les auteurs de la décision. Celle-ci, comme tout énoncé normatif, échappe ensuite à ses auteurs pour être livrée elle-même à des interprétations.

Le style laconique des hautes juridictions françaises, souvent objet de critique du fait de son caractère peu accessible aux profanes, contraste quelque peu avec celui du Conseil constitutionnel et plus encore avec celui des juridictions européennes. Ayant adopté (avant le recours au style direct en 2016) la formulation en « considérants » empruntée au Conseil d'État, le Conseil constitutionnel a développé ses propres techniques d'examen des arguments présentés lors de sa saisine, de ceux soulevés d'office et des réserves interprétatives de la loi (échappant à la censure à la condition d'être comprise et appliquée dans le sens que le Conseil constitutionnel juge compatible avec la constitution). La Cour européenne des droits de l'homme et la Cour de Justice de l'Union européenne ont adopté un style discursif beaucoup plus direct d'examen des arguments des parties, puis de l'état du droit et de la motivation propre à la Cour, avec l'admission d'opinions dissidentes.

B ▪ Les styles universitaires

Le discours juridique des universitaires, qui constitue une partie essentielle du discours doctrinal sur le droit, n'a pas les mêmes buts et n'obéit pas aux mêmes règles que les décisions judiciaires. Les universitaires n'ont aucun procès à trancher, ils peuvent laisser les questions ouvertes, indécises et leur rôle est plutôt de renouveler les interprétations normatives et les argumentaires qui leur sont liés. De plus, la liberté académique, qui est une des formes de la liberté d'expression, postule l'indépendance de la parole universitaire qui peut défendre *a priori* tous les points de vue. Pour cette raison, en l'absence aujourd'hui d'autorité dirigeant le travail des enseignants et des chercheurs, il y a probablement plusieurs styles universitaires (entre lesquels tous ceux qui publient une opinion à caractère juridique peuvent choisir) et l'on ne peut parler d'une déontologie imposée par en haut, qui prendrait la forme de lois et de règlements.

Pour autant, les universitaires sont assujettis, dans le style de rédaction de leurs écrits, à des contraintes professionnelles et sociales. Le passage par la thèse de doctorat, le désir de reconnaissance et de progression dans la carrière favorisent les *habitus* et les expressions classiques, sous forme de livre (particulièrement de manuel destiné en principe aux étudiants) ou d'article. Les impératifs éditoriaux imposent un certain nombre de formats. Les traditions nationales, véhiculées par les revues juridiques, amènent à adopter des styles particuliers de rédaction, de référence et de longueur conformément à des « directives » définies de manière collective. La littérature juridique ne se prête que par exception aux « fantaisies » ou aux innovations radicales, même si internet a ouvert de nouvelles perspectives, qu'il s'agisse des *blogs* ou des MOOCS (*Massive Open On Line Courses*, en français : formations en ligne ouvertes à tous).

Les styles universitaires ont en commun de développer un argumentaire qui se veut rigoureux par l'analyse des normes juridiques dans toutes leurs dimensions. Comme dans les autres disciplines de sciences humaines et sociales, chaque citation d'un texte (énoncé normatif ou opinion doctrinale) doit être référencée avec un système de notes permettant aux lecteurs de retrouver le document cité. Il existe plusieurs styles de rédaction des notes et de présentation de la bibliographie : en France, l'usage est de donner le prénom (ou la première lettre du prénom), le nom de l'auteur, le titre de l'ouvrage en italiques, le titre de l'article entre guillemets (suivi de l'indication de la revue en italiques), le lieu d'édition, l'éditeur, l'année d'édition, enfin la page ou les pages concernée(s). Pour ne pas tomber dans le plagiat, portant atteinte aux droits des auteurs, il faut citer entre guillemets ce qui est emprunté à un auteur ou à un texte déterminé. Le fait que les idées n'appartiennent à personne ne doit pas empêcher de rappeler fidèlement la contribution de chacun au débat[1].

Les thèses de doctorat, les monographies, les manuels, les ouvrages collectifs (« sous la direction » d'un ou plusieurs auteurs) et les articles de revues répondent à ces objectifs d'information et de discussion. L'information doit être aussi objective que possible, sans distorsion ni omission volontaire, ce qui justifie la prise de connaissance de la littérature existante sur le sujet. Les universitaires sont moins sûrs aujourd'hui que le discours doctrinal puisse « donner à voir » la réalité et atteindre la vérité. Mais ils doivent savoir ce qu'est une erreur factuelle et peuvent s'inspirer des recommandations de Max Weber (*Le savant et la politique*) pour éviter d'imposer leur jugement de valeur, particulièrement en usant de leur autorité intellectuelle sur les étudiants. L'argumentaire n'est pas destiné à faire succomber un adversaire (notamment par des attaques *ad hominem*), mais à persuader les lecteurs.

Développées depuis le XIXe siècle, les revues juridiques sont de puissants médias de la controverse universitaire. En France, elles se présentent sous différents types : généralistes et hebdomadaires comme le *Recueil Dalloz* ou la *Semaine Juridique*, consacrées à une branche du droit, trimestrielles ou bimestrielles comme la *Revue trimestrielle de droit civil* (*RTD civ.*), la *Revue du droit public et de la science politique* (*RD publ.*), la *Revue trimestrielle de droit commercial* (*RTD com.*), la *Revue française de droit constitutionnel* (*RFDC*), très spécialisées comme la *Revue de science criminelle et de droit pénal comparé* (*RSC*), la *Revue de droit international privé* (*RDIP*), la *Revue de droit immobilier* (*RDI*), les *Archives de philosophie du droit* (*APD*) et bien d'autres périodiques dont les débats nous rappellent que le droit peut être conçu comme un ensemble de controverses.

1. V. *Situation 5*.

SÉQUENCE 9

Le travail des juristes et les cultures juridiques

SITUATION 1

De quoi et devant qui les magistrats sont-ils responsables ?

La question de la responsabilité des magistrats est un sujet sensible en France qui, à l'occasion de chaque « erreur judiciaire », donne lieu à des propos enflammés sur le « scandale » que représenterait l'irresponsabilité des magistrats. Si tous les systèmes juridiques ont considéré comme une faute très grave la corruption des juges ou le déni de justice, il est vrai qu'il est plus difficile d'aménager un système qui garantisse à la fois l'indépendance des magistrats, l'autorité de la chose jugée, la possibilité de réparer des erreurs judiciaires et les droits des victimes de ces erreurs à obtenir réparation. Historiquement, le droit français a, d'abord, repris dans le Code de procédure civile de 1806 (art. 515-516) l'institution remontant à l'Ancien Régime de la *prise à partie*, une action dirigée contre un juge par une partie s'estimant victime d'un dol, d'une fraude, de concussion ou de déni de justice. Soumise à l'autorisation des juges supérieurs, cette institution n'a jamais réellement fonctionné et ne correspond guère aux plaintes des victimes d'erreurs judiciaires qui concernent presque toujours le droit pénal, l'instruction des crimes, la révision des condamnations et l'indemnisation des emprisonnements après un verdict d'acquittement ou de relaxe. Parallèlement, les procédures disciplinaires mises en œuvre à partir du Consulat à l'intérieur du corps judiciaire avaient principalement pour but de soumettre les magistrats à leur hiérarchie, sinon de donner les moyens aux Gouvernements de justifier des épurations de la magistrature. À partir de 1883, la Cour de cassation siégea comme Conseil supérieur de la magistrature et eut également la main sur les procédures de révision criminelle en vertu de la loi du 8 juin 1895 qui introduisit le principe d'une responsabilité de l'État en matière d'erreur judiciaire.

Tandis que le droit proprement disciplinaire, imposant aux magistrats le respect de leurs devoirs tels que prévus par l'ordonnance du 22 décembre 1958 (qui ne mentionne pas l'erreur grave d'appréciation en tant que faute), continuait à se fonder sur les décisions ou avis du Conseil supérieur de la magistrature (des décisions qui s'imposent au garde des Sceaux pour les magistrats du siège depuis 1993, alors que le CSM rend des avis simples sur la discipline des magistrats du parquet), la responsabilité de l'État pour faute de service se développait sur la base de la jurisprudence administrative. En la matière quand la Cour de cassation est saisie, elle applique les règles du droit administratif (Civ 2e, 23 nov. 1956, *Giry*, pour une responsabilité fondée sur le risque dans les opérations de police judiciaire). La loi du 5 juillet 1972 a élargi la responsabilité de l'État, au-delà du cas de l'erreur judiciaire reconnue à travers une procédure de révision, à tous les dommages causés par le fonctionnement défectueux de la justice. Les lois du 17 juillet 1970 et du 15 juin 2000 ont mis en place une procédure d'indemnisation des détentions provisoires infondées avec une commission nationale de réparation siégeant à la Cour de cassation. Le ministère de la Justice peut toujours procéder à des négociations avec les victimes de détentions infondées, comme les acquittés d'Outreau qui ont conclu un tel accord, tenu secret, avec l'État en 2007.

La responsabilité de l'État ne peut être fondée que sur une faute lourde ou un déni de justice. Dans un arrêt du 23 février 2011 (à propos de l'affaire du « petit Grégory »), l'Assemblée plénière de la Cour de cassation a considéré qu'une accumulation de fautes simples pouvait constituer une faute lourde. La notion de faute de service correspond à la réalité de décisions judiciaires la plupart du temps collectives ou résultant de la collaboration de plusieurs acteurs (juge d'instruction, magistrats du parquet et membres de la chambre de l'instruction dans une affaire criminelle comme celle d'Outreau).

L'article 11-1 de l'ordonnance de 1958, introduit par la loi du 18 janvier 1979, précise que « les magistrats du corps judiciaire ne sont responsables que de leurs fautes personnelles ». La responsabilité des magistrats qui ont commis une faute personnelle se rattachant au service public de la justice ne peut être engagée que sur action récursoire de l'État. La Cour de cassation a interprété cette disposition comme abrogeant l'ancienne prise à partie (Civ. 1re, 16 mai 2000), qui subsiste néanmoins pour les juges consulaires et prud'homaux. La loi du 20 décembre 2007 a confirmé cette évolution qui rend peu probable des actions en responsabilité civile contre des magistrats à la suite d'une condamnation de l'État (aucun cas ne s'est présenté jusqu'à aujourd'hui).

Depuis la révision constitutionnelle de 2008, mise en œuvre pour le CSM à travers la loi organique du 22 juillet 2010, un simple particulier (en plus du garde des Sceaux ou des premiers présidents de cours d'appel) peut mettre en mouvement l'action disciplinaire contre un magistrat pour un manquement à ses devoirs qui lui a porté préjudice, la plainte devant être déposée après la fin de la procédure dans laquelle ce magistrat était impliqué pour être recevable. En quatre ans (2011-2014) sur 1 278 plaintes, seulement 29 ont été déclarées recevables, ce qui conduit à l'audition de 3 magistrats devant les sections disciplinaires du CSM et à aucune sanction disciplinaire[1]. Il faut donc se montrer prudent sur cette possibilité de développement d'une action disciplinaire intentée par les victimes. Le retentissement médiatique des erreurs judiciaires a probablement plus d'impact pour amener les gardes des sceaux à saisir le CSM. Quant à affirmer que celui-ci rend une justice corporative, indulgente pour les magistrats fautifs, c'est un argument populiste postulant que seuls des non-magistrats pourraient rendre une justice sereine à l'égard des magistrats. Les sanctions disciplinaires prononcées, qui ne dépassent pas une moyenne de deux par an, concernent davantage des comportements défaillants dans la sphère privée ou dans le travail quotidien des magistrats que les suites d'erreurs judiciaires (le juge d'instruction de l'affaire d'Outreau a été sanctionné par une simple réprimande).

Une particularité du système français de dualité juridictionnelle est l'attribution au Conseil d'État du contentieux concernant les décisions (administratives) du garde des Sceaux prises sur avis du CSM (pour les magistrats du parquet), mais aussi celles concernant les magistrats du siège, en vertu de la soumission des conseils disciplinaires de la fonction publique au contrôle de la plus haute juridiction administrative. Alors même que la jurisprudence du Conseil d'État a dû attendre 1978 pour reconnaître la possibilité d'un recours en plein contentieux engageant la responsabilité de l'État pour dysfonctionnement de la justice administrative (CE 29 déc. 1978, *Darmont, Rec.* 542), elle a établi sa compétence à l'égard des actes du CSM dans la procédure disciplinaire par l'arrêt *L'Étang* du 12 juillet 1969 (*Rec.* 388). Un arrêt du 20 juillet 2003 (*Stilinovic, AJDA* 2003. 1334, chron. F. Donnat et D. Casas) a remis en cause, pour erreur manifeste d'appréciation, une sanction (de mise à la retraite d'office) considérée comme disproportionnée par rapport à une faute légère commise dans l'affaire des « disparus de l'Yonne » (ou affaire Émile Louis). Le Conseil d'État a annulé, pour incompétence négative, la décision de la garde des Sceaux, annonçant par avance se sentir liée par l'avis de la section disciplinaire compétente pour les magistrats du parquet, puis suivant la proposition du CSM (qui est sous le régime de l'avis simple). En matière de nomination des magistrats du parquet, le Conseil d'État a également annulé une décision de la garde des Sceaux refusant systématiquement de passer outre aux avis défavorables du CSM depuis une circulaire du 31 juillet 2012 (CE 1er oct. 2015, *Les Annonces de la Seine, Journal spécial des sociétés*, 24 oct. 2015, p. 14). Il faudrait une réforme constitutionnelle et une loi organique pour modifier les pouvoirs importants qui restent au ministre de la Justice en matière de discipline des magistrats du parquet.

1. *Rapport d'activité du Conseil supérieur de la magistrature*, 2014, p. 114.

Pour compléter la réflexion sur la responsabilité des magistrats, il faut ajouter que les magistrats, s'ils commettent des infractions, sont soumis aux règles de droit commun de la procédure et du droit pénal et que les exemples du droit comparé indiquent plutôt un petit nombre de fautes graves commises par les magistrats et la rareté des sanctions, y compris dans les systèmes judiciaires faisant participer des « laïcs » à la discipline des magistrats (comme au Canada où seul le Parlement peut révoquer un juge fédéral).

SITUATION 2

Quand la Cour internationale de justice paraît défier la logique juridique

Les réflexions sur l'existence ou non d'une logique juridique portent souvent sur la question des « antinomies » entre normes. Comment décider, notamment pour le juge, en présence de deux normes contraires, l'une interdisant un comportement (ou le sanctionnant par une peine), l'autre autorisant le même comportement (et le mettant à l'abri de toute peine) ? L'on peut, d'abord, considérer que le législateur n'est pas assez fou pour décider, en même temps ou dans un temps rapproché, « A » et « non A » en bafouant le principe de non-contradiction. Si l'antinomie concerne deux normes de date différente, les règles « *lex posterior priori derogat* » (cette règle donnant la primauté à la loi postérieure supposée avoir abrogé, même si elle ne l'a pas fait expressément, la loi antérieure) et « *lex specialis generali derogat* » (qui peut conduire à faire prévaloir une loi antérieure si elle a un caractère spécial, plus précis que la loi générale) peuvent permettre de mettre fin à l'antinomie. De même, le recours à la hiérarchie des normes fera prévaloir la norme supérieure (par exemple, la norme constitutionnelle) sur la norme inférieure... à condition qu'il y ait un juge constitutionnel ou que les juges ordinaires aient le pouvoir d'écarter une loi contraire à la constitution. En l'absence de contrôle de constitutionnalité, Kelsen considérait que la constitution avait voulu que soient appliquées les lois (formellement adoptées selon la constitution), y compris celles dont le contenu pouvait paraître anticonstitutionnel. Il faut bien se résoudre à ce que les ordres juridiques ne soient pas d'une parfaite cohérence et puissent contenir des normes contradictoires. C'est précisément un des rôles de l'interprétation de réduire ces antinomies, sources d'insécurité pour les plaideurs et comportant un risque de déni de justice pour le juge qui doit bien trancher le procès en appliquant une norme plus qu'une autre. L'interprétation aura pour fonction dans ce type de situations de neutraliser les sens trop violemment opposés en privilégiant des significations permettant de concilier les différentes normes. Le recours au principe d'utilité (le législateur n'a pas voulu quelque chose d'absurde, ce qu'on appelle la *golden rule* dans les pays de *common law*) est aussi une manière de trouver une solution ; de même en matière d'interprétation des actes de droit privé, comme des contrats, le juge fera prévaloir la lettre sur l'esprit, le sens raisonnable sur le sens paraissant illogique.

Mais que penser quand l'antinomie est présente dans la même décision judiciaire ? L'on dira que le juge ne peut trancher en sens contraire pour l'une des parties (sur la totalité de ses demandes) et pour l'autre partie (également sur la totalité de ses demandes, sachant que bien évidemment une partie peut gagner sur un terrain et perdre sur un autre dans le même procès). En revanche, quand une juridiction rend un avis, elle peut aboutir à des conclusions qui paraissent contradictoires et posent de manière aiguë la question de la logique juridique.

L'avis consultatif rendu par la CIJ le 8 juillet 1996 sur la licéité de la menace ou de l'emploi des armes nucléaires paraît offrir un cas d'école sur le principe de non-contradiction en droit. Saisie en 1994 d'une demande d'avis de l'Assemblée générale des Nations unies, faisant suite à une résolution dans le même sens de l'Organisation mondiale de la santé (celle-ci fut considérée comme irrecevable par la CIJ, l'OMS outrepassant ses compétences d'organisation internationale spécialisée), la CIJ avait à répondre à la question suivante : « Est-il permis en droit international de recourir à la menace ou à l'emploi d'armes nucléaires en toute circonstance ? ». À l'issue des 105 paragraphes de son avis, la CIJ en est arrivé à la réponse suivante : « ni le droit international coutumier ni le droit international conventionnel n'autorisent spécifiquement la menace ou l'emploi d'armes nucléaires ; ni le droit international coutumier ni le droit international conventionnel ne comportent d'interdiction complète et universelle de la menace ou de l'emploi des armes nucléaires en tant que telles ; est illicite la menace ou l'emploi de la force au moyen d'armes nucléaires qui serait contraire à l'article 2, paragraphe 4 de la Charte des Nations unies et qui ne satisferait pas à toutes les prescriptions de son article 51 ; la menace ou l'emploi d'armes nucléaires devrait être aussi compatible avec les exigences du droit international applicable dans les conflits armés, spécialement celles des principes et règles du droit international humanitaire, ainsi qu'avec les obligations particulières en vertu des traités et autres engagements qui ont expressément trait aux armes nucléaires ; il ressort des exigences susmentionnées que la menace ou l'emploi des armes serait généralement contraire aux règles du droit international applicables dans les conflits armés, et spécialement aux principes et règles du droit humanitaire ; au vu de l'état actuel du droit international, ainsi que des éléments de fait dont elle dispose, la Cour ne peut cependant conclure de manière définitive que la menace ou l'emploi d'armes nucléaires serait licite ou illicite dans une circonstance extrême de légitime défense dans laquelle la survie même d'un État serait en cause... » (l'avis se termine par un encouragement au désarmement nucléaire).

Comment s'articule le raisonnement suivi par la CIJ pour arriver à un avis aussi indécis ? La Cour a, d'abord, laissé entendre (§ 20) que le libellé de la question de l'Assemblée générale de l'ONU était peu heureux. S'il fallait comprendre que la question se posait de la licéité de la menace ou l'emploi des armes nucléaires « dans toutes les circonstances » (au sens de n'importe quelle circonstance), la question était oiseuse et appelait évidemment une réponse négative. Pour donner un sens utile à la question, elle devait être interprétée comment une interrogation sur les seules circonstances qui pourraient rendre licite le recours aux armes nucléaires. De même la Cour a refusé d'emblée (§ 21-22) une interprétation qui, en se référant à l'affaire du *Lotus*, aurait tout de suite affirmé qu'il est permis aux États de faire tout ce qui n'est pas expressément interdit par le droit international, car la question aurait été immédiatement tranchée en faveur des États détenteurs d'armes nucléaires, dont chacun sait qu'ils sont en minorité mais puissants (ce qui met beaucoup d'obstacles à généraliser à partir de leur cas une règle favorable à la souveraineté étatique). Dans un contexte où les puissances nucléaires ne prétendaient pas elles-mêmes s'affranchir du droit international, une réponse en faveur de la souveraineté complète des États était aussi peu envisageable.

Il restait à la Cour une voie étroite pour déterminer ce qui était interdit par le droit international général. La Cour s'est tournée d'abord vers la Charte de San Francisco, son interdiction de l'emploi de la force (art. 2.4), sauf dans le cas de légitime défense (art. 51). Elle en tire la conséquence minimaliste qu'un éventuel emploi des armes nucléaires ne pourrait être licite qu'en cas de légitime défense, avec les exigences (assez sévères pour rendre l'hypothèse peu crédible) de la proportionnalité de la réplique et de l'information donnée au Conseil de sécurité. Du côté du droit coutumier, la CIJ invoque le « droit de La Haye », notamment les conventions de 1899 et 1907 qui, avec la clause « de Martens », placent les combattants et les civils sous l'empire des « principes de l'humanité et des exigences de la conscience publique » (il est fait rappel que ces règles sont passées dans le droit coutumier et pouvaient à ce titre être invoquées devant le TMI de Nuremberg). La Cour en conclut que l'utilisation d'armes nucléaires « n'apparaît effectivement guère conciliable avec le respect de telles exigences » (§ 95). Mais la CIJ affirme ne pas détenir d'éléments suffisants pour conclure à une contrariété absolue entre l'emploi des armes nucléaires et ces règles, réservant le cas d'un État en situation de légitime défense et menacé dans sa survie même (§ 96).

Si l'on adopte une vision stricte de la logique en droit et si l'on part du principe que tout ce qui n'est pas interdit est permis (les prétendues lacunes du droit étant en fait des espaces de liberté), l'avis de la CIJ paraît contenir une contradiction : l'emploi des armes nucléaires ne pourrait se situer dans un entre-deux qui n'est ni interdit, ni permis. Si l'on considère qu'il n'y a pas obligatoirement de logique entre les normes, mais seulement la nécessité pour le juge de les coordonner, on suivra le raisonnement de la CIJ pour « baliser » la question, établir un certain nombre de limites qui se renforcent mutuellement (les motifs doivent être lus « à la lumière les uns des autres », § 104) et laisser indécise la seule hypothèse de l'emploi des armes nucléaires dans une situation de légitime défense et de menace pour la survie de l'État. Comme il s'agit d'un avis et non d'un arrêt, la CIJ n'était pas obligée de se prononcer sur ce qui reste une hypothèse.

SITUATION 3

Interprétation *contra legem* ou interprétation contre-intuitive par rapport à la lettre de la loi ?

L'on parle souvent d'interprétation *contra legem* pour relever, le plus souvent de manière critique, que des décisions judiciaires n'ont pas tenu compte du sens littéral d'énoncés législatifs. Si l'on admet, ce que font aujourd'hui un grand nombre de théoriciens du droit, qu'un texte qualifié de loi (de même qu'un décret, un traité ou n'importe quelle décision judiciaire) n'a pas un sens vrai prédéterminé[1], il faut considérer chaque interprétation authentique (c'est-à-dire faite par une autorité habilitée à donner un effet normatif ou obligatoire à son interprétation) comme une norme qui peut avoir, dans certains cas, valeur de loi. Dans cette perspective, qualifiée de réaliste, la norme jurisprudentielle dégagée par les juges ne peut être, à proprement parler, *contra legem* dans la mesure où elle va elle-même « faire loi » et imposer, au moins pour un temps, une interprétation authentique de l'énoncé législatif. En revanche, l'on peut observer que la plupart du temps les juges construisent leur interprétation des lois à partir du sens sémantique couramment admis (ce que la « lettre » du texte signifie pour une grande majorité de lecteurs au premier abord, en dehors de toute autre considération), mais que dans un certain nombre de cas (ce que la théorie anglo-américaine nous a habitués à appeler des *hard cases*) les juges font prévaloir d'autres arguments (historiques, logiques, téléologiques) pour écarter l'interprétation intuitive fondée sur la « lettre » de la loi. Sont ici réunis, autour de l'arrêt *Dame Lamotte* (*GAJA*, 20e éd., 2015, n° 58) quelques exemples pouvant

1. Michel Troper, « Une théorie réaliste de l'interprétation », *in* Olivier Jouanjan (dir.), *Dossiers. Théories réalistes du droit*, Presses Universitaires de Strasbourg, 2000, p. 50-68.

faire réfléchir sur l'usage de ces différents arguments et sur les « raisons » poussant des juges à écarter un sens grammatical en apparence clair.

Un premier exemple, ancien mais très révélateur, est puisé dans la jurisprudence civile au XIXe siècle sur la légitimation des enfants incestueux. La question concrète qui a pu se poser, dans un petit nombre de cas (mais des cas qui intéressaient les intérêts de ces enfants incestueux) est la suivante : un enfant est né d'une relation incestueuse entre ses parents qui étaient dans l'impossibilité de se marier au moment de la conception du fait de leur proche parenté, puis ces parents ont obtenu une dispense de mariage du gouvernement (comme le prévoyait le Code Napoléon) et, une fois l'empêchement levé, ils se sont mariés. Ce mariage entraîne-t-il, comme pour des enfants naturels simples, la légitimation de l'enfant né avant le mariage ? En apparence, la réponse se trouvait clairement au début de l'article 331 du Code Napoléon : « les enfants nés hors mariage, autres que ceux nés d'un commerce incestueux ou adultérin, pourront être légitimés par le mariage subséquent de leur père et mère ». La formulation de cet article paraissait exclure (par l'expression « autre que ceux ») les enfants naturels incestueux (comme les adultérins) du bénéfice de la légitimation. On pourrait dire, au premier abord, que leurs parents ne pouvant se marier (l'inceste est précisément un empêchement au mariage), la question de leur légitimation ne se posait pas, de même que pour les enfants adultérins (au moment de l'adultère, le parent adultère ne peut se marier avec son complice, ce qui le constituerait en état de bigamie). L'exemple des enfants adultérins montre cependant que la situation des parents peut changer à travers le temps : après la naissance de l'enfant adultérin, le conjoint légitime du parent adultère peut mourir, ouvrant la voie à un remariage de ce parent avec la mère ou le père de l'enfant adultérin. Il faut donc comprendre, relativement aux enfants incestueux, que la disposition de l'article 331 ne peut avoir du sens que pour des parents ayant obtenu une dispense faisant disparaître l'inceste aux yeux de la loi, les seuls qui peuvent se marier. Dans ce cas, le but recherché par le législateur n'était-il pas précisément d'interdire que ce type de mariage donne lieu à une légitimation des enfants incestueux ? C'est pourtant la solution contraire qui l'emporta devant les cours d'appel, puis devant la Cour de cassation qui admit la légitimation des enfants incestueux par le mariage subséquent (suite à une dispense) de leurs parents (Civ. 22 janv. 1867, *DP* 1867. 1. 5).

Si l'on cherche à déterminer les « motifs des motifs » de cette décision, il faut tenir probablement tenir compte des éléments suivants. Premièrement le but des dispenses est de faire disparaître l'inceste et il paraît surprenant que le mariage puisse accorder tous les droits des époux mariés aux parents antérieurement incestueux, sans leur donner la possibilité d'en faire profiter leur enfant, qui resterait le seul pénalisé par un comportement dont il n'est pas responsable. Cet argument de nature téléologique laisse entendre que le codificateur a raté le but qu'il s'était lui-même assigné (la régularisation par mariage des naissances d'enfants naturels antérieures à la légitimation) et a malencontreusement rédigé l'article 331, alors qu'il pouvait connaître la règle en vigueur sous l'Ancien Régime autorisant ce type de légitimation, argument réversible car l'on peut penser que la formulation « autre que ceux » avait précisément pour but d'abroger la règle antérieure. Deuxièmement, l'élargissement des situations de dispense de mariage par la loi du 16 avril 1832 (permettant au Gouvernement d'autoriser le mariage entre beaux-frères et belles-sœurs) créait une loi postérieure au Code civil qui (dans le silence de son texte, en fonction de l'adage *lex posterior priori derogat*) abrogeait l'interdiction de la légitimation des enfants incestueux. On voit que cet argument n'est pas plus imparable que le premier (le législateur de 1832 a pu permettre le mariage, sans faire bénéficier les enfants incestueux des bénéfices de la légitimation) et que les juges ont délibérément écarté la lettre de l'article 311 pour faire triompher (peut-être en s'appuyant sur la tradition d'Ancien Régime, mais contre la majorité des auteurs de la doctrine) leur extension téléologique de l'ensemble de l'article 331 (favorisant la légitimation comme une « voie de réparation ») à l'ensemble des enfants dont les parents ont pu se marier.

Il existe bien d'autres exemples dans la jurisprudence civile de la Cour de cassation de telles interprétations contre la lettre du texte. Pour prendre un cas plus récent, la Cour de cassation interprète depuis plusieurs décennies l'article 1384 (*1244*), alinéa 4 du Code civil (« le père et mère, en tant qu'ils exercent l'autorité parentale, sont solidairement responsables du dommage causé par leurs enfants mineurs habitant avec eux ») alors que le dommage a été causé par un mineur habitant (pour les vacances ou pour ses études) à des kilomètres de distance des parents (qui pour cette raison sont dans l'incapacité physique d'empêcher la réalisation du dommage par l'enfant). L'on dira qu'il faut comprendre la formulation « habitant avec eux » comme une simple référence à l'autorité parentale toujours exercée par les père et mère quelle que soit la situation géographique de l'enfant. Il n'en reste pas moins que le Parlement, qui a modifié récemment la formulation de cet alinéa en connaissant la jurisprudence de la Cour de cassation, n'a pas éprouvé le besoin de remplacer cette formulation ancienne qui va à l'encontre du sens commun des mots (selon lequel « cohabiter » n'est pas la même chose qu'être soumis à l'autorité parentale). L'interprétation jurisprudentielle est ainsi tolérée sans être vraiment confirmée par le Parlement.

Le droit administratif français fournit un troisième exemple célébrissime : l'arrêt *Dame Lamotte* (CE 17 févr. 1950, *Rec.* 110). L'objet du recours était une concession faite par l'administration de terres abandonnées et incultes sans l'accord du propriétaire (contestant que la terre soit inculte) pendant la guerre. L'arrêt interprète la disposition de la loi du 23 mai 1943 – « l'octroi de la concession ne peut faire l'objet d'aucun recours administratif ou judiciaire » – comme n'interdisant pas le recours pour excès de pouvoir. Pour apprécier cette décision contre la lettre de la loi, il faut tenir compte de plusieurs décisions du Conseil d'État pour annuler cette concession, d'une succession de lois de Vichy, dont cette loi de 1943 pour contourner ces décisions, du fait que l'arrêt de 1950 intervient 5 ans après la fin du régime de Vichy (la loi était en quelque sorte « en sursis », tant que la nullité de cette disposition n'avait pas été consacrée conformément à l'ordonnance du 9 août 1944 sur le rétablissement de la légalité républicaine), enfin de la distinction opérée entre le recours devant le conseil de préfecture (qui serait seul exclu par la loi) et celui devant le Conseil d'État, garanti par un principe général du droit (le recours ouvert contre tout acte administratif pour assurer le respect de la légalité).

SITUATION 4

Le style judiciaire de la Cour de cassation en question, l'affaire *Perruche*

Des voix se sont fait entendre depuis plusieurs décennies pour relever, en droit comparé, la spécificité du style laconique des arrêts de la Cour de cassation et pour mettre en garde contre les risques d'hermétisme d'arrêts dont la motivation n'est pas compréhensible par le plus grand nombre de lecteurs[1]. L'affaire *Perruche* et l'arrêt de l'Assemblée plénière à laquelle elle a donné lieu le 17 novembre 2000 ont ravivé et médiatisé ce débat (*D.* 2001. 332, notes D. Mazeaud et P. Jourdain). L'on sait que cette affaire de responsabilité contractuelle concernait une double erreur d'analyse sanguine et de diagnostic (commise par le laboratoire d'analyses et le médecin qui suivait la grossesse de Madame Perruche) ayant fait croire à la mère enceinte qu'elle n'était pas en train de développer une rubéole, erreur qui l'avait décidé à ne pas recourir à une IVG (solution dont elle avait exprimé le souhait, en cas d'analyse relevant la rubéole). L'enfant Nicolas Perruche étant né avec de très lourds handicaps du fait de cette rubéole intra-utérine, ses parents avaient agi contre le laboratoire et le médecin en demandant une indemnisation de leur propre préjudice, mais aussi de celui subi par leur enfant. L'établissement de la faute contractuelle (C. civ., art. 1147) ne faisait pas de doute, de même que l'admission d'une compensation pour les parents en raison du préjudice subi par l'erreur qui

1. Adolphe Touffait, André Tunc, « Pour une motivation plus explicite des décisions de justice notamment de celles de la Cour de cassation », *RTD civ.* 1974. 487.

avait privé la mère de son droit à avorter, une « perte de chance » dont les conséquences pouvaient s'étendre par une interprétation de la règle de l'article 1382 (*1240*) permettant l'indemnisation totale du préjudice subi, sous réserve de la prise en compte du préjudice prévisible pour la responsabilité contractuelle.

Dans ce domaine de la responsabilité, où les normes jurisprudentielles jouent un rôle déterminant pour interpréter les articles 1382 à 1386 du Code civil (v. Séquence 2, Situation 1), ce qui posait problème était l'indemnisation de l'enfant avec deux questions : comment rattacher le handicap provoqué par la maladie (et non par une erreur de traitement ou d'acte au cours de l'accouchement) à la faute du laboratoire et du médecin dans les analyses prénatales ? comment admettre que l'enfant puisse se plaindre d'un préjudice résultant de sa naissance avec un handicap sans postuler que l'intérêt de l'enfant aurait été de ne pas naître (en informant correctement sa mère qui aurait avorté) ? La complexité de ces questions explique deux arrêts de cour d'appel refusant l'indemnisation de l'enfant et un premier arrêt de la Cour de cassation annulant le premier refus d'indemniser l'enfant (Paris, 12 déc. 1993 ; Civ. 1re, 16 mars 1996 ; Orléans, 5 févr. 1999). L'Assemblée plénière devait donc se prononcer face à une « rébellion » des cours d'appel et elle le fit contrairement à l'avis de l'avocat général Jerry Sainte-Rose, en suivant plutôt les idées exprimées dans le rapport du conseiller Pierre Sargos.

Parmi les causes des protestations multiples et inhabituelles par leur ampleur qu'a suscitées l'arrêt – des associations de parents d'enfants handicapés, de celles hostiles à l'IVG, des professionnels de santé jusqu'à une pétition d'enseignants-chercheurs en droit – se trouvait la rédaction laconique de l'arrêt de l'Assemblée plénière qui illustrait de manière exemplaire le style de la Cour de cassation. En à peine une page de texte, l'arrêt se développait sur la première branche du deuxième moyen des requérants (les premier et troisième moyens n'étaient pas publiés car jugés sans intérêt, le deuxième moyen dont une partie seulement a été retenue apparaissait en annexe de la décision) avec un bref visa des articles 1165 et 1382 du Code civil et deux attendus, le premier reprenant les motifs très proches des deux arrêts de cour d'appel et le second contenant la solution de la Cour de cassation : « Attendu, cependant, que dès lors que les fautes commises par le médecin et le laboratoire dans l'exécution des contrats formés avec Mme Perruche avaient empêché celle-ci d'exercer son choix d'interrompre sa grossesse afin d'éviter la naissance d'un enfant atteint d'un handicap, ce dernier peut demander la réparation du préjudice résultant de ce handicap et causé par les fautes retenues ».

Sans préjuger des opinions qui ont pu être émises à propos de cet arrêt, plusieurs remarques peuvent être faites à propos du style de cet arrêt particulièrement bref. La présence d'attendus, censés former une « motivation », n'empêche pas que les « raisons » de la décision ne sont pas explicitées. La fin du dernier attendu, qui devrait être décisive, pour expliquer en quoi la Cour d'Orléans avait violé les textes visés ressemble plus à la conclusion d'un raisonnement (l'enfant « peut demander la réparation du préjudice » résultant de ce handicap) qu'à un raisonnement véritable. À la question « pourquoi (en vertu de quelle norme ?) l'enfant peut-il demander réparation », la Cour de cassation répond en seulement cinq mots (« causé par les fautes retenues »), censés confirmer qu'il y a un lien de causalité entre les fautes et le préjudice. Le visa des articles 1165 (sur l'absence d'effets du contrat du contrat à l'égard des tiers) et 1382 (posant la règle de la responsabilité délictuelle pour faute, mais aussi des règles communes à tous les cas de responsabilité, comme le lien de causalité entre la faute et le préjudice) doit être interprété : signifie-t-il que la responsabilité des fautifs envers l'enfant est de caractère délictuel ou qu'elle est bien de caractère contractuel (l'article 1165 n'aurait pas à s'appliquer, dans la mesure où la mère a stipulé pour l'enfant qui n'est pas vraiment tiers au contrat) avec la présence d'un lien de causalité entre la faute et le préjudice ?

L'arrêt nécessite de gros efforts d'interprétation, y compris des juristes habitués au style de la Cour de cassation. Il ne pouvait que susciter de l'incompréhension chez les non-juristes comme chez les juristes étrangers, même spécialistes de droit comparé[1]. Une observation d'un point de vue externe, ne se prononçant pas à titre doctrinal sur le fond de l'affaire et la solution juridique défendue par la Cour de cassation, peut relever différents aspects de la polémique née de l'interprétation de cet arrêt. Tout d'abord, sa lecture fait apparaître que la Cour de cassation n'a jamais affirmé, ni laissé entendre (il faudrait être devin pour lire entre les lignes d'un arrêt aussi laconique), que la vie de l'enfant Perruche ne valait pas la peine d'être vécue (sous prétexte qu'elle se résumerait à un handicap, source d'un préjudice considérable) et qu'il aurait mieux valu que Mme Perruche avorte. C'est pourtant ce qu'ont affirmé le plus grand nombre de protestations contre cet arrêt, jusqu'au ministre de la Santé Bernard Kouchner qui a justifié ainsi l'insertion dans la loi du 4 mars 2002 sur les droits des malades d'un article affirmant que « nul ne peut se prévaloir d'un préjudice du seul fait de sa naissance ». L'interprétation qui a été ainsi faite (avec des buts qui n'étaient guère dissimulés de la part des adversaires de l'avortement) de l'arrêt de la Cour de cassation est pour le moins tendancieuse. En second lieu, on peut relever le fait que les travaux préparatoires de l'arrêt, quelques remarquables qu'ils soient (ils font même recours à des arguments tirés de droits étrangers), n'éclairent pas complètement, comme on le pense généralement, les « motifs des motifs » et ne nous disent pas pourquoi les juges ont suivi plutôt le rapport du conseiller Sargos que les conclusions de l'avocat général Sainte-Rose.

1. Basil Markesinis, « Réflexions d'un comparatiste anglais à partir de et sur l'arrêt Perruche », *RTD civ.* 2001. 77.

De ce fait, la Cour de cassation, attaquée frontalement pour cette décision, a eu recours à d'autres moyens pour « s'expliquer ». Dans son rapport annuel 2000, remis par le Premier président Guy Canivet le 25 avril 2001, la Cour de cassation s'est en quelque sorte défendue collectivement d'avoir reconnu un préjudice de naissance (qui ouvrirait la porte à une action d'un enfant contre sa mère lui reprochant de ne pas avoir avorté), a répondu sur le lien de causalité (faisant appel à une « norme constante » de caractère jurisprudentiel, une personne engageant sa responsabilité si elle n'empêche pas un dommage alors qu'elle le devait, laissant entendre que la faute médicale a rendu le dommage imparable) et a fait part d'un argument pragmatique (l'attribution d'une indemnité en capital aux parents ne garantit pas un secours matériel à l'enfant toute sa vie durant) qui n'est pas dans la tradition du style judiciaire français. Une raison de faire évoluer ce style comme s'y sont engagés le Conseil d'État en 2012 et la Cour de cassation en 2015-2019 (avec l'adoption de la « motivation enrichie » pour certaines affaires)[1] ?

1. www.courdecassation.fr/institution_1/reforme_cour_7109/travaux_reforme_2014_2019_9706/redaction_decisions_9223/

SITUATION 5

Comment concilier la liberté du style universitaire avec le respect des droits des auteurs et de la déontologie scientifique ?

Les universitaires, et plus généralement tous ceux qui participent à un travail doctrinal ou scientifique sur le droit pour exprimer une opinion (sans avoir à trancher un procès ou sans être habilités à donner une interprétation authentique des textes normatifs) bénéficient de la liberté d'expression la plus large. Pour cette raison, il n'existe pas de contraintes légales sur le style employé dans les thèses, monographies, manuels ou articles. Si les universitaires se sentent liés par des « normes », il s'agit plutôt de conventions sociales ou d'habitus qui résultent de la tradition, de la pression exercée par les communautés épistémiques (dans un cadre national ou international) ou des directives imposées par les éditeurs de livres ou de revues. En revanche, l'on peut dire que tous les universitaires sont soumis, indépendamment de leur discipline, à une déontologie commune qui résulte de leurs devoirs statutaires (v. R. Encinas de Munagorri, « La communauté scientifique est-elle un ordre juridique ? », *RTD civ.* 1998. 247-283). En France, l'article 2 du décret du 6 juin

1984 applicable aux enseignants-chercheurs fait mention des « traditions universitaires », des dispositions du Code de l'éducation et des « principes de tolérance et d'objectivité ». L'on peut dire, en suivant l'analyse de Max Weber dans sa célèbre conférence « la vocation de savant » (1917) que les universitaires ont choisi par vocation d'exercer une profession, qu'ils se vouent à la recherche de la vérité et qu'ils ont accepté, en passant le diplôme de doctorat et en devenant enseignant-chercheur, de respecter l'éthique ou déontologie à laquelle fait référence le décret du 6 juin 1984.

Le respect des « principes de tolérance et d'objectivité », comme celui de la propriété intellectuelle d'autrui, a ainsi des conséquences sur le style universitaire, forme et fond étant fortement liés. Dans le domaine du droit (qu'il s'agisse de doctrine ou de science juridique, v. Séquence 8), plus que dans tout autre (mais c'est le propre de toutes les sciences d'être sujettes à discussion et à l'exposé de thèses opposées), il y a un fort consensus pour dire aujourd'hui qu'il n'y a pas de « sens vrai » d'un exposé normatif et que la prétendue description de la réalité juridique suppose toujours une part de construction, et donc de subjectivité, de la part des universitaires qui s'y livrent dans leurs travaux, aussi bien à des fins pédagogiques qu'avec des objectifs tenant à la recherche, voire à des applications pratiques (en espérant influencer des normes législatives ou jurisprudentielles). Les universitaires partent toujours de problématiques, c'est-à-dire de questions qu'ils se posent dans un contexte historique et géographique qui est le leur (*hic et nunc*), même quand ils traitent des normes du passé, de celles d'un droit étranger ou du droit international. Il y a toujours un « point de vue » situé du sujet qui étudie et détermine son objet pour exprimer son opinion à travers une argumentation (mobilisant des techniques identiques ou comparables à celles utilisées par les juges).

L'objectivité universitaire tient, d'abord, à éviter les erreurs « matérielles » consistant à rapporter des faits historiques inexacts, à transformer les mots et formulations contenus dans les énoncés normatifs ou à prêter à quelqu'un des opinions qui ne sont pas les siennes. Si l'universitaire n'avait pas connaissance de son erreur et était de bonne foi, il ne peut lui être tenu rigueur de ces erreurs, sauf à perdre en crédibilité auprès de ses lecteurs (*errare humanum est... sed perseverare diabolicum*, l'éthique universitaire consiste donc à reconnaître et corriger ses erreurs une fois qu'on a l'information). Si l'erreur est faite de mauvaise foi, en pleine connaissance de cause, il s'agit d'un mensonge qui devrait entraîner une réprobation morale et, en cas d'atteinte aux droits d'autrui (diffamation ou injure, provocation à la haine raciale et négationnisme punis par la loi de 1881 sur la presse), une répression de caractère pénal.

S'agissant des arguments eux-mêmes et des idées qui sont développées, l'objectivité alliée à la tolérance d'après le décret de 1984 conduit à tenir compte des divers points de vue (l'adage judiciaire *audi alteram partem* concerne aussi les travaux universitaires) et à distinguer l'exposé non biaisé des arguments ou thèses en présence de la présentation d'un éventuel point de vue personnel. Les styles peuvent varier en fonction des objectifs : l'expression d'une opinion doctrinale (qui peut déboucher, au moins indirectement, sur une « prescription ») et la présentation d'une analyse historique, comparative ou théorique dépourvue de jugements de valeur diffèrent assez (ou devraient différer par une identification claire de la méthode et du point de vue de l'auteur) pour donner lieu à des rhétoriques diverses. La controverse fait partie des cultures juridiques, elle est même au cœur des processus de nature judiciaire et des « débats » doctrinaux ou théoriques. Elle peut être vive, personnalisée, tout en respectant celles et ceux ne partageant pas les mêmes opinions. De même que l'on apprend aux étudiants à ne pas juger péremptoirement des maîtres du passé (en évitant les formules du type « Grotius a bien fait de proposer telle définition » ou « Hobbes a malheureusement fourni des arguments aux régimes totalitaires »), l'on doit en tant qu'universitaire conserver une attitude polie à l'égard de ses collègues.

Le respect des opinions d'autrui conduit à condamner le plagiat dans les travaux universitaires. Comme le disent des « chartes anti-plagiat », de plus en fréquentes dans les universités françaises et étrangères pour remédier aux abus du « copier-coller » multipliés par l'usage d'Internet, le plagiat consiste à reproduire un texte (quelles qu'en soient la longueur et la nature) ou l'idée originale d'un auteur, sans lui en reconnaître la paternité par l'usage de guillemets et d'une référence bibliographie appropriée. Un mode de citations aussi précis et exact que possible est ainsi au cœur de tous les styles universitaires aujourd'hui. Le plagiat est une forme de fraude aux examens (cela concerne aussi bien la thèse de doctorat que les divers mémoires de recherche prévus dans les masters), une tromperie à l'égard des éditeurs et lecteurs d'ouvrages et de revues. Pénalement, le plagiat est un type de « contrefaçon », délit sanctionné d'emprisonnement et d'amende en vertu de l'article L. 335-2 du Code de la propriété intellectuelle.

Les universitaires sont aujourd'hui de plus en plus attentifs au respect de ces règles, qu'elles aient un caractère légal (et *a fortiori* pénal) ou qu'elles résultent de conventions. Les éditeurs et les revues ont développé (paradoxalement plus tardivement et plus timidement dans le domaine juridique que pour d'autres disciplines) des procédures d'évaluation par les pairs (*peer review* de préférence anonyme, c'est-à-dire sans connaissance du nom ou de la position de l'auteur pour ne pas ouvrir la porte à des influences indues) et de correction (avec l'accord de l'auteur) des erreurs matérielles ou des lacunes dans les références. Les universités utilisent des logiciels « anti-plagiats » pour repérer les pourcentages excessifs d'emprunts à des textes circulant sur la toile. Dans quelques cas, plus rares, le plagiat donne lieu à des procédures de caractère disciplinaire, voire à des actions pénales. En 2007, la section 02 (droit public) du Conseil national des universitaires a retiré la qualification aux fonctions de maître de conférences qu'il avait accordée en 2006 à l'auteure d'une thèse qui plagiait le travail d'une autre titulaire du doctorat sur le même sujet. Le Conseil d'État, dans un arrêt du 23 février 2009, a validé ce retrait, considérant que deux thèses portant sur le même sujet (ce qui, bien sûr, n'est pas interdit) pouvaient, en s'appuyant sur les mêmes éléments de droit positif, recourir à des formulations voisines, mais que le fait pour la seconde thèse de reprendre la même structure, le même ordre et les mêmes termes dans plusieurs paragraphes que la première thèse sans citer son auteur constituait une fraude. Les universitaires en droit se doivent d'être attentifs, comme les y invite le site de l'Université de Genève[1], au plagiat et à concilier liberté d'expression avec respect des droits d'autrui.

1. http://responsable.unige.ch/index.php

SÉQUENCE 10

Les pratiques des non-juristes et les représentations du droit

L'expression « non-juristes » qualifie, par défaut si l'on peut dire, toutes les personnes qui ne sont pas des professionnels du droit. S'ils ne participent pas directement, en fonction de leur métier, au fonctionnement des institutions judiciaires, à la production de lois, de règlements ou de jugements ou à l'enseignement des normes juridiques, tous ces « profanes » font du droit dans la mesure où ils/elles accomplissent des actes qui sont qualifiés de juridiques et ont des effets de droit. Chacun de nous, y compris les juristes en dehors de leur activité professionnelle, achète quotidiennement des biens et des services, passe régulièrement différents types de contrats, peut éventuellement agir en justice ou être impliqué dans une affaire judiciaire (par exemple, comme victime d'un vol). Certains d'entre nous peuvent être jurés ou médiateurs au cours de leur vie, d'autres sont amenés à utiliser le droit de manière plus ou moins régulière dans leur activité professionnelle, dans leur vie familiale ou dans le cadre d'associations de toute nature.

Ce qu'on appelle les « actes de la pratique » joue ainsi un rôle non négligeable dans la vie du droit (I), de même que les comportements des justiciables (II) ont une influence sur les contentieux et la jurisprudence. Ces conduites humaines, donnant lieu à l'application de normes générales et à la création de normes individuelles par des particuliers, sont inséparables des représentations et des idées que nous nous faisons sur le droit et sur la justice à un moment et dans un lieu donnés (III). Associées traditionnellement dans nos imaginaires collectifs, les conceptions du droit et de la justice appartiennent au monde des phénomènes moraux (au sens le plus large de cette notion concernant les normes auxquelles nous nous sentons liés par l'esprit) que la sociologie étudie et dont les sciences juridiques doivent tenir compte. Le juriste doit avoir conscience de toutes ces attitudes et de toutes ces pensées autour du droit même quand elles ne sont pas elles-mêmes des normes du droit positif.

I ▪ Les actes de la pratique

La dogmatique juridique et la théorie du droit ont pris l'habitude, depuis le XIXe siècle, de distinguer les faits juridiques et les actes juridiques. Les faits sont des comportements, souvent liés à des phénomènes physiques (actions ou omissions), auxquelles les normes de droit positif attachent des conséquences ou des effets de caractère juridique : un accident de la circulation, lui-même causé par le comportement d'un automobiliste et créateur de dommages dans la personne de la victime, va être qualifié par le droit (en l'occurrence la loi du 5 juillet 1985) d'« accident de la circulation » et obéir à un régime légal d'indemnisation. Des phénomènes comme une naissance ou un décès sont aussi des faits juridiques. Les actes juridiques sont des comportements portés par une ou plusieurs volontés qui se présentent sous la forme de l'édiction d'une parole (orale ou écrite) dotée d'effets de droit. Le ou les auteur(s) d'un acte juridique modifient ou complètent l'ordre juridique en pouvant créer, par ce qu'on appelle un usage « performatif » du langage, une norme juridique individuelle liant une ou plusieurs personnes. On ne traitera ici que des actes juridiques des particuliers n'ayant pas reçu une compétence pour établir des normes s'imposant à autrui. On ne reviendra pas ainsi sur les lois (v. Séquence 1) ou les jugements (v. Séquence 2), pas plus que sur les actes administratifs (v. Séquence 3). Les actes juridiques des particuliers relèvent de la possibilité que leur confère le droit objectif de s'engager par des contrats ou par des actes unilatéraux. Certains de ses actes ont un caractère routinier et les pratiques individuelles auxquelles ils donnent lieu ont un effet limité sur le droit positif. D'autres pratiques, davantage liées à un exercice et à un milieu professionnel, sont à l'origine de régularités et leur portée normative peut être plus importante.

A ▪ Les pratiques routinières

Les actes de la pratique les plus courants sont des contrats : achat/vente, location, prêt, mandat, association, voire société (beaucoup d'entre nous sommes membres d'une ou plusieurs associations et l'actionnariat « populaire » s'est beaucoup répandu parmi les épargnants). Ils prennent des formes très variées : achats contractés par oral et donnant lieu à une délivrance immédiate de la chose vendue (le pain que nous achetons, la plupart du temps, en payant en liquide et sans ticket ou facture), contrats avec un commencement de preuve par écrit (sans signature, le ticket de caisse d'un supermarché par exemple), actes sous seing privé qu'ils se présentent comme des formulaires proposés aux consommateurs par les professionnels (les contrats d'adhésion, mais aussi les contrats de travail, les contrats d'édition) ou comme des contrats dont les clauses ont été véritablement négociées, actes notariés (obligatoires pour les actes solennels, comme une vente d'immeuble, un contrat de mariage, une constitution d'hypothèque ou choisis pour obtenir la garantie de l'authenticité et de l'exécution parée). Il faut ajouter aux contrats à titre onéreux, les donations qui se subdivisent elles-mêmes en actes notariés (pour les immeubles), actes sous seing privé et « dons manuels » (transmission de liquide ou de cadeau de la main à la main qui reposent sur la règle « en matière de meubles possession vaut titre »). Il existe aussi des actes de la pratique unilatéraux qui engagent leurs auteurs ou ont du moins des effets de droit : offres de contracter, déclarations de résiliation d'un contrat, reconnaissances d'enfants nés hors mariage, testaments (qui prennent effet à la mort du testateur, si sa volonté n'a pas changé en remplaçant un ancien testament par un plus récent).

Tous ces actes de la pratique font partie de la routine du commerce juridique, qu'il s'agisse de rapports entre consommateurs et professionnels, ou entre parties qui sont toutes des professionnels ou des non-professionnels. Ce sont des actes non contentieux qui se distinguent aussi des lois, des règlements ou des actes administratifs dans la mesure où ils sont le fait de personnes qui ne sont pas des autorités habilitées à créer des normes s'imposant à d'autres ne les ayant pas consenties. Les contrats n'ont d'effet qu'entre les parties (C. civ., art. *1199*, avec des exceptions prévues par la loi, comme la stipulation pour autrui de l'art. *1205* qui est à la base, par exemple, de l'assurance pour la vie qui profite à un bénéficiaire au départ extérieur au contrat). En même temps, l'analyse des intérêts juridiquement protégés (qui rejette l'idée de droits subjectifs innés permettant aux particuliers de créer du droit en vertu d'une pure autonomie de la volonté, v. Séquence 6) amène à considérer que les contractants, comme les auteurs d'actes unilatéraux, agissent parce qu'ils ont été autorisés à le faire par le droit objectif. Le caractère obligatoire des contrats est fondé sur la disposition législative de l'art. *1103* du Code civil : si les contrats font « la loi des parties », c'est seulement à condition qu'ils aient été conclus « légalement » par des personnes « capables ». Les contractants sont donc habilités par la loi et rendus compétents (à l'instar d'une autorité administrative pour prendre certaines décisions administratives) pour créer une norme individuelle qui s'impose à eux et uniquement à eux (c'est en cela qu'elle est individuelle et non générale). Comme l'avait pensé Kelsen, les contractants sont comme des agents ou des « fonctionnaires » de l'ordre juridique, même si on ne les considère pas comme des organes de l'État[1].

Le caractère routinier de ces actes de la pratique, le fait qu'ils se ressemblent et n'innovent pas (en respectant les règles d'ordre public et en suivant le plus souvent, par le silence des parties, les règles supplétives de volonté et les modèles fournis par le Code civil) limite leur portée dans le fonctionnement, et plus encore dans le changement, de l'ordre juridique. Il ne faut pourtant pas négliger leur rôle. En « déclenchant » l'application du droit,

1. Hans Kelsen, *Théorie générale du droit et de l'État*, trad. fr. B. Laroche et V. Faure, Paris, LGDJ-Bruylant, 1997, p. 246.

en suscitant dans certains cas des litiges, ces actes de la pratique mettent les règles du droit en action. L'on peut considérer que les règles quotidiennement appliquées sont consolidées et relativement intégrées dans la conscience des acteurs : chacun sait ce qu'est une vente de meubles et les acquéreurs d'immeubles comme les locataires se renseignent sur les règles applicables à ces contrats. À l'inverse le faible emploi de contrats prévus par la loi (comme la constitution de rente ou plus récemment certains modes d'accession à la propriété partagée des immeubles) peut être un facteur de désuétude ou d'essai raté pour des règles qui ne suscitent ni contentieux ni jurisprudence. Dans les cas les plus limites la pratique innove et peut inciter le législateur ou les tribunaux à prendre en compte de nouveaux contrats. La pratique des contrats d'assurance a précédé en France la loi de 1930 qui a repris un certain nombre de clauses développées dans des actes standardisés par les compagnies d'assurances[1]. Les actes de la pratique sont, dans ce cas, un facteur d'inspiration des énoncés normatifs du législateur ou de la jurisprudence.

B ▪ Les pratiques normatives

Ce mécanisme de transformation de pratiques innovantes et répétées en normes sociales, et éventuellement en normes juridiques, est encore plus à l'œuvre dans les contrats (impliquant souvent des transactions d'un montant élevé) passés entre professionnels ou entre des entreprises et des États. Depuis plusieurs décennies, le développement du commerce international donne lieu au montage (réalisé par des juristes spécialisés) de contrats de ventes internationales de marchandises ou de services, de transport maritime ou aérien, d'installation d'usines ou de concessions de puits de pétrole. Ces contrats sont souvent destinés à créer des relations durables sur plusieurs années et à donner naissance, à partir d'une convention-cadre, à une multiplicité de contrats secondaires pour distribuer un produit (par exemple à des revendeurs au détail ou en demi-gros). S'appuyant sur la liberté de contracter dans les lieux de formation et d'exécution du contrat (qui peuvent être différents), les contractants choisissent souvent de ne pas prendre modèle sur une législation nationale, mais de soumettre leur contrat à une loi « étrangère » (qui serait « neutre » pour les différentes parties) ou de constituer, par des clauses sophistiquées (notamment en matière de révision, tenant compte du changement de circonstances et du risque de dureté ou *hardship* pour l'un des contractants, ou de détermination forfaitaire des dommages-intérêts en cas de non-exécution par l'une des parties de ses engagements), une « loi du contrat » *sui generis* qui soit vraiment propre aux acteurs économiques

1. Philippe Jestaz, *Les sources du droit*, Paris, Dalloz, coll. « Connaissance du droit », 2e éd., 2015, p. 127.

concernés. Ces pratiques sont elles-mêmes connues et imitées dans un milieu professionnel donné, par exemple, celui des armateurs pour les contrats d'affrètement. Elles peuvent devenir, en liaison avec des exigences en matière de compatibilité, de management ou de qualité des produits, des « normes » au sens où l'on parle - avec en France l'AFNOR (Association française de normalisation) et au niveau international l'ISO (*International Organization for Standardization*) depuis 1947 - de spécification technique reconnue et diffusée comme un standard tendant à devenir obligatoire[1].

Dans les années 1960, des spécialistes de droit international privé (Berthold Goldman, Philippe Kahn, Clive Schmitthoff) ont parlé de *lex mercatoria*, en référence historique à une tradition attribuant des règles de droit propres aux marchands au Moyen Âge, pour ce qu'ils considéraient comme un nouvel ordre juridique, de caractère transnational réunissant toutes les règles contractuelles qui seraient tirées de ces contrats, des codifications « privées » auxquelles ils peuvent donner lieu et des arbitrages très nombreux (le recours à l'arbitrage étant une clause de style dans ces contrats) qui ont sanctionné des règles apparemment en dehors de tout rattachement à un ordre juridique national. Les adversaires de cette théorie ont fait valoir que les contrats internationaux avaient bien des points de contact avec un ou plusieurs ordres juridiques nationaux, qu'il s'agisse de la loi de la formation du contrat (même si cette loi était peu formaliste, elle fournissait le fondement de la liberté contractuelle rendant possible le contrat) ou de celle de l'exécution d'une éventuelle sentence d'arbitrale avec les règles relatives à l'*exequatur* (la reconnaissance par le juge national de l'autorité de la sentence arbitrale qui permet l'usage des voies d'exécution). Tandis que certains parlaient de *soft law* (par opposition aux lois positives classiques considérées comme « rigides ») en englobant aussi le rôle des modèles de règles contractuelles (comme les principes UNIDROIT des contrats du commerce international qui ont connu trois éditions en 1994, 2004 et 2010), d'autres remarquaient que la prétendue *lex mercatoria* n'avait jamais existé au Moyen Âge et que les règles mobilisées dans les contrats internationaux n'étaient pas fondamentalement originales (elles empruntent des techniques et des solutions à divers droits nationaux ou à des traités comme la convention de Vienne de 1980 sur la vente internationale de marchandises).

Cette controverse théorique entre spécialistes des « conflits de lois » s'applique à des réalités incontestables : une pratique contractuelle « normée » des grandes entreprises, la plupart du temps admise par les États qui contractent eux aussi des accords d'exploitation de ce type et acceptent des clauses d'arbitrage, ainsi que des arbitrages internationaux qui obtiennent presque toujours l'*exequatur*. D'un point de vue théorique, on peut toutefois considérer que les contractants privés font usage, comme les contractants

1. V. *Situation 2*.

ordinaires, d'une liberté qui leur a été concédée par les ordres juridiques nationaux de créer des normes juridiques individuelles (qui lient les parties au contrat). Par l'arbitrage et par les décisions des juridictions nationales, ces normes peuvent devenir générales selon un processus qui s'apparente à celui de la transformation d'une coutume ou d'un usage professionnel en une règle reconnue par les juges et/ou les législateurs (v. Séquences 1 et 2). Ces pratiques peuvent être alors qualifiées de normatives, donnant naissance à des normes générales du droit positif, comme Max Weber l'avait envisagé pour expliquer la transformation d'accords rationnels et standardisés en précédents ou en droit coutumier[1].

II ■ Les comportements des justiciables

Le recours à l'arbitrage, comme aux autres « modes alternatifs de règlement des conflits »[2], montre que les comportements des plaideurs, qui sont en majorité des non-juristes, sont importants pour comprendre le fonctionnement de la justice et la mise en œuvre des règles relatives aux actions judiciaires (v. Séquence 6). Fondée sur les statistiques et l'étude des flux contentieux, la sociologie judiciaire éclaire les développements quantitatifs, mais aussi qualitatifs (par exemple, en matière de délais de procédure qui sont eux-mêmes soumis à des règles de droit national ou international, la plus célèbre étant aujourd'hui le « délai raisonnable » de l'art. 6 Conv. EDH), de l'activité des juridictions civiles, commerciales, administratives ou du travail. Faisant le lien entre la réflexion criminologique et le droit, la sociologie du « champ pénal » suscite toute une série de questions sur la délinquance, ses évolutions, les réactions de la société envers les comportements illégaux qui intéressent les juristes, comme ils suscitent des mouvements collectifs de conscience dans l'ensemble de la population.

A ■ Le recours à l'action judiciaire

Toutes les procédures qui supposent une action ou une demande introduite par une personne physique ou morale - en matière civile, commerciale, administrative ou du travail - sont soumises à des obstacles, plus ou moins visibles, qui posent la question de l'utilité d'intenter un procès. En partant du modèle de l'*homo œconomicus*, un individu rationnel qui pèse ses décisions en termes de profits et de pertes sur lui-même, les économistes du droit (dans le cadre

1. Max Weber, *Sociologie du droit*, trad. Fr. J. Grosclaude, Paris, PUF, 1986, p. 123.
2. V. *Situation 1*.

de ce qu'on appelle le mouvement *Law and Economics* né aux États-Unis il y a plus d'un demi-siècle), ont montré que selon les cas les personnes concernées ont intérêt ou non à aller en justice[1]. Un procès génère des coûts et dans de nombreuses situations, il est possible (du moins pour un particulier ou une entreprise dotée de capitaux) d'éviter ces dépenses et le risque de la perte du procès par une transaction ou une autre opération juridique. Ainsi les compagnies de chemin de fer américaines avaient trouvé plus avantageux, dès le XIXe siècle, d'acheter les bandes de terrain autour des voies ferrées plutôt qu'avoir à supporter des procès en dommages-intérêts (par exemple pour les incendies provoqués par des étincelles émanant des locomotives) contre les riverains. Les États-Unis offrent, depuis plusieurs années, l'exemple saisissant et unique par ses dimensions, d'une diminution considérable du nombre des procès qui aboutissent à une décision judiciaire, de plus en plus de parties préférant transiger en cours de procédure[2]. Pour des petits litiges, les personnes qui s'estiment être « dans leur droit » renoncent assez souvent à agir, par crainte de perdre du temps et de l'argent par rapport à ce qu'elles pourraient gagner en triomphant de leur adversaire. À la « fiscalité judiciaire », qui a été longtemps très lourde sous forme de différentes taxes (timbre et enregistrement jusqu'à des lois de 1892 et 1977) prélevées sur les actes, s'ajoutent les frais de procédure proprement dits (assignation par huissier, honoraires d'avocats) et, en cas de perte du procès, une éventuelle condamnation aux dépens (sachant que la partie perdante prend en charge les frais « répétibles », c'est-à-dire indispensables et payés par le gagnant, mais non les frais dits « irrépétibles »).

Une telle situation, dans laquelle de « petits illégalismes » sont tolérés, surtout quand ils émanent des plus puissants, est d'ailleurs à l'origine de toute une réflexion entamée à partir du XIXe siècle pour rééquilibrer les rapports (qu'ils soient non contentieux ou contentieux) entre d'éventuels demandeurs, faiblement pourvus en moyens financiers, et des défendeurs qui ont moins à craindre pour leurs finances d'une action individuelle et de sa prolongation. L'assistance judiciaire est apparue en France, plus tôt que dans beaucoup d'autres pays, avec une loi de 1851 créant une procédure destinée aux indigents leur permettant, à la suite de l'examen du caractère sérieux de leur demande, de bénéficier des services gratuits d'un avoué et d'un avocat. C'est seulement à partir de 1972 que cette assistance, réservée aux seuls indigents et reposant sur une charité paternaliste (les professionnels commis d'office n'étant pas indemnisés) a été remplacée par une *aide judiciaire*, maintenant divisée en *aide juridictionnelle* proprement dite et *aide à l'accès au droit* (en matière d'information générale des personnes sur leurs droits et obligations, de consultation et de rédaction d'actes juridiques). En fonction d'un barème

1. V. *Situation 3*.
2. Kevin M. Clermont, « Litigation Realities Redux », *Notre Dame Law Review* 2009, 84, p. 1919-1952.

lié, sauf pour certaines situations, à un plafond de ressources, la demande d'aide juridictionnelle est adressée à un bureau auprès d'un tribunal judiciaire et, si elle est accordée, l'État prend en charge une rémunération de l'avocat calculée sur la base d'unités de valeur (d'une demi-heure) ou de sommes forfaitaires (par exemple, pour l'assistance au cours d'une garde à vue). Concernant aujourd'hui plus de 900 000 personnes (environ deux tiers en matière civile et administrative, un tiers en matière pénale, avec de fortes inégalités locales) et représentant une part considérable du budget du ministère de la Justice, l'aide judiciaire est un sujet de tensions entre les gouvernements, soucieux de faire des économies, et les barreaux inquiets du faible montant des rémunérations versées aux avocats (alors que les jeunes professionnels en ont particulièrement besoin).

Les actions intentées, au civil (quand elles ont intérêt à agir) comme au pénal (quand elles sont autorisées par la loi à se porter partie civile) par les personnes morales, syndicats ou associations, sont aussi un moyen de liguer les intérêts de plaideurs plus faibles (comme des salariés ou des consommateurs) contre des adversaires plus fortunés. Nées aux États-Unis peu avant la Seconde Guerre mondiale, les *class actions* permettent, avec l'autorisation du juge, à un avocat de solliciter (en leur promettant la gratuité de ses services en cas de perte du procès, en échange d'un honoraire proportionnel aux sommes reçues par les plaideurs en cas de gain du procès) toutes les parties qui ont eu à souffrir de dommages provoqués par les mêmes faits (par exemple, par un aliment avarié ou un produit défectueux). Alors que ces actions ont été outre-Atlantique un élément moteur dans la protection des consommateurs et des petits actionnaires, leur introduction en France s'est longtemps heurtée à des oppositions, venues notamment du patronat. La « loi Hamon » du 17 mars 2014 a autorisé des « actions de groupe » par les associations de consommateurs agréées auxquelles peuvent se rallier des victimes qui se répartissent l'indemnisation obtenue. Sur le terrain des droits de l'homme ou du droit de l'environnement, les actions d'associations militantes et les stratégies offensives d'avocats (parfois organisés en « collectifs de défense ») ont été aussi en mesure de faire de l'« arène judiciaire » un lieu de « lutte pour le droit » selon l'expression de Jhering[1]. Ces formes de mobilisation ont joué un rôle incontestable pour faire surgir de l'ombre les revendications de minorités ou de groupes dominés que les perspectives habituelles des juristes ignoraient ou sous-estimaient. Même le droit international, avec un contentieux traditionnellement réservé aux États, a été transformé par des actions portées par des individus devant des juridictions supranationales (comme la Conv. EDH) ou nationales.

Il faut tenir compte de l'ensemble de ces facteurs pour apprécier les « taux de litigiosité », c'est-à-dire le nombre de procès (à la demande des parties, en

1. Liora Israël, *L'arme du droit*, Paris, Presses de la Fondation Nationale des Sciences Politiques, 2009.

matière civile, commerciale et administrative) par rapport à la population qui varient grandement d'un pays à l'autre (ils sont plus faibles au Japon qu'en France) et d'une région à l'autre. La mesure des taux d'appel (aujourd'hui autour de 20 % contre les jugements des TGI, mais seulement 13 % pour les décisions des tribunaux de commerce et 67 % pour les conseils de prud'hommes, les employeurs pouvant plus facilement supporter les coûts d'un appel) et de cassation, comme du nombre de décisions infirmées en appel ou annulées en cassation (plus d'un tiers des pourvois en matière civile) est également instructive sur les flux contentieux, le fonctionnement dans le temps des juridictions et la gestion de leurs arriérés. L'appareil judiciaire est le plus souvent « réactif » à une demande sociale, celle des plaideurs, même s'il peut être aussi « proactif » quand les juges prennent l'initiative d'une nouvelle approche des litiges.

B ▪ L'évaluation de la délinquance

Les études sociologiques et criminologiques sur la délinquance rappellent l'importance de la matière pénale que la spécialisation des études réduit à un petit nombre d'enseignements, accréditant l'idée qu'une grande partie de l'activité des juristes n'est pas concernée par la commission et la répression des infractions. Le système des peines reste un élément fondamental de la contrainte juridique et le fonctionnement de la justice pénale un sujet de débats, voire de polémiques, constamment renouvelés. C'est aussi un domaine où est apparu précocement, au début du XIXe siècle, le besoin d'un appareil statistique pour mesurer des phénomènes et éclairer le législateur sur l'orientation des politiques pénales. En France, la parution à partir de 1827 du *Compte général de l'administration de la justice criminelle* a été un instrument majeur pour la naissance d'une sociologie criminelle tenant compte de l'évolution du nombre des infractions réprimées en fonction des juridictions (et donc des territoires), de l'âge et du sexe des condamnés comme de la part prise par les différents types de délinquance. Il a pu être constaté ainsi que le nombre des homicides avait tendance à décroître au cours du XIXe siècle, alors que plus d'attention était portée aux phénomènes de la délinquance juvénile ou de la récidive.

Après le déclin de la statistique judiciaire pendant l'entre-deux-guerres et la disparition du *Compte général* en 1981, les statistiques policières ont pris le relais comme principal instrument de la mesure gouvernementale de la délinquance. Ces statistiques s'appuient sur l'évolution du nombre d'infractions ayant donné lieu à des plaintes et à des enquêtes de police. Elles servent à établir, dans les publications du Ministère de la Justice (*Les Chiffres-Clés de la Justice* paraissent chaque année donnant des statistiques de l'avant-dernière année précédente), les taux dits de « réponse pénale ». Sur plus de 4 millions de procès-verbaux dressés par la police, seulement 1,3 million d'affaires sont « poursuivables », les autres étant mal caractérisées, abandonnées faute de preuve ou jamais élucidées. Sur les affaires poursuivables, ces statistiques distinguent les poursuites proprement dites (45 % des cas incluant les reconnaissances préalables de culpabilité ou « plaider coupable » introduit en 2004 dans le droit français), les compositions pénales (amende, travail non rémunéré ou stage proposé par le procureur de la République dans 5 % des affaires) et les « procédures alternatives aux poursuites » (38 % incluant la médiation pénale, l'éloignement de l'auteur de l'infraction pour les violences conjugales, le rappel à la loi). Ces calculs aboutissent ainsi à plus 88 % de « réponse pénale », faisant apparaître un petit nombre de poursuites sans suites. On voit bien, par cet exemple, comment l'outil statistique peut être utilisé pour justifier des politiques pénales (le développement depuis 1999 des alternatives aux poursuites) et rassurer l'opinion publique sur le fonctionnement de la justice pénale (alors que les trois quarts des procès-verbaux de police restent sans suite). Les statistiques policières ne permettent pas non plus d'avoir une vision de la délinquance fiscale, de celle relevée par l'administration douanière ou par l'inspection du travail.

Sociologues et criminologues ont mis en œuvre, spécialement depuis les années 1970, d'autres instruments pour tenter de mesurer la délinquance. Apparues aux États-Unis, les enquêtes de « victimation » reposent sur la sélection raisonnée d'une population large et représentative soumise à des questionnaires et entretiens destinés à saisir le plus grand nombre de victimes de faits délictueux. Ces enquêtes font apparaître des infractions qui ne sont pas dénoncées à la police et qui ne donnent pas lieu à un traitement judiciaire. Les divergences avec les statistiques policières (qui peuvent apparaître dans les deux sens de sous-estimation ou de surestimation de la « délinquance réelle » en fonction des catégories retenues) sont instructives, mais révèlent aussi les limites de cette approche. Ce que l'on a appelé le « chiffre noir » de la délinquance (la somme de toutes les infractions qui ont été commises et n'apparaissent pas dans les statistiques policières) apparaît aujourd'hui inatteignable par les spécialistes de la statistique pénale[1].

L'imperfection des outils statistiques ne doit pas conduire à abandonner toute recherche de ce type, bien au contraire. Non seulement, il faut croiser les statistiques entre elles (et tenter de les harmoniser, notamment dans l'espace européen) pour rendre utiles les comparaisons (il y a indubitablement des sociétés qui connaissent moins de délinquance que d'autres), mais il faut s'interroger, en termes de politique pénale et judiciaire comme dans des problématiques proprement juridiques, sur les évolutions propres à chaque infraction. L'étude de la peine de mort, là où elle est maintenue dans l'arsenal pénal, ne peut se priver de l'examen du nombre de condamnations et d'exécutions. Le phénomène qualifié d'« abolitionnisme de fait », correspondant selon les

1. Philippe Robert, Renée Zauberman, *Mesurer la délinquance*, Paris, Presses de la Fondation Nationale des Sciences Politiques, 2011.

critères des Nations unies à la situation des pays rétentionnistes dans lesquels aucune exécution capitale n'a eu lieu pendant les dix dernières années, mérite d'être pris en considération, même s'il n'est pas équivalent à une abolition de droit. Historiquement, le déclin des poursuites et des condamnations a précédé la décriminalisation de l'adultère ou des relations homosexuelles avec des mineurs de 15 à 18 ans consentants. Inversement c'est la poursuite des procès contre des femmes ayant eu recours à l'avortement qui a renforcé la mobilisation en faveur de la légalisation de l'IVG. Les études proprement criminologiques sur la récidive, le trafic de stupéfiants ou les agressions sexuelles sont également susceptibles d'éclairer les gouvernants et les juges, voire de modifier les perceptions de l'opinion publique. Celle-ci est, depuis plusieurs décennies, marquée par des préoccupations sécuritaires qui illustrent les décalages toujours possibles entre la délinquance « vécue » et la délinquance traitée par le droit pénal.

III ▪ Les représentations du droit et de la justice

Les sociologues du droit, depuis Durkheim et Weber, ont attiré l'attention sur les représentations et les attentes (ou expectations) que chacun d'entre nous pouvait avoir en matière de droit et de justice et qui sont susceptibles d'influer sur notre comportement. La règle « Nul n'est censé ignorer la loi » ne correspond bien évidemment pas à une réelle connaissance par les non-juristes, et même par les juristes, de l'ensemble des normes juridiques. C'est une présomption, quasiment irréfragable, destinée à écarter l'argument trop subjectif de l'ignorance du droit et à activer les processus de publicité et de mise en œuvre de la règle de droit. Toute personne dispose en fait d'un stock limité d'informations et d'idées sur le droit en vigueur en fonction de ce qui forme la « morale commune » (chacun sait que le meurtre est un crime), la « morale civique » ou la culture politique commune (l'on sait, même confusément, que seuls les juges peuvent ordonner un emprisonnement), ou les habitus professionnels (selon son métier, l'on connaît plus ou moins des règles propres à son secteur d'activité, les salariés connaissent un minimum de droit du travail, de même que les étrangers voulant entrer en France ont souvent des informations sur le droit des étrangers).

Il est parfois question de « cultures populaires » du droit à propos de ces représentations partagées du droit et de la justice. Il faut toutefois se montrer prudent sur cette expression en raison des difficultés considérables que rencontre l'observation scientifique pour cerner des phénomènes de conscience collective. Autant il apparaît possible de caractériser, à un moment donné, les cultures juridiques des professionnels du droit (v. Séquence 9), autant il est périlleux de proposer un tableau des représentations du droit chez les non-juristes. Celles-ci ont un caractère individuel très prononcé (en raison de l'éducation, du milieu social, des expériences professionnelles et familiales de chaque personne) et sont encore plus susceptibles d'évoluer rapidement à travers le temps que les cultures des juristes modelées par l'éducation juridique et encadrées par les déontologies propres aux diverses professions. Si l'on peut sans peine présumer qu'une partie de nos choix (par exemple, quand nous concluons un contrat, à titre de consommateur ou de professionnel) sont déterminés par ce que nous savons du droit (en achetant à crédit, nous nous renseignons sur les obligations du débiteur d'un emprunt), d'autres comportements humains (notamment quand ils ont un caractère délictueux) minimisent l'impact des considérations juridiques (la plupart des criminels ne pensent pas à la peine risquée quand ils accomplissent un crime). Plus modestement, l'on peut rendre (et tenir) compte des études sur l'imaginaire collectif du droit comme des idées sur le sentiment de justice.

A ▪ L'imaginaire collectif du droit

En France, comme dans la plupart des pays du monde, le droit n'est pas enseigné dans les écoles primaires et secondaires, comme il est peu présent dans les formations supérieures destinées à des non-juristes (ce qui ne veut pas dire qu'il soit absent, par exemple dans la formation des commerciaux, des ingénieurs et bien sûr des fonctionnaires). L'éducation, au sein de l'école et de la famille, est néanmoins porteuse d'informations juridiques à travers l'apprentissage des « règles de vie » dans la société (les écoles ont des règlements et des chartes désormais notifiées aux élèves comme à leurs parents), de l'instruction civique ou de l'histoire. C'est aussi et surtout par la lecture de journaux et de livres, par les contacts avec les médias audiovisuels, de plus en plus aujourd'hui à travers les informations diffusées sur des sites internet, que peut se former une « culture individuelle » du droit, comme de la politique, de l'économie, de la santé, de telle activité sportive ou individuelle. Les non-juristes sont, par définition, des autodidactes en droit, alors que les juristes portent assez peu d'attention (en dehors du contentieux, du conseil sollicité auprès d'avocats ou de notaires et de formes d'enseignements en dehors des « écoles de droit ») à la vulgarisation des connaissances juridiques. Il existe un écart notable entre les représentations des juristes (habitués à leur vocabulaire et enclins à dénoncer le mauvais usage qui en est fait en dehors d'eux) et celles des non-juristes, même si les uns et les autres peuvent partager des idées communes, souvent très vagues sur les parties du droit que l'on ne connaît pas.

La littérature a été le moyen le plus ancien de « parler du droit » et le révélateur des imaginaires collectifs en matière juridique. Un des aspects du courant d'études appelé « Droit et Littérature » (*Law and Literature* en référence aux origines britanniques et américaines de ce « mouvement » à partir de la fin du XIXe siècle) est d'avoir attiré l'attention sur les enseignements que les juristes et les historiens du droit peuvent tirer des témoignages de la littérature sur les représentations du droit[1]. L'on peut dire que des questions juridiques (ou pré-juridiques lorsque ces écrits ont été conçus dans des sociétés qui n'avaient pas encore inventé la technique du droit, v. Séquence 1) sont présentes chez Homère, chez les tragiques grecs (l'*Antigone* de Sophocle si souvent citée à propos du droit naturel), dans les œuvres de Platon et d'Aristote, dans celles des historiens ou poètes latins, comme dans la littérature classique de la Chine ancienne ou de l'Inde. Aux Temps modernes, une grande partie des œuvres théâtrales, de Shakespeare à Lessing en passant par Corneille et Racine, s'inspire de la problématique des procès et se relie à des connaissances juridiques parfois très précises. Le roman du XIXe siècle, particulièrement en France où la société était marquée par la codification napoléonienne, est imprégné de considérations touchant au droit et à ses effets sur les mentalités des bourgeois, des paysans et des classes populaires. La littérature naturaliste et les écrivains porteurs de revendications sociales ont été très attentifs aux injustices liées à des procès (*Crainquebille* d'Anatole France, *L'étranger* d'Albert Camus). Les romans policiers, les grands récits politiques et historiques, les œuvres de Kafka ou de Brecht ont pu forger, en fonction de nos lectures, des images fortes sur les crimes, les lois, les juges ou les avocats. Si ces images déforment, aux yeux des juristes, la technique juridique, elles font réfléchir sur le droit et peuvent, par leur caractère critique, « lever le voile » sur les usages politiques et sociaux des règles juridiques.

Les créations artistiques portent aussi des messages relatifs au droit et participent à notre imaginaire collectif. Dès l'Antiquité, les empereurs romains, comme les empereurs chinois ou d'autres souverains en Asie, érigeaient des monuments pouvant apparaître comme des formes de « propagande juridique » en faveur de leur pouvoir et de leur législation. Le mouvement de codification au XVIIIe et au XIXe siècle en Europe a été accompagné par un art officiel, notamment en France avec les multiples représentations de Napoléon en législateur. Dans l'Occident chrétien du Moyen Âge et des Temps modernes, l'art religieux a véhiculé des images de la Justice (le jugement de Salomon, la figure féminine et voilée de la Justice tenant la balance et le glaive, la crucifixion du Christ, l'exécution des martyrs comme les châtiments des criminels) qui ont participé à l'élaboration de conceptions largement partagées sur ce que nous appelons aujourd'hui le principe du contradictoire, l'égalité des armes ainsi que sur les fondements des peines. À l'époque contemporaine, les estampes et peintures consacrées aux exécutions capitales, aux tribunaux, aux prisons ont fait connaître des moments forts de la vie juridique qui n'étaient pas directement accessibles au grand public. La photographie, diffusée par la presse, et le cinéma (avec ses prolongements comme les reportages d'enquête télévisuelle) ont pris le relais pour nous « introduire » dans les commissariats de police, dans les cabinets des juges d'instruction et

1. V. *Situation 4*.

des avocats, dans les jurys d'assises, plus rarement dans les prisons, dans les lieux où se fabrique le droit (de quelles images disposent les Français non-juristes sur le Conseil d'État ou la Cour de cassation ?) ou dans le travail des enseignants-chercheurs (ce qui devrait rendre la doctrine modeste en matière de visibilité sociale). L'influence des images diffusées par les médias, et aujourd'hui par internet, est indéniable (on pense aux prévenus s'adressant au juge français en disant « Votre honneur » sous l'impact des séries américaines), elle reste néanmoins à l'état de perceptions assez vagues tant qu'elle n'est pas reliée à nos sentiments sur la justice et le droit.

B ▪ Le sentiment de justice et la compréhension du droit

Si l'on considère le droit comme une technique inventée à partir de l'Antiquité dans un nombre d'abord limité de sociétés, l'exercice de la justice, c'est-à-dire le recours en cas de litige entre deux personnes à l'autorité d'un tiers arbitre, est plus ancien que le recours à des règles juridiques, distinguées d'autres normes à caractère religieux, social ou moral. Dès l'Antiquité, cependant, les idées de « droit » et de « justice » ont été associées, avec pour première conséquence (aussi bien dans le droit chinois ancien, le droit juif que dans le droit romain) que les juges devaient trancher selon les lois. Une autre conséquence de cette association, enracinée dans d'anciennes traditions, est que les règles de droit ne doivent pas seulement servir à maintenir l'ordre et à réaliser des changements normatifs (ce qui a toujours été les objectifs des gouvernants recourant à la technique juridique), mais qu'elles ont aussi pour but d'établir un minimum de justice entre les hommes.

La théorisation de ce lien étroit entre justice et droit a pu survenir des siècles après la mise en place des premiers droits positifs : ni la loi des XII Tables, ni les premiers textes du droit chinois ne contiennent d'éléments sur cette aspiration à la justice ou sur un quelconque droit naturel. Cela est moins vrai pour le droit juif et pour les droits religieux en général qui reposent sur l'idée d'une volonté divine donnant des lois aux hommes pour qu'ils se comportent avec justice. La synthèse du droit romain opérée par les compilations de Justinien a placé au premier paragraphe du *Digeste* (D. 1, 1, 1, pr.) un extrait d'Ulpien qui prétend faire venir le nom du droit (*jus*) de la justice (*justitia*) et rappelle la définition du *jus* par Celse comme *ars boni et aequi* (l'art de ce qui est bon et équitable). Toute la tradition chrétienne du Moyen Âge considère que le juge doit décider selon les lois, en même temps qu'avec équité et dans la perspective de la Justice divine qui s'exprimera dans le Jugement dernier. Dans les textes du droit positif contemporain figurent encore des références à l'équité (à laquelle le juge est autorisé de recourir par la loi dans certains cas, de même que les « amiables compositeurs » auxquels les parties peuvent recourir par une convention pour arbitrer leur conflit, C. pr. civ., art. 1474) ou à l'intime conviction des juges et des jurés (par leur serment, les jurés s'engagent à se décider suivant leur conscience « avec l'impartialité et la fermeté qui conviennent à un homme probe et libre », C. pr. pén., art. 304).

D'un côté, il faut prendre garde à ne pas s'en laisser compter par les idéologies (très diverses et arrivant dans des cas concrets à des solutions opposées) qui ont voulu assimiler justice et droit, alors que bien des règles de droit ont été ou sont aujourd'hui sources d'injustices (ou au moins de violences légales) susceptibles de nous choquer. La démarche positiviste requiert une neutralité, fondée sur le non-cognitivisme des valeurs, qui rejette l'idée d'un droit naturel comme toute opposition entre un « bon » droit et un « mauvais » droit. D'un autre côté, l'étude et la compréhension des phénomènes juridiques ne peuvent faire l'impasse sur le « sentiment de justice » et son impact sur les représentations du droit.

Dès l'enfance, chacun d'entre nous a été instruit, dans sa famille et à l'école, de ce qui est considéré comme « juste » ou « injuste ». Nous faisons comme si tout ce qui est interdit par le droit était injuste, tout en sachant que des injustices à nos yeux, par exemple des préférences trop marquées des parents pour tel enfant ou des punitions scolaires qui tombent sur un élève innocent, sont tolérées par le droit. Parvenus à la maturité, nous sommes souvent portés, notamment dans les débats politiques, à considérer telle loi comme juste ou injuste. Aussi profond et personnel qu'il soit, ce sentiment de justice a aussi une histoire et ne s'applique pas à toutes les situations appréhendées par les règles juridiques. Si la justice signifie depuis longtemps un traitement égal des personnes, les conceptions de l'égalité ont varié de l'Ancien Régime à la Révolution de 1789, de l'égalité des droits du XIXe siècle à l'égalité des chances au XXe siècle. L'inégalité entre hommes et femmes qui ne choquait guère pendant des siècles, heurte aujourd'hui le sentiment de justice dans beaucoup de sociétés. Par ailleurs, il n'y a ni une justification univoque en termes de justice, ni une norme morale et culturelle derrière chaque règle de droit. Beaucoup de normes juridiques sont contingentes et arbitraires dans la mesure où elles sont indifférentes en termes de justice. La norme ordonnant aux automobilistes de rouler à droite en France, ou à gauche au Royaume-Uni, n'a rien à voir avec la justice.

Le sentiment de justice est aussi au cœur de toutes les théories qui se sont développées dans l'histoire sur le droit, qu'elles émanent de juristes ou de non-juristes, notamment des philosophes. Toute la controverse entre juspositivistes et jusnaturalistes repose sur la conviction des premiers que l'étude du droit se limite à l'analyse des normes en vigueur et sur la croyance des seconds dans un Droit juste qui pourrait être objet de connaissance. L'auteur de cet ouvrage n'a pas caché ses opinions positivistes comme son choix pour un point de vue « modérément externe » sur l'activité des juristes. Une telle perspective amène aussi à reconnaître que les théories positivistes ne peuvent expliquer pourquoi nous obéissons au droit et que la science du droit doit s'intéresser aux différentes expressions du sentiment de justice[1].

1. V. *Situation 5*.

SÉQUENCE 10

Les pratiques des non-juristes et les représentations du droit

SITUATION 1

Les modes alternatifs de règlement des conflits, une justice privée ?

Sous le nom de « modes alternatifs de règlement des conflits » (MARC ou MARL quand on remplace le terme très englobant de « conflits » par celui plus précis de « litiges »), l'on désigne toute une série de processus par lesquels des personnes, physiques ou morales, s'efforcent de mettre fin à une contestation entre elles d'une autre manière que par la voie judiciaire « normale ». L'idée de regrouper ces « modes alternatifs », et de les distinguer des diverses procédures mises en œuvre par la justice « officielle », en général étatique, est née aux États-Unis où l'on parle, à partir des années 1980, d'*Alternative Dispute Resolution* (ADR) pour mettre en valeur le développement de l'arbitrage (qui avait donné lieu à des lois dans plusieurs États fédérés à partir de l'entre-deux-guerres) et des différentes formes de médiation ou de négociation entre les parties, incluant par exemple (ce qui n'est pas le cas dans un point de vue européen) les transactions en cas de divorce qui passent par les avocats des deux conjoints en voie de séparation. Le point commun de ces différents « modes alternatifs » est que des particuliers, pourtant en conflit sur une question de droit, se mettent d'accord pour instaurer « contractuellement » un processus amiable ou convenu de règlement de leur litige. Il y a là un ensemble de phénomènes qui relèvent l'action indépendante des personnes (qui ne sont pas investies d'une autorité particulière et sont en général des non-juristes, même si elles sont très souvent conseillées par des juristes et recourent fréquemment à des juristes comme médiateurs, conciliateurs ou arbitres) pour instituer, au cas par cas, une procédure de règlement qui leur convient. On pourrait dire que ces particuliers créent un « droit processuel » propre, ce qui pose les questions de leur marge de manœuvre et de la portée de leur choix.

Si l'expression « modes alternatifs de règlement des conflits » est récente, les réalités de ces « arrangements » privés entre parties opposées dans un litige juridique sont très anciennes, à tel point que les historiens débattent toujours pour savoir si la justice publique a précédé la justice privée ou si c'est l'inverse. En matière pénale, par exemple, la justice royale a mis beaucoup de temps au Moyen Âge pour faire reculer la vengeance privée ou les transactions (sous forme de compensation payée à la victime ou à sa famille) qui faisaient échapper un grand nombre d'affaires criminelles, par exemple de meurtre, aux juges compétents jusqu'au XVe siècle. Tout au long de l'Ancien Régime, ce qu'on appelle « l'infra-justice » a joué un rôle important dans le règlement de petits litiges au civil et au pénal. Il faut avoir présent à l'esprit que l'usage des transactions n'était pas toujours synonyme d'autonomie et d'égalité des parties, loin s'en faut. Dans des rapports sociaux très hiérarchisés, il était souvent impossible à une victime « faible » (une femme violée, une domestique que son maître avait mise enceinte) de refuser la compensation, même dérisoire, que lui « proposait » la partie forte.

La croyance dans une justice « pacifique », reposant sur des conventions passées entre égaux, a influencé le droit de la Révolution française qui a encouragé l'arbitrage, instauré un préalable de conciliation devant les juges de paix (avant de pouvoir saisir les tribunaux civils) et mis en place pendant un temps des « tribunaux de famille ». Ces derniers relevaient, comme d'autres lois destinées à régler des conflits sur les biens communaux, de l'arbitrage obligatoire, auquel les parties ne pouvaient pas se soustraire et qui aboutit dans certains cas à des solutions manifestement déséquilibrées. À partir de la codification napoléonienne, le droit français a paru moins favorable à ces processus de conciliation et d'arbitrage, tout en maintenant le rôle des juges de paix dans la tentative préalable de conciliation avant l'assignation devant le tribunal civil (jusqu'en 1949) ou dans la recherche d'une conciliation pour les litiges de leur compétence (« petite conciliation » qui continue à être pratiquée par les juges d'instance). Avec la mise en vigueur du *nouveau Code de procédure civile* en 1976 s'amorce, au contraire, un mouvement en faveur du développement des modes alternatifs, dont beaucoup sont désormais intégrés au fonctionnement de la justice civile. La « médiation pénale », en revanche, dépend exclusivement d'une décision du ministère public.

Les modes alternatifs de règlement des conflits ne correspondent donc pas, dans la plupart des cas, à une « justice privée » hors de contrôle de la justice étatique. Il est, d'abord, interdit aux personnes de transiger ou de négocier sur des droits dont elles ne disposent pas : le responsable d'une infraction ne peut pas s'arranger avec la victime (en lui payant une indemnisation), alors que l'action publique est déclenchée. En pratique, il est cependant des cas où une personne lésée ne porte pas plainte ou la retire après avoir obtenu une compensation pécuniaire. De même, il arrive qu'un automobiliste ayant abîmé la carrosserie d'une voiture propose à son propriétaire de lui payer la réparation, pour ne pas déclarer l'accident à l'assurance et éviter un « malus ». On est davantage alors dans le domaine des « illégalismes » tolérés que dans celui des modes alternatifs de règlement des conflits.

Sur les droits patrimoniaux dont les parties peuvent disposer, elles peuvent choisir, au moment où elles sont en conflit de recourir d'elles-mêmes à la conciliation. Cette conciliation « directe », prévue à l'art. 127 du Code de procédure civile peut résulter d'une clause *ad hoc* dans un contrat passé avant le conflit, dans un contrat spécifique passé après la survenance du conflit ou depuis l'entrée en vigueur de la loi du 22 décembre 2010 dans « une convention de procédure participative », acte écrit passé en présence d'avocats qui peut être utilisé sur certaines matières de droit social, à l'exclusion du contrat de travail, ainsi que dans le cadre d'un divorce. En vertu de la liberté contractuelle, les parties au conflit peuvent décider de se concilier elles-mêmes, de recourir à un tiers (on parle alors de médiateur qui propose une solution que les parties acceptent ou non), voire de s'engager à ne pas saisir la justice (sauf si l'une des parties ne suit pas le protocole de la conciliation). En cas de succès de la conciliation l'accord peut être formalisé par un acte notarié, ce qui lui assure la force exécutoire, ou sous seing privé, puis soumis au juge sollicité de lui donner cette force exécutoire. Les parties peuvent également saisir les conciliateurs de justice, institués depuis le décret du 20 mars 1978 (ce sont des juristes agissant de manière bénévole qui traitent plus de 100 000 affaires par an), qui de la même façon leur proposent une solution. Il existe désormais, dans de nombreux domaines, des médiateurs que les parties (en général des consommateurs) peuvent saisir pour arriver à une solution à l'amiable dans un conflit avec un autre contractant (le plus souvent une entreprise). Le juge civil peut confier de même une médiation à un tiers, en homologuant un accord en cas de succès pour rapprocher les points de vue des parties ou en revenant à la procédure ordinaire en cas d'échec.

L'arbitrage correspond à un régime différent (É. Loquin, « La réforme du droit français interne et international de l'arbitrage », *RTD com.* 2011. 255-286), puisque l'arbitre saisi du litige est amené à le trancher, en imposant sa solution aux parties (la sentence arbitrale est un jugement, C. pr. civ., art. 1484). Le (ou les) arbitre(s) désigné(s) en nombre impair par les parties en application d'une clause compromissoire dans un contrat (autrefois interdite, sauf exceptions, par l'article 2061 C. civ., largement autorisée depuis la loi du 15 mai 2001) ou dans un compromis d'arbitrage se prononcent en droit et peuvent recourir à l'équité si les parties leur ont donné le pouvoir d'« amiables compositeurs ». À défaut d'exécution volontaire, qui est fréquente, l'exécution forcée suppose une décision d'*exequatur* du juge civil du tribunal, après vérification que la sentence arbitrale n'est pas contraire à l'ordre public. L'autonomie des parties est encore plus grande en matière d'arbitrage international, très largement pratiqué avec 90 % des contrats relatifs au commerce international comprenant une clause compromissoire. L'arbitrage est souvent confié à des experts au sein d'une chambre d'arbitrage comme la Chambre de commerce internationale de Paris (depuis 1923) ou la *London Court of International Arbitration*. 156 États du monde ont ratifié la convention de New York de 1958 sur la reconnaissance des sentences arbitrales. Le juge français ne peut refuser l'*exequatur* que dans les cas limitativement énumérés par la loi, ce qu'il fait très rarement. C'est ainsi que la *lex mercatoria* portée par ces arbitrages repose sur le droit positif national et international.

SITUATION 2

Un « droit souple » avec des normes juridiques non obligatoires ?

La question des pratiques susceptibles de donner naissance à des normes juridiques (le droit surgissant du fait, comme le dit l'adage latin *ex facto ius oritur*) a rebondi, au cours des dernières décennies, à propos de recommandations, de « codes de bonne conduite » ou de « règles de bonne pratique » émanant de personnes privées ou d'autorités administratives indépendantes. Ces nouvelles normes, se distinguant des lois et jugements émanant des États, ne constituent-elles pas un « droit souple », un droit mou ou doux, autant d'expressions qui ont été utilisées pour traduire l'anglais *soft law* ? Ces produits de la régulation sociale n'ont-ils pas vocation à devenir des normes juridiques et la frontière entre normes obligatoires et normes non-obligatoires n'est-elle pas en train de se brouiller ? Autant d'interrogations qui nourrissent la doctrine et ont été jugées assez importantes pour faire l'objet en 2013 d'un rapport du Conseil d'État sur *Le droit souple* (Paris, La documentation française).

Par la référence à un « droit spontané » qui naîtrait des pratiques (incluant celles de non-juristes)[1], cette problématique s'apparente au débat très agité qui a secoué la doc-

1. Pascale Deumier, *Le droit spontané*, Paris, Economica, 2002.

trine dans les années 1970-1980 à propos de la *lex mercatoria*, c'est-à-dire un ensemble de règles portant sur le commerce international qui résulteraient des contrats et des arbitrages internationaux. Ce débat s'est quelque peu apaisé, dans la mesure où chacun admet la fréquence des contrats internationaux empruntant des règles à divers droits nationaux (déterminant ainsi, dans le cadre de la liberté contractuelle, une « loi du contrat » au caractère transnational) et des arbitrages internationaux consacrant ces règles qui ne sont pas toutes originales par rapport aux droits nationaux. Les différences d'appréciation portent seulement sur le rattachement de ces normes contractuelles (des normes individuelles qui, du fait de leur répétition et de leur standardisation, peuvent se transformer en normes générales à la disposition des parties) à un droit positif national (notamment celui du pays où est demandé l'*exequatur* de la sentence arbitrale), à un réseau de normes de caractère national ou international ou leur identification en tant qu'ordre juridique autonome.

Aujourd'hui quand il est question de « droit souple », l'attention se porte moins vers des contrats que vers des actes unilatéraux qui portent le nom de « recommandations », d'avis, de codes de bonne conduite ou de règles de bonne pratique. Certains de ces actes émanent de personnes privées, notamment de grandes entreprises ou de syndicats professionnels. D'autres sont produits par des autorités (dont certaines ont officiellement le statut d'autorités administratives indépendantes) de régulation dont le nombre s'est multiplié, en particulier dans les secteurs de la concurrence, de la santé, des marchés financiers, des communications et sur internet. Dans le cas de la France, il s'agit par exemple des avis de l'Autorité de la Concurrence, des recommandations de l'Autorité des Marchés Financiers, des règles de bonne pratique médicale de la Haute Autorité de Santé, des codes de bonne conduite ou chartes de la diversité émanant de sociétés françaises (F. Osman, « Avis, directives, codes de bonne conduite, recommandations, déontologie, éthique etc. : réflexion sur la dégradation des sources privées du droit », *RTD civ.* 1995. 509-531).

Par analogie avec les recommandations émanant d'organisations internationales, la première réaction du juriste consiste à considérer ces actes comme non contraignants, c'est-à-dire comme non susceptibles de lier leurs auteurs ou leurs destinataires et non invocables en justice. On serait dans le domaine de pratiques normées se situant en dehors du droit. Cela ne veut pas dire que ces pratiques sont sans importance, qu'elles ne peuvent pas influencer (en tant que facteurs externes par rapport aux processus de création des normes juridiques) le législateur, l'administration et les juges. Le fait que des avis soient compris dans ces expressions du droit souple renvoie à l'étude socio-politique des travaux préparatoires à l'édiction d'une norme juridique – des avis qui sont sollicités par le législateur à la prise en compte de plus en plus fréquente par les juges des rapports d'experts ou de l'opinion d'un *amicus curiae* admis à présenter son point de vue sur un litige sans y être partie – comme aux règles classiques du droit administratif sur les différents types d'avis (facultatif, simple, conforme). Dans la mesure où le juge n'est pas lié par ces avis ou recommandations et paraît en mesure de les remettre en cause (en les ignorant ou en les neutralisant) dans un litige, l'édifice constitué par ces actes semble trop fragile pour se voir reconnaître la qualité de normes juridiques.

Pour autant, une partie de la doctrine tire argument de la prolifération de ces pratiques normatives (ou du moins « normées ») pour soutenir l'idée de l'avènement d'un nouveau type de régulation juridique, caractérisée par la souplesse de normes qui n'auraient pas besoin de la contrainte étatique pour être reconnues comme juridiques[1]. Ce droit souple poserait de redoutables défis du fait de l'énorme développement quantitatif de ces normes, source d'insécurité juridique, et de leur caractère non démocratique remettant en cause l'empire des normes classiques élaborées selon des processus constitutionnels et légaux (et susceptibles d'être classés parmi les lois au sens large ou les jugements, v. Séquences 1 et 2). C'est d'ailleurs pourquoi le Conseil d'État, dans son étude de 2013, a préconisé le développement de la publication de ces nouveaux types de normes et la mise en place de moyens permettant à l'État d'en contrôler la production et l'effectivité.

Sous le nom de « droit souple » ou de *soft law*, il y a le risque d'amalgamer différents phénomènes. Il n'y a pas grand-chose de commun – sinon les appellations de « code de bonne conduite » ou de « règles de bonne pratique » – entre les actes unilatéraux de sociétés commerciales soucieuses de leur image auprès des consommateurs et les recommandations d'autorités administratives indépendantes habilitées à réguler un certain nombre de marchés ou de domaines d'activité professionnelle. Quand une société multinationale se dote d'un « code de bonne conduite », promettant par exemple de ne pas faire travailler des enfants à la fabrication de ses produits dans une filiale délocalisée, ou d'une « charte de la diversité » déclarant le recours à des pratiques de discrimination positive dans sa politique de recrutement, il ne s'agit pas d'une norme juridique. L'entreprise n'est pas juridiquement liée par un acte qu'elle a décidé elle-même et qui n'est pas susceptible d'être invoqué devant les tribunaux. La seule sanction possible est celle des consommateurs, susceptibles de boycotter les produits des entreprises qui ne respectent pas leurs propres déclarations, comme en matière de publicité mensongère. Il faut toutefois distinguer les quelques cas où ces codes de bonne conduite ont été négociés avec des syndicats internationaux et comportent des procédures de *monitoring* (des contrôles sous forme d'inspection périodique des lieux de

1. Catherine Thiberge (dir.), *La densification normative. Découverte d'un processus*, Paris, Mare et Martin, 2013 ; Valérie Lasserre, *Le nouvel ordre juridique. Le droit de la gouvernance*, Paris, LexisNexis, 2015.

travail) qui donnent un caractère plus contractuel à ces « codes privés », sans pour autant leur conférer la qualité de normes invocables devant les tribunaux.

S'agissant de recommandations ou d'avis d'autorités administratives indépendantes, le Conseil d'État a pu reconnaître à certains de ces actes la qualité de décisions administratives à caractère impératif conformément à la jurisprudence de l'arrêt *Madame Duvignères* (2002) sur les circulaires, par exemple à propos des règles de bonne pratique médicale. Dans le cas des avis de l'Autorité de la concurrence, le juge administratif a, au contraire, refusé de leur reconnaître le caractère de décision faisant grief, les mettant ainsi à l'abri du recours pour excès de pouvoir. Cela ne signifie pas pour autant que les juges ne tiennent pas compte, à côté des normes proprement dites, de ces éléments dans leur argumentation. Toutes ces pratiques constituent, bien sûr, des phénomènes sociologiques touchant les relations juridiques qui, à travers des processus renouvelés de « densification » et de « détermination », peuvent conduire à la production de nouvelles normes législatives ou jurisprudentielles. Si l'on s'en tient à une définition séparant le fait du droit, le prétendu droit souple n'est pas du droit, mais correspond à l'avènement de nouvelles normativités susceptibles d'influencer le droit.

SITUATION 3

De quelle manière les acteurs économiques tiennent-ils compte du droit ou influent-ils sur le droit ?

Depuis le XVIIIe siècle, la réflexion économique met en avant le choix rationnel des acteurs économiques (entrepreneurs, commerçants ou même simples consommateurs) qui chercheraient à tirer le meilleur profit dans les opérations d'échange, et de manière générale à maximiser les bénéfices et à minimiser les dommages. Les facteurs juridiques jouent un rôle important dans cette analyse de la psychologie et du comportement de l'*homo œconomicus*. La théorie du droit pénal a commencé, à partir de Beccaria, à intégrer cette dimension en considérant qu'il fallait dissuader les criminels de commettre leurs forfaits par des peines leur infligeant davantage de déplaisir que le plaisir susceptible de leur être procuré par le crime. Bentham a développé cette conception utilitariste du droit pénal qui vise à mesurer les peines, notamment dans la législation, en fonction de ce « calcul économique » prêté au criminel. Non seulement les espoirs de diminuer le nombre de crimes par des peines sévères a été déçu, mais cette manière d'envisager la finalité de la pénalité a été critiquée : le criminel est-il sensible à des arguments rationnels au moment où il commet le crime et n'y a-t-il pas un risque d'aller vers des peines de plus en plus sévères face à la persistance des infractions les plus graves malgré les peines édictées ?

Plus tard, au milieu du XXe siècle, le travail des économistes a tenu compte d'autres aspects de la contrainte juridique sur les choix des agents économiques. Le phénomène des « externalités », mis en valeur par le Britannique Pigou dans les années 1930, a posé la question des bénéfices et des coûts que les tiers pouvaient tirer ou subir du fait de l'action d'un entrepreneur. L'entreprise qui pollue externalise sur ses victimes les coûts sociaux de la pollution, tandis que celle qui fournit une prestation ouverte à tous, par exemple en mettant sur le marché une invention, fait bénéficier des « passagers clandestins » de services qu'ils n'ont pas payés. Le courant d'idées baptisé *Law and Economics* a puisé une de ses sources, aux États-Unis, dans un célèbre article de Coase (*The Problem of Social Cost*, 1960) prétendant réfuter la théorie de Pigou. Selon le « théorème de Coase », un problème d'externalités (par exemple, entre une entreprise provoquant une pollution et les propriétaires des fonds voisins qui la subissent) devrait trouver une solution la plus valorisante économiquement : selon les coûts respectifs, l'entreprise se dotera de moyens de diminuer la pollution ou d'indemniser les voisins, quitte à racheter leurs fonds. C'était affirmer une grande indépendance du calcul économique par rapport aux règles juridiques, les solutions du droit de la responsabilité étant « indifférentes » selon Coase dans l'exemple cité, à condition que les « coûts de transaction » soient faibles (par exemple, que les parties puissent s'arranger par contrat sans que cela entraîne des coûts trop importants). Le mouvement *Law and Economics* s'est développé, notamment autour de l'École de Chicago et du juge Richard Posner, à partir des années 1970 : dans un environnement néo-libéral, peu favorable à l'interventionnisme d'une législation étatique, l'analyse économique du droit étudie le rôle des règles de droit sur les coûts de transaction avec l'idée que le droit ne fait que « mimer le marché »[1]. En fait, plusieurs courants s'affirment au sein de la nébuleuse *Law and Economics* : un courant institutionnaliste qui met en valeur le rôle des ordres juridiques, des recherches sur le calcul économique (notamment du point de vue de la dangerosité des criminels) et le droit pénal, des réflexions sur les formes du droit de propriété (le célèbre modèle de la « tragédie des communs ») ou des études comparatistes qui opposent les systèmes juridiques jugés inefficaces économiquement et ceux qui favoriseraient la création d'entreprise.

Les juristes, particulièrement ceux des pays civilistes, ont pu avoir l'impression négative que l'analyse économique du droit tendait à justifier les pratiques de délocalisation

1. Samuel Ferey, *Une histoire de l'analyse économique du droit. Calcul rationnel et interprétation du droit*, Bruxelles, Bruylant, 2008, p. 5.

pour des raisons fiscales, de *dumping social* ou de *forum shopping*, autant de moyens pour contourner un ordre public trop contraignant en choisissant de développer des activités économiques là où elles rencontraient le moins d'entraves juridiques. Reprenant à son compte les idées des réalistes américains, Posner exalte le rôle du juge au détriment du législateur et affirme la supériorité des systèmes de *common law* sur les droits civils codifiés. Il défend également, en matière contractuelle, l'*efficient breach of contract*, la possibilité pour un contractant de ne pas exécuter volontairement ses obligations, en pensant que la résolution du contrat lui coûtera moins de dommages que les profits tirés du choix de nouveaux contractants ou d'une réorientation vers d'autres types d'affaires. L'on peut relever, en sens inverse, les points de convergence entre les analyses des économistes du droit et les inflexions théoriques contemporaines sur l'interprétation, la comparaison entre les règles de droit et les règles de jeu ou le raisonnement pragmatique des juges tenant compte des effets économiques de leurs décisions (v. R. Encinas de Munagorri, « L'analyse économique est-elle une source du droit ? », *RTD civ.* 2006. 505-520).

L'analyse économique du droit est désormais intégrée au travail des juristes dans des domaines aussi importants que le droit de la concurrence, de la propriété intellectuelle, de l'internet, du travail ou de l'environnement. Même le droit public n'est pas insensible à cette dimension, le « droit public des affaires » étant de plus en plus pénétré par les règles de la concurrence ou du droit constitutionnel, avec les réflexions sur le modèle fédéral et la subsidiarité. Les juristes, aussi bien les enseignants en droit que les juges et les avocats, doivent tenir compte des travaux de *Law and economics* et s'enquérir des pratiques des agents économiques, qu'elles soient légales ou illégales (ce qui concerne le droit pénal des affaires), dans la mesure où elles donnent lieu à des faits ou actes juridiques, ainsi qu'à des procédures contentieuses. Il est souhaitable que la formation des juristes, et notamment celle des juges, intègre des connaissances économiques pour mieux comprendre les questions juridiques qui se posent aux entreprises, aux administrations fiscales ou aux collectivités territoriales. Tenir compte de ces données économiques ne signifie pas donner une priorité absolue à des raisonnements, en matière d'argumentation judiciaire ou même d'efficacité du service public de la justice, qui feraient prévaloir les considérations économiques sur le respect des règles de droit.

Dans l'étude des rapports entre le droit et l'économie, il est toujours utile de revenir aux réflexions de Max Weber dans *Économie et Société*. D'une part, l'économie est le « plus grand facteur d'influence sur le fonctionnement du droit ». Presque tous les pouvoirs qui sont à l'origine de la production des règles de pouvoir ont cherché à protéger et promouvoir les intérêts économiques, qu'il s'agisse de ceux du pays tout entier ou des classes dominantes. Sauf dans les régimes communistes, dont la plupart ont intégré aujourd'hui les mécanismes de l'économie de marché, la garantie de la propriété privée a joué et continue à jouer un rôle considérable dans les ordres juridiques nationaux. Quand Max Weber prédisait, dès le début du XXe siècle, une puissance croissante de l'économie sur le droit, il annonçait les interventions multiples de l'État dans la vie économique, même dans les pays réputés les plus libéraux (le recours à la nationalisation de banques au moment de la crise de 2008 l'a confirmé). Il incitait aussi les juristes à être plus modestes en ne croyant pas que le droit « gouverne » le monde des échanges. D'autre part, il y a souvent des décalages entre les évolutions économiques, susceptibles de retournements rapides, et les transformations plus lentes du droit. La Révolution industrielle dans l'Angleterre du début du XIXe siècle a pu s'accommoder de règles peu favorables à la libre création de sociétés avec une responsabilité illimitée des associés, qui ont été réformées après plusieurs décennies de succès pour des entrepreneurs (souvent associés dans des *partnerships* sans personnalité morale) ayant eu l'audace d'utiliser les nouvelles machines. Enfin, en ce qui concerne de nombreux domaines touchant aux droits des personnes (sur leur corps, leur vie privée, leur honneur), au droit public (avec les exigences du service public) et au droit pénal, les intérêts protégés par le droit ne sont pas des intérêts économiques et il est d'ailleurs difficile de les évaluer en argent.

SITUATION 4

Qu'est-ce que les non-juristes peuvent nous dire du droit à travers la littérature ?

C'est un courant né aux États-Unis, désigné sous l'expression *Law and Literature* qui a attiré, depuis plus d'un siècle, l'attention sur les liens entre droit et littérature. En 1882, l'avocat américain Irving Browne est un des premiers à compiler des passages d'œuvres littéraires concernant le droit et les juristes (*Law and Lawyers in Literature*) depuis l'Antiquité. De 1900 à 1922, le doyen de la *Northwestern University* à Chicago, John Henry Wigmore (qui avait enseigné le droit au Japon et lancé des recherches sur l'ancien droit japonais) publie des listes de *legal novels* : des romans sur les procès, les professionnels du droit, la procédure et diverses questions juridiques dont il recommandait la lecture aux apprentis juristes. En 1925, le juge new-yorkais Benjamin Cardozo propose à la *Yale Review* un article intitulé « *Law and Literature* » où il met en valeur les rapports étroits entre la forme et le fond dans le style judiciaire[1]. En 1960, un avocat new-yor-

1. Benjamin Cardozo, Nicolas Dissaux, *Le droit, une question de style ?*, Paris, Dalloz, coll. « Tiré à part », 2016, p. 1-3 sur le lien entre forme et fond.

kais, Ephraim London fait la distinction dans un ouvrage en deux volumes, *The World of Law*, entre *Law in Literature* (le droit dans la littérature) et *Law as Literature* (le droit comme littérature).

Dans l'ambiance pluridisciplinaire des universités américaines et dans le contexte du scandale du Watergate qui dévoile le caractère mensonger du discours officiel, les années 1970 voient l'affirmation d'un courant *Law and Literature* qui s'appuie sur ces précédents. James Boyd White, avec *The Legal Imagination* (1973), défend l'idée que le style juridique, comme la littérature, crée une identité qui façonne l'univers mental des juristes. La même année Richard Weisberg organise un séminaire sur *Law and Literature* à la *Columbia Law School* de New York et complète la liste des œuvres de référence pour les tenants de cette nouvelle approche du droit. Le roman posthume d'Herman Melville, *Billy Budd, marin* (1924), qui raconte la condamnation à mort pour tentative de mutinerie d'un marin innocent qui n'a pas su se défendre du fait de son bégaiement, devient une œuvre canonique qui suscite les commentaires de Robert Cover, Richard Weisberg, Ronald Dworkin et (dans un sens critique des enseignements que les partisans de *Law and Literature* en tiraient sur le langage des juges) Richard Posner, le chef de file de *Law and Economics*. Le mouvement en faveur d'études rapprochant le droit et la littérature prend également de l'ampleur au Royaume-Uni avec les travaux de Ian Ward ou de la féministe Robin West. En France, c'est une approche historique qui a lancé les études sur *Law and Literature* : Christian Biet a montré combien la littérature française classique, notamment celle du XVIIe siècle, était imprégnée de références au monde du droit et de la justice, tandis qu'Anne Simonin a fait connaître les auteurs américains, particulièrement l'étude consacrée par Richard Weisberg à *Vichy, la Justice et les Juifs* (1998). En Belgique, François Ost a travaillé sur *Shakespeare, La Comédie de la loi*.

Le volet « *Law in Literature* » de ce courant a incontestablement participé à la relance des recherches sur la perception du droit, des institutions judiciaires et des juristes dans la littérature. Pour s'en tenir au seul cas de la France, il y a du sens à relever les critiques anciennes adressées aux gens de loi, chicaneurs et rapaces, dès le Moyen Âge, par exemple dans le *Roman de Renart*, et au XVIe siècle chez Rabelais. La porosité entre le monde des lettres est celui du droit est aussi sensible chez Corneille (qui a fait des études de droit, prêté le serment d'avocat et acquis des charges de judicature), La Fontaine (également avocat et maître des eaux et forêts) ou La Bruyère (licencié en droit d'Orléans). Après l'engagement de Voltaire pour dénoncer les erreurs judiciaires (l'affaire Calas, celle du chevalier de la Barre), celui de Victor Hugo contre la peine de mort et contre les injustices commises au nom de la loi et décrites dans *Les Misérables* illustre la portée du discours des hommes de lettres pour promouvoir de profondes transformations du droit. Le Code Napoléon a trouvé un écho considérable dans la littérature française : chez Stendhal pour admirer le style des codificateurs, chez Balzac pour critiquer la mise en tutelle des femmes (dans le *Contrat de mariage*) ou la division des patrimoines fonciers par l'égalité successorale (dans le *Curé de village*). Au tournant du XIXe et du XXe siècle, la pièce d'Eugène Brieux, *La Robe rouge* (1900) et la nouvelle d'Anatole France, *Crainquebille* (1902) montrent le discrédit d'une magistrature trop soumise au pouvoir et les doutes d'un républicain sur une justice restée plus sévère pour les pauvres que pour les puissants.

Qu'elle émane d'écrivains formés au droit (Balzac a été clerc d'avoué, Flaubert et Baudelaire ont fréquenté aussi la Faculté de droit de Paris au XIXe siècle, Kafka a fait des études complètes de droit à Prague et suivi un stage auprès du tribunal) ou d'hommes et de femmes de lettres qui n'avaient suivi aucun enseignement juridique, la littérature reflète les perceptions sociales que suscitent les lois et les jugements. Les usages que font les romanciers, les dramaturges, voire les poètes, des normes juridiques et des processus judiciaires (le contentieux, en tant que pathologie sociale, notamment dans le domaine pénal, est plus fertile en intrigues que l'application non conflictuelle des règles législatives) nous renseignent sur les représentations de ces phénomènes dans différents groupes sociaux, même si l'origine bourgeoise de la plupart des écrivains rend plus aléatoire la connaissance des « cultures populaires » du droit. Les images, positives ou négatives, que véhiculent les professionnels du droit en raison de leur activité (les juges et les avocats sont rarement traités de la même manière, tandis que les professeurs de droit sont peu présents dans la littérature !) sont également révélatrices des rapports, mêlés de fascination, de crainte et de mépris qu'entretiennent les non-juristes avec les juristes.

Les écrivains, comme les philosophes, se font également les porte-parole du sentiment de justice qui s'exprime à un moment donné, en faveur de telle ou telle partie de la population que la « machine judiciaire » emporte dans un verdict incompréhensible pour les profanes. La littérature rappelle aux juristes, qui sont aussi des lecteurs, la « dureté » du droit, les conséquences parfois terribles de l'application des règles juridiques. C'est par la littérature que le combat contre la peine de mort, la dénonciation de conditions indignes d'emprisonnement, la critique des discriminations injustifiées a progressé dans les esprits, y compris par une prise de conscience des professionnels du droit que l'exercice de leur métier rend plus « endurcis » par rapport à ces phénomènes.

C'est dire aussi qu'il ne faut pas nécessairement chercher dans la fiction l'exactitude des descriptions juridiques (les romans policiers, comme les procès imaginaires, sont souvent plein d'erreurs techniques) ni une quelconque vérité du droit. Les *Frères Karamazov* de Dostoïevski ne nous apprennent rien sur le crime de parricide, pas plus que *Le Procès* ou *Le Château* de Kafka ne nous livre des informations sur un droit processuel ou un droit des étrangers en vigueur. En revanche, ces réflexions sur la justice et sur les formes d'absurdité des processus juridiques suscitent une salutaire prise de distance avec le sentiment de respect de la loi. Le droit dans la littérature peut dessiller les yeux sur l'idéologie de l'obéissance inconditionnelle à la loi.

S'il existe des connexions avec l'étude du droit comme littérature, celles-ci renvoient au domaine plus large de l'analyse du discours juridique et de la question de l'interprétation. Chacun s'accorde à reconnaître le caractère « performatif » des énoncés juridiques, au sens de John Austin (*How to do things with words*, 1962) comme à relever le rôle important de la forme dans l'élaboration de ce qu'on appelle communément des styles judiciaires, législatifs ou universitaires (v. Séquence 9). Il ne fait guère de doute qu'une partie (mais pas la totalité, si l'on pense aux dispositions les plus techniques souvent dépourvues de toute spécificité nationale) des discours juridiques contribue à de « grands récits » ou à des narrations qui imprègnent les esprits au-delà des cercles de juristes. Pour autant, la rhétorique judiciaire, que Dworkin a pu comparer à un roman écrit à plusieurs mains, ne s'adresse qu'à un public restreint de spécialistes et vise à trancher des litiges réels, loin des intrigues de la fiction littéraire. Parce que le droit est assorti de sanctions et mis en œuvre de manière autoritaire, il ne se résume pas à un pur ensemble discursif et ses effets sont bien différents de ceux de la littérature.

SITUATION 5

Peut-on être positiviste et militant en faveur des droits de l'homme ?

Le positivisme, sous ses deux aspects théorique (la recherche de ce qui constitue la spécificité des normes juridiques en tant que conventions sociales) et scientifique (la recherche de ce qui rend possible les sciences juridiques) repose sur le « non-cognitivisme des valeurs » : les jugements de valeur ne peuvent être qualifiés de « vrais » ou de « faux », il n'existe pas de « bon » ou de « mauvais » droit, mais uniquement des règles de droit qui sont ou ont été valides. La conséquence, que les positivistes « naïfs » du XIXe siècle n'avaient pas tirée en soutenant que cette épistémologie entraînait avec elle un strict respect de la loi par les sujets de droit, est que les théories positivistes doivent s'avouer impuissantes à expliquer d'une manière simple et uniforme les phénomènes récurrents d'obéissance au droit. En proposant de remonter à l'infini la hiérarchie des normes pour voir, avant la « première constitution » d'un ordre juridique, une « norme fondamentale » (*Grundnorm*) qui serait la cause de notre soumission à cette constitution, Kelsen a été amené, au fur et à mesure de son œuvre, à réduire cette norme fondamentale, envisagée d'abord comme une hypothèse, à une pure fiction, autrement dit une simple croyance ne pouvant faire l'objet d'une appréhension scientifique. Les travaux de Norberto Bobbio, comme ceux de Herbert Hart, ont montré que la plupart des thèses normativistes et positivistes pouvaient subsister intactes sans recourir à cet argument d'une norme fondamentale. Le simple fait que les observateurs, y compris les professionnels du droit eux-mêmes comme les juges, aient des opinions différentes sur la ou les raisons (le respect d'une autorité légitime, la peur du gendarme, la crainte d'une divinité, l'intérêt bien calculé ou l'égoïsme de ceux qui ont quelque chose à préserver) les poussant à obéir aux lois prouve combien cette question est hors de portée d'une approche théorique et peut-être même d'une appréhension psychologique et sociologique. Savons-nous en chaque circonstance pourquoi nous sommes plutôt enclins à respecter le droit (plusieurs raisons pouvant se combiner ou s'affronter dans notre conscience, sans compter notre inconscient), souvent prêts à tolérer de « petits illégalismes », parfois déterminés pour des motifs nobles ou sordides à agir dans l'illégalité ?

Un tel constat n'a pas manqué d'ébranler les certitudes de certains positivistes et de favoriser un regain des théories faisant appel au droit naturel après la Seconde Guerre mondiale. Le droit nazi, et plus généralement les phénomènes de soumission aux systèmes juridiques d'États totalitaires n'avaient-ils pas prouvé que les juristes ne devraient pas rester silencieux et inactifs face à des violations manifestes des droits les plus élémentaires de la personne humaine ? Comment combiner l'engagement démocratique des théoriciens positivistes les plus fameux du XXe siècle, comme Kelsen, Hart et Bobbio avec les thèses positivistes ?

Une première manière de répondre à cette question est de faire la distinction entre le rôle du juriste (spécialement de l'enseignant en droit) en tant qu'observateur rigoureux et objectif du droit et sa possible implication comme citoyen dans un combat politique. Rien n'interdit à un professionnel du droit de livrer son opinion politique sur telle règle en vigueur ou sur tel projet de loi. La rigueur méthodologique exige seulement que ce positionnement, ou ce « changement de casquette », soit indiqué à ses interlocuteurs et que personne n'abuse de son autorité de magistrat ou de professeur pour tenter d'imposer un point de vue subjectif sous couvert d'impartialité scientifique. La tâche n'est pas toujours aisée, tant de nos préjugés étant inconscients ou routiniers, mais cette déontologie scientifique doit rester un idéal vers lequel chacun tend en prêtant l'oreille aux arguments d'autrui. Considérer les droits de l'homme comme des créations contingentes du pouvoir constituant ou du pouvoir législatif ne signifie pas rester indifférent à la promotion de ces droits et au respect des dispositifs qui les protègent.

Il est possible d'aller plus loin dans les relations entre positivisme et engagement démocratique comme l'a fait Kelsen, sous la forme d'abord de deux conférences en 1919, puis d'un ouvrage intitulé *La démocratie. Sa nature. Sa valeur* (trad. fr. de Charles Eisenmann en 1932 sur l'édition allemande de 1929)[1]. Kelsen définit la démocratie comme un idéal fondé sur deux postulats de la raison pratique : la liberté et l'égalité. Cet idéal est inatteignable car il signifierait la négation de toute autorité. De même qu'il est impossible de réunir l'unanimité des citoyens pour prendre des décisions qui ne vexent les intérêts de personne, « on naît le plus souvent dans un État préexistant, sous l'empire d'un ordre juridique à la création duquel on n'a pas participé ». De manière réaliste, il faut donc se rallier à un régime où les lois sont adoptées à la majorité absolue des suffrages, ce qui s'approche le plus de l'idée de liberté. Kelsen se méfie des majorités renforcées, susceptibles d'être exigées pour prendre des décisions jugées plus importantes, qui peuvent susciter aussi des minorités de blocage au caractère anti-démocratique.

Kelsen ne croyait pas non plus à une unité « naturelle » du peuple qui serait fondée sur une homogénéité sociale et culturelle. Le « peuple » restait pour le juriste un concept construit par le droit qui déterminait ainsi la capacité électorale en n'admettant que des exclusions « raisonnables », par exemple celle des mineurs qui manquent encore d'autonomie personnelle pour voter. Le juriste autrichien se prononçait pour une démocratie représentative et parlementaire, en raison de la taille des États modernes, de la division du travail et du rôle croissant des partis. Il se montrait favorable à un scrutin proportionnel qui devait, selon lui, faciliter les coalitions gouvernementales en obligeant les partis à des compromis et en les habituant à une alternance entre une majorité au pouvoir et une minorité aujourd'hui dans l'opposition avec des chances de remporter les prochaines élections dans la mesure où les électeurs pouvaient ainsi sanctionner les erreurs des gouvernants. La « séparation des pouvoirs » était, pour Kelsen, un « masque totémique » dont il ne fallait pas surestimer l'importance, à condition de laisser aux citoyens le choix de leurs chefs et de protéger les minorités par des garanties constitutionnelles, elles-mêmes susceptibles de sanction par un contrôle de constitutionnalité des lois.

Si plusieurs des propositions de Kelsen sont datées – comme celle de laisser les partis désigner des experts siégeant à tour de rôle dans les commissions parlementaires –, la conclusion de ce vibrant plaidoyer pour ce que nous appelons aujourd'hui la « démocratie constitutionnelle » insiste sur les liens entre démocratie et relativisme philosophique. Les démocrates ne doivent pas croire à des vérités absolues qui sont souvent revendiquées par des régimes autoritaires, ils ont tout intérêt au contraire à écouter les opinions de leurs adversaires politiques (la majorité doit ainsi tenir compte de la minorité,

---

1. Réimpression coll. « Bibliothèque Dalloz » 2004, voir notamment le dernier chapitre, p. 114-115.

qu'il s'agisse de préciser ses arguments ou de rechercher des compromis) et à intégrer la possibilité de l'alternance. En cela la pratique de la démocratie politique se rapprocherait de la méthodologie du juriste positiviste : observer les réalités (les résultats des élections libres et périodiques), alimenter les débats par des arguments faisant appel à la raison (et non à la violence ou au seul sentiment), respecter les opinions et les croyances d'autrui. Si l'on obéit à la loi dans une démocratie, c'est aussi (mais pas exclusivement) parce qu'on estime qu'elle a été voulue par la majorité du peuple et de ses représentants, qu'elle est conforme à la constitution et respectueuse des libertés qu'elle garantit, qu'elle est appliquée par des juges indépendants et impartiaux, enfin qu'elle est susceptible de changer, si l'on arrive à convaincre la majorité des électeurs de son caractère nocif.

En reconnaissant que le droit est par nature changeant, que la loi d'aujourd'hui n'est pas celle d'hier ni de demain, que les règles juridiques peuvent varier d'un État à un autre, voire d'une catégorie de citoyens à une autre, le positivisme juridique est aussi un relativisme s'opposant à tout « absolutisme », y compris celui d'un idéal démocratique qui peut être dévoyé en populisme. La démocratie constitutionnelle est le régime qui laisse le plus de place aux débats et à la pluralité des opinions : n'est-ce pas aussi celui qui permet au champ juridique d'être animé par de salutaires controverses judiciaires ou doctrinales et de ne pas être l'apanage d'une classe fermée de juristes ?

Index

D

E

F

G

H

I

J

K

L

M

N

O

P

Q

R

S

T

U

V

W

Table des matières

PEFC™
10-31-3068
Certifié PEFC
Ce produit est issu
de forêts gérées
durablement et de
sources contrôlées.
pefc-france.org

720764-721252 – (I) – OSB 80 – NOR – (HCH)
Achevé d'imprimer en juillet 2021 par CPI Bussière
18200 Saint-Amand-Montrond
N° d'impression : 2059223-2059444
Dépôt légal : août 2021

Imprimé en France